陪读

梁新会 著

陕西新华出版
陕西旅游出版社

图书在版编目(CIP)数据

陪读 / 梁新会著. 西安 : 陕西旅游出版社, 2016.1（2024.1重印）
ISBN 978-7-5418-3322-9

Ⅰ. ①陪… Ⅱ. ①梁… Ⅲ. ①家庭教育 Ⅳ. ①G78

中国版本图书馆CIP数据核字(2016)第012080号

陪读　　梁新会 著

责任编辑：晋枫森
出版发行：陕西旅游出版社（西安市唐兴路6号　邮编：710075）
电　　话：029-85252285
经　　销：全国新华书店
印　　刷：盛大（天津）印刷有限公司
开　　本：787mm×1092mm　1/16
印　　张：21
字　　数：420千字
版　　次：2016年1月　第1版
印　　次：2024年1月　第2次印刷
书　　号：ISBN 978-7-5418-3322-9

定　　价：86.00元

一个很时代、很前沿的题材

咸阳市作协主席　杨焕亭

作家写什么，完全是一种选择的过程，它也最能见证作家切入生活、观察生活、反映生活层面的功力。我觉得，新会以文学的敏感和艺术的自觉，选择了一个很时代、很前沿的题材。从传统文化来说，“望子成龙”是中国父母共有的心理；从当前社会来说，独生子女的教育和培养是社会关注度非常高的话题，以我有限的阅读目光，关于子女教育的作品不少，但是，从“陪读”的角度来反映教育子女中父母的责任、欣慰、困惑的，还不多。这就使得新会在题材的选择上占据了优势。我们现在正处在一个理念多元、文化多元的时代，各种意识形式的碰撞，不仅对于成人的生活形成强烈的冲击，更对子女教育构成深刻影响。作品从这里切入，试图回答在下一代的成长中，父母究竟应该扮演什么角色、承担什么责任的现实课题，体现了新会的人文情怀。

小说的本质就是讲故事，新会是一个很会讲故事的作家，所以在叙事上具有这样几个特点：一是对于人物与环境的铺叙十分细腻、绵柔，例如对于主人公玉梅和大伟之间围绕儿子的情感冲突的描写，读来十分感人；二是对矛盾冲突线条的设置比较讲究，从大伟与玉梅、家耀与玉兰到翠萍与李楠，虽然同属于父母亲，然而在对待子女教育上的理念又是迥然相异、各具特色的；三是长于心理刻画，这种刻画是通过人物行为和对话很有层次地展现出来的，例如军训几章，充分表现了作家透视心理的功力。第四，新会的语言很有特色，带有浓郁的城市女性的特点。例如：玉梅接过电话“喂”了一声，翠萍便焦急地说：“大事不好，咱们赶紧得给孩子找一家托管中心。”玉梅听得莫名其妙，说：“翠萍，你别着急，你慢点说，到底怎么回事？”“你知道人家思思和涛涛为什么不在鑫通二中上学了吗?人家借读费都交了,为什么又突然就转到高科一中去了呢?你知道孩子们每天中午吃饭的时候都干了一些什么吗?我今天可算是见识到了……”翠萍气鼓鼓地说了半天。生活气息十分浓郁,书中像这样的章节还有不少。

目前大的结构没有问题,不要再翻腾结构,把精力花在精雕细刻上,如不能太过细腻等。祝愿新会的作品早日问世。

2013 年 3 月 19 日

我们的教育何处去

——读梁新会的新作《陪读》有感

陕西省作协副主席　王海

改革开放以来,出国陪读者不乏其人,但青年作家梁新会的新作《陪读》却写的是我们身边的人和事,你可以在左邻右舍找到书中的故事和人物。

《陪读》很少有激情的场面、大起大落的故事,但流畅的语言像潺潺流水,缠绵而富有情趣,你仿佛在观赏一场美妙的音乐会,常会有觉醒和醒悟,又仿佛置身于春天花枝灿烂的桃园里,沁人心脾的芳香扑面而来,使你醍醐灌顶。

一串串家长里短的故事,大都围绕着几个孩子的陪读问题,洋洋洒洒三十多万字都纠结在一个“情”字上,婆媳之情、夫妻之情、父子之情、母子之情,但更多的是与子女教育息息相关的陪读情结。

女人之间窃窃私密的对话,谈得最多的话题是孩子的事,富有情趣和哲理。在教育孩子方面,妈妈们挖空心思,她们可以向任何困难挑战。孩子是她们的一切,她们最大的心愿就是孩子有出息,有出息的标准就是将来考上重点大学。她们为子女的生活而活着,为子女升学教育而生活,活得沉重而又充实。

一个孩子读书,全家受累。这种累使人如食鸡肋,欲罢不能,身心疲惫,却又不得不随波逐流。妞妞生病、翠萍被盗,涛涛惹事、亚荣出车祸,淑芬的孩子叛逆、丈夫出轨,李师的前妻频频索要抚养费,使得陪读的日子充满了艰难……

陪读就像一面镜子,折射出了孩子们的喜怒哀乐、父母的悲欢离合、老师的困惑无奈，也从另一个侧面反映出了陪读背后的就业、腐败等一系列社会问题。

剪不断理还乱的情节故事，让我们最终明白父母十几年的陪读教育是那样的辛酸苦辣、震撼人心，培养的结果却是那样的脆弱渺茫、不堪一击。

读罢《陪读》，你会为作者独具匠心的一明一暗的复线结构而赞叹；也会为城市的独生子女小小年纪却承受了太多的社会压力而痛苦；更会为偏远农村大量无人照顾的留守老人、儿童而落泪……

读罢《陪读》，你会为作者自然流畅、充满生活气息的文字而感动；会为聪明善良、传统而又时尚的主人公玉梅暗暗祈祷；也会对从小缺少父母关爱，中途辍学在风景区流窜作案的虎大、虎二爱恨交加。

读罢《陪读》，你会掩卷而思，难道我们的孩子已经输在了起跑线上了吗？难道我们孩子的童年、少年生活就这样苍白无力吗？难道我们的教育资源分配不能均衡一些吗？

我们的教育制度怎么了？我们的家长、孩子、老师怎么了？我们的教育该何去何从呢？

2013 年 7 月

从“孟母三迁”到“现代陪读”

——长篇小说《陪读》读后感

陕西省作家协会会员、陕西渭河发电有限公司党委书记　欧阳廷亮

梁新会是渭风文学社的会员，她的长篇小说《陪读》在见报之前，作为社友，我已先睹为快，尽管只是初稿，但给我的印象不错。《陪读》修改定稿正式发表后，再次阅读似乎滋生了更多“陪读”的味道，虽然断断续续，却已走进主人公玉梅的陪读岁月，仿佛和主人公一起慢慢体验着陪读的种种遭遇，咀嚼其中喜怒哀乐的滋味。曲终掩卷时，脑海里浮现出“孟母三迁”的故事，挥之不去的是对陪读成因的追问。

遥想当年，睿智的孟母为了使孩子拥有一个良好的教育环境，煞费苦心，曾两迁三地，其结果如愿以偿，被传成千古佳话。历史演变到今天，陪读的本质并没有发生变化，家长们怀揣一切为了孩子的美好夙愿，含辛茹苦，辗转奔波，其结果几家欢乐几家愁。无论结局如何，在中国特色的应试教育体制下，现代陪读的五味杂陈决不会成为笑谈，现代陪读的风雨春秋只会被人们轮番品尝。《陪读》之所以能够引发读者的广泛思考，就是因为它试图从某一个层面打开人们的心结。

《陪读》，选择的是社会热点现象，是前沿性的题材，也是大家熟悉的事情，创作起来有相当的难度。这就要求这部小说既要有很强的可读性，又要有较高的文学性。带着这些认知，我走进了《陪读》的世界。

小说一开篇，扑面而来的是炎热的天气、焦灼的人心和炙手可热的学区房。就是在这种烦躁的氛围下，小说的大幕徐徐拉开。随着故事情节的推进，小说中的人物便在作者细腻的笔下相继登场，个个形象生动鲜活，性格

迥异，不同的人物性格承载着不同的命运，但都充满了浓郁的生活气息。尽管他们生活在自己的个体世界里，各有各的平凡与安稳，却因为追求同一个目标——陪读，改变了原有的生活环境和状态，从而相互认识与依赖，在温情的滋润下，见证和经历着酸甜苦辣、悲欢离合。他们来源于真实的生活，慢慢走进读者的心里，似乎就在我们身边，一伸手一转身就可以触摸到玉梅三姐妹、翠萍、大伟、李楠、明明、妞妞……这得益于作者的精心锤炼与成功的塑造和刻画。毋庸置疑，作者敏锐的洞察力、细致的感知力和娴熟的叙述力皆已跃然纸上。

小说无论讲亲情、爱情、友情、同窗情还是邻里情，始终围绕“陪读”发生。以玉梅为代表的现代“孟母”，无论是生活陪读、监督陪读、攀比陪读还是盲从陪读，都抱定“望子成龙”的美好愿望，背负责任和种种压力，应对处理情感冲突和家庭变故。在他们每个人身上，每个家庭都有故事在发生，或大或小，或悲或喜，或幸与不幸，都值得回味。他们的下一代，是家庭的焦点和希望，在这个特定的时代，同样背负和承受着远超自己年龄的多方压力，即使拥有优越的生活环境、良好的教育条件、丰富的教育资源，但其成长过程似乎缺失了一些东西，而这些缺失难道不是他们成长的烦恼吗？

可以肯定，作者是一个会讲故事的人，善于从平平淡淡的生活中捕捉丰富的人生表情，继而进行转换和深加工，将人间烟火以文字的形式呈现出来，这种来源于生活而高于生活的文学创作，是人生体验的结果，其所包含的困惑、矛盾、挣扎、欣慰，足以引起读者的共鸣。同时，小说语言具有地域特色，特别是在人物的一些对话处理上，大胆使用了较多具有标志性的方言俗语，虽然仅有那么几个简单的词语，却充满了生活气息和亲切感，令人过目难忘。

用挑剔的眼光看，《陪读》还有一些小瑕疵，如小说的叙事不够简洁等，但瑕不掩瑜，值得一读。

2013 年 9 月

全社会都要重视素质教育

——写在《陪读》出版之际

著名作家、评论家　周毓辉

中国现代文学馆发布的《中国文学发展状况》报告显示，我国每年正式出版和发表的长篇小说有2000余部。在如此多的小说面前，有多少能够在读者中留下影响？黄孝阳先生的《我们不读小说了？》指出当代文学存在的问题：视野与思想力匮乏、智性与想象力不够；信息量与知识力不够、语言匮乏与文体自觉性不够……无法对巨变的时代给出一个丰富、深刻的解读。然而，我们也欣喜地看到了一些优秀作品，诸如六六的《蜗居》《心术》、庸人的《中国丁克》、毕飞宇的《推拿》、叶广芩的《全家福》、王海的《城市门》……这些作品都是从关注社会问题入手，唤醒迷茫中的国人，遵循了当代小说最重要的职责——发现生命的百感交集，启发人深入思考。

写在前面这么多的话，提到如此多的作家和作品，不是卖弄见识和文采，而是我要推荐又一部与之相类似的好作品《陪读》。这是青年作家梁新会观察、分析、归纳、演绎、思考多年，精心创作推出的令国人无法不面对和深刻反思的现实主义力作。

一

小说是人的精神产品，是创造者有意为之的创造物，总是带有某种目的和意义，具有某种价值。梁启超提倡“小说革命”，他明确地提出“欲新一国之民，不可不先新一国之小说”，他把小说提高到了挽救民族危亡的历史高度。鲁迅在《狂人日记》中发出“救救孩子”的呼喊，震撼了每一个有良知的中国人。一个作家独特的选题就能启发人们的思考。梁新会独具慧眼地选取了富有中国教育特色的“陪读”,确有独到之处。“万般皆下品,唯有读书高”,一人的读书承载着家族的希望。千百年来,家长“望子成龙、望女成凤”的痴心不改。儿女们承载着父辈们的寄托和没有实现的理想,代代相传,根深蒂固,沉淀为我们民族的基因。尽管我们的执政者煞费苦心地进行了不少教育改革,试图改变那种薪火相传的问题,但是一直没有得到有效的改变,甚至更加强化了家长们的愿望,这究竟是我们民族的幸运还是不幸?

当代有不少学者撰文呼唤素质教育,甚至有人大声疾呼“把孩子从父辈们的重压中解放,还他们以快乐”。教育部门也在不断采取措施,实行招生改革,取消各种辅导班,提出奥数等不再与升学挂钩等措施,可是从家长方面收效甚微。学校取消了补课,家长却送孩子到社会辅导班去补课,更有甚者主动请愿,反对学校减轻学生负担的举动,实在令人担忧。我们的孩子成了考试机器,北大清华的毕业生70%去发达国家工作,爬个人奋斗的铁宝塔,个人主义盛行,自私、敏感、缺乏爱心。在网上流传着的“在大学感谢舍友不是马加爵;读研究生感谢同学不是林森浩”,足以提醒我们素质教育、品德教育、国家认同感教育迫在眉睫。我们欣喜地看到,以呼唤教育改革、呼吁减轻孩子的负担应当优先解决家长的负担为主题的长篇小说《陪读》由文学青年梁新会写出。作者把困扰我们民族几千年的书童伴读、“红袖添香夜攻书”,演化到如今不惜一切代价陪读的艰辛描写得淋漓极致。这个选题是近年来的一个重大突破,相信作品的推出会带来一股创作陪读类题材作品的热潮,也会使教育改革的作品成为热点,这就是梁新会为素质教育做出的贡献。

二

刘跃进认为:文学要反映时代,时代需要宏大叙事。文学史上,无数文学作品正因为反映了时代,才有了大的气象,才成为永不磨灭的经典。对于《陪读》,我觉得正是因它反映了时代的脉搏,有可能成为好作品。但是,作为一个青年作家,能够驾驭如此大的令人既爱又恨、还很无奈的题材吗?我担心梁新会能否做好。然而,读过之后,觉得她不但做到了,而且还做得不错。《陪读》以“不能让孩子输在起跑线上”为线索,一开篇就给人们带来悬念——因学校搬迁，玉梅为明明购买的学区房一下子派不上用场，万般无奈只能租房，而学区房的租金如同雨后春笋见阳光就涨，一天之内可能上涨七八百元，甚至更高。这令我想到了侯宝林、郭启儒的相声——能够买一袋面的钱，转了半天只能买一个窝窝头。当然，那是讽刺国民党金圆券的，用在这里不尽合适。可是，商家的逐利性是一致的，供不应求自然涨价，符合价值规律。寥寥数笔，把陪读的辛酸呈现给读者，抓住了读者的阅读心理，让人潸然泪下，不由自主地陷入了作者的“陷阱”，想寻求个究竟。

玉梅是一个年仅三十六岁的少妇，本该是女人一生中最迷人的阶段，却甘做家里的闲事主任、后勤部长，相夫教子，孝敬公婆，完全放弃了自我。应试教育就像一个指挥棒，让你不由自主地跟着它转，由它安排、由它左右。于是乎胎教、早教、幼教应运而生，社会上外语、奥数等辅导机构多如牛毛，各种艺术教育机构更是不胜枚举，令人应接不暇。《陪读》交代，一个仅两千余人的电厂每年都有四五个孩子考上北大清华，这是很不错的成绩，强化了人们的攀比心理，无形中对后面的孩子及其家长形成压力。我们的主人公“玉梅觉得自从有了孩子就没有轻松过。明明两岁多就上每周一次的早教启蒙课，三岁开始学习英语，四岁开始练习钢琴、画画”。为了孩子能够考上名校，她们牺牲了假期、钱财、美貌，顾不得衣着打扮。在多元化的时代，她们承担了更多的牺牲——玉梅的婚姻出现裂痕，年轻美貌的艾云出现后，深深吸引了玉梅的丈夫大伟，差点惹出了意想不到的麻烦。然而，她们的努力没有得到孩子们的理解，孩子的天性就是玩，于是有了举报、装病、中暑……家长和社会扼杀孩子们的天真烂漫，引起了社会的重视。

进入鑫通二中，除了原来的同学，又增加了“四大才子”——何佳明（明明）、唐子轩、杨訾非、郑文远，“四大美女”——于姝瑶、苏菲菲、吴杨惠子、上官慕雪。新一轮的陪读故事又拉开了帷幕：玉梅母亲和吴老师——一对相依为命的老年人难成眷属；淑芬的老公傍上富婆，夫妻离婚；家耀有了相好，玉兰生了女孩照样被遗弃；同姐的老公在老家公开养小三；夏森儿的丈夫李师不堪重负，酒后惨死；思思妈妈为了孩子的教育问题与公婆不和，在陪读中被迫离婚；夏森儿的孩子在父亲死后，毒杀母亲；号称弟弟是“海归博士”的男子把孩子逼成了抑郁症，且拒不接受治疗；在严酷的现实面前，小薇为了盈盈投向了大款的怀抱……我们不禁要问：这样的陪读究竟让我们的孩子成为了什么样的人？对民族的影响如何？

三

西方一些国家每年拿出部分资金帮助青年作家和业余作家出版作品，作家也就避免了盲目地创作。我们扶持的就是梁新会这样有胸怀、文字优美大气的作家的作品。《陪读》是陕西省最近几年资助出版的佳作，我以为作品有其鲜明的特色：一是丰富而细致的人物刻画，有名有姓的人物就有七八十位，各具特色，值得阅读；二是完整而多变的情节铺叙，小说头绪纷繁，线索众多，错综复杂，揭示了深刻的社会问题；三是其极具现实性的主题，表现了作者对人的本性之爱的深刻理解和对应试教育的思考和担忧；四是善于在广阔的社会联系中，从不同角度、多侧面地刻画人物性格，最突出的是明明这一形象，他的性格特征就是在众多人物的联系中显现出来的。

我们在肯定作品特色的同时也不能忽视其不足：一是人物过多；二是玄学和迷信的描写不利于唯物主义的普及；三是过分方言化、口语化的写作，不利于作品的传播。然而，瑕不掩瑜，我们相信以梁新会的灵气、大局观，以及深厚的文学功底，一定会写出更多更好的作品，期待她的下一部小说更加耐读。

2015 年 9 月 16 日

（因版面有限，序言有删节，敬请谅解！）

目录

MULU

1 租房也疯狂

七月的省城,天气热得像一个大蒸笼,玉梅脸上的汗如断了线的珠子骨碌碌地往下滚。

为了租房子,玉梅已经接连奔波了三天,对附近的房源闭着眼睛也能说出个一二三来。今天早上,她又跑了四家房地产中介公司,仍然没有找到中意的房子。

要是再没有合适的房子可咋办呀?大街上车水马龙,热闹异常,玉梅却满心忧烦地思忖着。这种孤独无助的感觉好比一只鸟儿拥有晴空万里,却看不到一个同伴。

玉梅随着涌动的人潮茫然地走着,好像出入无人之境,因为谁也不认识她,当然谁也不会帮助她。中午的阳光强烈极了,似乎要把一切都融化掉。突然,迎面走来两个曼妙女子,衣袂飘飘,打着遮阳伞娉婷而过,玉梅看看自己的运动短装、沙滩凉鞋,心里一阵酸涩。自从有了明明,玉梅就不穿裙子了。以前来省城逛街的时候,玉梅也会刻意打扮一番,化化妆什么的,可是现在,她变了,变得像路边的一棵小草,没有人会注意到她的存在。

丈夫大伟抱怨玉梅变得不讲究了,不像个女人了。其实,玉梅的五官依然耐看,甚至还有几分精致,只是脸型和身材就像一团发面,有些膨胀下坠。也许,女人到了一定的年龄,就会对一些浮华的东西不在乎了。过日子就那么回事,都当了娃他妈的人了,收拾得再好还能上了天?玉梅常常开口必谈大伟和明明,至于自己嘛,可谓是家里的"闲事主任""后勤部长"。老公出色,儿子聪明,这令玉梅一直自我感觉良好,可是这会儿,她的心里很不是滋味。莫非,自己已经从少妇哧溜到中年妇女的行列了?玉梅悲哀地想。

不觉间,玉梅来到了第五家中介公司,一个小伙子很热情地叫她阿姨,她心里一震,心想自己也就三十六岁,就那么显老吗?玉梅正欲发作,小伙子又说:"阿姨,你是为孩子上学找房子的吗?这几天的房子可紧张了……"玉梅顾不上说自己的不满,急忙询问六七十平米的房子还有没有。小伙子两手一摊,耸着肩说:"阿姨,早都租完了,现在就剩下一百平米的房子了,那位客户要帮朋友租,可能一单就把这几套房子全租了,你要租就赶快……"一问价钱,比昨天又贵了两百块,玉梅犹豫不决,小伙子在一旁不停地煽风点火,令她越发心乱如麻。突然,玉梅在电脑图片里发现有一套一百多平米的房子很像自己的新房,忍不住多看了两眼。这套房子各方面都挺不错,可就是2800元的租金太贵了,玉梅拿不定主意,只好给老公大伟打电话。

大伟正在会上讲话,一看是玉梅的电话说了声"我在开会"就挂了。二十几分钟以后,玉梅又打了进来,大伟刚一接通,玉梅的声音就像机关枪一样,劈头盖脸地扫射过来。全会议室的人都朝大伟看来,大伟窘得赶紧躲到走廊里,趁玉梅歇气时,敷衍了两句便挂了电话。大伟的态度打击了玉梅,她真想再把电话打过去质问几句,可她终于还是忍住了,又把那套房子仔仔细细看了一遍。

大伟开完会打来电话让玉梅先去找个地方好好吃顿午饭,下午有空了,他过来陪玉梅一起看房子。听了这话,玉梅心里轻松了许多,给那小伙子说了一声再见就出了中介公司。小伙子追上来喊玉梅"大姐",玉梅心里一乐,故意不搭理人家,神情自若地走进一家雅致的中餐馆。

最近#4机组刚刚大修完,正在进行各种调试,今天进行水压试验,主要是测试锅炉、汽机设备和管道的严密性和耐压性,十分关键。午饭后,值长打来电话汇报说凝汽器出现了渗漏,大伟立即带上汽机专业人员赶到了生产现场。现场其他几台机组正在运行,机器轰鸣,酷热难耐,几个检修工人的工作服都已湿透了。值长汇报说处理这几个漏点比较麻烦,可能要影响到预定的开机计划。大伟和几位工程师交换完意见,又急匆匆地赶去向总工程师汇报。

玉梅优哉游哉地吃完午饭,休息好了,就打电话催大伟,可是电话没人接。玉梅不觉间丧了气,百无聊赖地枯坐着。突然,电话响了,玉梅高兴地拿起来,一看不是大伟,脸上的笑容僵住了。电话是翠萍打来的,翠萍和老公李楠昨天已经租好了房子,今天刷完墙搞完卫生就可以搬家了。玉梅含糊了两句,挂完电话,心里酸溜溜、空荡荡的。

大伟一直没来电话,玉梅觉得没有了任何指望,只好再去中介公司看看。刚一推开餐馆的门,一股热浪像网球拍一样迎面扑来,让人觉得似乎到了火焰山脚下。阳光还是那么强烈,路面的柏油快要晒化了,树叶也晒蔫了,打起了卷儿。这鬼天气热得出奇,难怪人心里烦躁不安。

玉梅诅咒完天气,又想着也许一切都是天意。自己省吃俭用早早就在名校旁边买了房子,专门等着明明上学时住。谁知道眼看孩子要上学了,学校却要搬走了。放着自己好端端的新房子不住,却要费事地租别人的旧房子,啥世道嘛!玉梅恨不得用一种魔力把自己的房子连根拔起,空运到新校区旁边。

都怪这学校,一直扩招,没那么多教室干嘛收这么多学生?再说了,新教学楼上学期才挖了一个坑,这才刚刚封顶,就算是深圳速度,也来不及装修。可是学校这两天突然通知说要搬迁了,家长们闻讯一窝蜂地开始找房子,房价两三天就涨了四五百,就这房子还紧俏得抢不到。玉梅觉得自己不能再等大伟了,时间就是金钱,再不下手学校附近的房子可能就租完了。玉梅心里清楚,学源房不好租,尤其是离学校近、不用坐公交车、不用过马路的小户型更不好租,那就退而求其次租一套大点的房子也行。

玉梅进了中介公司一看,人好像更多了,刚才接待自己的那个小伙子身边围了十几个人。看见玉梅进来,小伙子远远地朝她一笑便没有再搭理她。玉梅暗想糟了,刚才看好的房子恐怕又没了。今天早上人都发疯了,像这样的房子根本不值这么高的价,这些人却不弹嫌就订了下来,看来形势不妙啊!

业务员都很忙,没人招呼玉梅。玉梅主动凑到了小伙子身旁去听,一听心里立马凉了半截,原来现在只剩下一百平方米以上的房子了。玉梅没得挑了,只好说:“我要这套房子,现在就下定金。”小伙子立即递给玉梅一张登记表,旁边的人带着羡慕嫉妒恨的神情看着玉梅,让玉梅感觉很有派头。可一看租金,玉梅的气不打一处来,怎么一转眼又飙到了3000元钱,几乎要花去自己一个月的工资!玉梅不由得倒吸了一口凉气,本能地开始讨价还价,小伙子摆出一副很无辜的表情告诉玉梅再说什么都是徒劳。

这简直是明火执仗地抢劫。人为刀俎,我为鱼肉,可是自己能有什么办法呢?许多复杂的事情,做决定时几乎没有什么道理可言。自己已经错过了好几套房子了,这次无论如何也不能错过这套了,玉梅毫不犹豫地付了定金。

小伙子喜不自禁的样子让玉梅有点受伤,觉得自己像个冤大头。玉梅只好自我安慰着,跟着小伙子去看房。

2　最美好的暑假被奥数奥语给废了

清晨六点，明明被闹铃叫醒，像往常一样，妈妈早已起来，给他准备好了早饭。明明没有胃口吃东西，匆匆梳洗之后，便钻进了卫生间。他容易便秘，肚子憋得很难受，可就是拉不出来，每次上厕所蹲半天也不一定能解决问题。今天，明明上厕所的时间实在太长了，玉梅在门外已经催促了好几次。催着催着，玉梅的声音就高了起来，明明捂着肚子从厕所出来，脸上一副痛苦的表情。这一招十分有效，玉梅果然不再唠叨了，她关切地问明明怎么了。明明没好气地说："还能怎么样，老毛病又犯了。"玉梅马上展开了说教，不等明明分辩，玉梅已化好了蜂蜜水，明明无可奈何地背起书包，提着早饭和水，下楼而去。

厂门口停了一辆白色的小巴，开车的王司机看见明明走过来就和他开起了玩笑。妞妞和涛涛来得早，两人抢占了司机身后的最佳位置，正在喝牛奶吃肉夹馍。紧接着小雨、文文、思思和妈妈都来了。孩子们天天去省城上课，家长们陪不过来，于是每天派一位家长带着孩子们上课，今天是思思妈妈押车，明天就该玉梅了。

明明他们是去上奥数奥语课，因为上初中后，开学前学校要进行分班考试，所以孩子们虽然已经考上了名校，但是这个暑假仍然不能掉以轻心。本想着可以好好玩一玩的美好假期就这样让奥数奥语给废了，孩子们一个个垂头丧气，怨气冲天。放了暑假跟没有放假一样，天天补课，天天早起，天天写一大堆作业，这日子真不是人过的。

妞妞剥开了一个煮鸡蛋，举在手中说："各位，知道这颗鸡蛋的来历吗？"

大家做摇头状，明明说："你别卖关子了，快说这鸡蛋究竟有何不同凡响之处。"

"这鸡蛋可是我妈托人从我们老家山里带回来的，行程十万八千里才到了我的嘴边，我妈说我上课费脑子，让我一定要吃掉它，我说何必如此费事，别让我上课外班不就结了吗？"妞妞故作痛苦地说。

大家一听这话，抢着要吃妞妞的鸡蛋，妞妞笑道："别抢，咱们几个难兄难妹谁跟谁呀！我昨天吃过了，你们一人一口，保证咱们都能上鑫通二中的奥数班，最次也是英语班，好不好？"

"好！好！好！"孩子们一边齐声叫好一边传着吃鸡蛋。

明明嘴里噙着鸡蛋学着麻老师的口吻说："光知道吃，一群笨蛋，一群吃货，光知道吃，就不知道解奥数题……"惹得大家哄堂大笑。

突然，一直很少开口的涛涛说话了：“你们想不想去上课呀？”

“NO！NO！NO！”大家异口同声地回答。

“我有一条妙计……可以解救……尔等于水火之中。”涛涛拖长了调子，摇头晃脑地说道，把大家的胃口全都吊了起来。

“别装神弄鬼了，有啥妙计快说出来。”明明催促道，而涛涛却故意顾左右而言他。

“狗嘴里吐不出象牙！你能有什么锦囊妙计，恐怕是拿不上台面的馊主意吧？”妞妞使出了激将法。

“你胡说！我今天借了舅舅的手机，准备给教育局打一个举报电话，让他们把奥数班查封了，咱们不就解放了吗？”涛涛终于给大家亮了底牌。

“你太天真了。你没听麻老师说他不怕举报，咱们谁敢举报他，他立马就能查出来是谁打的电话。”

“麻老师还说谁要是举报他，就要被他列入黑名单，就再也不要到他那儿上课了，也就别想着考名校了。”

“咱们的电话麻老师那儿都有，人家一查就查出来了。不过用外地的手机就没有什么后顾之忧了。”

“怕什么？咱们都考上名校了，还怕麻老师干什么？咱们这叫替天行道，咱们这叫见义勇为，咱们说什么也要为后面的学弟学妹们杀开一条血路。”

……

送走了孩子，玉梅一看表还不到六点半，感觉十分困倦，就想再躺一会儿。刚走到卧室门前，她又想起家里的包子吃完了，要发一点儿酵面。这么一想，她睡意全消，转身进了厨房忙活起来。

七点钟，大伟醒了，一看身边没人，知道玉梅又早早起来做早饭了。玉梅正在和面，大伟从后面拥着她说：“劳动模范，昨天睡那么晚，早上还起这么早做饭，你就别这么操心了。明明可以买着吃，我也可以去餐厅吃早饭。”

玉梅两只手沾满了面粉，娇嗔地说：“怎么能让你天天吃食堂呢？那我不就成了懒婆娘了，快去吃早饭吧。”大伟答应着松了手。

玉梅洗干净了沾满面的手，才想起还没有洗脸，她一照镜子不由得“呀”了一声。自己黑眼圈怎么这么重，肯定是昨天晚上一连看了三集《巴黎爱情》，哭得太伤心了。玉梅赶紧取出冰袋敷在眼睛上，躺回卧室里。大伟吃完早饭，叮咛玉梅要是累了就别去上班了，然后急匆匆地走了。玉梅躺了一会儿，感觉好多了，一个人呆在家里很无聊，上班人多热闹，最起码可以交换一下看韩剧的心得，玉梅觉得上班有上班的乐趣。

玉梅刚一到班上，班长、淑芬、小薇、恩华就围了过来，关切地问她租到房子了没有。玉梅不好意思直接说自己租了那么贵的房子，便先把这三天看房子的情形给同事们大略说了一遍。大家纷纷感叹：这啥都涨价，房租就像坐上了直升机，可就是咱们的工资却原地踏步基本不动。

在大家的一再追问下，玉梅像做了见不得人的事了一样，红着脸给大家说了实话。同事们一听这价钱都惊呆了，半天没有一个人吱声。

马大姐阴阳怪气地说："那么高的房价也就你这高干家庭能挨得起，你看你买的那套学区房都用不上了，真是人算不如天算。"

小薇过来搂着玉梅的肩安慰她说："为了孩子上学，租人家房子是没办法的事儿。再说了咱就一个孩子，一切都是为了孩子着想嘛。我这下可要给我们盈盈攒钱了，要不然将来拿什么供她上学，总不能去给人家笑吧。"小薇的话转移了大家的注意力，玉梅赶紧溜到了自己的办公桌前。

玉梅想起太奶病了要问候问候，电话打过去大伟母亲接了，两人说了太奶的病情，不觉说到了租房子的事儿。玉梅怕大伟母亲嫌贵埋怨自己，果不其然，大伟母亲惊讶得盘问了半天。玉梅尴尬地解释道："今天租的房子虽说贵，可你要是有空去看一眼，你就觉得这钱花得值。名校纪律严格，娃们早上七点二十就要到校，迟到的一律不准进校门。我租的房子就跟学校隔了一堵墙，明明早上六点四十起床都能来得及。翠萍的房子离学校两站路，妞妞就得六点起床，这账可不敢算。"大伟母亲听了，嘟囔了半天。

大伟父亲要过电话说："宁要钱吃亏，不叫人受罪。只要离学校近，娃上学安全叫人少操点心就行了。"大伟父亲这么通达，玉梅心里好受多了。

到了九点多，玉梅想着要买点肉和菜，就向班长告了假。电厂的生产区和家属区只有一墙之隔，进了电厂的大门先是家属区，再往里边走三四百米进了二门便是生产区。玉梅出了二门、大门再向左一拐就到了菜市场。市场虽小，物品却很充足，平常家里需要的东西都可以在这里买到。

玉梅上班的滨河发电厂位于郊区的一个小镇上，镇子很小，只有一条马路，政府机关和厂医院、学校、篮球场、足球场沿着厂门口的这条马路一字排开。马路边生长着高大的法桐，枝叶繁茂，几乎把马路遮了一大半。夏天，走在这浓密的树荫下，清凉舒爽极了。

步行完这条路不过五六分钟，马路的尽头便是农田和村庄。玉梅没事的时候，常常沿着这条路散步，她喜欢一直朝前走，走到庄稼地里摸一摸绿油油的玉米，嗅一嗅泥土的芬芳，再向右边拐过去走到村庄，看一看农家小院，闻一闻炊烟的气息，仿佛回了一趟老家似的，十分有趣。天气好的话，大伟偶尔也会陪着她和明明出来散步，有时候还上原挖野菜、放风筝。

3 高速惊魂

今天进行小机试验，各路人马均已到齐，集控室里一派繁忙景象。

现代化的大型发电厂，集控室经过几番改造，越来越简约，几乎见不到原来那种粗笨的控制开关，绝大部分的操作都在电脑上进行。如果你没有身临其境，你会误以为这几位值班员在电脑上玩游戏呢。其实，你只要再稍微细心一些，就会发现他们个个神色严峻，双手一刻不停地翻看画面、调整参数。大伟带领着汽机人员在就地和集控两头跑，一早上几乎没喝过一口水，眼看十二点多了，试验还是无法完成。服务公司送来了工作餐，总工下令让大家吃了午饭再做试验。

玉梅在家做好了饭菜，左等右等不见大伟回来，心中十分不快，心想你就是再忙，也应该给我打个电话呀！吃盒饭时，大伟才想起忘了给玉梅说一声，他找了一个安静一点儿的地方拨通了家里的电话，玉梅接起电话一听是大伟的声音就不吭声了，大伟赶忙解释自己一忙就忘了给“领导”请假了，又问明明回来了没有。提起孩子，玉梅就忍不住埋怨说今天省城又堵车了，孩子晚点才能回来。大伟一听玉梅消了气，就趁机说他下午还要加班，就不再给“领导”请假了。

玉梅知道大伟一进生产现场就把啥都忘了。大伟就像卖给了电厂，常常加班加点，结婚十几年了，节假日几乎没有完整地休息过。有时候在家里一听见现场的排汽声，或是一接到现场打来的电话，饭也不吃了，觉也不睡了，立马就往现场跑。玉梅已经习惯了这种生活，她明白作为妻子，自己只有无条件地支持丈夫的工作。玉梅的肚子已经咕咕叫了，只好独自吃饭。玉梅最近一直都在减肥，看着可口的饭菜却不敢多吃，她夹了几口菜吃了一小碗米饭便离开了餐桌。

这女人一过三十五，喝口凉水也长肉。玉梅天天喊叫着减肥，顿顿吃饭的时候都要让老公和儿子监督自己绝不能多吃一口，可照样还是阻止不了腰部赘肉的生长。玉梅悲哀地想:男人三十一枝花，女人三十豆腐渣。这些老话可真是至理名言，就像大伟一天到晚忙忙碌碌，啥也不讲究，可就是又高又瘦，跟十几年前没多大变化，而自己越看越像个媳妇姐。其实自己比大伟要小三岁多，可是打眼一看自己就老相一些。

明明还没有回来，玉梅觉得没什么事儿可干，就打开了电脑看韩剧。玉梅一看起韩剧就觉得什么烦恼忧愁都统统都不见了。韩剧里讲的大都是浪漫的爱情故事，她常常随着剧中的人物一起笑一起哭，简直是超级粉丝。每次她看韩剧的时候，大伟和明明都很高兴，这下没人盯着他们两个了，他们乐得清闲。

玉梅看着电视剧就把什么事儿都给忘记了，直到明明敲门时，她才想起孩子今天怎么回来得这么迟。一打开门，明明差点瘫软在她的怀里，玉梅吓了一跳，赶紧接过书包，扶着明明坐到了沙发上。明明面无血色，上气不接下气，半天说不出一句话，玉梅喂他喝了几口水，他才有气无力地说："老妈，我快挂了。麻老师真不是个东西，为了早早放假，又不想给我们退学费，从今天起每天拖堂三十分钟，差点把我们的肺给气炸了。本来上课都把人快累死了，回来的时候高速路上又出了车祸，三辆车连环相撞，有一辆车两头被挤压得开了花，里边的人当场就不行了，地上流了好大一滩血，太可怕了，我们吓得都不敢看。医生、警察来了好多，所有的车都动不了，我们一直被堵了一个多小时。命苦呀，比黄连都苦呀！王司机怕你们担心，没说路上出车祸了，只说堵车了。"玉梅一声一个"宝贝儿"地安慰着孩子。

明明缓过劲儿后，玉梅也热好了饭菜。明明饿极了，吃起饭来狼吞虎咽，玉梅在一旁连声说："慢点，小心噎着。"明明吃完饭已经三点多了，玉梅看着孩子没事了，就上班去了。

库房的门大开着，班长、恩华还有几个同事正在里面领料，玉梅觉得很不好意思，就说："我们家明明今天回来得晚，我刚照看着孩子吃了午饭。"

"我们急着去抢修 #2 机组，拿了两个阀门，你记在账上就行了。"班长说着带着班员们干活去了。

马大姐看见班长这么照顾玉梅，撇撇嘴哼了一声，嘀咕着"人跟人就是不一样"，忿忿地走开了。玉梅懒得理她，装作没听见就记账去了。小薇替玉梅打抱不平说："她们家孩子高考时，大家是怎么照顾她的，不会这么快就忘了吧？都一起上班这么多年了，谁没有个难处，这小升初录取比例 1:6，比高考还难……"玉梅谢了小薇，把库房整理了一番，然后给大家讲起明明回来时的情景。小薇、淑芬纷纷抱怨说孩子们出去上课太让人操心了。

说话间，明明打来电话让妈妈给他讲奥数题。玉梅记好了题目，开始一步一步地引导着孩子审题。明明弄清了题意，恍然大悟地说："这和我们今天讲的例题是一个类型，就是前面多设了几个障碍。"玉梅又乘机启发了明明一番，让明明先抄一遍例题再做作业。

明明的好胜心被激发了起来，说："你儿子是谁呀？是天王老子都不怕的孙大圣！再见，老妈，猴哥要上战场降妖除怪去了！"玉梅和儿子道了别，心情十分愉快。

大家都夸玉梅能干，做家务辅导孩子样样都是顶呱呱。玉梅嘴里谦虚地说："我是没办法，你们家都是老公辅导孩子奥数，我们家那位指望不上。"

大家开玩笑说："谁叫咱眼窝里面有水水，就找工程师当老公呢，不像我家那人，下了班没事干就知道窝在家里管娃，给娃辅导不了两句，脾气上来了，就开始收拾娃。”

玉梅说：“看你们叫福给烧得，咱换一换试试？”

“行，咱连老公儿子一起换，看你舍得不？”大家和玉梅开着玩笑。

玉梅喜欢和儿子在电话里沟通，两个人有了一定的距离，说起话来反倒别有意思，学习效果非常显著，这几乎是母子两人的小秘密。不像有些家长白天忙，让孩子白天睡觉，晚上下班后再给孩子辅导，常常熬到夜里两三点。

从上幼儿园起，玉梅就对明明的教育抓得很紧。不，应该说是从怀孕的时候开始，玉梅就已经很注意胎教了。明明出生后，玉梅一有机会就教他背唐诗，唱儿歌，读故事。两岁多就上每周一次的早教启蒙课，三岁开始学习英语，四岁开始练习钢琴、画画……

玉梅觉得自从有了孩子自己就没有轻松过。小学的语文、数学、英语她都学了一遍。每学期的期末考试前，自己比孩子还紧张。明明和大伟常说她搞不清楚状况，咱家到底是谁在上学。孩子上课外班，玉梅几乎一节不落地去听课。玉梅的每个周末差不多都是在陪孩子上课中度过，老师、家长提起玉梅都伸大拇指。好容易孩子小学毕业了，玉梅本想着可以解放了，谁知学校又要进行分班考试，孩子不敢有丝毫的松懈，只好继续上课外班。

明明中午回来晚的事儿，不知道怎么传到大伟父母耳朵里。大伟母亲打来电话责怪玉梅，玉梅分辩说：“妈，我也看着娃可怜，可是人家娃都上着呢，咱不上不行呀！”太奶躺在病床上让大伟母亲传话说：“明明身子骨嫩，不敢学伤了。”玉梅安慰大伟母亲说：“再上几天就不上了，学校很快就放假了。”大伟母亲无奈地说：“管教娃的事我们做不了主，我就这么一个宝贝疙瘩孙子，你自己看着办！”玉梅为难地说：“妈，不是这样的，再上两三天，这一期的课程就结束了……”大伟母亲没听完就生气地挂了电话。

玉梅不是不心疼孩子，可是不上课不行呀！玉梅想起那天坐公交车时，车上人挤人，站都站不稳，一位同事的孩子坐在售票员的位置上旁若无人地吃凉皮、肉夹馍喝矿泉水。原来，这个孩子一周要来省城上三次课，孩子在省城上完奥数课回厂里接着要上新概念英语，中间根本没时间吃饭，几年来风雨无阻。售票员和好多乘客都认识了这对母子，看孩子可怜，全体售票员便私下里约定：只要这个孩子一上车，一定要安排座位让孩子坐下来休息。孩子对此已经习以为常，司机、售票员和乘客看着这孩子常常感慨不已。人家家长对孩子要求这么高、付出这么多，自己能放松吗？大伟那么忙，自己对孩子的教育不上心能行吗？玉梅越想越觉得自己委屈。

玉梅给大家讲起这事，淑芬说：“这有啥稀奇的，还有比这更疯狂的家长呢！我妈单位一个同事和她老公两地分居，为了孩子考名校，人家老公愣是休了一年假，在家陪读，还买了一辆车，专门接送孩子上学。人家下的那功夫，实在不是一般人能受得了的。还好，功夫不负有心人，他们家孩子好歹还考上了名校的普通班。有些人却是赔了夫人又折兵，劳命伤财了一阵子，孩子还是啥名校都没有考上。”

“嘟——嘟——嘟——”下班号响了，紧闭着的大铁门打开了，涌出了一群工人。玉梅和小薇随着人潮出了二门，小薇说：“回家看韩剧，别老说孩子了。我们盈盈就要上幼儿园了，我听得头都大了。但愿到盈盈上学的时候，根本不用这么辛苦。”

“你太天真，现在的幼儿园都成了兴趣班的代名词了。人家把英语课放在早上，谁要是不给自己孩子报名，上课时就把你孩子赶到教室外面去自由活动。有一个孩子因为口齿不清，家长就想着孩子中国话还说不利索呢，先不要学英语，便没有给孩子报英语班，结果一到英语课时间，孩子就孤零零一个人坐在过道里。家长接孩子回家后，发现孩子一个劲儿地喘粗气，吓得以为孩子生了重病，赶紧把孩子送到医院。结果医生说孩子心理压力太大，受了一定的刺激。这家长百思不得其解，后来，孩子哭着哀求爸爸妈妈，他再也不要买零食、买玩具、买新衣服，只要给他报英语班，他一定听大人的话，家长这才明白是怎么一回事儿。”淑芬言之凿凿地讲道。

“幼儿园都这么恐怖。小薇，你赶紧准备移民。”恩华从一旁插嘴道。

“乌鸦嘴，你咋不先办个移民呢？你信不信我给你喷一身香水，看你回去怎么给文雅解释。”小薇说着，啐了恩华一口，吓得恩华落荒而逃，惹得玉梅和淑芬笑个不停。

二门外的餐厅、生活公司、招待所、单身楼门口停满了私家车，许多工人们相互招呼着坐上车，回汉阳或省城陪孩子读书。马路上汽车一辆接一辆，十分壮观，步行的人们被挤到了路边。

小薇说：“这还是暑假期间，就有这么多人要陪读，一开学就更热闹了。玉梅姐，你可要有思想准备。你现在就赶紧联系几个人一起拼车，这样就省事多了。”

玉梅说：“就是，这每天来回跑，坐车真是个大问题。”

回到家，玉梅钻进厨房忙碌起来，直到蒸完馍，大伟还没有回家。等包子馒头晾凉了，玉梅装了一大袋准备给大伟父母送去。正在这时候，大伟回来了，一把接过袋子。大伟原来还担心玉梅为母亲说的那几句话而耿耿于怀，现在看来纯属多余。玉梅心肠好，对婆婆像亲妈一样，却从来没有要求婆婆把自己当亲生女儿看待，这一点使大伟非常满意。

4 奥数游击战之生病

大伟一路风驰电掣到了医院，却没有地方停车，翠萍、亚荣和思思妈妈心急火燎地跑向了儿科。玉梅和王司机带着一群蔫不拉的孩子正在候诊。明明脸色蜡黄，涛涛无精打采，妞妞呜呜地哭个不停，玉梅忙不迭地给她擦眼泪。刚一碰面，亚荣就劈头盖脸地质问玉梅道："你是咋照顾娃的?"

玉梅气得满脸通红，正欲分辩，妞妞抢白亚荣道："都是你们涛涛干的好事，你别冤枉好人。"

"老师说有人打电话告状，就没收了我们的手机。先说教育局要来检查，不准我们告诉别人这是上奥数，要是有人问就说是学英语。老师还给我们拿来几本英语书作掩护，让我们一听见敲门声音，就赶快换课本。"

"后来又说教室不安全，把我们塞到了地下室里，那里又黑又小，我们一个挨一个才勉强坐下，里面又闷又热，老师还不让我们开窗子，不许我们大声说话，不准我们上厕所。"

"老师还说让他查出来是谁告的状，说绝不轻饶。"孩子们七嘴八舌地说。

王司机好不容易插上嘴说："今天我们把娃送到了教室，麻老师就像往常一样让大人走远一点，谁知道那货把咱娃们关到地下室上课去了。"

亚荣听了这话，觉得错怪了玉梅，脸上表情极不自然，转身拧着涛涛的耳朵，踢了两脚骂道："你就一天给我惹是生非，没有麻老师，你能考上名校？你这个……"

涛涛挣脱着锐声大叫道："麻老师把我快打死了，我才不稀罕什么名校！"周围的病人都围过来看热闹，翠萍拉开亚荣，责备了涛涛几句，驱散了围观者。等大伟赶来时，玉梅已经带着明明做化验去了。

孩子们的病情大同小异，先后挂上了吊瓶，玉梅让大伟陪着孩子，她和王司机去给大家买点吃的。收费大厅里依然排着好几条长龙。一对夫妇吵架的声音传入了玉梅的耳中，原来有个女人已经快到缴费窗口了，男人却拉扯着女人不让缴费。男人嘴里骂骂咧咧地说道："孩子有啥病，就是考试没考好，叫老师给批评了一顿，心情不好，你就听教授的话说娃得了抑郁症，跑这儿来花冤枉钱。"

女人边挣扎边喊叫："你看孩子一晚上睡不着觉，一整天跟人不说一句话，学习成绩都到了最后一名了，你还不着急。老师批评孩子，你回来打孩子打我，把个好好的孩子整成了木头桩子，你还有理了。"

男人趾高气扬地说:“我兄弟是海归博士,我妹妹留学美国,我娃智商能低到哪儿去? 我就是要让他上名校,将来出国留学。他以为进了名校就进了保险箱,不好好学习,成绩才那么差,老子教训他几下,你就说我把娃打傻了,可笑不? 往回走!”男人说着抓着女人的头发把女人拖出了队伍。

女人的叫骂声吸引了众人的眼球,有人小声嘀咕道:“你兄弟那么厉害,不知道你在哪里高就?”保安闻讯赶来制止,夫妇俩灰溜溜地离开了人群,一个又瘦又小的男孩表情呆滞地紧跟在两人身后。玉梅看了心里难过得想哭。

王司机气呼呼地说:“家丑不可外扬,这世上还有这样当父母的。当着这么多人都打闹成了这样子,回去关起门来不知道闹成啥样子。”

玉梅心慌意乱,木然地跟着王司机买回一些食物,分给大家当午饭吃。大伟在一旁给父母打电话报平安。翠萍挤眉弄眼地悄声对玉梅说:“你们家的大帅哥可真是个万人迷,刚才那几个小护士,一个劲儿过来问这问那,热情得不得了。”玉梅神情漠然,听了翠萍的话毫无反应。翠萍自觉无趣,便不再提起话头。

打完了三大瓶两小瓶点滴之后,孩子们精神明显好多了。小孩子不藏病,一坐上车,明明和妞妞就开始控诉麻老师。大伟很少陪孩子,明明的教育基本上都是玉梅管,他听孩子们把奥数老师妖魔化了,忍不住笑着说:“老师这么恐怖,你们干嘛还上他的课?”“麻老师教得不怎么样,可人家本事大,手眼通天,能提供更多考名校的机会。”翠萍代替孩子们回答道。

“叔叔,你不知道,麻老师牛得很,要进他的班,必须先考试,考试还要交考试费。考不上交多少钱他都不要,考上了还要按成绩分为A、B、C三个班。每月一小考,每学期一大考,成绩好的从C班升B班,从B班升A班,成绩不理想,毫不留情就把你降下来了。C班的最后两名,直接就不要了。每回考试就变班,把我们都快吓死了。”妞妞口无遮拦地说。

“你们被降过班吗?”大伟问道。

“降过,我哭了三天,眼睛肿得像颗桃子。我那么努力地学习,可就是弄不明白‘牛吃草’的问题。”妞妞诚实地回答。

“儿子,你呢?”大伟问道

“他们男孩子聪明,学奥数轻松,比我们女孩子强多了。明明一直都是麻老师的得意门生,是我们学习的榜样。”不等明明开口,妞妞抢先回答道。

“我哪有那么神奇,还不是我老妈跟着咱们一起上课,我没弄明白的,她先琢磨透了,然后给我讲。”明明谦虚地说。

“就是,你们玉梅可是明星家长,是家长们的奥数老师,是唯一一个受到了麻老师表扬的家长。我们给孩子辅导不下去了,都要请教玉梅。”翠萍附和着说。

“老婆,你真的有那么厉害吗?”大伟惊奇地反问。

“你听翠萍胡说,我那两把刷子,你还不清楚?你好好开车,别老跟孩子们闹。明明偶尔考个第一名,就使劲给自己脸上贴金。”玉梅嗔怪大伟和儿子道。

“什么嘛,我考了好几回第一名,麻老师都表扬我了,我那个小闹钟就是我得的奖。不过学得再好,麻老师照样批我,有时候还打我,拧我耳朵。”明明委屈地说。

“麻老师就敲过一次你的脑袋、拧过两次你的耳朵你就受不了,那我们就别活了,天天被他修理,我的辫子都快被他拽掉了,我的脸都被他捏肿了,我同桌的屁股都被踢青了好几回。麻老师说现在的孩子太娇气,他的教育能够锻炼我们的抗击打能力和耐挫折能力。”妞妞不满地说。

“他每天一开口就是‘昨天的作业写完了没?写会了没?写对了没?一群笨蛋,作业交了没?一群笨蛋,光知道吃,光知道白花大人的钱,光知道混日子……’”明明学着麻老师的口气说了一长串,把大家逗得笑个不停。

“麻老师有两个电话,有一个是专门联系家长的电话。一天一个家长要带孩子来试听,他对人家大声地吼道‘试听?试听啥?你也不打听一下,我这里啥时候试听过?你要连这规矩都不懂,你就靠边站。你娃都上到了五年级了,你居然都不知道到我这里上课的路数。你这家长是咋当的?你就等着把你娃往没人去的那些烂学校送,今日喝酒打群架,明日抽烟又赌博,后日早恋打游戏……’人家家长问了一句话就被他骂了个狗血喷头。”明明表情夸张地说。

“后头才可笑呢。他刚把那个家长大骂了一顿,接着又给我们继续上课,刚起了一个头,电话又响了。麻老师看也不看,以为又是家长,拿起电话不耐烦地大声说:‘我刚才给你们说了,我忙得很,少来打扰我。你们这些家长是咋听话的!’一听电话那头是省教育厅的人,麻老师像条变色龙一样,立马换成一副奴颜婢膝的嘴脸,低声下气给人家解释,赔不是。我们在底下都不敢出声笑,一个个捂着嘴,趴在桌子上偷偷地笑。”妞妞补充道。

“麻老师接完电话立即叫来一辆车,把我们拉到宾馆,说是变个环境继续上课。结果他的电话响个不停,就给我们放动画片,简直美死了。”明明兴奋地说。

“还有这回事,你回来咋不说?”玉梅质问明明道。

“妞妞,你怎么也不说?”翠萍也问道。

“麻老师不让说,他说谁走漏了风声,就让谁降班,还取消考名校的机会。这不今天高兴就顺嘴说了出来。”妞妞可怜兮兮的样子让翠萍不忍责怪。

“就这,我们还算是比较幸运。幸好老妈没让我们去参加考前集训,涛涛他们都被麻老师打美了。涛涛说他们简直就像进了活地狱、纳粹集中营。”明明说道。

“就是,幸好老妈英明,没让我们俩去上集训班,逃过了这一劫。”妞妞心有余悸地说。

5 老婆，饶了我吧

大伟放明明书包时，随手拿出奥数奥语课本看起来。看着看着，大伟不解地问道:“这些数学题我怎么都不会解?”“别说你是交大的高材生，就算大学教授，如果不学奥数，他也解不了这些题。”玉梅很肯定地说。大伟说:“是吗?”“过来，我给你出一道入门级的。百名和尚吃百馍，大和尚一人吃三个，小和尚三人吃一个，问大小和尚各几个?”玉梅出完题目，大伟略一思索，说:“这还不简单，大和尚 X 个，小和尚 Y 个，列个方程一算不就好了？这有何难?”玉梅说:“拜托，孩子们一二年级还没有学方程。”大伟说:“那着啥急，等到孩子学了方程再解这道题不就行了。”“那还叫奥数吗？奥数就是训练孩子超前思维的。人家名校选拔尖子生就是通过考奥数看这孩子有没有潜力，学习有没有后劲儿。”玉梅看大伟问这么幼稚的问题，有些不屑。

大伟拿着书左看右看，又问玉梅:“这些题你真的都会做，明明也会做?”玉梅不耐烦了，随手给大伟写了两道奥数题说:“看在你是俺娃他爸的份上，就给你出两道五年级简单点儿的题目，当做今天的家庭作业。”大伟拿起题目一看:一、某人畅游长江，逆流而上，在 A 处丢失一水壶，当他又向前游了二十分钟后，才发现丢了水壶，立即返回寻找。在离 A 处 2 千米的地方追到了水壶，问他返回追寻用了多少分钟？(返回速度不变)；二、甲从 A 地出发步行去 B 地，乙丙两人从 B 地分别驾车出发向 A 地行驶。甲乙两人相遇在距 A 地 3 千米的 C 地。乙到 A 地后立即掉头，与丙在 C 地相遇。如果开始出发时甲就跑步，速度提高到步行速度的 2.5 倍，则甲乙两人相遇点距 A 地 7.5 千米。求 AB 两地之间的距离是多少？大伟抓耳挠腮了半天，也想不出个所以然，只好央求玉梅道:“老婆，饶了我吧，咱不布置作业好不好?”“一道奥数题就把你吓得原形毕露，还交大本科生呢！快过来给我这个电校中专生捶背，才能饶你一次。”玉梅故意很拽地坐在沙发上，翘着二郎腿让大伟伺候自己。

大伟边捶背边恭维玉梅。玉梅一本正经地说:“这奥数可真是个劳民伤财的害货，可就这，咱们还得感谢奥数，没有这一座独木桥，咱厂孩子上名校的路就堵死了。我是实在没办法，才跟着明明去听课，要不然光靠娃自己只能天天挨打挨骂。你不知道麻老师打骂学生的时候，我恨得手痒痒，真想冲上去把那家伙痛扁一顿。尤其是那次他拧咱明明耳朵，要给咱娃脸上画猫的时候，我黑血直往上冒，恨不得把老师大骂一场，然后带着孩子转身走人。可我不能这么做，咱们本来就不是省城户口，不在学区内，我出了这个教室就意味着明明上名校的机会渺茫了，我只好和大家一样忍着。忍吧,反正考完试了,谁也不认识谁。”

“麻老师打学生也太过分了！竟然敢打咱明明,我都从来没有动过孩子一指头。你咋不给孩子换个地方上课呢?”大伟气愤地问道。

“工程师先生,你以为我和翠萍她们都是傻子？麻老师可是经过了历届家长们考察,学生们公认的优秀奥数老师。不仅课讲得好还能提供最多的考试机会,而且收费低廉、作业量适中。有些奥数班收费奇高,到最后了还用假考试骗人,害得孩子没学可上。有些老师虽然讲课不错,可作业量太大,一天给孩子布置一百道题目,做不完就打,不管男孩女孩一律打,打得有些孩子都休克了,家长在教室后面哭得一个比一个难过。有个老师脾气不好,一次生气了,直接把书往讲台上一摔,当即就把自己的三根手指头摔骨折了。网上关于这个问题的评论铺天盖地,你一天光知道个汽轮机、锅炉、发电机,今天让你换换脑子,先看看你老婆我的吧!”玉梅点开了网页,搜索到《名校与奥数的前世今生》一文,大伟读了起来:

家长送孩子上名校意味着什么？意味着孩子接受更好的教育,然后上文凭硬的好大学,将来找工作时拥有一块颇有份量的敲门砖;当然也意味着孩子要牺牲童年的欢乐,要付出数倍的努力在奥数的题海中痛苦遨游数载;自然也意味着家长要备足银子,花费时间陪着孩子一起学习。总之,上名校很诱人,学奥数很痛苦。孩子一旦考上名校就意味着孩子天资聪颖,家长教子有方。这也是学奥数上名校让家长们痛并快乐着,且无比纠结的根由。

诚然,家长送孩子上名校,望子成龙、望女成凤的美好期望合情合理,本无可厚非。可是名校毕竟是稀缺资源,名校招生从来都是悄无声息、遮遮掩掩的地下工作,普通老百姓根本摸不着北。于是奥数应运而生,当仁不让地架起了沟通家长和名校的独木桥,既把家长领上正道又让名校免了话柄,正可谓周瑜打黄盖——一个愿打,一个愿挨。所以名校与奥数渊源颇深,上名校绕不过奥数这道坎,上名校必须学奥数就成了自然而然的事。除非家长承认自家孩子生性愚钝,甘愿放弃名校,自然也就不再与奥数有什么过节了。而又有几个家长敢拿孩子的未来开玩笑？学习好的不用说,学习中等的更要笨鸟先飞,提早入学。可见上名校是刚性需求,学奥数乃唯一通道。

6 神奇的梦

大伟睡得迷迷糊糊,突然听见座机在响。这时候有电话一般都是紧急的事儿,大伟爬起来接通电话,原来是岳母大人。

玉梅母亲说:“我昨晚梦见明明了,娃乖着吗?”

“妈,你真神了,明明生病了。”大伟吃惊地说。

玉梅怕母亲着急,要过了电话说:“明明昨天拉肚子,打几天吊瓶就好了。”

“你少骗我,你肯定又让娃大热天去城里补课了。天这么热,人都往凉快处钻,你把娃往热烘烘的城里送,娃不得病才怪呢!”母亲责怪起了玉梅。

“明明开学要分班考试,人家都给孩子补课,明明一个人在家也没什么事儿,我就让他跟着去上了几天课。”玉梅辩解道。

“怪不得我夜里睡不好,老做梦,梦见明明哭呢。你说娃要考名校我不反对,娃去年功课重,寒暑假天天要补课,一年都没有回来过,我都不说啥。娃都考上名校了,你把娃还抓得那么紧,我就不明白了。看娃都累病了,就别再上课去了,等娃病好了,你把娃带回来,让娃松泛松泛。”玉梅母亲抱怨道。

“妈,你真的梦见明明了,你一天咋这么神呢?”玉梅笑问道。

“我啥时候骗过你?我一早上心里慌慌的,你还有心思跟我说笑话。明明一好,你就叫大伟把他送回来。明明快过生日了,我还准备给明明赎身呢。明明呢?叫明明跟我说上两句话。”玉梅母亲急切地说。

玉梅把明明叫醒,明明揉着眼睛懒洋洋地叫道:“姥姥。”“嗳……我娃咋生病了,快给姥姥说。”玉梅母亲一听见明明叫姥姥,说话声音立马柔和了许多。明明不时地给姥姥撒娇,玉梅母亲一口一个心肝宝贝地安慰着明明,末了,一再叮咛玉梅过两天带孩子回老家来。玉梅答应了好几遍,母亲才放了电话。

这世上到底有没有会给人托梦的神灵?要是有,她在哪里?要是没有,为什么每次明明一病,母亲就梦到了?

母亲的梦很准很灵验,玉梅已经领教过好几回了。

玉梅记得自己刚结婚那几年,一直怀不上孩子,全家人急得不知如何是好,大伟母亲带着她四处求医,医生却说她身体好好的,别着急自然就怀孕了。玉梅母亲说她大年初一早上去爷庙问过了,爷说玉梅命里多子多福,这娃很快就有了。

那年,厂里派大伟外出学习一个月,这是他们结婚以来,最长久的一次离别。临走时，大伟对玉梅依依不舍，他坐在床边，搂着玉梅唱起了"轻轻地，我将离开你，请将眼角的泪拭去，漫漫长夜里，未来日子里……"玉梅感动得泪水涟涟，仿佛回到了初恋的美好时光。

大伟吻着玉梅流下的眼泪，玉梅情不自禁地紧紧搂住了大伟的腰，两人的身体激动得微微战栗。大伟吻着玉梅的额头、脸颊、脖子……一阵令人目眩神迷的幸福和快乐像潮水一样，一波一波地袭来，玉梅感觉那夜是那么的自然美好，那样的激情澎湃，那样的奇妙快乐，令她终身难以忘怀。

一个月后，大伟回来了，玉梅去火车站接大伟。大伟老远看见了玉梅，从车窗里向玉梅挥手，玉梅追着火车跑呀跑呀，一直跑到了大伟下车的车门口。大伟从车上一露面，玉梅便冲到了最前面来接大伟。玉梅顾不得害羞，高兴地搂着大伟，大伟顺势把她抱了起来，转了一大圈，惹得一旁的乘客一个个艳羡不已。

大伟回来没几天，玉梅母亲也来了，玉梅感觉十分惊奇。玉梅母亲说："我来管你。"玉梅听糊涂了，便说："我好好的，叫你管啥？"

"我昨儿夜里做了个梦，梦见我坐在你家阳台上，一条小青蛇硬往我跟前钻。我平常害怕长虫得跟啥一样，昨个夜里做梦时，我一点儿也没有害怕。青蛇就爬上了我的腿，在我腿面上盘成了一堆堆。天明了，我一想这不是爷给我托梦说你有喜了么？"玉梅母亲说得有板有眼。

玉梅没把母亲的话放在心上，不过平时请母亲来厂里享享福，母亲老是不肯来，想着这次来了就让她好好住上一段时间。第二天，奇怪的事情发生了，玉梅吃中午饭的时候突然胃里翻江倒海般的难受起来，她把吃下的饭菜全吐了。大伟下午一上班就陪玉梅去了医院，一检查果然怀孕了。

玉梅怀孕了，反应出奇厉害。她闻不惯厨房的油烟味，吃不下大伟母亲做的任何饭菜，一吃就吐。不几天，人瘦了半面儿，像个重病人，连走路的力气也没了，出门都要大伟扶着。玉梅啥也不想吃，就想吃母亲做的臊子面，酸酸的，不放一点辣子。

玉梅母亲对大伟父母说："儿子娃的胎气重、反应大，叫玉梅不要上班了，安心在家养着。你们也甭熬煎，我照顾娃三个月。头三个月一过，啥就都好了。"大伟父母将信将疑地听从了玉梅母亲的建议。

三个月以后玉梅像换了一个人，能吃能睡，简直可以说是生龙活虎。玉梅嚷着要回去上班，母亲说："你就安安生生地把肚子里的儿子养好，玉兰快生了，我得去照管玉兰呀！娃呀，你给何家平平安安生下了儿子就是你的造化了，你以后就没有啥愁肠的事儿了。"

母亲走后，玉梅听母亲的话，安心在家养胎，静候着儿子出世。玉梅现在回想起来，还是觉得很不可思议，母亲从一开始就认定自己怀了一个男孩，甚至所有人都理所当然地认为玉梅生的将是一个男孩。一切的一切,都在明明出生那天得到了验证。

玉梅思来想去也想不出个所以然来,便带着明明去医院看病。电厂由于位置偏远,所以配套设施十分齐全,医院、学校、食堂、消防队应有尽有,可谓是一个麻雀虽小却五脏俱全的小型社会。职工医院就在厂门口,过了菜市场,再朝前走两步便到了。

妞妞、思思和涛涛早到了,孩子们凑在一起图热闹,他们在观察室抢占了最有利的位置,紧挨着坐在一起,津津有味地看着动画片。小家伙们边看边说笑话,快乐得不行,其他看病的大人受了感染,也跟着孩子们一起说笑,病房里一时间好像变成了游艺室,人人脸上笑意融融,处处满是欢声笑语。

孩子们越闹越不像话,玉梅制止了几次也不见效。正在这时候,明明奶奶和思思奶奶各提了一大包零食来了,玉梅赶忙迎上去,思思妈妈坐着没动。她昨天为了孩子的事儿和婆婆吵了一架,这会儿心里还不自在。思思奶奶刚才听明明奶奶说她那天也把玉梅责怪了一顿,可玉梅不记仇,照样过来帮她干家务,而媳妇见了自己居然不闻不问。思思奶奶强忍着怒火,看着思思打吊瓶。

7 盼归兮 思归兮

东方拂晓,敬德山脚下的桃花村渐渐苏醒了,公鸡打鸣的“喔喔”声此起彼伏,奏响了一天的生活序曲。

窗外隐约有了脚步声,玉梅母亲开了头门,从大门背后取出扫帚扫起门前。玉梅母亲一下一下扫得细致而有力,今天不比往日,孩子们要回来,她心里高兴,干起活来特别带劲。

玉梅母亲把房前屋后、楼上楼下全部细细打扫了一遍,额头沁出一层细密的汗珠,她不由得暗自笑说老了,干这么点活就累了。玉梅家是一幢二层小洋楼,楼上是三个女儿的闺房,门楣上方依次贴着红梅、兰花、翠竹的图案,暗合着主人的名字。楼下六间房向里延伸了一些,分别是客厅、卧室、客房、储藏室、厨房、洗澡间。不用说,那间贴着菊花的房子肯定是玉梅母亲的卧房。这都是玉梅姊妹几个的主意,非要在家中凑出来一个“花中四君子”来。

玉梅母亲把每个房间都擦拭了一遍,天已大亮,空气里飘来一股淡淡的炊烟味。该吃早饭了,玉梅母亲不觉得饿,她把家里又仔仔细细地察看了一遍,看见到处都干干净净、一尘不染,才放心地坐下来喝口热水。明明后天要过岁,这次过岁可不比以往,这十二年一轮,该给明明赎身了,到时候亲戚朋友都要来,家里不干净旁人会笑话。

“菊香,你把脚底下的地板拖得能照镜儿,我都不敢进来了。你早上忙,我熬了玉米粥炒了土豆丝,菊香你过来一搭吃。”隔壁邻居、退了休的吴老师站在门口叫玉梅母亲。

“你进来说!咱这土屋里,没那么多讲究。”玉梅母亲说。

“我不进来了,你赶紧过来趁热吃,玉米粥一凉就不好吃了。”吴老师又一次邀请玉梅母亲道。

玉梅家和吴老师家是多年的邻居。玉梅父亲去得早,吴老师的老伴白娘娘和玉梅母亲是同村姐妹,两人关系非同一般。玉梅母亲带着三个女儿过活不容易,吴老师两口子时常帮衬着她们。白娘娘长得像庙里的送子观音,却长年累月病病歪歪,吴老师在学校教书顾不上家里,玉梅母亲便时常过去给白娘娘搭把手,做饭蒸馍、洗衣缝被,吴老师的两个儿子安国、安民就拜玉梅母亲做了干娘。

这十几年来,玉梅母亲轮着给三个女儿带娃,很少在家,吴老师和白娘娘一直帮着玉梅家种地看房子。玉梅姊妹几个逢年过节带母亲回来看看,家里总是干干净净的,地里的庄稼也收拾得利利索索的,都是多亏了这个好邻居。前几年,白娘娘病重,玉梅姊妹三个特意回来探望了几次,玉梅母亲还去医院里伺候了几回。白娘娘走了以后,吴老师孑然一身住在乡下,儿子们叫他去城里享福,他说住不惯单元房不愿意去,家里院大、地方宽展敞亮,一个人自由自在多好。时间过得真快,不觉间白娘娘离世已三年多了。玉梅母亲每次回来,吴老师便在玉梅家搭伙吃饭,两个人说说话也是个伴儿。

今天,吴老师破天荒叫自己过去吃饭,玉梅母亲觉得这样不太合适。吴老师一口一个菊香地叫着,玉梅母亲听着很别扭,提醒了他几次,可这个倔老头就是不改口。"噔噔噔"一阵脚步声传来,吴老师端着饭菜进来了,玉梅母亲赶忙上前接住。吴老师一边摆放饭菜一边说:"菊香,你磨蹭啥呢?你吃毕饭把面舀好,我去压面。"

一句话提醒了玉梅母亲,玉梅和大伟爱吃臊子面,吃完饭赶紧就得去压面,压那种最细的龙须面。玉梅母亲急匆匆地喝完玉米粥,就到厨房里忙碌起来。她要赶在玉梅他们回来之前,把臊子炒好,把飘汤切好,把柴火准备好。明明回家来爱烧火,烧麦草要一个劲儿添柴,不如烧硬柴方便。好在西瓜昨天已经买好了,菜也备齐了,就等一会儿卖豆腐的来了,称上一疙瘩豆腐了。玉梅母亲心里盘算着,生怕漏掉什么东西。

昨夜下过一阵雷雨,早晨起来凉快了许多,蓝蓝的天空飘着几朵白云,让人心旷神怡。玉梅站在阳台上朝外张望,楼下的七叶树经过雨水的洗濯,片片叶子泛着明亮的光泽,空气清新极了,玉梅忍不住深呼吸了几下。

母亲打来好几通电话催玉梅回家,说是要给明明赎身。玉梅答应母亲今天回来,夜里兴奋得睡不着。母亲爱吃电厂的葡萄,玉梅特意早早地下楼去买。

母亲三十来岁守寡,很多人劝说母亲招个人上门或者改嫁,母亲却一直独身没有再嫁。一个女人养活三个孩子不容易,幸亏母亲手巧,是个小有名气的裁缝,方圆几里的乡亲们嫁姑娘娶媳妇的针线活都来找母亲做。玉梅记得无数个夜里,母亲在缝纫机前做衣服,自己和妹妹们在灯下写作业。常常是夜深了,玉梅和妹妹们写完作业都睡了,母亲还在忙着缝衣服。

玉梅十五岁考上了电力学校,后来大妹玉兰又考上了师范学校,好在那时候考学很难,只有学习最好的孩子才可以进入这些学校学习,不仅上学基本不用花钱,而且毕业以后还分配工作。

孩子们都长大成家了,母亲却一直没有闲着。母亲帮玉梅和玉兰带大了明明和蕊蕊,如今给玉竹带涵涵。每到夏天,玉竹放了暑假,母亲才有空回到老家住上一阵子。

8　亲不亲故乡人

碧空如洗，阳光洁净得耀眼，晨风吹来，使人十分愉快。

一路上，明明的小嘴儿几乎就没有停过，他不时地问妈妈姥姥的菜园子还有没有菜，问爸爸是否真的可以陪他玩两天，然后又问妈妈回老家是不是真的不用写作业了。玉梅和大伟回答了好几次以后，明明才相信这是真的。路边的杨树在风中唱着歌，地里的玉米苗好像也高兴地跳起了舞蹈，就连树上的知了声也变得动听了许多。明明眼睛盯着窗外，随着车载音乐晃动着身体，自由自在地哼唱着歌曲。

玉梅看着宽阔平坦的高速公路，想起上学那会儿，坐长途汽车回家要花一整天时间，石子路颠得人头晕心慌。现在多好，开车两个多小时就到家了。玉梅忍不住又说起了往事，明明不屑地说："你别翻老黄历了，生得早不如生得巧。我们90后和你们70后不是同一个起点。"玉梅和大伟无可奈何地苦笑了几声，无语。

过了天度口，离桃花村不远了，路两旁的苹果园、桃园挤挤挨挨，一望无垠。拐过三道弯，远处那片绿树环绕的村庄就是自己的家了。终于到家了，玉梅的心情不由自主地激动起来。近了，近了，已经能看见村口的界碑了。车子拐进中间的巷道，开得很慢很慢，树上的知了叫得十分起劲，似乎在欢迎玉梅一家。玉梅微笑着和几个乡亲们打着招呼。母亲和吴老师早早迎出来，站在门前的大槐树下，向外张望着。

玉梅回来了，乡亲们吃过饭都过来串门。东头的三嫂夸玉梅家房子盖得早，现在看起来还是这么时新，又发愁她家今年盖楼房，工价贵得叫人心疼得没办法。大伟端来果盘招呼众人。玉梅结婚时，很多乡亲们都到电厂来参加婚礼，见过大伟家人。五婶和大伟开玩笑说："玉梅女婿，你咋就像电影里的人一样？洋气的，还不摆官架子，一点儿都不像个四十岁的人。你奶和你爸妈身体都好吧？以后有空了一起到咱这乡下来转转。"大伟和气地回答着。五婶来了劲，一迭声地夸着大伟，大家也跟着附和着，啧啧称赞大伟。

玉梅说："你们不敢夸了，小心有人上了天。大伟今天就勤快了这么一回，刚好勤快到点儿上了。"大伟笑着退了出来，提了一瓶酒一条烟，去了吴老师家。

"老妈，你猜我把谁给你带来了？"玉梅正和大家在客厅里说着话，门口传来了明明的声音。

玉梅回过身来一看，天啊，老同学彩霞竟然来了！原来，彩霞今天带着儿子佳佳来桃园小学办事，听人说玉梅回来了，就专门过来看望老同学。巷道口有一大群孩子,彩霞一看明明的穿戴打扮便知道他是玉梅的孩子。彩霞故意叫着明明的名字,把明明弄得莫名其妙,等明白过来是怎么一回事儿后,明明觉得这个阿姨真有趣,便兴冲冲地带着彩霞母子来见妈妈。

彩霞长得高大粗壮,一看见玉梅便使劲搂着玉梅的肩膀大声说:“玉梅,你回来咋不给人说!”

玉梅的肩膀被搂得生疼,顺势拉着彩霞的手说:“刚到家一会儿,还没来得及。”

彩霞拉过佳佳、狗蛋和明明对众人说:“这城里娃和乡下娃就是不一样,你看三个娃一样大,明明看上去多气派。”

玉梅阻止道:“你胡说啥呢。”

彩霞说:“佳佳,看看你玉梅姨,你姨跟我是同学,你姨学习好考上了学,毕业就分到了城里。你妈我原来傻,不知道学习,后来当了民办教师,一个月一百五拿了好几年,熬了十几年,前几年才转正,一个月拿到了一千五。你娃可要好好学习,将来到城里找个正经工作,别像你妈这样窝囊一辈子。不好好学习就像你妈我这样地里、学校两头跑,把人烦的。来,过来跟你姨、你婆问个好!”

“婆,姨。”佳佳的声音小得像蚊子,明明见状就要教佳佳说话。

“彩霞,娃娃爱娃娃,你叫娃跟明明耍去,你跟玉梅到楼上说说话。”玉梅母亲看见佳佳羞得面红耳赤,便拿着好吃的塞到佳佳手里,替孩子解围。

玉梅和彩霞的关系非同一般。玉梅忘不了上中学时,彩霞在学校里时时处处护着她,还经常来家里帮她干各种农活。彩霞感激玉梅一直没有忘记她,每回回老家都要看望她。特别是前几年,教师发不出工资,父母又相继生病去世,彩霞日子难过,好几次想放弃教书,出去打工赚钱。玉梅知道后,不仅热心地接济她,还一再鼓励她要坚持下去,要相信国家的政策会越变越好。

玉梅亲热地拉着彩霞的手,端了一碟葡萄,上到楼上的房间。彩霞正为佳佳上初中发愁,不知道是让娃继续在镇上上学,还是让老公带到县上,或者是到汉阳上寄宿学校,玉梅耐心地给她分析利弊。

突然,楼下一阵喧哗,原来是老同学锋娃来了。看见彩霞也在,锋娃惊奇地问:“彩霞,啥风把你早早给吹过来了?”

彩霞卖着关子说:“我有耳报神给我说呢!今早上一起来看见院子椿树上的喜鹊叫得喳喳喳,我就知道玉梅回来了。”

“这人民教师现在也变得油嘴滑舌,不好好教书,光给娃教着耍嘴皮子。”锋娃说道。

彩霞回敬道:“你一天光经营你的餐饮服务队,钻到钱眼里去了,你除了认得毛主席的像你还知道啥吗?”

锋娃说:“你看这彩霞不得了了,我不敢跟你说了。玉梅,你明明和我狗蛋刚才在一搭耍呢,我问明明在哪儿上学,娃说到省城上鑫通二中,你咋把娃送那么远上学?”

“人家鑫通二中是省城的重点中学,考到那学校的都是尖子生,学费贵得很。明明一学期怕得花不少钱吧?”彩霞说道。

“按成绩交钱,明明一学期六千,大部分娃一学期八千,分数线跟前的,差一分交一万。离分数线差得远的,交多少也不收。”玉梅如实地回答。

“咱明明学习好,交的还不算多。咱村上那谁家媳妇到汉阳卖豆腐脑供娃上中学,听说一个学期四五千。别说中学,就是小学也得三四千。光是幼儿园,一学期下来加上英语、画画、舞蹈等各种兴趣班,比中学也少不了多少。在城里养个娃贵死了,怪不得城里人娃少。这就像咱农民种地一样,要是打下的粮食抵不上化肥和种子钱,就划不来了。就像大学毕业挣不下钱,不如高中毕业就去外国打工,一去三年,赚上一大把票子回来在咱老家盖房娶媳妇。”锋娃滔滔不绝地说道。

“安民在北京工作,那年过年回来,咱一起胡谝,他说北京养个娃花费太大,他没钱养娃。咱还以为安民开玩笑,可不是真的,咱一起念书长大的,咱娃都要上高中、初中呀,安民还没有娃。”彩霞说道。

“你说的都是老黄历了,前几天吴老师还说安民媳妇有了。人家不是不要娃,人家那叫啥……”三嫂说着忘了词,玉梅提醒说:“丁克家庭,二人世界。”

“对对对,就是光两口子过活,不要娃。人家那叫思想前卫,叫生活质量高,不像咱祖祖辈辈就知道二亩地,一头牛,老婆孩子热炕头。”锋娃说。

9 赎身

吃罢早饭，巷道里安静极了，一条看门的老狗吐着舌头，卧在门道里乘凉。吴老师宰杀了一只枣红大公鸡，拾掇得干干净净提了过来。玉梅母亲赶紧洗了三遍手，把鸡用白磁盘盛了，恭恭敬敬地放在灶神爷像前，焚香磕头，又虔诚地诵了一阵子经，方才退了出来。

玉梅、大伟和明明在吴老师的指点下，也都洗了三遍手，整理好衣服头发，到灶神爷像前烧香磕头，感谢老天爷保佑明明健康成长。等玉梅一家三口敬完灶神，母亲又拿出二尺桂红布绑在明明腰上，让吴老师带着他们一家三口去村头的圣寿寺磕头。

磕完头回来，玉梅母亲解下明明腰上的桂红布，用剪刀剪下二指宽的一绺，开始给明明缝项圈。这项圈可是大有讲究，它是以寡妇织布机上的弦、老太太纺的线、大姑娘的头发、新媳妇的头绳做芯子，用桂红布包起来缝成的一个圆圈。项圈平时挂在灶神爷的像前，每年过生日那天，才会取下来缝一层新布，让孩子戴上项圈出去转一会儿，戴完又挂在灶神爷像前，据说这样一来各路神仙就会保佑孩子平平安安、健健康康地长大。明明的项圈已经很旧了，新项圈跟玉梅的小拇指一样粗细，现在缝了这么多层的布，已经有大拇指般粗，掂在手里沉甸甸的。每个许在灶神爷跟前的孩子，都是家里最金贵的宝贝疙瘩，所以桃花村人开玩笑时就说，“把你一天值钱得，到灶神爷跟前挂着呢。”

玉梅母亲戴着老花镜准备缝项圈，半天穿不上线，明明自告奋勇地要帮姥姥穿线，一下子就穿好了。玉梅母亲笑眯眯地说：“看我明明的眼就是亮，婆老了，半天寻不着针眼眼。”玉梅见状，劝母亲去歇一歇，自己来缝项圈，母亲不肯。

吴老师对玉梅说：“缝项圈要有窍门呢，指头粗细的一个圆布棒棒，滑溜溜的，不好缝，还是得劳动你妈。”

“没有金刚钻，我可不敢揽这瓷器活。这缝项圈是个细发活，还是要老将出马才行。”玉梅开玩笑地说。

母亲有点不高兴地说：“我还能缝，今年是最后一回给明明缝项圈，还是叫我缝。你们一直都不信这个，缝项圈要诚心诚意才能行。”大家笑了，都说这种细发活儿，只有手艺好的裁缝能做。

玉梅母亲坐在院子的亮光处，身边放着一个针线笸箩，里面放着各色的针头线脑。玉梅母亲把针在头发上篦了篦，然后一上一下、一里一外地用绞针缝了起来。这个景象太熟悉了，玉梅小时候，母亲几乎天天都是这样做针线活的。

玉梅看看母亲的针线笸箩，再看看母亲神情专注地缝衣服的样子，心底泛起了一股温柔的暖意。

这个针线笸箩是母亲当年的陪嫁，母亲不管走到哪里，行李中总是少不了这个针线笸箩和灶神像。母亲常说有了这两样东西，就好像把家搬来了一样，心里稳稳的，不慌张。这些年来，母亲不管为谁照顾孩子，都是一副既来之，则安之的态度，闲了没事了就爱摆弄针线活儿，遇到什么不顺心的事儿，便到灶神爷跟前跪拜一番。玉梅觉得母亲身上有一种神秘、温暖、安全的气息，仿佛母亲走到哪里，哪里就有了老家的感觉。

玉梅正在发愣，母亲说："大公鸡在灶神爷跟前献了一阵子，可以拿回来炖上了。"大伟把鸡剁碎，吴老师和明明在灶前烧水，玉梅洗葱切姜。

吴老师开玩笑说："明明，幸亏你婆给你许了一只公鸡，要是许一头牛，可就把我难住了。"

明明好奇地问："许什么就得杀什么吃肉吗？那咱们真应该许一头最大的牛才对！牛多大呀，牛的肉能堆一案板，这样我就天天可以吃牛肉馅饼了。"

玉梅没好气地说："你想得美，你让爷爷上哪儿给你找一头牛去呀？现在都农业机械化了，谁家还养牛？就连这只鸡也是爷爷好不容易才养大的。"

"玉梅，你还别说，现在咱村里可真是没有人养牛了，就连养鸡养猪也没有几家了。咱这地方长桃、长苹果，人都把地种成果树了，种的粮食刚刚够吃，没有杂粮和麦草喂猪喂鸡。不过也怪气了，现在这鸡咋变得都不好养了？我去年春上逮了二十只鸡娃娃，过两天就死一只，过三日就病一只，也不知道为啥。鸡娃长大了，也死完了丢完了，就剩下这一只命大。明明你看你有福不？这只枣红公鸡就等着给你赎身呢！"吴老师边和明明烧火边说着话，明明觉得自己好有口福，终于能吃到地地道道的土鸡肉了，故意做出垂涎欲滴的样子逗大家开心。

"妈，你还记得我们小时候咱家养的那一窝鸡娃不？"玉梅问母亲。

"咋不记得！那时候就指望着那几只鸡下蛋呢，鸡下的蛋我一个个像宝一样放在瓦盆里攒起来，等到货郎来了换上几个钱，再去买盐醋。"玉梅母亲回答道。

"'收鸡蛋来，卖洋火哎'。一听这有腔有调的喊叫声，准是收鸡蛋的老汉来了。收鸡蛋的老汉一来，我三嫂五婶一人用手帕嘟噜着七八个鸡蛋，早早就把人家围住了，争着让老汉先收自己的。老汉嘴里像唱戏一样说叨着：'他大嫂，他二姨，甭着急，慢慢来，块块钱，毛毛钱，都点齐……'"玉梅说着想不起来了。

"老汉收鸡蛋时，秤给得高，咱巷道人都爱到老汉跟前卖鸡蛋。老汉是个热闹人，爱说笑话，大嘴一咧，说古道今，把全街道的人都惹来了。”母亲微笑着回忆道。

“老汉的自行车后座上架着两只大筐，筐里收了一多半的鸡蛋。自行车前头的篮篮里装满了针头线脑、糖果瓜子，婶婶们卖完鸡蛋又要添置零碎，便开始讨价还价。我们小孩眼馋好吃的，盯着篮篮里五颜六色的糖果，常常缠着大人要买。有时候大人受不了，干脆给娃一个鸡蛋叫拿去换糖吃，那阵子一个鸡蛋好像能换十颗水果糖。收完了咱巷道的鸡蛋，老人轻巧地翻身上车，骑着那辆破旧的咯咯吱吱乱响的自行车继续走街串户。那背影就像咱家那只芦花鸡刚刚下了蛋，张开翅膀满院子转圈，还喜气洋洋地叫个不停。”玉梅比比划划着说了大半天。

“还说呢，我那阵原打算说那只红亮红亮的芦花鸡下的蛋归你吃，白来杭鸡和灰麻点鸡下的蛋让玉兰和玉竹吃。实际上，你们三个一年到头光是过岁那一天能吃上一个鸡蛋。平常，我哪舍得给你们吃鸡蛋，我还指望那几个鸡蛋给咱卖钱呢。”玉梅母亲愧疚地说。

“那阵子，家家都一样穷，谁也不会笑话谁。”玉梅宽慰母亲道。

“姥姥，你说的是真的？我妈妈以前给我说这些，我还以为她骗我呢。”明明问道。吴老师无奈地说：“现在的娃娃生在了福窝窝里，咋能想象以前人受的罪呢？你妈过岁时能吃上一个鸡蛋都高兴得像上了天，好多大人都记不住娃娃的生日，哪里还会给娃娃过生日呢？”明明听了，愕然良久。

母亲缝好了项圈，玉梅接过来一看，针脚还是那么细密均匀。大家传看了一圈，不由得称赞老人宝刀不老，手艺真好。

明明戴上新项圈，摆出各种造型让爸爸给他拍照留念，他好拿回去给妞妞她们炫耀。玉梅母亲叮咛道：“今天好好戴戴项圈，以后就不能再戴了。明天早上，让你爸带你去河边把项圈丢到水里，可不敢忘了。”

10 安国回来了

正当大家抢着和明明合影时,一辆黑色的小轿车停在了吴老师家门前。

原来是吴老师的大儿子安国回来了。安国在院子里转了一圈,不见父亲的人影,估摸着在玉梅家,就径直寻到玉梅家来了。

安国进得门来,望见父亲和玉梅母亲,先叫一声“干娘”,再叫一声“大”,叫得玉梅母亲欢喜得湿了眼窝。吴老师见了儿子,心里高兴地说了一句“回来了”却没有话了。明明飞奔过来,扑进安国怀里,舅长舅短地叫个不停,玉梅和大伟根本就插不上话。玉梅母亲拉着安国的手,半天嗫嚅着说了一句“我娃回来了”。安国亲热地说:“干娘,你近来身体好着吧?”玉梅母亲一个劲儿地点头应承着,拉着安国坐到自己身旁。明明要舅舅看自己的新项圈好不好,安国说:“好好好!快去车里把蛋糕拿出来,再把我给你们三个买的新书包也取出来。”明明蹦蹦跳跳地拿着车钥匙去取礼物,玉梅赶紧跟了过去。

玉梅母亲问安国咋一个人回来,安国说:“妙怡和孟丽也想回来,可是妙怡要上高三了,学校不放暑假,天天要上课。”大家听了,都说孩子的前途要紧,等考完大学再带孩子回老家住几天。安国一个劲儿地点头允诺。

安国一直都是乡亲们教育孩子的榜样。安国初中毕业考上了师范学校,毕业时已经自学完了大专课程,被直接分配到了县城中学。过了几年,又自学完了大学本科,后来又上了研究生、博士,工作也不停地变动。玉梅每次见到安国大哥,都有些感慨。

明明背着新书包不停地向大家炫耀。玉梅母亲说:“舅舅打灯照路挂书包,外甥骑马簪花中状元。安国你没有忘记咱桃花村的老话。”安国抚摸着明明的头,欢喜地说:“我这外甥人小志气大,现在能上省城有名的重点中学,将来上个美国的哈佛大学也不成问题。”

安国话音刚落,门前响起一阵喧哗声,原来是玉竹她们回来了。家里一下子有了这么多人,偌大的客厅似乎也不够用了。玉梅、大伟招呼着给大家倒水端茶。玉梅母亲高兴得不知道做什么好。老人一手拉着玉兰家的蕊蕊,一手拉着玉竹家的涵涵,嘴里喊着明明给姐姐弟弟把新书包拿出来。

多少年了,大家都没有机会聚在一起。趁着给明明赎身的当儿,有幸相见,所有人都不停地说起对方的变化,欢声笑语把屋顶都快要掀翻了。

不久，亲戚们都相继赶来给明明赎身，一家带来一截子花布，摞在一起好漂亮。

玉梅母亲对大伟说："这是咱们老家的乡俗，将来用这些花布拼成被面，给明明做床被褥，放到娶媳妇的时候再盖，图个吉利。"明明听了有些不好意思，玉梅便对明明说："这就相当于给你举行了一个成人礼，表示你已经长大了。人家甘罗十二岁就已经拜相，可以统领千军万马去打仗了，你从今往后也要有点大人的样子才行。"明明听罢，似懂非懂地点了点头。

午餐丰盛极了，安国带回来的大蛋糕，摆在餐桌中间，看上去十分诱人。玉兰带回来的鸡鸭鱼肉，加上家里做的几个菜，不多不少一共十三道（桃花村讲究多，待客要够十三样菜，这筵席当地也叫"十三花"），外加一人一小碗长寿面，满满当当摆了一大桌。

待大家坐定，吴老师发表了赎身寄语，亲友们纷纷表达了对明明的美好祝福和殷切期望。明明向大家一再保证自己已经长大了，一定要好好学习，天天向上。大家推杯换盏，相谈甚欢。

天下没有不散的宴席，日头偏西，时间不早了，亲戚们陆续告辞离去。吴老师提议带孩子们去菜园里转转，玉梅母亲说涵涵小，让玉竹陪着一起去。

做晚饭时，玉梅问玉兰："蕊蕊她爸爸怎么没有和你们一起回来呢？"

"家耀他们局里有事儿，走不开。我就让玉竹绕过来把我们娘儿俩捎回来了。"玉兰说。

"家耀怎么那么忙，我都好久没见过他的面了。"玉梅继续说。

"不知道他一天忙啥，我也经常逮不到他的人影。"玉兰埋怨道。

"你在汉阳陪蕊蕊上学，家耀留在县上，你可要记着多问问他的冷暖，叫他星期天没事儿就下汉阳来，跟你们多团聚团聚。"玉梅说道。玉兰听罢点点头。

母亲在一旁说："玉竹两口子是红萝卜不零卖。我带涵涵玩时，他们两个经常手拉手一块儿去买菜，旁人还以为是两个大学生呢。"

"玉竹和邵仑都在大学教书，两个人作息时间一样，干啥当然都是在一搭。"玉梅怕玉兰尴尬，打圆场地说。

"玉梅，看我给你娃送啥来了。"随着话音，三嫂抱了一摞花布进了厨房。

玉梅赶紧在围裙上擦了擦湿手接过礼物说："三嫂，你们送啥礼嘛。"

三嫂说："咱桃花就这讲究，一家二尺花布，将来给明明娃缝被褥，到明明结婚时可别忘了叫上大伙儿。叫你大伟别笑话，叫明明他爷她奶也别嫌弃礼物清寒。"

玉梅忙说："礼轻人意重。昨晚大伙儿都能来，我心里高兴得很。"母亲邀请三嫂到屋里坐一坐，三嫂说她锅上还烧着水，就已走远了。

11 月是故乡明

吃过晚饭，玉梅母亲回厨房去洗碗，吴老师跟着帮忙去了。大伟示意玉梅、玉兰、玉竹不要去打扰，大家彼此心领神会。大伟、玉兰和玉竹两口子要打扑克，玉梅和安国坐在一旁说话。

安国说着说着，话题就转到了老人身上，玉梅一看今天这话绕不过去了，就干脆地说："咱隔壁两邻住了几十年，关系一直都好，村里谁不知道。我爸去得早，吴老师和白娘娘经常照顾我们，这一份恩情不管到了啥时候我们都忘不了。我还记得我上电校时，吴老师给我送来了学费，还给我买了个大红皮箱。这些事我一辈辈都忘不了，其实，在我心里，吴老师早就是我的父亲了。可是，大哥，你也知道，你干娘是个要强的人，村里老老少少谁不敬她，谁不服她，谁能说出她半个不是来？当年，她守寡时三十来岁，她怕后爸对我们不好，她就自己一个人苦着、熬着，熬得满头青丝变成了白发。你干娘这一辈子不容易呀！大哥，你说是不是？"

玉梅的一席话，让安国开不了口。他沉吟了一下说道："玉梅你说得对，人这一辈子有几个二十五年？老人为了我们吃了那么多苦，现在是我们报答老人的时候了。我们做子女的要为老人着想，有义务有责任为他们创造平静安稳的晚年生活。"

"大哥，你的心意我明白，我又何尝不想让母亲老有所依。可是，这里毕竟是老家，是老人祖祖辈辈生活的地方，很多观念一时难以转变，很多事情一时也难以让人接受，包括他们自己。"玉梅为难地说。

"既然如此，我们就不能袖手旁观，我们要积极促成此事。"安国焦急地说。

"我明白，我会试试，但我估计希望不大。"玉梅淡然地说道。安国的眼中分明流露出了一种失望，但嘴里仍然说着拜托。

安国和玉梅姊妹三个都回来了，乡亲们纳凉时全凑到了玉梅家门前。玉梅在大槐树下支好方桌，摆上茶水和香烟。安国和大伟给父老乡亲们挨个儿敬烟，乡亲们抽上了难得一见的高档烟，感觉亲近了很多，话题就像四下里升腾的烟雾一样宽泛而散漫。

夜深了，凉气上来了，穿着短袖冷得起鸡皮疙瘩，大家便各自散了。要是在电厂，这会儿开着空调睡觉还觉得热，可是老家的夜风竟是如此凉爽。

明明和涵涵闹着要和姥姥住一屋，玉梅母亲一边搂着一个孩子说："到底是我哄大的，就跟我亲。抱上我这两个宝贝疙瘩，谁拿金元宝我也不换！看莎莎瓜得现在才要娃。这下你大妈可以安心了,可怜她临走时还一个劲儿地念叨安民可怜,快四十的人了,跟前连个一儿半女都没有。”

“妈,其实人心都是肉长的,不管城里还是农村,女人家天性都爱娃娃,自古一个样。”玉梅陪着母亲闲聊道。

“安民说他没钱养娃,那这一下有了娃了,就是再穷也一定要把娃养下,实在养不起,吴老师和安国,还有你们姊妹也要多操心操心安民。”玉梅母亲担心地说。

“妈,你不懂,安民和莎莎工资都高得很。”玉梅说。

“工资高还养不起娃,那北京养娃到底得多少钱?”玉梅母亲疑惑地问。

“北京养娃确实贵,花钱没深浅,有多少就能花多少。其实,钱倒是其次,主要是城市生活压力太大,养娃麻烦。莎莎老问我人为啥要娃,还把我真给问住了。”玉梅给母亲讲道。

“瓜娃,养儿防老呗!嫌北京养娃贵,又怕养娃麻烦,不会抱回来让你大妈给带上?”玉梅母亲反问道。

“人家讲优生优育,不是养个猫呀狗呀,生下来给老人一撂就完事了。”玉梅觉得给母亲说不清楚这件事情。

其他人都回房休息了,玉梅和大伟把家里前后门关好,返身上楼。一轮明月斜挂在枝头,月华似水,洒落院中,好像给一草一木披上了一件轻薄的纱衣,一切显得美好而朦胧。玉梅看得入了迷,情不自禁地轻声吟诵道:“露从今夜白,月是故乡明。”这样醉人的月夜,在城里很少见到了,电厂高高的烟囱终年排放着废气,家属区上方的天空常年灰蒙蒙的,很难看到这么美的月色。玉梅握住了大伟的手,用目光示意大伟看天空中的月亮。两个人默默无语,趴在栏杆上仰望明月,久久不愿离去。

“妈妈,姥姥家里真热闹,要是爸爸和咱们一起回来多好呀!你看,人家姨妈和小姨家都是两个大人带着孩子,咱家就你和我两个人孤零零的。”蕊蕊给玉兰提意见了。

“不如我给爸爸打个电话,让他知道他这次没有回来是多么大的失误。”蕊蕊说着,不等玉兰答应,已经拨通了家里的座机,可是电话响了半天也没有人接。玉兰劝蕊蕊别打了,蕊蕊偏又拨通了爸爸的手机,家耀接了电话,说了两句就挂了。蕊蕊不悦地说:“爸爸真讨厌!”玉兰哄了一会儿蕊蕊,蕊蕊睡着了,玉兰翻来覆去,难以成眠。

玉竹躺在床上,毫无倦意。邵仑对屋里的家具和饰品非常喜欢,这些深浅不一的黄色明亮而又温馨,仿佛一直在欣欣然等待着主人回来拥抱她们。

“大姐真有眼光,当初是她力主给母亲盖一院像样的房子。我当时还想着我们姊妹几个都到了城里,母亲跟着我们到了城里,以后就不用再回到这个小村庄了。可是姐姐却说我们的根在这里,不管走得多远,桃花村永远都是我们的老家。”玉竹感叹地说。

“你们家多亏了大姐，省吃俭用供你和玉兰姐上完学，还经常给咱们操心。安民哥终于有孩子了，真让人替他高兴。”邵仑突然想起了这事，便说了出来。

“你不知道，莎莎嫂子不要孩子，白娘娘多伤心。安民哥夹在中间左右为难，为了不让白娘娘生气，安民哥撒了好几次谎，害得莎莎都不敢回来见大妈。大妈病重时，唯一念叨的就是安民哥可怜得连个娃都没有。我们这儿的人讲究多，老人去世时，儿子摔纸盆孙子守灵，这人这一辈子就算功德圆满。妙怡是个女孩子，我妈和我姐就让明明给大妈守灵。我爸去世时，我们姊妹三个都是女孩子，按乡俗都不能给我爸摔纸盆。我爸又是世代单传，没有个五服以内的亲兄弟，可把人给难住了。吴老师和白娘娘就让安国、安民哥拜了我妈为干亲，让安民哥给我爸摔了纸盆。你想，那会儿，我家日子难过的，亲戚朋友生怕我们向他们开口借钱，一个个想着躲还躲不及，吴老师和白娘娘反倒要和我们家结亲，让我妈多感激呀！你是福窝窝里长大的，跟你说了，你也不明白吴老师一家人对我们的恩情。”玉竹说道。

“我知道你们两家是患难之交，要不然，你两个姐姐为啥跑那么远去劝安民哥呢？我经常听你讲这些事，每回都感动得不行。我媳妇小时候受了苦，我现在可要把她当宝贝一样来疼。”说着，伸开双臂把玉竹搂得紧紧的。

“讨厌，放开我。”玉竹边撒娇边推邵仑。

“喵……喵……”邵仑学着猫叫，玉竹吓得直往他怀里钻。

12 相见时难别亦难

安国和父亲两人抽着烟，相顾无言。每次离开家的时候，安国都想和父亲说许多话，却不知道从何说起。父亲和儿子之间，不像母亲和女儿那样亲密，却又有一种无声胜有声的默契。两个人心里都有事，可是谁也改变不了什么。

玉梅和玉兰来到以后，像两只活泼的小鸟，叽叽喳喳，打破了这种长久的沉默。吴老师又说起了安民有娃的事儿，安国追问玉梅："你到底给莎莎说啥了，她终于愿意要娃了。"

"不是给你们说过了吗？一本日记，两个乖娃，三句掏心窝子的话。解铃还得系铃人，他们两口子不想要娃，肯定有他们的原因。我们去了北京几天，发现他俩过日子就像娃娃过家家。莎莎这个独生女，几乎什么家务也不会干……"玉梅说道。

"我们去了，安民顿顿要带我们下馆子，我们非要在家做饭吃，吃了几回莎莎就喊着要跟我们学做菜。我姐就对莎莎讲'想要永远抓住一个男人的心吗？请你首先抓住他的胃'。再旁敲侧击地暗示莎莎，男人现在不要孩子，将来想生了，办法多得是。我姐还讲了三角形和两条直线的故事……"玉兰解释道。

"哟，看不出玉梅还是位心理学家！"安国惊讶地赞美道。

"我姐还带了自己的育儿日记给莎莎看，莎莎喜欢得不得了。"玉兰说道。

"莎莎生活档次高，光是LV的包包就有十几个。咱可不能用一般的说教，我就整理了一下我平时胡乱涂写的那些东西，没想到合了莎莎的脾气。"玉梅谦虚地解释道。

"哎呀，玉梅，你可真是费了心思了！"吴老师惊叹道。

"谁让我妈成天说白娘娘走时，就这一桩心愿未了。我想我也做不了别的事情，这女人和女人之间好说话，说不准莎莎就回心转意了。其实，我觉得主要还是明明和蕊蕊立了大功。"玉梅揣测道。

"我姐说得对，我猜八成是孩子们的功劳。我们刚开始去，莎莎都不大和孩子们说话。一次，蕊蕊躺在我怀里撒娇，搂着我的脖子让我带她出去买东西，莎莎主动拉着蕊蕊和明明去了。后来还叫孩子们亲她，跟她一起打电子游戏呢！晚上看电视时，安民和莎莎一人怀里抱一个孩子，你不知道有多亲密。我们走时，莎莎把明明和蕊蕊抱了又抱，亲了又亲，哭得挺伤心。"玉兰说道。

玉梅和玉兰过去了半天也不回来，玉梅母亲等不及，端了一篦篦面条过来看安国的行李收拾利索了没有。“我娃一天忙得,回来待一时儿就急着走,连顿面都没吃上。把这面拿去,叫孟丽给你做成咱老家的臊子面,你一下班就回来吃饭,甭到外面……”玉梅母亲反复叮咛道。

安国说:“干娘,我听你的话,下班就回家。你和我爸年纪都大了,你们也要好好保重。”玉梅母亲笑着点了点头。

安国单位里的事情多,不停地有电话打来向他请示工作,安国三言两语打发了对方。行李已经收拾好了,吴老师催儿子快走。安国牵挂父亲,想起什么事来,便叮嘱父亲几句。吴老师说他啥都不缺,让儿子放心地走。安国刚才偷偷问了玉梅,知道干娘很快要到省城陪明明读书,想着这么一大群人过两天呼啦啦全部都要走了,留下父亲一个人,可怜恓惶地守着两院空房,安国心里一阵一阵地难过。

母亲去世那年,离家的时候,他也伤心难过,担心父亲一个人无法生活。毕竟,父亲是一个从来都没有下过厨房的老派男人,以后父亲如何吃饭是他最担心的问题。可今天,安国竟然比那一次还难过,这难过当中夹杂着一种绝望和无助。干娘无情地回绝了父亲,这使他无法接受。父亲也许比自己更难过,他可能早都知道了这个结果,可他却像个没事儿人一样,照样大大咧咧地和大家又说又笑。

安国十分留恋地和大家一一告别。桃花村已经看不到了,路边的村庄飞快地向后退去。“轻车碾醒少年梦,乡风吹皱老容颜”,安国鼻头一酸,减慢了车速,往事像放电影一样一幕幕地浮现在他的心头。

“干娘,你擀的面怎么这么好吃?”

“擀面偷不得懒,你要把面和硬一些,多揉一揉,揉得光光的再擀。”

“干娘,我知道了,人家说‘打乖的媳妇揉到的面’,就是这个道理。干娘,你蒸的馒头咋也这么好吃?”

“瓜娃,你是心偏着呢,馍馍都一样。”

“不一样,你做的馍馍就是好吃,你教我做,我学会了就不用你来给我家蒸馍了。”

“儿子娃将来嘴大吃四方,学这些女人家的活儿干啥?你念书去,我一个人蒸馍馍,将来我安国做了大官,给你妈把病看好,开着小轿车把干娘拉着到街上转一圈,干娘就知足了。”

一个人一生中和父母能呆多长时间?上大学期间,每年寒暑假可以和父母呆在一起,一月、俩月。参加工作后,一年能在家呆几天?十天、五天。有了孩子之后,一年能回几天家?五天、三天。一辈子算下来,我们和父母呆在一起的时间与和同事、妻儿、朋友相比少得可怜……

13　爱花老师的幼儿园

玉梅刚收拾完厨房，锋娃两口子来了。锋娃媳妇说想请明明和蕊蕊去爱花幼儿园给孩子们讲故事、弹琴唱歌。锋娃两口子原来学过厨师，以前一直在城里的大酒店打工，现在回家组织了一支餐饮服务队，谁家有红白喜事，招呼一声，锋娃两口子拉上队伍就出发了。从买菜做饭、搭棚摆桌椅到端饭洗碗一条龙服务，在十里八乡声名远扬。

锋娃媳妇平时闲了，就在爱花幼儿园给娃娃们做饭。昨天晚上，锋娃媳妇见明明给她家狗蛋讲故事，那声音就跟电视上的娃娃一样好听，再一问明明还会弹琴，蕊蕊会唱歌跳舞，羡慕得不得了。锋娃媳妇跟爱花老师一说这事，爱花老师说她孙子用过的电子琴一直没人会弹，当即就让她来请城里的小老师来幼儿园上课。

“爱花老师啥时候办的幼儿园，她不是早都不教书了吗？”玉梅问道。

“你爱花老师一辈子就爱教书，年轻时候没教够，现在闲了，自己办个幼儿园务务心慌。你不知道，现在年轻人都出去打工去了，把孩子往家里一放就不管了。你爱花老师办了这个幼儿园，可给咱村人解决了大问题。你爱花老师不图赚钱，只收娃娃们一个伙食费，等于义务教学。我闲了，也去给娃娃们教教一二三。”吴老师说道。

爱花老师原是村里的民办教师，教过玉梅一年学，后来为了生儿子，被丈夫连打带骂地带到了城里。玉梅记得小时候，每天下午当她和玉兰守着收音机收听《小喇叭》时，爱花老师一准会从她家门前走过。爱花老师剪着齐耳短发，走路时喜欢双手插在裤兜里。玉梅母亲见了爱花老师，老远就热情地打招呼，并恭敬地叫她老师。爱花老师常常在玉梅母亲面前夸奖玉梅，并嘱咐玉梅母亲无论如何都要好好培养玉梅。

没想到，时过境迁，爱花老师现在居然在村子里办起了幼儿园，又当起了“孩子王”。玉梅听了格外兴奋，便让玉竹和邵仑领着孩子们随锋娃媳妇去了。

锋娃对大伟说道：“城里人爱逛农家乐，你看咱这是不是真正的农家乐？咱这吃的、用的、喝的，都是地地道道的绿色无污染的产品。”大伟颔首称是。

“明天你别走，郭大善人要给他妈过九十大寿，你们把老人带上，到那儿去转转。郭大善人给咱们这儿的孩子联系到了出国打工的好事，还给好多人家做担保，人缘好得很。”锋娃极力怂恿大伟道。

玉梅看大伟有点为难,岔开了话题问道:“你在大酒店干得好好的,咋不干了?”

“玉梅,你不知道大酒店里做饭的门道……”锋娃一五一十地说道。大家听得心惊肉跳,都说这世道咋变成这样了,人心咋这么黑?

“爷说叫人要行善呢,要给子孙后人积德呢。人不敢做瞎了良心的事,要遭报应呢。你说现在这人胆大得,啥都敢胡整!老板卖饭胡掺东西,制药的造假药,卖奶粉的使坏把月龄娃吃成了大头娃娃,这不是一报还一报是啥?这就是报应!人不敢存坏心,害人终是害己。老祖宗把这话早都说了,现在的人就不信!”玉梅母亲说道。

母亲虽然没有念过多少书,可母亲身上似乎有一种与生俱来的超脱和灵性,这是来自传统、来自土地、来自村庄的朴素而又辩证的处世哲学。这是需要像玉梅这种人生大部分经验从教科书里获取的人细细思量后,才能叹服的智慧。

一阵悦耳的铃声响起,大伟接通了电话,“嗯啊”了几声就挂了电话。玉梅一猜就是电厂有事儿了,果然是总工要求大伟六点以前务必赶回来。大伟说明了情况,老人心疼地让他等天凉了再走。玉梅清楚大伟的脾气,便不加阻拦,让他顺便把她和玉兰送到爱花幼儿园。大伟本来也想去看看具有传奇色彩的爱花老师,可是他却身不由己——就像一头拉磨的驴,被赶进了磨道,只能一圈一圈地原地打转。

爱花老师多年不见玉梅和玉兰,猛地一见还以为是县上的干部检查来了。玉梅和玉兰主动叫了一声“老师”,爱花老师才醒悟过来,连声说:“哎呀!你们变化太大了,真不敢贸然相认。你姊妹三个原来念书都是拔尖的,现在你们的孩子更厉害,简直把我们幼儿园给震了。”

爱花老师带着玉梅和玉兰站在窗外,看教室里边涵涵正在讲三只小猪盖房子的故事,幼儿园的孩子们听得津津有味。接下来明明弹琴,蕊蕊唱歌,涵涵在一旁跳舞,跳着跳着,幼儿园的孩子们也跟着跳了起来。

下课了,孩子们簇拥着明明、蕊蕊和涵涵从教室里走出来,个个笑容满面。爱花老师喃喃地说:“这些娃娃们从来没有这么高兴过,今天实在是我们幼儿园最值得纪念的日子。咱村条件好的,都把娃带到城里去了。这些娃大都是留守儿童,平常都是爷爷奶奶带着,老人有时候地里活多,顾不上娃,出了好几次娃被烧伤、摔伤、砸伤的事儿。我办了这个幼儿园,好歹能让娃们一直有人照看,捎带着唱唱歌、认认字……”爱花老师指着一个胳膊烧伤的孩子说道。

玉梅听母亲说过,有一年三夏大忙的时候,大人碾场时,没注意娃从婴儿车里爬出来,被碾到了碌碡下面,血肉模糊,当场身亡。

陆陆续续有一些老人来接娃。爱花老师指着一个接了三个娃娃的老太太说:“这是新搬来的赵老太。这个老人一共要管五个娃,儿子家的双胞胎儿子虎大、虎二上小学,小孙女和女儿的一儿一女都在这儿上幼儿园。她儿媳妇出去打工跟一个老板好上了，那个老板没儿子，说这媳妇给他生个儿子就给一大笔钱。结果，媳妇生了一个女子，那个老板不认账了，媳妇只好把娃抱回来。村里人风言风语，儿子媳妇在村里呆不下去，两个都出去打工去了，成年不回来。女子嫌女婿老实巴交不会赚钱，跟一个收苹果的人跑了，女婿把娃给老人一撂寻媳妇去了。老人罪大得很，谁见了都说作孽。"爱花老师絮絮叨叨地说了一大堆。

"大人光顾着自己，把娃丢给老人就不见影儿了。这个高个子的男娃，一直是他外爷来接。老两口之前嫌娃嫁得太远老见不上面，就以不知根不知底为由反对女儿的婚事，女儿就跟人私奔了。前几年，女儿回来了，怀里抱着个娃……"爱花老师说了这个孩子的情况，玉梅心里很不好受，便说："我有一个同学他妈跑了，与人吵架时，别人一句'你妈都跟人跑了，你还……'他立马矮人三分，涕泪滂沱地走开。"

玉竹说："在孩子眼里，最大的灾难恐怕就是父母不和。大人伤了孩子的心，对孩子造成的伤害，终身难以弥补，就像污染一条河流容易，治理一条河流却绝非易事。"

邵仑说："要不然这几年，大学生越来越难管理了。一个宿舍的几个孩子常常为一点小事情就起争执，居然有一个学生嫌纯净水水费分担不公，就把舍友毒死了。哪里像我们上学那会儿，大家亲如兄弟，谁的家长来了，就像自己的爸妈来了一样热闹。"

14 赶集见闻

孩子们回到家，仍然意犹未尽，拉着外婆和吴老师争着讲自己在幼儿园的出色表现。玉竹见孩子们情绪高涨，便趁热打铁鼓励他们准备一下明天上课的内容。涵涵想给大家教画西瓜和捏橡皮泥，可是老家的孩子没有橡皮泥怎么办呢？邵仑打算给孩子们和一堆泥巴，玉梅笑着说这父子俩真是投对了胎。明明计划教孩子们基本的电子琴弹奏方法，蕊蕊准备教一套简单的舞蹈，让孩子们每天都可以跳一跳。

孩子们一个个煞有其事地认真备课，玉梅想起上学时的一些笑话，就给大家讲了起来："话说桃花小学的葛老师只上过三年小学，却教了十八年语文。他去县城开过几次会，所以算是见过世面的大人物，自然就不说土话，而讲一口醋溜普通话。一天他在城里买烟，对人家售货员说，同志，给咱来包宰猴（窄猴：简装的金丝猴烟），售货员说什么窄猴、宽猴，街上有耍猴的你快去看。惹得旁人直笑，他还不明就里，追着售货员问长问短。他教孩子们学'拖'这个生字，组词时却念成了'拖、拖，拖拉机的机'。"

"妈妈，你们那会儿的老师就那水平。要是我现在去教书，绝对是顶呱呱的教学能手。"明明不知天高地厚地说。

"那时候一个村有一两个小学毕业生都稀罕得不得了，现在，城里的大学生一抓一大把，找不到工作也不愿意到农村来。"玉梅说道。

"就是，你同学彩霞当年念书时就成天留级，现在一个人居然带三门课。"玉竹随口说道。"啊？"几个孩子惊讶地叫了起来。玉梅赶紧岔开了话题。

大家正说得热闹，锋娃打来电话邀请玉梅一家人明天去天度口看戏，玉梅想着孩子们明天要去幼儿园上课，便推辞说后天再去。锋娃说："最好明天就来，开场戏精彩。"大家商量了一阵，决定让吴老师去幼儿园上课，其他人都去赶集。孩子们听了这个消息更加兴奋，吵吵嚷嚷到半夜才睡。

第二天一大早，乡亲们早早吃罢早饭，换上出门的衣裳，呼朋引伴一起去天度口看戏。乡亲们开着蹦蹦车、农用车、摩托车在前面开路，邵仑开车载着老老少少一大家子紧跟其后。附近村子的人们也都上路了，平日宽阔的柏油马路似乎一下子变窄了。快到天度口时，四乡里看戏的人们都聚在了一起，好像万千溪流汇入了大河。道路拥挤，人们只好下车步行，有人把打麦场改成了停车场，已经停放了好多车辆，邵仑把车也停在了那里，跟着大家安安心心地去看戏。

玉梅一行走在街上，很是引人注目。一路上遇见好多熟人，纷纷与其打招呼。彩霞远远看见了玉梅，领着佳佳追了上来，这下人更多了，大家说说笑笑好不开心。彩霞告诉大家先看戏，一会儿再去看"豆腐西施"、吃豆腐脑，想吃大餐就到锋娃的餐饮服务队去吃。

玉梅母亲爱看戏，明明和几个孩子们刚开始还对台上的花脸武生感兴趣，看见武生翻跟头、耍大刀、舞花枪不停地鼓掌叫好，慢慢的就坐不住了要到别处逛去。玉梅让五婶她们帮着照顾母亲，她们跟着彩霞到街上随意闲逛。走了几步就看见赵老太领着五个一般大小的孩子，像老母鸡领着一群嗷嗷待哺的小鸡娃一样，正在路边买油炸馍。虎大、虎二已经拿着馍馍吃了，其他三个小的就就围着油锅，眼睛直勾勾地盯着锅里的馍馍，嘴角流着涎水，不停地舔着舌头。一个油炸馍刚出锅，三个小的就围上去抢，卖馍的大声训斥道："烧得很，往后闪，看把嘴烫烂了！"佳佳不屑地说："一群馋鬼，像没吃过啥一样。"彩霞责怪道："你刚刚吃完肉夹馍，就饱汉不知饿汉饥，笑话人家娃娃了。我要是和你爸把你丢在家里打工去了，你肯定比人家还嘴馋！"

"妈妈，快看孔雀！"大家顺着明明手指的方向看过去，看见两位老人抱着小孙子正在和一只孔雀合影。原来孔雀是快照老板招揽生意的道具，有很多老人带着孩子排队照相。旁边有人说："这个老板会做生意，给老人照完相再帮着到邮局把照片寄给娃他爸他妈，一张照片十五元钱，比省城照相都贵，就这人都多得排队呢。"明明插嘴说："那干嘛不去上网视频聊天？"旁边的人说："城里娃知道个啥，这些老人斗大的字不识，连个电话都不会用，谁还会上网。"明明听了还想和那人争辩几句，玉梅捅了捅明明，明明没再吱声。

前面有人排队，彩霞大声地对大家说："看，'豆腐西施'家的生意多火爆，天天都要排队呢。玉梅，你们和孩子在这儿等着，我去给咱们排队买豆腐脑。""我去，我一个大男人不怕挤。"邵仑说着便排在了队伍后面，玉梅他们站在一边等。

"你们知道'豆腐西施'为啥这么有名不？"彩霞故作神秘地问道。

"能叫'豆腐西施'，肯定是漂亮嘛！"玉竹不假思索地回答道。

彩霞摇摇头说："你们猜一百遍也猜不出来。这家祖祖辈辈卖豆腐脑，可是儿子不愿意学他爸的手艺，上了一个普通大学，结果毕业后换了好几家公司也没有找到合适的工作，挣的钱光能顾个肚儿圆，到现在三十好几的人了，还没媳妇没房没车，又好面子不愿意向父母伸手，干脆窝在城里不回家。他爸他妈四五年都没有见过儿子的面了。大女子上了个什么学院，分到南方的电子厂当操作工，跟初中没毕业的打工妹干一样的活儿，却又放不下大学生的架子，也找不下合适的对象，快三十了，还没有结婚。他爸他妈急了，小女儿初中一毕业，就不让上学了，一心一意跟着大人学做豆腐脑的手艺，还放话说哪个小伙子愿意踏踏实实学手艺，就把女儿嫁给他。这才得了‘豆腐西施’这个美名。”

“这么曲折，真是想不到。”玉梅说道。彩霞忧心忡忡地说：“玉梅，你们那会儿考上学了，上学国家管，毕业了还管分配工作。现在打着灯笼也不知道到哪儿找这样的好事儿。以前，谁家出个大学生，一村子的人脸上都有光。如今，谁家孩子考上大学，谁家大人犯头疼。上学学费贵得吓死人，毕业了也没有个正式工作。公务员那些好工作轮不到咱庄稼汉的娃头上，在城里随随便便找个工作，只能混个肚儿圆，上这样的大学有啥意思？还不如学一门手艺，到啥地方都能混口饭吃。”

“就是，现在就业难。不是有报道说大学毕业生争着当掏粪工吗？”玉竹说道。

“温总理都说这几年清华、北大几乎没有农村孩子了。教育资源不平衡，优质资源全部集中到城里的名校了，农村孩子考大学本来就难，考名牌大学就更难了，出来找工作自然没有多大优势。城乡差距这么大，竞争从一开始就不公平了。这几年不是老说不能让孩子输在起跑线上吗？城里的家长孩子们从幼儿园都已经起跑了，人人都想抢占优质教育资源，所以明明上个名校就特别艰难。”玉梅深有感触地说，大家都摇头叹息。

15 大伟忙晕乎了

8月6日凌晨，#1机组启动前夕，集控室里一片忙碌的景象。运行人员正在紧锣密鼓地做着各项准备工作，一晚上几乎没有坐下来喘口气的工夫。

此次开机非比寻常，这是#1机组汽轮机更换了低压转子四级叶片后的首次启动，公司上下对此十分关注。6:58，锅炉一次性点火成功后，人们的注意力都集中到了汽轮机能否正常冲转上。这时候忙前忙后的工程师大伟和汽机运行人员，自然成了众人关注的焦点。

8:30，汽轮机挂闸冲转；8:40，汽轮机600rpm打闸摩擦听音正常，让现场人员精神一振。接下来向中速暖机目标值2040rpm升速，过临界转速时，现场所有人的心都提到了嗓子眼。以往#1机组启动过程中，一直存在过临界时2瓦振动大跳机的缺陷，今天会怎么样？谁心中也没底，人人手里捏了一把汗。只见大伟镇静自若地命令汽机运行人员严格遵守规程规定，及时合理地调整油压油温等各项参数，不要慌乱，一切按部就班地进行。奇迹出现了，2瓦振动到216微米后逐渐下降，完全在规程规定值以内，汽机冲转一次性成功。现场紧张的气氛顿时缓和了许多。

定速3000rpm以后，大伟和运行人员一刻也不敢大意，认真细致地做完了充油试验。11:50，发电机一次性并网成功。13:50，#1机组负荷180MW，切顺序阀、撤油后运行安全平稳。#1机组升速、并网、带负荷三项试验一次性成功，令现场所有人员悬着的心终于放了下来，#1机组启动成功的喜讯迅速传遍了公司。

大家欣慰之余，纷纷称赞大伟和汽机运行人员。大伟眼中布满血丝，疲惫地一笑，啥也没说。这时，服务公司送来了工作餐，总工招呼大家趁这会儿不忙，赶快解决温饱问题。大家互相谦让着吃起了盒饭，大伟看见监盘的运行人员正在忙着加负荷，这个单元的司机是个新手，大伟有些不放心，便端着饭盒站在一旁指导。

大伟为人谦和，不拘小节，大家都喜欢和他一起工作。汽机运行人员知道，这三天为了保证#1机组顺利启动，大伟始终坚守在生产现场，事无巨细，一一过问。特别是在充排氢置换过程中，出现了阀门不严，大量漏氢的异常情况，为了不影响开机进度，他和运行人员并肩作战，努力克服人手少、时间紧、任务重等诸多困难，及时调整操作方案，硬是用了20个小时，仅充了28瓶二氧化碳（平常要充35瓶，耗时30多个小时左右），就迅速完成了充排氢工作，为#1机组如期启动争取了宝贵的时间。大家正在后面你一言我一语地夸奖大伟时，大伟已经三两口刨完了饭菜，带着助理小仇步履匆匆地走出 #1 集控室,他心头还惦记着正在停运的 #3 机组呢。

大伟在 #3 集控室调阅完参数,刚想给单元长交代一下要控制好减负荷率,猛地觉得头晕眼花,有些支持不住,赶紧坐在旁边的椅子上。由于 #3 机组正在进行降粉、减负荷,所有人员的注意力都集中在 CTM 盘上,集控室里检修、运行、生技部的人员很多,大家都没有发现大伟的异常。

小仇端来一杯热水放在了大伟的面前,大伟感激地看了小仇一眼。这一看不要紧,大伟紧张得差点把水杯掉在了地上。小仇身边站的这女孩是谁呀?长着白净的瓜子脸,眼睛又细又长,怎么那么像那个人?小仇见大伟一脸讶异,便介绍说:“这是艾云,刚刚分来的。”女孩甜甜地说了声“何总好”,转身走了。

大伟恍恍惚惚,喝了几口水,努力使自己镇静了下来。小仇汇报说:“ #3 机组依然存在着 4 瓦温度高、轴震大的问题……”大伟几乎什么也没有听进去。机组负荷已经减到了 5 万,各项参数基本都在规程规定范围之内,总工下令昨晚熬夜值班的生产技术干部全部回去休息。小仇如释重负,大伟怀着异样的心情离开了生产现场。

大伟这一觉睡得香极了,手机响了好长时间才把他吵醒。明明在电话里大声说:“老爸,快下楼来接我们。”大伟迷迷瞪瞪地用冷水抹了一下脸,赶紧跑下楼去接老婆孩子。

邵仑绕了这么大一个弯专程把玉梅母子送回来,大伟心里过意不去,执意邀请他们住一晚再走。可是涵涵周末要上钢琴、画画、英语课,耽搁不得,他们喝了口水,便启程走了。

家里到处都是尘土,玉梅埋怨大伟知道玉竹要来也不知道擦擦家具。大伟摸着自己油腻腻的头发,尴尬地对玉梅说这几天忙得晕头转向,忘了洗澡就在床上睡着了。玉梅有洁癖,一听这话有点生气,大声吆喝着大伟去洗澡,然后换床单枕套,收拾屋子。

爷爷奶奶准备了极其丰盛的晚餐庆贺明明生日。大伟把从玉梅老家带的面粉、馍馍等物送给父母,并说岳母愿意来省城陪明明读书,大伟父母听了十分高兴。玉梅母亲还特意给太奶做了一双缎面鞋,太奶上脚一试,不松不紧刚合适,脱下后又凑在灯下左看看右瞧瞧,爱不释手。

明明到了爷爷家就像孙猴子到了花果山,开始毫无顾忌地大说大谝,一直从赎身、去菜园摘菜、在幼儿园教书、赶集看戏、上山还愿说到下河捕鱼,讲得绘声绘色,极具感染力,听得三位老人喜上眉梢。

明明这几天玩得太疯,说着话就在爷爷怀里睡着了。明明睡得很香,爷爷不忍心动弹一下。奶奶见状就对玉梅说:“你们回去吧,让明明睡在这边。”大伟父母住着四室两厅的单元房，专门有一间留给大伟他们。有时候大伟一家过来吃饭，懒得走动，就在这张床上休息。

临睡前，玉梅突然问大伟："你觉得玉兰和家耀好着没？"

"好着呢，怎么了？"大伟随意地问道。

"我们今天回来时，邵仑先把玉兰和蕊蕊送到县城，玉兰给家耀打了好几回电话也没打通。奇怪，不知道家耀搞什么鬼。后来，还是邵仑跑了几趟才把东西搬到楼上。"玉梅忧虑地对大伟说。

"你别胡思乱想了，累了这么些天，早早休息吧。"大伟安慰玉梅道。

"唉，你不知道玉兰就像《红楼梦》里边的'二木头'迎春一样，善良老实得很。有一年三夏大忙的时节，大人们都下地割麦去了，她陪玉竹在家睡午觉。突然，一个麦客推门进来，说是我父母雇他割麦，让他先吃饱了再去地里干活。麦客风卷残云般地将厨房里的吃食洗劫一空就走了。晚上，玉兰老老实实地向父母坦白了一切，我妈气得说'算了，那也是个可怜人，可能是饿极了就撒了一个谎。要真是个瞎人，就把你两个拐走了'。我妈当时就去给灶王爷上香磕头，口中念念有词。后来，当我读了《论语·乡党》，马棚烧了，孔子退朝回来，只问有没有伤人，没有问马。我妈是不会读到这样的文字，可她那句话却与圣人一样通达。你知道那时候人穷，家里的粮食都紧张，一般孩子做了这样的傻事，免不了要挨打，可是……"玉梅躺在床上给大伟絮絮叨叨说了一大堆往事，大伟早已经犯迷糊了，随便答应了几句就睡着了。

16 住在爷爷奶奶家的美好时光

明明在爷爷奶奶家住了一天，尝着了甜头，便赖着不想回家。爷爷奶奶就想着玉梅和大伟上班忙，不如让明明再住几天。玉梅知道大伟母亲爱惯娃，坚决不同意。明明刚上小学时，老师让明明值日，大伟母亲知道了跑到学校去帮着明明拖地，老师阻拦不住，她还振振有词地告诉老师明明在家拉臭臭都是她端着拉的，家里就这么一个宝贝，怎么能叫娃拖地……这事儿后来被大家知道了，在厂里传了个遍，让玉梅、大伟和明明都尴尬了好久。也是从那以后，全家人达成一致意见——明明的教育由玉梅一人负责。可是，今天老人们又这样袒护着明明，玉梅反对无效，只好警告了明明一阵，又提了好多条件，才勉强答应。

每天，明明写完了妈妈布置的所有作业，再弹会儿琴便看电视打游戏。爷爷奶奶担心这样下去对眼睛不好，便提议明明找同学们玩一玩。可是同学们都上课去了，明明百无聊赖，窝在家里继续看电视打游戏。

爷爷奶奶看着明明晃荡来晃荡去不是个办法，就想方设法逗明明开心。明明说："还是老家好，狗蛋就没有暑假作业，他教我爬树，认识花草树木，我们还用一种草编一个圆环，用舌头舔一舔，再用另外一种流白汁汁的草点一下唾沫，圆环上就会出现各种颜色的画面，大家把这叫做演电影，神奇极了。"

爷爷说："听说，现在有些大学还要开设爬树专业，这些原来小孩自然就会的玩意儿，没想到现在要放到大学来学，看来这大学也就那么回事儿了。"

明明说："网上说中国的教育是幼儿园学小学的知识，小学学中学的东西，中学学高中的课程，等到了大学了再反过来学幼儿园的常识，这叫中国特色的教育。我们小升初考试说白了就是小学提前学初中的课程。"

"这就是为什么现在大人都得陪读。你爸上学那会儿，我们学的那些东西还能辅导他。你现在学的东西比较灵活，我们可教不了。你妈说她陪你读书也是没有办法的事，一来是刚上学就有应用题，大人必须给你读题；二来别人家都把孩子抓得很紧，咱们光靠你一个人肯定要吃亏；三来老师对家长的要求高，要家长必须给孩子检查作业签字。"爷爷说开话来总是有板有眼，明明听了，忍不住对爷爷多了几分崇拜。

"明明，你闲了读读课外书，和你爷爷下棋、跑步，要不陪我买菜、做饭，给太奶捶背也行。"奶奶提议道。明明只要不去上课外班，大人说什么他都说好，爷爷奶奶听得心疼,直骂这该死的课外班真是把明明害苦了。

爷爷煞有介事地给明明开出了读书计划,要求明明利用剩下的假期读完四大名著。太奶知道了,要明明读给她听,爷爷奶奶也要加入。每天午休过后,明明声情并茂地给大家读书,三个老人听得都很认真。

读完书,明明还要和爷爷杀三局棋,三局两胜。起初,爷爷让明明三个子,过几天改成了让两个子,再过几天,爷爷不仅不让子了,就连谁先走棋都要通过掷骰子决定。太奶和奶奶在一旁观棋时,坚决恪守"观棋不语真君子"的古训,等胜负已定时方才评论一二。奶奶说:"看你爷爷下棋是从将军到奴隶,看我明明下棋是从奴隶到将军。"爷爷哈哈一笑,明明趁机央求上一会儿网,爷爷不忍心拒绝,便答应让明明上半个小时,要不然就要告诉玉梅。

今天,明明在网上遇见了涛涛,涛涛写道:"今天,妞妞上课时发烧了。前几天,思思屁股上生了疮,医生说过两天要做手术。苍天呀,大地呀,什么时候才可以不上奥数奥语,什么时候才还我们自由?"

明明看罢,立即回复了"同是天涯沦落人"和一个哇哇大哭的表情。涛涛回复道:"你小子因祸得福,在家优哉游哉地当少爷,哪里知我们的辛苦。"两人你一言我一句在网上聊得十分起劲。涛涛突然发了一个哭丧着脸的表情,告诉明明他的上网时间已到。明明一看自己还有十几分钟时间,赶紧玩了一会儿"植物大战僵尸"的游戏,便按时下线。

明明告诉爷爷奶奶思思生病了。奶奶一听思思要做手术,急得不得了,立即就给思思奶奶打电话支招,让她们去找原上的土郎中。思思奶奶说:"这不是把人都给急糊涂了吗?我怎么把这事儿忘得精光光。还不知道媳妇让不让去,你让玉梅给我媳妇说说……"

#3 机组 DCS 改造工程开始了,大伟严格按照计划安排工作,组织运行人员积极配合检修人员做好系统改造、设备隔离与调试工作。此次技术改造以后,系统变动较大,原来的规程和系统图已经不能继续使用了,必须尽快编写出新的规程和系统图。为此,大伟向领导提出抽调两个新分来的大学生帮忙。艾云和一个男生被调过来帮助大伟和小仇画图、编写规程。

艾云细心认真,画出来的图纸漂亮匀称,让大伟赞不绝口;艾云勤快热情,天天给大伟斟茶递水,使大伟非常满意。相处久了,大伟发现艾云不仅外貌像自己的初恋女友,而且性情也大致一样,一样的温柔、活泼、甜美、单纯、阳光。大伟感觉工作从未如此愉快,他恨不得天天和艾云一起上班。

今天下午,值长邀请大伟和小仇下了班去参加四值的羽毛球比赛,大伟和小仇欣然允诺。四值的比赛取名为"不惑杯",是考虑到羽毛球运动量大且小组成员平均年龄已近四十,故而四值的羽毛球比赛不设单打,全部采用双打。实力不同、千姿百态的组合使得比赛看点颇多、妙趣横生,引来了许多观众前来观战。比赛快结束时,大伟和小仇应邀来到了运动馆。人群中的艾云远远地向大伟招手,大伟笑着点了一下头。艾云挤到了大伟身边要大伟陪她先打一局,大伟本想拒绝,但旁边的观众异口同声地要求大伟来一个。艾云身着一套白色的羽毛球裙,显得亭亭玉立、青春靓丽,大伟看了有些心慌意乱。大伟那天穿了一套黑色运动衣,潇洒帅气、玉树临风。一黑一白的帅哥美女往场地上一站,立即吸引了全场观众的眼球,大家都涌过来看他们,真正的比赛现场观众寥寥无几。

明明虽然住在爷爷奶奶家,可玉梅并没有放松明明的功课。她每天去翠萍家借来妞妞的作业和试卷,复印以后再让明明做一遍。

今天大伟母亲让玉梅劝了劝思思妈妈,玉梅才知道妞妞也生病了,就买了一些营养品和明明一起去看望妞妞。妞妞见了明明羞红了脸,玉梅突然意识到孩子们长大了,便让明明拿了作业先回去。翠萍把玉梅拉到隔壁房间悄声说:“妞妞长大了,开始来例假了,傻孩子怕羞不敢在学校换卫生巾,又成天坐着上课,结果下身感染了,一直在发烧,简直把我吓死了。今天把我折腾坏了,我也不打算让妞妞上下一期的课外班了,身体要紧,先把病看好再说学习。”玉梅安慰了翠萍母女一阵,准备告辞回家。

翠萍要送玉梅,玉梅不让。翠萍还要送,玉梅硬把翠萍往回掀。翠萍欲言又止,只好说:“玉梅,你没事儿了也去打打羽毛球,多陪陪大伟,多关心关心大伟。”玉梅说:“都老夫老妻了,还谁陪谁呢。”翠萍纠正她说:“孩子大了,以后就是两口子的日子了,老夫老妻更要多关心。”玉梅笑着走了。翠萍真想追上去给玉梅说说今天下午的一些传言,可是,万一这些话是假的呢?翠萍想了想,觉得还是不说为好。

17 树影婆娑里模糊遥远的童年

玉梅写了几篇有关家乡的文章发在了网上，得到了网友们的一致好评。玉梅十分得意，想给大伟一个意外的惊喜。她迫不及待地打开电脑让大伟看自己的博客，结果大伟反应平淡，很快就换了页面，看起了股票。玉梅大失所望。

安国进入了玉梅的博客，看到博客内容十分丰富。其中，最新的一篇博文里这样写道——

引子：我那远去的故乡在绿树掩映之下若隐若现，我那闪光的童年在树影婆娑里模糊遥远，我的亲人们在悲欢离合中走入无尽岁月……

核桃树，秋千架

我的窗外有两棵核桃树，相距两三米，碗口粗细，好像一对孪生姐妹。

这是堂姐的树。堂姐与我的父母年龄相仿。她在我这般大小的时候，从野外移栽了这两棵核桃树。

每天，我一睁开眼便看见她们，她们永远比我勤快——早早地醒来，见了我就招手问好。

我想我已经长大了，父亲蹲在核桃树上为我绑秋千。很粗的麻绳，吊着一块木板，我坐上去，晃晃悠悠，被父亲轻轻送上了天空，快乐得晕了头，仿佛把蜜罐子摇醒了，无数的泡泡跑了出来，追逐跳耍，在阳光下五彩斑斓，美丽耀眼……

安国看了，回想起小时候的一幕幕情景，忍不住拿起电话打给玉梅。安国用充满欣赏的语气说道："写得太美了，秋千架让人想起原来过年时村上拴一架秋千，全村人轮流上阵荡秋千的情景；收鸡蛋的老人更像是一个遥远的回忆，现在已经见不到这样的货郎了；核桃树叫我想起小时候去你家吃核桃，去锋娃家摘桑葚，把嘴巴吃得乌黑乌黑的趣事。咱们小时候男孩子爱上树掏鸟蛋，下河捉鱼虾，滚铁环、打纸包、抽陀螺；女孩子喜欢踢毽子、抓羊拐、打沙包、跳皮筋。不像现在城里的孩子，天天圈在水泥房子里，很少接触大自然，物质条件是比咱们好，精神生活却很贫乏。"

玉梅快乐地说："我这两三年忙着陪明明考名校，几乎没有歇过一天，去年快过年了还在省城上奥数。这次明明回老家赎身过岁，我才有机会好好休息了几天。自从工作以后，每次回老家都只能呆半天时间，很少像这次从从容容地走亲访友、上山下河，所以感触很多。我想起了小时候的很多事情，特别是我父亲生病之前的一些往事。父亲去世时我也就像明明这么大，本来无忧无虑的生活因为父亲生病去世就一去不返了。要是时光可以倒流,也不知道父亲还能不能认出我来。也许,一个人长大只是一瞬间的事情,我心里有些烦乱,也是闲着没事闹着玩,胡乱写了几篇散文。”

安国上次见玉梅时,觉得她状态不好,便又鼓励道:“你就是咱们老家人常说的红萝卜调辣子——吃出看不出。真没想到,你还有这份闲情雅致,实在太难得了。你一定要拿起笔,多写一写自己熟悉的、让自己感动的人和事,最起码给自己培养一个健康高雅的爱好,生活也就变得五彩缤纷、活色生香了。”

这次回家太难忘了,许多思绪在玉梅的脑海里翻滚,让她有一种一吐为快的冲动。现在有了安国大哥的鼓励,加上明明不在家,家务少了许多,玉梅觉得自己浑身有一种激情需要释放,需要发泄,需要向人倾诉。于是玉梅又拿起了笔——

麦黄杏熟了

布谷声中,麦浪泛金,枝头的杏儿黄了。奶奶对我说:“麦黄杏熟了,就要开镰割麦了,你爸爸快回来了。”我小小的心里装满了期盼,我天天骑在村口的石马上等公共汽车,我多么希望那扇车门里能走出爸爸来。

……

奶奶的房门虚掩着,里边水声哗哗,奶奶正在洗脚。奶奶洗脚是一件秘密的大事,每次我都要替她放哨。奶奶的脚小得可怜,居然长不过我的脚。我从来没有看见过奶奶的脚,奶奶的脚一年四季缠着长长的布条,像个伤员,久治不愈的伤员。但我喜欢奶奶,奶奶笑起来像朵菊花一样好看,奶奶说起话来轻言慢语,奶奶做起事来不慌不忙。奶奶梳着光光的小髻,常年穿着斜襟的老式衣服,扎着紧紧的裤脚,走起路来一摇一晃,怎么也追不上我。

大门咯吱一响,传来爸爸叫我的声音,我丢开秋千,飞奔到了爸爸面前。我喜出望外,早把奶奶洗脚的事儿忘到了九霄云外。我拉着爸爸的手,直接推门进去,站到了奶奶面前。奶奶一直在低头洗脚,冷不防见我们闯了进来,一脸慌乱,急忙用双手捂住了脚丫子。就那么一刹那,我还是看见了奶奶的小脚,丑陋畸形,令人不寒而栗。那也叫脚吗?五个脚趾头被硬生生地折下去,紧挨着脚后跟,脚面高高拱起,像失败的手术伤口。这双脚终年不见天日,泛着病态的虚白。后来,我每当看见书上写到“三寸金莲”之类的字样,便感到胸口发闷。

爸爸带回来的吃食满满当当摆了一柜面,我吃吃这个,捏捏那个,好不快乐。水红和毛虎悄无声息地来了,两个人像两条大馋虫一样黏在门框两边,眼睛直勾勾地盯着我的吃食,我本能地用身子挡住了他们贪婪的目光。奶奶给他俩一人一颗糖,他俩依然不挪窝儿。爸爸递给他们饼干,他俩脸上露出了一丝笑意,可就是不走。我拿起竹竿,敲打几下杏树,像下了一阵杏儿雨,他们争着捡拾杏儿。

奶奶张罗着要为爸爸做臊子面,爸爸按住了奶奶,硬塞给了她一些零用钱。奶奶死活不要,与爸爸推来推去,末了,还是拗不过爸爸,便把钱收了起来。奶奶撩起衣襟,半天才从怀里摸出一方手帕。打开手帕,里面有一层磨毛了的红纸,再打开那折叠了好多遍的红纸,这才露出了几张花花绿绿的毛票。奶奶的脸笑成了一朵最美的菊花,她仔仔细细地把钱捋平放在一起,然后小心翼翼地放好她的装钱帕帕。我知道这里的钱,或迟或早,都会变成好吃的东西,顺着我的喉咙眼儿钻进去。我一直守口如瓶,对此只字不提……

网上好评如潮,玉梅想起莎莎看了她的育儿日记后,时而高兴,时而发呆,时而掉眼泪的情景,觉得一种久违的快乐又回到了身边。

安国看了这篇文章,发来短信:玉梅,你的文字使我重温了儿时的美好,使我静下心来反思自己忙乱的人生,也使我更加向往过去安宁、恬静的田园生活。继续努力,你会看到一个美好灿烂的明天。

玉梅心潮澎湃,她信心满满地回了一句:岁月会抹去青春红颜,却让回忆在时光的发酵下更加醇香甘美。岁月不会放过每一个鲜活的生命,也会将每个人打磨成一个与众不同的自己。

18 玉梅姐太可怜了

8月15日中午12:13，#4机集控室事故照明灯突然亮起，机房声音陡变。“#4机组跳闸”“主汽门关闭”“锅炉MFT动作首发失去燃料”“发电机主保护动作”等光字警报频发，一阵阵尖锐刺耳的排汽声划破长空。

厂用电中断了！大伟刚刚回到家中，衣服还没有来得及换，一听到现场排汽，立即赶到生产一线。不一会儿，发电分场、运调部、检修分场的各级领导员工也都赶回到生产现场。

此次#01启备变跳闸不仅造成了#4机组厂用电中断，而且导致了其上的燃运、供水、灰硫等公共用户设备失电，尤其是上煤中断、工业水中断，使正在运行的#1、#2机组仅靠存煤存水维持工作，随时可能陷入无米之炊的险境。一旦#1、#2机组跳闸，将会造成全厂失电，后果不堪设想。

在后续的事故处理当中，由于污水池水位高，值长采取了各种措施，效果仍不理想，大伟提议以大局为重，暂停生活水泵，以确保事故处理尽快完成。

盛夏时节，全公司停电停水，给公司员工家属的生活带来了诸多不便，公司领导急人所急，立即安排多辆消防车为家属区送水。玉梅和明明在北区的送水点排队接水，大伟父母推着自行车在旁边等待。队伍虽然很长，可是秩序井然，玉梅和明明很快就接满了四壶水。大伟父亲在自行车把手上挂了两壶水，奶奶和明明在自行车后座上扶着一壶水，玉梅提着一壶水落在了后面。小仇刚刚才从现场出来，迎面看见玉梅提着水，不容分说就把水壶抢了过来，帮着玉梅送到家。

玉梅一家人过意不去，让小仇喝瓶饮料再走。小仇说：“#01启备变跳闸把人忙得晕头转向，我和大伟哥到现在还没有吃中午饭，饿得撑不住了。我趁着事故处理的间隙溜出来，准备回家拿一些吃的。”明明奶奶接过来说：“走到这儿，就跟到了你家一样，你赶快拿上几个包子进去和大伟垫垫肚子，等一会儿下班回来消消停停吃顿晚饭。”小仇拿了几个包子，像一阵风走了。

明明爷爷看着小仇的背影，感慨地说：“枵腹从公。干生产工作不容易，我那会儿也经常饿肚子。”

奶奶说：“就这，你干了一辈子还没有干够，当年非要把大伟叫回来，你们真是上阵父子兵，打虎亲兄弟。到了明明这一辈，我说什么都不让他再干这一行了。”

玉梅说：“明明喜欢什么就让他干什么。”“我的理想不是早就公诸于世了，你们别忘了,我将来可是要当外交官的。”明明不可一世地说道。

事故处理到十点多已经基本结束。大家中午饿着肚子忙了大半天,下午在现场凑合着吃了工作餐,总工为了犒劳大家,热情邀请大家去吃夜宵。大伟和小仇都去了,人多热闹,大家便喝了一些酒。大伟不胜酒力,喝了两三杯就感觉头重脚轻,走路摇摇晃晃,小仇便把大伟送到家里。

大伟很少喝酒,从来没有喝醉过,今天怎么醉成了这样?当着小仇的面,玉梅不好说什么。送走了小仇,玉梅真想数落大伟几句,可是一看大伟难受的样子,她只好把埋怨的话咽回了肚子里。玉梅端来一盆热水给大伟洗脚,又冲好蜂蜜水给大伟醒酒。夜里玉梅醒来好几次,看大伟睡得好不好。

第二天早上,大伟醒来后头还隐隐作痛,可他依然按时上班去了。玉梅担心大伟,便给小仇打电话让他多操心大伟,没想到小仇却说:“玉梅姐,你也太不关心大伟哥了。你没事儿也过来探探班,看望一下我们。”玉梅想也没想就说:“小仇,你们一天事儿多,我去了打扰你们。”小仇说:“玉梅姐,你巡检完设备了,顺便过来看看大伟哥。我们大伟哥可是高富帅,人称‘少妇杀手’,你一天可得把他看紧点。”“你咋怪怪的?有什么话还不赶快给师傅说,拐弯抹角干什么。”玉梅开玩笑地说。小仇委屈地说:“玉梅姐,一日为师,终身为师,我什么时候敢在师傅面前胡说过,我就是想叫你中午过来看看大伟哥。”玉梅顺口说:“那我们巡检设备时,我过来坐坐。”小仇说:“是你自己来的,可千万别说是我邀请来的。”挂了电话,玉梅觉得小仇有点反常,觉得今天还真的要去看看大伟才好。

小仇挂了电话,便戴上安全帽去了机房。他不想遇见玉梅姐,也不知道该怎么面对玉梅姐。玉梅上倒班的时候,曾经是小仇的师傅,那时候玉梅干劲十足,争强好胜,每次规程考试、操作表演都是单元的第一名。小仇大学毕业分到单元以后,玉梅就手把手地教他,每天不辞辛苦地带着小仇查系统、背规程,小仇戏称学专责简直比高考还要辛苦。不过公是公,私是私,生活中玉梅对小仇简直比亲姐姐还亲,不仅常给他带好吃的饭菜,还帮他介绍了对象。

后来,玉梅生了小孩以后,调到了检修上白班,还常夸小仇勤学好问、踏实肯干,就把小仇推荐给了大伟做助手。小仇觉得自己太幸运了,这可是多少人寻情钻眼、托关系走后门都难以办成的事儿。自己参加工作八九年就升为助理工程师,小仇觉得玉梅姐对自己犹如再造父母,这份恩情没齿难忘。

大伟哥工作认真负责、兢兢业业,对自己也很不错,可是,玉梅姐真的很可怜。小仇左右为难,想来想去,觉得自己有义务把这件事情透露给玉梅姐,就算将来大伟哥知道了真相,把自己调离了这个工作岗位,也无怨无悔。纸里包不住火,这样下去对玉梅姐有百害而无一益。小仇觉得一切迟早都是要面对的,不如就让暴风雨来得早一些吧！

像往常一样，艾云画好一张图纸，便拿去让大伟检查。大伟像欣赏一件艺术品一样看着艾云的作品，然后指出某一处画得实在很妙，艾云把头凑过来，一股淡淡的清香让大伟心旷神怡。两个人指着图纸，开心地聊着。艾云关心地问大伟头还晕不晕，要不要吃点饼干。大伟笑着摇了摇头。艾云给大伟端来热水，热情地劝大伟快喝。大伟听话地喝了一口热水，感觉头真的不那么晕了……

小仇在机房转了三四圈，又到各处的值班室里检查了一遍，看看时间已经差不多了，想着玉梅姐已经去过大伟哥办公室了，便折了回来。楼道里静悄悄的，没有一丝异常，小仇满腹狐疑。经过大伟办公室的时候，他特意放轻了脚步。门虚掩着，里面传来艾云愉快的说笑声。小仇快步走回自己的办公室，卸下安全帽，深呼吸了几下，决定去大伟的办公室汇报工作，顺便探听虚实。大伟脸上没有一丝异常，艾云笑得依然纯情甜蜜，小仇谈了几句就退了出来。一切平静得让人不安。

玉梅本来准备巡检完设备就去大伟办公室，碰巧淑芬和小薇拉着她说起昨晚的韩剧，玉梅就把探班的事情忘得一干二净。中途，她想起这件事情时，已经离大伟办公室太远了，便打了一个电话问候了几句大伟，又继续和姐妹们说说笑笑地回到了班组。

小仇坐立不安，想给玉梅姐打电话，又怕惹火烧身，急得在办公室里踱来踱去。

19　乐极生悲

思思贴了原上土郎中的膏药，疥疮很快就好了，思思奶奶打电话向明明奶奶道谢，同时邀请玉梅带孩子们去碧泉湾游泳。玉梅满口答应，然后又约了翠萍。翠萍想着快军训了，妞妞的病也好了，正想带孩子出去散散心，看来大家想到一块儿去了。翠萍建议再约上涛涛，这样孩子多了玩得才开心。

碧泉湾是省城最豪华的大型室内温泉浴场。玉梅久仰其名，今天终于身临其境，只见阳光、沙滩，礁石之上，"海的女儿"正翘首期盼王子的三桅船；峭壁边缘，绿萝垂绦，其下泉水喷涌而出，巨大的水车日夜旋转；长长的滑梯宛如彩虹飘落水中，不时有大人孩子尖叫着呼啸而下……一切恍若仙境，果然名不虚传。

浴场中央，竖起一座巨大的蘑菇样的喷泉。大人孩子们把水球抛上喷泉，很快水球又被水冲下来，再抛上去，又冲下来，大人孩子们乐此不疲地玩着这个游戏。大伟和李楠抱着水球沉入水底，却很突然地从明明和妞妞身边冒出，水球随之猛地抛来，令人猝不及防，唬得孩子们尖叫连连，一场水战随即全面爆发。三五个孩子围着大伟和李楠，群起而攻之。霎时间浪花飞溅，欢声四起，惹得素不相识的大人孩子也加入了这场水上混战。

"轰隆隆，轰隆隆"，水面上传来了一阵阵低沉的咆哮声，海浪涌动，波涛翻滚，原来是制浪机启动了。整个浴场掀起一米多高的海浪，层层叠叠，绵绵不绝，还真有后浪推前浪的波澜壮阔之感。大人孩子们手拉手迎接浪潮来袭，一起大叫着跃起落下，又跃起落下，好似海上踏浪一样有趣……

水面平静了，明明和涛涛又开始游起泳来。他们像一只小鱼儿一样潜入水中滑行一程；再像小猴子一样钻出水面，抓耳挠腮；又像一只水鸟发现猎物一样，准确而又迅速地跃入水中。玩水玩累了，有人提议去旁边山洞中的时光隧道玩。那里灯光昏暗，水流淙淙，曲折蜿蜒的山洞不知通向何方，让人害怕又好奇。几个孩子们一个劲儿地缠着大伟和玉梅带他们去洞穴深处探险。玉梅一行小心翼翼地走入山洞深处，突然，昏暗之中传来一阵恐龙的吼叫声，阴森恐怖，似乎有巨型恐龙正大步奔来。孩子们吓得两股战战，妞妞当即哭喊着三步并作两步逃离了山洞，李楠和翠萍连忙跟出去照顾孩子。没想到，明明却一脸镇静，非要去山洞深处一探究竟。在孩子面前岂能露怯？玉梅和大伟只能硬着头皮向里走了。

山洞越来越暗，心也越跳越快，玉梅和大伟不由得攥紧了彼此的手互相壮胆。

各种动物瘆人的嘶鸣声此起彼伏，听得玉梅头皮发麻，浑身起了一层鸡皮疙瘩。玉梅的心已经提到了嗓子眼，可明明似乎对此毫不在乎，玉梅只好听天由命，向着黑暗深处、更深处一步一步挪动。终于走完了山洞，三人长长地舒了口气，原来各种声响纯属人工制造。虽是虚惊一场，玉梅心中仍"突突"地跳个不停。不过短短的三五分钟，却仿佛经历了一场生死之险，真有"洞中一刻，世上千年"的恍惚感。

进洞探险的好奇心满足之后，明明和小伙伴们又跑回了海滩，游泳、戏水、抛水球、打水战。看着孩子们快乐的笑脸，玉梅想起曾经读过的一句话：大自然送给孩子们最好的玩具——沙子和水。

趁着孩子们玩得高兴，玉梅、翠萍和老公们交换了一下眼色，几个妈妈彼此会意，偷偷溜向了特色温泉区。玉梅她们先从翠竹掩映之下的乾坤池、鸳鸯池、八卦池玩起，再到五颜六色的矿物质池和鱼翔浅底的小鱼温泉池，众人兴致渐浓。等到了二楼的玫瑰池、牛奶池、啤酒池，大家更加兴奋，而极具异域风情的芬兰浴、印度佛浴、日式温泉令人眼花缭乱，恍然置身异国邻邦。

泡完了所有的温泉，几个女人一个个面若桃花，看来这温泉水具有美颜之功效实非虚传。"去火龙玉床上躺躺怎么样？""此计甚妙。"一番七嘴八舌的闲聊之后，大家惬意地躺到蓝田玉屋中享受脂肪燃烧的快感去了。昏昏欲睡间，有人突然想起该去看看老公孩子了。一经提醒，几个女人赶紧走出小屋，发现老公孩子们依然在游泳池里戏水，只是旁边多了一位面容姣好、身材苗条、皮肤白皙的比基尼女郎。几个女人面面相觑，翠萍眼尖，认出了那个女的是艾云。"艾云是谁？"玉梅疑惑地问。"就是艾师傅的女儿，咱们进厂时，她才上幼儿园呢，现在都已经在发电分场上班了。咱们厂现在很少进人，来了这么一两个新人，大家都很关注。听说艾云最近在大伟他们那里帮忙，大伟没有跟你说起过？"玉梅愣了愣，随即含糊地说："好像说起过，我没有留意。"

明明和妞妞看见了妈妈，远远地招呼妈妈过来玩水。艾云朝这边看了一眼，便急急地游走了。看见了妈妈，孩子们便抱怨说马上就要误了餐点。玉梅看见大伟神色有些慌乱，想起前几天翠萍和小仇的提醒，心中忽然意识到了什么。可是当着四个孩子和家长的面，她什么也没有问。玉梅故作恍然大悟状，拍着自己的头说："我怎么现在才想起还有一顿丰盛的自助餐和一台精彩的演艺晚会呢？"大家便都喊叫着说肚子好饿，一群人闹闹哄哄地一起吃自助餐、看晚会去了。

20 浪漫，一定要浪漫一些

玉梅吃自助餐时，胡乱吃了两口就再也没有了胃口。翠萍看在眼里，硬忍住了美食的诱惑，吃了几口就喊叫着要减肥。李楠说："你们女人真是厉害，面对着这么多的山珍海味，还能不忘减肥。不过我看你是天天喊叫着减肥，结果越减越肥！"翠萍拧着李楠的耳朵说："今天终于说我肥了，你平时不是说我不胖不瘦刚刚好吗？"李楠连连讨饶，孩子们在旁边哄笑成一片。

翠萍的玩笑转移了大家的注意力，没有人发现玉梅和大伟的不自在。翠萍知道玉梅心里难受，碍于旁边有亚荣和思思妈妈，不好安慰，便让玉梅照看着孩子们，她和亚荣、思思妈妈去给孩子们挑选餐后水果。

孩子们吃饱喝足，大伟领着大家四处参观，大家忍不住称赞今天算是大开眼界，享受了古时候帝王般的待遇。演艺节目很快就要开始了，大家便去剧场找座位。人好多呀！玉梅他们进去晚了，只好坐在最后面。

看完俄罗斯女郎的歌舞表演，孩子们还要再去游泳，大家都说难得来一次，不如让孩子们玩个够。大伟、李楠带着孩子们又去游泳池了，四个女人坐在一旁的躺椅上休息。思思和涛涛叫妈妈陪他们爬滑滑梯，剩下玉梅和翠萍继续聊天。

"你是不是早都听说什么了，你那天是不是想和我说这事儿？"玉梅单刀直入地问翠萍。

"我也是听人说他们一起打羽毛球，很引人注目。"翠萍支支吾吾地解释道。

"我一天也真是够傻，眼里只有这父子两个，一心围着锅台转，两耳不闻窗外事，就跟在水瓮底下压着一样，啥事都不知道。"玉梅自嘲地说着，鼻头一酸，眼泪差点滑落。

"玉梅，你别胡思乱想。大伟的为人，你还不清楚？可能是这个小狐狸精想顺着杆子往上爬，要不然刚才见了咱们吓得转身就跑，看来还是嫩着呢，好收拾！你心慈面软，只要你给句话，我明天到她们家去叫骂一顿，管保她以后不敢再招惹大伟！"翠萍气哼哼地说道。

"你别乱来，你以为现在的小女孩好惹吗？"玉梅阻止翠萍道。

"有时候就得快刀斩乱麻！你也知道，那年那个臭女人成天粘我们李楠，我知道了给她老公打了一个电话，再到她们班去骂了一顿，羞辱得她再也不敢胡骚情了。"翠萍解气地说道。

"你……甭要二杆子。"玉梅沉吟道。

"要不明天,我给艾师傅家打个电话,就说是给他女儿介绍对象,看他们怎么说。顺便敲打他们几句,让他们把女儿看紧点,大姑娘的名誉比啥都重要。我就不信她爸她妈不管。"翠萍又给玉梅支了一招。玉梅觉得这个主意不错,便说:"你这火爆脾气,我不放心。你要是跟人说就好好说,不敢撒泼,别把事情闹大,大伟父母都是好脸面的人。"

"放心,我绝对不会给大伟和你惹麻烦。我是消防队员,是去帮人消灾解难的,不是纵火犯,不是火上浇油,我是和平解决掉小狐狸精的婚姻保卫战士。"翠萍说话的样子,让玉梅忍俊不禁,不由得苦笑着说:"咱们老了,却要和小姑娘去比拼,真是太讽刺了。"

"你别灭自家威风,长别人志气。咱们这叫徐娘半老,风韵犹存。再说了,谁还能一直站在太阳底下兴旺着,谁没有老的一天?等到她们老了,恐怕还不如咱们,到时候也有更年轻的小三替咱们出气呢!"翠萍越说越离谱。

"你别胡说了,没看见人家正伤心着呢!你倒好,口口声声小三,好像他们已经好到什么程度了。我越听心里越没底了。"玉梅烦恼地说。

"对不起,玉梅,你看我这人怎么老是刀子嘴豆腐心,你别往心里去。回家别跟大伟闹,这种时候一定要枪口一致对外。出了这种事情,咱们也得反省一下自己。你老实告诉我,你跟大伟多长时间没有那个了?你不说也行,今晚回去温柔一点,好好跟大伟那个一下。明白了吗?浪漫,一定要浪漫一些,主动一些,女人一些……"翠萍还在自顾自地说着,玉梅已经羞得捂起了耳朵。

翠萍掰开玉梅的双手,继续说道:"都是娃他妈了,你还害羞什么?我给你说的可都是肺腑之言,谁叫咱们从上电校就是好朋友呢?你一定要听我的话,别要什么清高,不理人家大伟,到时候把老公推到别人怀里去了可就晚了。咱们身边这样的例子还少吗?你那脾气我知道,别指望大伟给你主动承认错误。人在事中迷,大伟这时候可能晕头转向,已经不会正常思维了。他说什么话你都别上气,也别较真。你有气你就往狐狸精身上撒,千千万万不要和大伟过不去。"玉梅哭笑不得,只好点了点头。别人不知道她们在干什么,从远处看,还以为她们在闹着玩呢。

回到家,照顾明明睡下以后,玉梅像平常一样睡在里边,不过,她今天朝着墙壁,丢给大伟一个脊背。玉梅觉得自己做不出翠萍说的那样的事情。大伟靠着床边睡了,两人之间有很大一块空白,谁也没有说一句话。

21 玉梅的行为太反常了

早饭后现场有事,大伟接完电话便要去加班。临走时,大伟对着明明说了一声再见,眼睛却瞟着玉梅,玉梅面无表情,似有一种凛然不可侵犯的神情,使大伟觉得难以亲近。

明明写完作业,准备弹琴。玉梅摸着明明的头,问昨天游泳时怎么会有个阿姨,明明傻乎乎地一问三不知。玉梅凄然地说:“明明,如果我和你爸爸不在一起了,你想和谁住在一起?”明明不解地问:“妈妈,你怎么了? 你要和我爸分开? 为什么呀?”玉梅讪讪地说:“我说假如我们离婚的话,你愿意和谁住在一起?”“我不让你们离婚,我要和你们两个一起生活。如果,你们离婚的话,你们俩我谁也不要,我和爷爷奶奶住。”明明很坚决地回答。玉梅苦笑了一下,不再说什么。明明觉得妈妈很奇怪,疑惑地看着妈妈的背影,半天不知如何是好。

大伟一走进机器轰鸣的12米平台,便把家中的事情抛到了九霄云外,立即全身心投入到事故处理当中。眼下,正是330KV线路改造的关键时期,全公司只有渭庄线单线路运行,厂用电系统十分薄弱。刚才因1、2期供汽联络管部分坠落,架在其上空的1、2期联络电源线路被迫中断,造成了公司事故保安电源失压,这意味着正在运行的#4、#6机组处于失去事故保安备用电源的危险境地,情况十分紧急。

大伟处理完现场的事故,已是晚上八点多了,总工又邀请大家去吃夜宵,大伟托辞家中有事没去。出了生产现场,大伟觉得自己有些心神不安,似乎一点儿也不饿,他不想回去见玉梅,便直接去了父母家。

玉梅、明明正在和父母一起看电视,看见大伟加班回来,玉梅坐着没动,她没有像往日一样迎上来嘘寒问暖。母亲过来招呼大伟,大伟突然觉得很饿。母亲热了两盘菜放在餐桌边,坐在旁边陪着大伟吃。大伟饿了,吃得很快,三五口就“呼啦啦”喝完了一碗稀饭,母亲看着心疼,不停地说大伟好像累瘦了。

玉梅向大家说了再见,没理大伟便一个人走了。大伟母亲好生奇怪,玉梅今天的行为太反常了,竟然不等大伟吃完饭,就自个儿回去了。母亲问大伟和玉梅怎么了,大伟摇摇头。大伟母亲在大伟那里问不出什么,便偷偷地把明明叫到一边问:“你爸爸妈妈是不是吵架了,你怎么也不给奶奶说?”“他们没有吵架。我们昨天去游泳,一个阿姨认识我爸爸,跑过来和我们玩。今天,我妈妈问我以后要跟着谁生活,我刚才看电视忘了跟你说这事。”明明如实答道。

“大伟，你跟谁游泳去了？惹得玉梅生气了。你吃完就去找玉梅赔礼道歉，你别吃了，现在就去！”母亲压低了声音命令大伟道。

大伟想解释几句，但母亲用目光示意他不要惊动父亲。大伟只好放下筷子，起身去追玉梅。

出了家门，路上到处都是散步的人们。大伟路过花园，看见好多妇女在跳扇子舞，音乐声音吵得人心烦。玉梅不喜欢吵闹，她喜欢安安静静的去处。大伟给家里打座机，没有人接，再打玉梅的手机，也是没有人接。大伟一下子慌了神，他拨通了翠萍的电话，翠萍正在家中和妞妞洗澡，一听玉梅找不见了，随便擦了一下头发就下楼来陪着大伟去找玉梅。

大伟定了定神，把玉梅最爱去的同事家一一排除了一遍，突然醒悟过来，拉着翠萍就往大操场走。翠萍也估计玉梅去操场转了，便安慰大伟别怕，玉梅不会走远，她胆子小，上学时一个人晚上都不敢上厕所。大伟无心听翠萍的话，他只想赶快找到玉梅，向玉梅承认错误。大伟脚下就像安了飞火轮，走得飞快，翠萍一路小跑着跟在大伟后面。

走到操场边上，大伟让翠萍到操场里边去找，自己沿着土路到玉米地里找。操场上散步的人很多，却都是成群结伙地走在一起，很少有一个人散步的。翠萍站着看了一圈，没见玉梅的踪影。翠萍心中真的不安起来，她不敢多想，便到地里去找大伟。

夜里起风了，一人多高的玉米秆“沙沙”地响着，让人不寒而栗。翠萍害怕极了，她喊着大伟的名字给自己壮胆，喊了半天，大伟终于答应了一声。翠萍追上了大伟，两人一起结伴寻找玉梅。

风越来越大，玉米秆狂乱地摇摆着，黑乎乎的样子就像一群面目狰狞的妖怪，张牙舞爪地向你扑来。开始下雨了，风夹杂着雨，很快淋湿了大伟和翠萍的衣服。大伟和翠萍依然冒雨前行，不断地大声呼喊着：“玉梅、玉梅、玉梅……”

22 遥远的呼唤

玉梅出了大伟家,感觉自己就像一个木头人,对路边的一切都失去了知觉。有几个熟人和她打招呼,她木然地点了一下头,继续往前走去。身边不时走过一对对牵着手的情侣,亲亲热热地边走边说笑。

玉梅心中升起一种苍凉感,苦笑着想:"今日是恩爱情侣,谁知哪天将会劳燕分飞?"玉梅想起自己和大伟曾经的美好过往,心中更加绝望。人的心真是变幻莫测、捉摸不透,玉梅压根就没有想过有一天自己要面对大伟变心的现实。想当初,大伟追求自己的时候,他是何等热烈和执着。而多年来,玉梅已经习惯了依靠和信任大伟,从来也没有怀疑过大伟对自己的情感,现在突然发现一切都反了过来。玉梅的心就像被欺骗和愚弄掏空了一样,一瞬间,她觉得这个世界这么虚伪、狡诈、恐怖。玉梅感觉自己孤零零地在世间游荡,犹如孤魂野鬼、行尸走肉。

大伟是什么时候变了?自己竟然毫无察觉。如果,昨天夜里,他能主动解释几句,或者今天说明一下游泳的事情,自己也不会如此伤心难过。可他,却像没事儿的人一样……

玉梅想着自己真是一个傻瓜,小仇和翠萍那样明显地提醒自己时,自己居然还傻乎乎的。大伟呀大伟,你隐藏得好深,你是不是早已经厌倦了你这个愚蠢的老婆?只是这个傻瓜还自以为是个幸福的女人,太可笑了,太讽刺了……

玉梅不断地想象着自己平日的傻里傻气、一脸幸福,心甘情愿为大伟洗衣做饭、铺床叠被的情景,越发觉得自己可悲,忍不住泪如雨下……

一个男人怎么可以这样对待一个女人?难道用花言巧语把她哄骗成妻子以后,就不必再呵护关心她了吗?玉梅想起大伟当年追求自己的时候,师傅们劝她说:"大伟从小娇生惯养,何况又是高干子弟、独生子,一直都是在父母的羽翼底下长大,娇贵得很,嫁过去有你受的。"玉梅为此十分苦恼,她多次拒绝了大伟的追求,想着以后遇到合适的人了再考虑婚姻大事。

身边的同学一个个都有了男朋友,玉梅却一点儿也不着急。玉梅有自己的打算,她想先把工资攒起来,帮母亲还账,供妹妹们上学。如果早早谈了男朋友,自己就不会这么自由了。可是天不遂人愿,过国庆节的时候,玉梅得了重感冒,由于治疗不及时还引发了脉管炎,一时间双腿红肿,以至于无法行走。玉梅被翠萍送到了厂医院,厂医院建议立即转院治疗。很快,玉梅被厂里的救护车送到了省城的大医院,病情也被传得很严重，甚至说玉梅快要截肢瘫痪。住院期间，很多师傅和同学朋友都来看望玉梅，许多追求玉梅的男孩子来过一次以后就再也没有露面。

大伟外出学习回来听说玉梅生病住院，不顾父母的反对，立即赶来看望玉梅。陪护玉梅的翠萍看见大伟来了，喜出望外。玉梅冷冷地告诉大伟自己有可能以后走不了路，让他早点死心回家去吧！大伟却不以为然，安慰玉梅说："这么一点小病就把你吓倒了，你好好治病，很快就会好起来。"大伟让玉梅猜一猜他带来了什么好东西，玉梅猜不出，大伟就像变戏法一样从包里拿出几本杂志，又拿出几包玉梅最喜欢吃的零食，最后还拿出一个烧饼夹菜。玉梅忍俊不禁，笑得眼泪流了出来。这些东西都是玉梅平时的最爱，难为他如此周到。玉梅的心一下子软了，她欢喜地把书看了又看，把零食摆放在床头，拿起烧饼闻了闻，开心地朝着大伟笑了起来。大伟打开袋子，非要喂玉梅吃饼子，玉梅不好意思，大伟抓着她的手，把饼子举到她嘴边，她只好咬了一小口。大伟高兴地说："你只要好好吃饭，身体很快就好了。"

大伟每天都来医院照顾玉梅，不仅变着花样给玉梅带礼物，而且亲手给玉梅腿上的伤处敷药，玉梅怕大伟受不了这种劳累，不让他动那些黑乎乎的膏药，大伟却毫不介意，依然小心翼翼地为玉梅擦洗患处。过两三天，大伟便要帮玉梅洗一次头发，玉梅走不了路，大伟便让玉梅靠在床边，他蹲在地上很仔细地给玉梅洗头。翠萍看得感动，忍不住悄悄地流泪。

两个多月过去了，玉梅的病基本痊愈了，大伟父亲派车接玉梅出院。再后来，玉梅和大伟终于走到了一起。玉梅和大伟开玩笑的时候，常说自己亏大了，被一个烧饼夹菜就给收买了，实在便宜了大伟。大伟说是自己魅力大，一个烧饼夹菜就把玉梅哄到手了。玉梅一想起这些往事，心里越发酸楚难受。

玉梅心里有事，就沿着平时走的林荫路走呀走，不知不觉一直走到了一大片玉米地里。路两旁的玉米秆有一人多高，玉梅也不觉得害怕，鬼使神差地继续往前走着，不知道走了多远，似乎已经离电厂很远很远了。

突然路边有几个男人向她吹起了口哨，还喊一些不三不四的话，玉梅才清醒过来，她感到十分害怕，拔腿就往回跑。风很大，吹乱了玉梅的长发，玉梅不顾一切地往回跑着，心跳得咚咚响。几年前，厂里一个女工就被附近的村民害死在了玉米地里。

下雨了，雨点打在玉米叶子上，沙沙作响，玉梅不敢停下来歇口气，一种从未有过的恐惧感向她袭来。

风携带着雨，无情地拍打着玉梅，雨水顺着玉梅的脸流了下来。泪水和着雨水，在玉梅脸上肆意流淌。玉梅跑呀跑呀，跑得上气不接下气，突然脚下一滑，跌倒在地。玉梅挣扎着爬了起来，踉踉跄跄继续向前跑着。

天好黑呀！雨越下越大，风越刮越急，路越来越滑，玉梅筋疲力尽，但她仍然使劲地向回家的方向奔跑着，只是脚步越来越无力，越来越缓慢……

突然，脚下一块什么东西绊倒了玉梅，玉梅拼命地挣脱了那团东西，站起来跑了两步，又险些滑倒。玉梅实在跑不动了，她抱紧了双臂，站在雨地里，任雨水将自己淋透。

这时候，遥远的夜空传来一声声“玉梅、玉梅”的呼喊声，玉梅抹掉耳边的雨水，侧耳倾听，就好像简·爱在深夜里听见了罗切斯特的呼唤一样，玉梅确信真的有人在呼唤自己，这是大伟和翠萍的声音。玉梅用尽全身力气，喊了一声“大伟，我在这里！”就昏倒在地。

23　我相信你的真诚

玉梅醒过来,发现自己躺在床上。四周漆黑一片,玉梅慢慢适应了这种黑暗,看见自己是在家里。玉梅挣扎着坐起来,感觉头痛欲裂,她勉强地抬起腿准备下床。惊醒了一旁的大伟,大伟抱着玉梅的双肩声音沙哑地问:“玉梅,你醒了?你把我吓死了,你已经睡了一天一夜了。现在是晚上十二点多了。”黑暗中,玉梅默不作声。大伟拧亮了床头灯,橘黄的灯光洒遍了卧室的角角落落。

玉梅抱着头,眼神呆滞。大伟“扑通”跪倒在地,哭着哀求玉梅原谅自己。玉梅终于想起了昨天夜里,下雨、刮风、玉米地……大伟摇晃着玉梅的腿哭诉道:“玉梅,你有什么话,你说出来,你别这样闷在心里。我和艾云之间什么事情也没有,我们认识也就十几天,请你相信我。她长得太像我的一个女同学了,我和她打了几次羽毛球,聊过天,就这些。游泳的事情,我也不知道她是怎么回事,我真的没有骗你,你一定要相信我!今天早上,领导们开完碰头会,说是国庆要组织歌咏比赛,让我和她领唱,我说我工作忙,就让年轻人上。我还给领导汇报图纸已经画完了,可以让他们回去了。以后,我不再和她有什么关系了,你一定要相信我,玉梅!”玉梅眼含泪水,默默无言。

看见大伟一个劲儿地苦苦哀求自己,玉梅的心又软了。大伟并没有越雷池半步,只是感情起了波澜,玉梅宁愿相信大伟是真诚的。也许,结婚久了,玉梅已经安于这种简单平凡的生活了,这种踏实的感觉使她选择了忘掉痛苦,接受现实。也许,家庭不是靠着爱情和忠诚维持的,而是靠着强大的习惯和惰性运转着。

其实,玉梅压根儿没有想过真要离婚,她不知道离开大伟和明明自己该怎么生活,但她的伤心难过却又是真真切切的,她不想穷追猛打,她只想保护好自己的家庭。

玉梅沉吟片刻,缓缓说道:“我相信你。我昨天散步去了,鬼迷心窍,不知道怎么就走得太远了,天那么黑,玉米一人多高,我傻乎乎的,也不知道害怕。”

“我们找到你的时候,你浑身泥水,倒在雨地里。我和翠萍把你背回来,你一直昏迷不醒。你快要把我吓死了,你现在觉得怎么样,要不要喝水?”大伟急切地问道。

“我头痛,你给我拿点药。”玉梅虚弱地说着。大伟拿来一些饼干让玉梅垫垫肚子,再喝点热水,然后吃药。

吃过药,玉梅精神好一些了,就问起翠萍来。大伟说:“我今天早上给李楠打了电话，他说翠萍那晚淋了雨、受了惊，发烧了，正在医院打点滴。我说这都是我害的，真是对不住了。李楠责备我不光害你离家出走，还害得他老婆生病住院。翠萍说她这发烧不算啥，她是直肠子，有啥说啥，说你心细，爱在心里藏事，叫我以后可得好好对待你，要不然，她先不答应。”

“翠萍真是够朋友，我这辈子有这么一个赤胆忠心的朋友也值了。你明天去看看翠萍，害得她生病我心里真是过意不去。我有时候有点爱胡思乱想，心里一有事，就钻了牛角尖。你们别笑话我，我不许你们再提我的糗事。你没有给爸妈说吧？他们要问起来你就说咱们拌了几句嘴。”玉梅笑了，叮嘱大伟道。

“你还说呢！你妈今天早上还打电话了，问你这几天干啥呢，也不知道给她打个电话，说昨天夜里下大雨，她心慌慌的，睡不着。我一听这话，觉得我丈母娘也太厉害了，以后我绝对不敢再惹她女子生气了，要不然，我丈母娘又该睡不着觉了。其实，你不见了的时候，我也心慌得六神无主，我现在才明白这叫心灵感应，不是什么封建迷信。”大伟说着，再一次跪在地上发誓，表示以后一定听老婆的话，绝对不再三心二意。玉梅拉大伟起来说：“男儿膝下有黄金，你以后别这样就是了。”

大伟站起来，坐在玉梅旁边，拉着玉梅的手说：“玉梅，谢谢你信任我。咱们结婚十六年了，我对你一直都是真心真意的，这一点天地可以做证。想当初，我追求你的时候，你一直都不答应，是老天给了我一次机会，让你在病床上明白了我的心。那时候，我们刚刚从学校毕业，你又高又瘦，脸蛋圆圆的，眼睛又黑又亮，剪了一个很精神的蘑菇头，让人过目难忘。”

“现在成了一个身材臃肿、说话婆婆妈妈、一天到晚一套运动服、没有一点儿美感的家庭主妇了，是不？”玉梅问道。

“可能是你一天太看重明明的学习了，对自己的事情没有以前那么在乎了。其实，在咱们这个年龄，你的身材还算可以，只是比以前有点微微发福。你不用为此烦恼，只要你穿适合自己的衣服，绝对会像以前一样漂亮精神。”大伟看着玉梅的脸，极其认真地说道。

“其实，爱美之心人皆有之。我陪明明去省城上课，经常看见街上的女人打扮得那么时髦，我看了也喜欢。可是我不是上班干活就是进厨房做饭，一天随便惯了，就懒得改变了。”玉梅回答道。

“每个年龄段都有特殊的魅力，明明长大了，我工作忙，有时候没时间陪你。你喜欢写博客你就写吧，我以后也做你的粉丝。这几年，你把精力全部集中在明明身上，以后多用点心思打扮打扮自己。”大伟鼓励玉梅道。

“那好，等明明到省城上学了，咱们就是大城市的人了，你可要好好陪我逛街买衣服，到时候可不准喊累！”玉梅拉着大伟的手，两人拉钩许愿。

24 灵灵的故事

晚饭后，安国随意打开了玉梅的博客，看见玉梅上星期又发了一篇新博文——

灵灵

舅舅家新盖了一院房子，大红铁门，雪白瓷片，很是气派。哥哥是搞装修的，家里面自然装修得很好，和城里几乎没什么两样。今天舅舅搬家，亲友们纷纷前来道贺。

吃罢香喷喷的臊子面，客人们围坐在一起拉家常，一群孩子在盼盼和龙龙（灵灵的弟弟妹妹）的带领下放炮玩闹，整个院子里洋溢着喜庆的气氛。灵灵给客人们端茶递水，一个姐夫不由自主地夸起了灵灵——这娃太懂事了，这一院房子有灵灵一半的功劳。灵灵听见大家说她，羞得跑了出去。

灵灵初中毕业就去南方打工，从不胡乱花钱，挣的钱全部寄回家。过年时，嫌来回一趟得花一千多元，车票又难买，就把钱寄给家里，说是以后不忙了再回家。这大过年的，老乡们全回了家，灵灵小小年纪一个人在外地过年，多恓惶。另一个客人说："灵灵是上天给你哥哥嫂嫂派下来的乖娃。一块儿去打工的孩子，挣多少花多少，有的一年到头身上也没有攒下一分钱，走时还要大人掏车票。灵灵回来，给家里每个人都带了礼物，真是个有心的娃娃。"哥哥听了眼圈有点红，嘴里不停地说："我灵灵这娃，从小就懂事得很，考上了高中没有上，真是亏了娃了……"

我虽然只见过灵灵几次，但也非常喜欢她。第一次见面是几年前的一个夏天，我刚回老家一会儿，一个约摸十来岁的穿戴干净整洁的小女孩，来到了家里，一进门，就忙着叫姑婆。母亲欢喜地迎出去，接过孩子手中的菜篮子，拉着她的手对我说："这就是灵灵。"灵灵甜甜地叫了我一声姨，俊俏的脸上笑容不断，乖巧的小嘴巴说起话来像倒豆子一样干脆利落。她连说带笑地给我们述说："我爷赶集去了，听人说我姨回来了，集也不赶了，回来就给我婆说我姨回来了，提上笼摘了一些菜叫我赶紧送过来。"灵灵脆生生的家乡话，听得我和母亲都开心地笑了起来。我估摸着，这就是嫂子带来的孩子。哥哥离婚多年无子，嫂子前夫因病早逝，两个人组合成新的家庭。嫂嫂贤惠能干，与哥哥情投意合……

安国看完后，觉得灵灵这孩子真不错，就拨通了玉梅的电话。电话里玉梅的鼻音有些重，安国以为玉梅感冒了，便关切地询问了几句。玉梅想起自己昨天夜里在风雨中逃命的情景，心中一阵难过，可是这种话怎么能够给安国大哥说出口呢？玉梅便顺着安国的话说自己感冒了,不要紧,很快就好了。安国信以为真,就问起灵灵的近况。不提这话还可以,一说起这话,玉梅不由得感慨万千。

灵灵已经十八岁了,却被妈妈关在家里不准再去打工。母女俩最近一直在家闹别扭,原因是灵灵在南方找了一个男朋友,家里人都反对,可是灵灵和男孩感情很好,根本听不进去家人的劝告。为这,母女两个一说就吵架,一吵架灵灵就躲在屋子里哭。

大嫂曾给玉梅抱怨道:“村子里,好几个女娃找了外面的打工仔,生了娃娃。”回到男方家,生活习惯不一样,经常闹别扭,两口子打架想躲都没有一个去处。好几个都离婚了,抱着娃娃常住娘家,这能是个长久的法子吗?说句不怕你笑话的话,去年,我和你哥打架了,我气得回了娘家。你哥来接我,我妈说‘我女子脾气不好,惹你生气了你就打,不过不敢打屁股,打瘫了要你端吃端喝地伺候;不敢打眼睛,打瞎了要你一天领着走路;不敢打到头上,打成一个傻子了要你经管一辈子。’把你哥羞得不停地给我赔不是。你看,这关键时候还是娘家人给女子撑腰。”

当时,玉梅劝这个也听不进去,劝那个也不落好,就说灵灵年龄小,不要急着找男朋友,等过两年再说不迟。今天,玉梅觉得可以给灵灵一个肯定的回答:听妈妈的话,找一个知根知底的人家嫁了最好。感情是世界上最不牢靠的东西,说变就变,说有就有,说没就没。要不然结婚都要当众发誓,那是因为婚姻太脆弱了。傻孩子,你要相信当妈的不会害自己的女儿。

安国说:“孩子的婚姻大事可不能当儿戏,这是一辈子的事情,要好好考虑才是。你嫂子说得对,嫁到跟前,将来彼此都有个依靠。你们不知道,现在南方的一些工厂里,男女比例严重失调,‘一夫多妻’的现象很普遍,很多女孩子一怀孕就被男人抛弃了。如果灵灵愿意,我可以帮她找份工作。”玉梅听了目瞪口呆,决定改天再好好劝劝灵灵。可她哪里知道,灵灵已经偷偷地离开家了……

25 请你好自为之

大伟吃过午饭，约李楠下午上班来早点，先到他办公室坐坐。李楠哈欠连天地来到大伟办公室，嘟囔着说："大伟，你们领导真舒服。我干了一早上活儿累得腰酸背痛腿抽筋，中午你还不让我休息。谈什么话？你快说！"

"你辛苦，我跟你一样，我们开停机时我几天几夜睡不了一个囫囵觉。咱们都是下苦的命，谁也别笑话谁。我今日遇到麻烦事了，想听听你的意见。"大伟说。

"是不是艾云又来纠缠你了？"李楠猜测道。

"那我也就不瞒你了，艾云要我帮她调换岗位。"大伟为难地说道。

"她把这事儿想得简单，你怎么说的？你不会答应她了吧？"李楠质问大伟道。

"我当然拒绝了她！她就开始在我办公室哭哭啼啼，我怕玉梅知道了，我又说不清楚了。"大伟挠着头说道。

"以后她要是在你办公室闹，你就出去。这种人惹不起还躲不起？咱们厂就这么大，听起来几千号人，可大家在一起工作时间长了，彼此知根知底，谁有个啥风吹草动，很快就闹得全厂人人皆知。"李楠实心实意地替大伟着想道。

"这一点我明白。我信任你和翠萍，才找你来商量这事儿。我没有想到这个看上去清纯的女孩子，居然这么实际。"大伟有些伤感地说道。

"大伟，你娶了玉梅真幸运，一般女人肯定早和你闹翻了。你想你家人知道了，老年人哪受得了这个刺激？万一气病了，你看你管谁呀！狐狸没抓着倒惹了一身骚，你划得来吗？兔子不吃窝边草，你把人想得太简单，吃一堑长一智，以后注意点。"李楠循循善诱道。

"我一时糊涂，真把她当成了若惜。如果当年我也去了南方，也许，若惜也就不会离两次婚，如今还独身一人带着女儿过活。"大伟动情地说道。

"当年上学时，你们俩郎才女貌，同学们谁不羡慕？可是毕业时，是她先离开你的，这也是她的命。假如她追随你分到电厂，一定不是现在这种样子。"李楠说道。

"也许，她没有选择我是对的。你看毕业十八年了，我也没有混出个什么名堂。咱们其他单位的同学不是董事长就是总经理，我这个工程师当了都十几年了，一直原地踏步，想想真是没劲。有时候出去出差，我都不好意思见咱们的老同学了。"大伟伤感地说。

"你还抱怨，那我们就别活了！咱们一级的同学，厂里就数你混得好，我这个班长还是奋斗了十年才当上的,我还没骂爹骂娘呢,你就别寒碜我了!”李楠愤愤不平地说道。

“李楠,咱们老厂人员流动慢,没有多少提拔的机会。现在有几个新建的电厂正在招兵买马,厂里也准备劳务输出,承包一些工程,你有兴趣吗?”大伟试探地问道。

“这种大事情我还是回去问了翠萍才能告诉你。我也听说这事儿了,估计翠萍也知道。她要是想让我去,可能早就怂恿我报名去了,她不说八成是舍不得我走。”李楠笑嘻嘻地说。

“把你想得美!翠萍可能是不知道具体情况,如果你去了升官发财,看你们翠萍不拿棍子撵着你去才怪呢!”大伟揶揄李楠道。

“听这口气,你是不是心动了,想去了?我劝你考虑考虑,你跟我不一样,你们家不缺那几个钱,你老子给你攒的,玉梅给你们投资的房产,绝对让你下半辈子不愁吃喝。你不会是因为那个小女子一闹,你就想拍拍屁股走人吧?别犯傻,绝对不能义气用事。这话,你回家好好和玉梅商量,我绝对不掺和你们家这种事儿。”李楠摆着双手说道。

“我哪儿说我要去!你想我要是走了,三个老人和明明都留给玉梅,我能放下心吗?”大伟故作轻松地说道。

“我以为你不知道你现在是上有老、下有小的顶梁柱呢!你知道就好,一天有时间了,多帮玉梅管管孩子和老人。你们这些独生子女,从小娇生惯养,也就玉梅能忍受你这个甩手掌柜。现在咱们厂里像你这种从来不进厨房门、不管孩子教育、不操心柴米油盐的男人没几个了。为了孩子学奥数,哪一家不闹仗生气?你知道这两年我过的什么日子?翠萍和妞妞两个为了学奥数考名校成天吵架,我经常在家断官司,安抚了这个,又要劝解那个,一对母老虎我谁也说不下。”李楠不满地说。

“瞧你把我说的一无是处。我们家玉梅确实立了大功,是个不错的贤内助。我向来服从玉梅同志的领导,她不让我洗衣做饭、擦家具拖地,我也就习以为常了。不是我懒不干活,玉梅她不让我干家务。她说好男儿志在四方,经常窝在厨房里能有啥出息。”大伟无奈地说道。

“玉梅那叫富有牺牲精神,你别拿人家的好心当驴肝肺。反正,你好自为之,我和翠萍帮得了你一时,帮不了你一世。你可别辜负玉梅的一片苦心,赶紧把那小女子的电话纳入黑名单,小心她再骚扰你,给你制造麻烦。我要干活去了,你好好想想,回头再聊。”李楠说完,头也不回地走了。大伟坐在沙发里,半天一动不动。

26 你准备好军训了吗

玉梅休息了两天,觉得身体恢复了,便去上班。同事们纷纷围过来关切地问长问短,让玉梅很是感动。班长说:“玉梅,你这段时间事情多,你不来上班,我们都觉得不热闹了,我们还准备明天去你家看望你呢!”玉梅不好意思地向大家一一道谢。

小薇拉着玉梅说:“玉梅姐,快看我们家盈盈上亲子课的录像,全班人都看了,就差你了。”玉梅从盈盈做自我介绍开始看起,一直看到盈盈她们唱儿歌,逮泡泡,钻彩虹伞。玉梅和小薇两个头挨在一起,咯咯地笑个不停,惹得淑芬、恩华、班长他们也凑过来要再看一遍。

大家正在夸这种亲子课有趣时,马大姐走过来不冷不热地来了一句:“三岁的黄毛小儿,能上个什么课?一年的学费比我娃大学的学费都贵,你们净是给钱锄苗呢!那些早教机构都是骗人的,专门哄你们这些新潮的家长,真是钱多人傻。”

小薇气鼓鼓地回敬道:“我花我的钱,我愿意!跟你有什么关系呢?你在这儿净说这些丧气话。”

“马大姐,现在和过去不一样了。原来家中孩子多,孩子们自然就玩到了一起。现在一家就一个宝贝,孩子和生人接触的机会少,上这种亲子课,相当于让孩子和家长们一起做游戏,在游戏中可以锻炼孩子的语言、社交、运动、竞争等各种能力。我们明明原来上这种课的时候,我觉得收获特别大。”玉梅耐心地向马大姐介绍道。

“那这样的话,还不如你带着孩子多串串门,多到花园里玩玩,自然而然就把孩子锻炼了,干嘛费这么大的神呢?幸亏我们孩子小的时候不流行这个。”马大姐不以为然地说道。

“马大姐,此一时彼一时。你们那会儿跟现在不一样,大人对孩子的期望值不一样,付出的也就各不相同。你看,那么多孩子练钢琴,为啥只出了一个郎朗?一则人家家长下势,郎朗他爸为了郎朗能拜名师学琴,甘愿北漂,忍受北京的地下室,一般人谁能做到?二则人家郎朗他爸本身就是拉二胡搞艺术的,人家就说这民族乐器走向世界很难,所以就让郎朗练钢琴,钢琴是乐器之王,比较容易出成绩;三则,人家郎朗在他妈妈肚子里的时候,就接受了音乐启蒙,没出生他爸就把钢琴买回来了,人家这叫音乐世家,人家天生有音乐细胞,郎朗说他一弹琴就高兴……”恩华侃侃而谈道。

“成功人士的回忆录往往夸大其词,郎朗他爸最近出书写了他们家的事情,说他也打孩子,可见这钢琴王子也是棍棒教育出来的。要做人上人,先得受苦中苦。郎朗后来到美国留学,也是很辛苦的,他可以说是在中美两种教育制度下成长起来的。郎朗现在出名了,可他一直到了二十五岁才原谅了他爸爸。"小薇说道。

"别说人家那么远的事情。玉梅,你最近可要给明明加强营养,听说开学前的军训很累人,好多孩子都吃不下那个苦。清华大学军训时,3000 个学生,一星期有 6000 人次看病。现在的孩子学习负担太重,缺乏体育锻炼,小学毕业时,基本上都戴上了眼镜。"班长语重心长地对玉梅讲道。

"玉梅,班长说得对。你可要叫明明好好锻炼锻炼,提前适应一下,要不然猛地一参加高强度的军事训练,孩子肯定吃不消。听说好多孩子军训时都晕倒了,生病了。咱们很多家长最近去医院给孩子开证明,想躲避军训。"恩华说道。

"我们依依参加军训被晒晕倒了几次,我还专门跑去看望了几次。"淑芬接着说道。

"我们孩子上大学军训时,教官铁面无私,什么条子也不认,不管是谁都是一视同仁。从早到晚,练正步走、站军姿、练急行军一项不落地坚持到底。我觉得现在的孩子没受过什么苦,应该在军训的时候好好锻炼锻炼。"马大姐说道。

"马大姐这句话说得有道理。现在的孩子确实需要加强一下体育锻炼,孩子们每天跑操时,不是喊着'锻炼身体,保卫祖国'的口号吗?你们看,咱们国家最近和菲律宾、日本、越南都有一些小摩擦,这万一走火了,两边打起来了,还不是要靠年轻人上阵吗?咱们可不能把孩子们的身体让学习给搞坏了。"班长说道。

"班长想得倒是长远,问题是一家就一个宝贝疙瘩,谁舍得送自己孩子上战场?"马大姐诘问道。

"我们家孩子天天晚上写作业写到十一二点,早上六点半就起来了,一天头晕脑胀,经常生病,这身体哪里还能保卫祖国?"淑芳自嘲道。

27　欲得其上，必求上上

快下班时，恩华接了一个电话，然后问大家谁手头上有两千块钱现金，借给他救救急，他老婆等着拿钱给孩子报名学奥数，晚了就报不上了。玉梅包里有几百元，就拿了出来，班长、小薇和淑芬也拿出了三五百元，凑够了两千块钱给了恩华。恩华道了谢，然后向班长请了半天假去省城给孩子报名。

第二天一早，恩华给大家挨个儿还钱。班长说："你要是手头紧张，晚点还钱也行，干嘛这么着急。"恩华忧烦地说："班长，我一天寅吃卯粮，快撑不住了。我们家就我一个人上班，过去我养老婆孩子没任何压力，这两年孩子一上学我就有点招不住了。你看，我家丫丫今年要上五年级了，这个暑假她去北京参加全国少儿钢琴比赛，获了个一等奖，紧省慢省花了一万多。回来以后，跟着她们同学上奥数奥语，花了八九千。昨天她妈给她报九月份的奥数奥语班，一节课两百，二十节课四千。就这人家一个班只招二十个人，去晚了就没名额了。"

"你们家丫丫学习好，每年都是三好生，我们明明回来给我说过好几次。孩子优秀，为了孩子前途着想，大人受点苦，心里也是有盼头的。"玉梅安慰恩华说。

"恩华，你把钱全花到你娃身上，你算你娃将来挣多少年才能把学费赚回来，你看值不值？"马大姐怪声怪气地说道。

"为自己孩子的教育投资，说什么划不划算。家长尽自己最大的努力，为孩子创造最好的条件，让孩子接受最优质的教育，这是为人父母应尽的义务，别让孩子将来长大了埋怨父母不重视自己就好了。要不然人家孩子都去省城上名校去了，咱的孩子上了一所普通学校，孩子心里肯定不舒服。家长是孩子的主心骨，自然要把孩子想方设法往好处带。人往高处走，水往低处流，我当然希望我孩子将来比我混得好。我不管培养孩子要花多少钱，我只要对孩子问心无愧就行了。"小薇说道。

"是呀！你看我们电校生，大都是通过考学从农村出来的，我们做了工人，孩子将来肯定要比我们的起点高一些。但是，提高这一点不容易，你不比别人多吃苦、多努力、多付出，是很难达到的。普通大学好上，清华北大难上，你想比别人优秀，你肯定要多付出金钱和时间。"玉梅明确地表明了自己的观点。

"那现在好多大学生毕业了，还不是照样找不到工作。你看大家挤破头去考公务员，结果能考上几个？北大才子都去卖肉去了，上了名牌大学又能怎么样？我觉得就让孩子按部就班上普通学校，孩子也不用那么辛苦地上各种培训班，将来上个差不多的大学就行了。你们想想，把供娃上课外班的钱攒起来，将来给孩子当做创业基金多好。”马大姐辩解道。

“你这想法比较实际。据统计，一个孩子从上幼儿园起就开始择校，到高中毕业，总共得花六七十万。当然这是指孩子学习成绩优异，考上了名校，正常的借读费、学费、租房费用，不包括考不上额外交的关系费。你现在给孩子把这六七十万存在银行里，将来贬值成了多少，你可以自己算一算。如果，你把这些钱逐年用来投资到孩子的教育中来，你的孩子一生的起点都要比别人高。你看美国总统基本上都是哈佛、耶鲁大学毕业的，咱们国家领导人大都是名牌大学培养出来的。再说了，错过了孩子受教育的最佳时期，以后你就是拿着几个六七十万都是换不来的。”玉梅说道。

“过去，咱们人穷志不短，好多大人根本不识字，勒紧裤腰带都要供孩子念书考大学。现在咱们都是受过教育的人，按道理比上一辈的人要进步了吧？再说现在生活条件好了，家里也就一个孩子，一个城镇家庭供一个大学生，问题不大。所以大学教育就普及了，这大学的含金量也就下降了。这时候比什么呢？还是比能力和实力，还是名牌大学的牌子亮，培养的人才综合实力较强。所以，咱们老百姓尽自己最大能耐给孩子创造教育机会，将来成龙成凤还要看他们自己。但是大人先得要给孩子打好基础，对吧？”班长说道。

“班长说得好，孟母为了孩子有个读书的好环境还三迁呢，大人先把心尽到，给孩子打好基础，将来他们根据自己的爱好和兴趣选择自己的路。”小薇说道。

“你看美国的富兰克林，就是捕捉闪电的那个本杰明·富兰克林，人家一生只上过两年学，可是通过自学，人家取得了一般人想都不敢想的成绩。”马大姐反驳道。

“那是特殊时期，乱世出英雄。现在是和平社会、市场经济，根本风马牛不相及。”小薇回敬道。

“特例不具有普遍性。一般人还真不敢像爱因斯坦他妈一样，老师说她家爱因斯坦不好好上学，人家就敢把自己孩子领回家自己教。”小薇不等马大姐回答，又接着说道。

“欲得其中，必求其上；欲得其上，必求上上。意思是说，要想得到中等的结果，就必须以上等的要求来做；如果想要得到上等的结果，就必须以更高的要求来做。”玉梅摇头晃脑地说道。

“唉，就是玉梅说的这个意思！我和老婆苦一点，也要让我们丫丫将来有一个光明的前途。”恩华说道。大家对玉梅的话十分赞同，马大姐在一旁不屑一顾地冷笑了几声。

28 到底是谁离不开谁

玉梅和小薇挤在一起看韩剧，剧中女主角衣饰漂亮，发型时尚，妆容精致，言谈得体，还被好几个痴情的高富帅追求着。小薇和玉梅看得津津有味，不停地交换着看法。

恩华走过来把玉梅叫到一旁低声问道："我怎么觉得马大姐的话也有几分道理？你看我现在为了供娃上学，月月都是'负翁'，最近多半年几乎都是吃老本，我这样下去迟早要闹经济危机。再说了，孩子的课外班越来越多，听说到了后面一周要加到三节课。我的妈呀！我那点工资够干啥呀？听说厂里最近要派人出去干活，你看我乘机多给娃赚点学费，好不好？"

"好呀，可是你去了，你们小组谁来当组长呀？你可是万绿丛中一点红，是你们小组的技术大拿呀！"玉梅迟疑地问道。

"我也就是为了这个，不好在班长跟前开口。你看我走了，我们小组谁接替我好一些？我总得给班长推荐一个合格的接班人嘛！"恩华支支吾吾地说道。

"这你和班长好好说说，大家在一起这么长时间了，谁怎么样还用得着我说什么话？你有啥只管和班长说去，要是有需要，我一定会帮着你敲边鼓。"玉梅说着，笑嘻嘻地把恩华推了出去。韩剧中的女主人遇到了感情问题，正在林间小径上郁郁寡欢地走着，小薇看得正入迷，招呼玉梅和她一块儿继续看。

偏偏淑芬和马大姐喊玉梅看军训的新闻。小薇不让玉梅走，玉梅笑着硬把小薇拉了过来。马大姐气咻咻地说："这娃都上大学了，军训还要他妈陪着。记者采访娃他妈时，他妈说他这娃从小体弱多病，学校饭菜娃吃不惯，每天军训那么累，娃一顿饭就吃那么一点点，这样下去身体受不了。还说娃不会洗衣服，每天军训出一身汗，没人照顾不行。"

"记者问她准备给孩子陪读到啥时候，他妈竟然说陪到孩子成家立业，有女朋友照顾了，自己就放心了。记者又问现在家家都是独生子女，为什么一定要让女朋友照顾你们家孩子，万一两个孩子都不会洗衣做饭、收拾家务怎么办？将来他们有了孩子谁照顾？你老了干不动了谁照顾你？这位母亲终于哑口无言。"淑芬说道。

"这种事情多了，你知道我们邻居大妈去年收到过一个怎样的快递包裹？原来是刚上大学的孙女寄回来的一大包脏衣服，包括几件内衣和十几双袜子，还要求奶奶洗完以后再给她快递回去。大妈不会寄东西，洗净晾干以后让儿子去邮局寄。儿子、媳妇知道后很生气，先是批评女儿说一个女孩子连衣服都不会洗，这样寄来寄去光邮费都能买几件衣服了，传出去丢死人了。然后又埋怨大妈惯坏了孩子，大妈感觉委屈极了，说他们工作忙没时间照顾孩子，她一天陪孩子读书学习、学琴画画，都被大家叫‘万能奶奶’了。她看孩子一天到晚有写不完的作业，就舍不得占用孩子的宝贵时间，什么家务都包了，孩子的袜子、内衣一直都是她洗的，孩子啥也不会干……”小薇说起来没个完。

“我那天在报上看到，湖北一位母亲，孩子在上海上大学，这位母亲每个月都要给孩子带过去三十双袜子，她说孩子从小到大一切的生活起居都是他们一手包办，孩子对基本生活技能一窍不通。没办法，自己只好一个月去学校看望孩子一次。反正自己照顾孩子已经习惯了，孩子一上学，自己闲得无聊。你看这样的家长，能培养出什么样的人才？”马大姐痛心疾首地说道。

“家里就一个娃，这娃长多大都是个娃，家长怎么能放心让娃一个人在外求学？你看，每年大学开学的时候，全家齐上阵，提着十几个旅行箱送孩子上学。那年我们孩子上初中军训，就有许多家长拿着矿泉水、毛巾、零食在一旁随时候命，害得我们孩子还嫌我们没有去陪她军训。”淑芬摇摇头说道。

“有时候大人也离不了孩子，你说咱们一家就这么一个宝贝疙瘩，一时儿看不见了，这心里还真不踏实。我们家明明刚上幼儿园的时候，我每天中午都睡不着觉。大伟笑话我说原来是明明哄我睡觉，不是我陪明明。我天天睡不着，到了班上都快困死了，我都恨不得跑到幼儿园把明明抱回来陪我午休。”玉梅的话把大家逗得哈哈大笑。几个女人们不由得又说起了自己的孩子。

29 胎菊普洱隔代香

晚上，玉梅和大伟去接明明，明明往爷爷奶奶怀里一钻，说什么也不和父母回家。翠萍打电话约玉梅散步，玉梅又叮嘱了明明几句，便和大伟一起走了。

翠萍和李楠在花园的亭子里等玉梅和大伟，翠萍一见玉梅就说："玉梅，我快被妞妞气死了！这娃我说啥她都不听。我说快开学了，过几天就要分班考试，你再复习复习。人家气哼哼地说你一天光知道叫我看书学习，我听得都烦死了，我的事我自有安排，你以后少管。你看我好心好意提醒了一句，就招来这么一句话。你是我娃，我不管你，谁管你？我是你妈，我不管你，我管谁？"翠萍说完，气鼓鼓地叹了一口气。李楠见势不妙，拉着大伟下象棋去了。

玉梅故意逗翠萍说："你以为妞妞是李楠，啥时候都是你说东他不敢往西？妞妞好歹还和你们住在一起，明明干脆连家都不回，我们刚才软硬兼施，威逼利诱他回家收收心，可他压根就不想和我们一起住。"

"这孩子咋都成了这样子了？养娃有啥意思！我们辛辛苦苦把他们带大了，他们的好处啥都没见着，倒是会和大人顶嘴闹仗了！李楠说这叫'奥数综合症'，一时半会儿好不了。"翠萍心理平衡了，笑着回答道。

"现在的孩子都脾气大，你说到他的学习上，他就不乐意。我们明明最近练琴老是偷懒，有他爷爷奶奶护着，我一说他，他也跟我顶嘴。"玉梅提起明明也头疼。

"妞妞也一样，学古筝没少花钱，可我发现她就没有真心地喜欢过学古筝。我们周周带她去音乐学院上课，从幼儿园开始，一学学了八年，可这孩子就是没有享受过弹古筝的乐趣，每次叫她练古筝她都哼哼唧唧。我有时候也怀疑咱们这教育是不是很失败？是不是不该让孩子学习乐器？是不是白白地浪费时间、金钱和感情？"翠萍很困惑地说道。

玉梅说："我跟你一样怀疑，你看很多名人都说教育要服从孩子的天性，孩子天性就贪玩，可人家孩子都在学这学那，咱们不敢放开了让孩子玩呀！咱们照着一些育儿书籍生搬硬套地想培养天才，成天指手画脚让孩子学习，结果这孩子越大越难以相处。我看我妈说的'好娃娃是天生的，树大自直，大人不敢成天指教娃娃'的话好像有道理。法国教育家卢梭二百多年前就明确地说过'大自然希望孩子像个孩子的样子'，如果我们打乱了这个次序，我们就会造成一些早熟的果子，他们长得既不丰满也不甜美，而且很快会腐烂。前两年主流媒体一直在宣传'赢在起跑线上'，说有一个六岁的天才写了三本书，当时几十家电视台，包括中央电视台都在宣传这个神话。后来一位教育学家看了一下这三本书，说孩子的日记里充满了嫉妒、仇恨、霸气……我们暂不讲文字的粗劣，也不讲三本书里有一大半是重复的、可能是他爸爸代笔的，就文字上表现出来的妒忌、仇恨、自私、骄横的思想情绪而言，十分可怕！这哪里是教育，这完全是毒害一个孩子！更可怕的是，全国各地妇联还请他作报告，全国媒体也在不断地炒作。”

“又是一个‘伤仲永’。我觉得咱们绝对错了。那天，我问明明要是我和他爸分开了他跟谁？你猜，明明要跟谁？”玉梅烦恼地接着问道。

“那还用问，肯定是跟着你呗！你们大伟一天油瓶子倒了都不扶，明明一直都是你一手经管的，他自然要跟你了。”翠萍很有把握地说道。

“我也以为明明会选择跟着我过活，结果人家说了一句让人大跌眼镜的话：你们俩我谁也不要，我就和爷爷奶奶住在一起。唉，听明明说这样的话，我的心都凉透了。”玉梅伤感地说。

“那是明明最近和爷爷奶奶住了一段时间胡说呢，你别往心上去。祖孙隔代亲，老人都爱惯孩子。”翠萍安慰玉梅说。

听翠萍这么一说，玉梅想起手机上有一篇西楼淡月的文章，是从喝茶说祖孙感情的，很感人，便找出来和翠萍一起看。

胎菊普洱隔代香

不知从何时起，养成了每日饮茶的习惯。西风渐起时，我开始喝早年攒的普洱。一盏热茶在手，便隔开了水泥丛林，隔绝了红尘扰攘。人在草木间，让山水入怀，生命浩荡。

今晨泡茶时，小妖忽然说，我这儿有盒胎菊，上好的杭白菊朵。说话间便自顾放进我茶壶里。我暗自嘀咕：胎菊之寒，普洱之暖，菊之幼，茶之老，会冲撞出怎样的茶香呢？滚水浇淋而下，立刻，满室生香。

饮一口，菊之清芬、新绽，普洱之醇厚、陈敛，一丝回甘萦在舌底喉间，天真又不失古韵。再看茶底，胎菊在普洱茶中浸润、伸展，如孩童在祖母怀里撒娇、纵欢。

忽然便想起了阳阳。阳阳十岁了，是大姑的孙儿。一向活泼调皮的孩子，这些天却总是暗自垂泪，妈妈再三追问缘由，就是不说，只嚷着要回奶奶家。晚上阳阳躺在爷爷奶奶中间，高兴地手舞足蹈，四蹄暂歇时，才幽幽地说：“我们班上赵晓迪的奶奶在医院打吊针时死了，她再也叫不醒奶奶了。我爷爷现在也整天在医院打针，我怕爷爷也会死……”奶奶流着泪说爷爷不会死，爷爷只将阳阳一把搂在怀里，不说话。

是啊，老师的作业总也做不完，父母的关爱又总是附带条件。孩子生命里蕴含的自由与单纯，只有在祖父母怀里才得以释放，如胎菊，其含苞的心事，只有在醇厚温润的普洱茶里才得以舒展。胎菊普洱茶，如祖孙附耳悄语，又如清新朝露，遇到阳光的暖。普洱也似被唤醒了陈年旧梦，将一世的欢悦与海纳百川的胸怀，柔柔地、无声地浸润他的血脉，使之更自信、更勇敢……

人到中年，值生命之秋，才发觉，上有老下有小，不是负累，而是福、是宝、是岁月美好。如一杯清气馥郁的菊花普洱茶，暖融融，清冽冽。虽无卢仝两腋生风之仙气，却有烟火中的暖，凡尘里的甘。其甘，明目清心；其暖，去燥御寒。

这一季，秋凉，而茶暖。

两人读罢，半晌无语。翠萍说："孩子长大了，我们变老了。咱们也应该闲了品品茶，听听风，看看星星月亮，别那么急功近利。就像文章里说的那样，人在草木间，让山水入怀，生命浩荡。"

玉梅听后，感喟地说："我是不是变得太粗糙了，没有一点浪漫情调了？"翠萍附在玉梅耳朵边说了一句悄悄话，玉梅羞得脸颊绯红，追着要打翠萍。

30　为爱卸妆

艾云这几天心烦意乱，下了班哪儿也不去，钻在自己的房间里，连饭也懒得吃。艾云妈以为是那天说了介绍对象的话惹恼了女儿，便不敢再提这个话头。今天，艾云下了早班回到家，没和母亲说一句话，就躲进了自己的卧室不出来。艾云妈做好了晚饭，示意母亲去叫女儿，艾云姥姥说："你惹下事儿了，叫我去收拾摊子。"艾云妈气呼呼地说："你哪壶不开提哪壶，没看见我心烦。"艾云姥姥这才小心翼翼地问艾云吃饭不，艾云半天不吭声。艾云姥姥在门外好话说了一箩筐，艾云在里面带着哭腔喊道："能不能让人清静一会儿？我没兴趣吃饭，要吃你们自己吃，别烦我！"

两位老人看艾云这样，心里难过，胡乱吃了两口，便枯坐在客厅里等艾云出来。

艾云哭了一下午，两眼红肿，头发散乱，鼻头胀大，出来上厕所。母亲和姥姥赶紧迎上去，艾云吓了一跳，埋怨母亲不知道开灯，坐在黑乎乎的客厅里像守犯人。说完进了卫生间，艾云母亲被女儿抢白了一顿，来不及还嘴。艾云从卫生间出来，母亲刚想和她说话，她已经闪身进了房间，随之而来的是一声"啪"的关门声，震得母亲和姥姥哑口无言。

艾云哭够了，便又拿起手机给大伟打电话，打了半天还是打不通，艾云气狠狠地摔了手机，抱着绒毛玩具发呆。

艾云想不通，大伟对自己的态度怎么会变成这样？以前，大伟见了自己，眼睛里满是喜欢，浑身闪烁着一种令人愉悦的光彩。今天，不仅冷若冰霜，而且见她哭了，也没有一点怜香惜玉的意思，反倒厌恶地要她离开。大伟怎么会突然变心了？他怎么这么狠心，他怎么说变就变了呢？

艾云想来想去，终于想到了那天游泳的事。艾云到现在也想不清楚自己当时为什么一看见玉梅就吓得跑开了。其实，那天一听说大伟要去碧泉湾，艾云心里就酸溜溜的。艾云专门叫了几个同学去游泳，就是想要假装碰见大伟，可是没想到结果会是这样。也难怪，肯定是玉梅吃醋和大伟闹翻了，不让大伟再理睬自己了。艾云想到这里，心里冒出了一个报复玉梅的念头。

玉梅和翠萍在花园说了半天话，感觉有点凉。毕竟立秋了，有了早晚温差，便起身叫上大伟和李楠回家。四人在楼口道别，各自挽着伴侣回家。回到家，玉梅靠在大伟肩上说起了刚才她和翠萍看的那篇文章，大伟说写得真好。玉梅又想起昨天看过的一篇小短文，便拿来给大伟看。

“《为爱卸妆》,白国宏。”大伟不由自主地读出了声。

山口百惠是日本的巨星,盛大的婚礼过后,山口百惠含泪放下了自己的话筒,也彻底告别了自己的光艳。为了让妻子在家安心,三浦友和向妻子立下了三条誓言:

1. 51 岁开始戒烟。2. 不投机取巧地度人生。3. 绝不拈花惹草。

山口百惠的华丽转身再一次倾倒众生,甚至在日本女艺人圈里也出现了一阵息影的风潮,只不过最彻底的只有山口百惠,真正有勇气“为爱卸妆”。

日子一过就是 31 年,这对老去的金童玉女从没有发生过口角,当被问及秘诀时,山口百惠的话平淡得耐人寻味,她说:因为合得来。31 年过去了,山口百惠开始发胖,昔日巨星的光环已经日渐消失了,现在她只是两个孩子的母亲,一个胖胖的家庭主妇,用三浦友和的评价是“幸福的胖子”。

大伟搂着玉梅的肩,两人一起把这篇文章读了一遍。大伟说:“我现在很少读文艺书籍,今天读了,感觉醍醐灌顶。”

玉梅说:“《红楼梦》中有一个回目叫‘西厢记妙词通戏语 牡丹亭艳曲警芳心’。讲的是贾宝玉躲在沁芳闸桥边的桃花树底下偷看《西厢记》时,恰逢林黛玉来此葬花。春光烂漫,落花遍地,宝黛二人并肩而坐,亲密无间地共读《西厢记》的情景是多么浪漫。今天,咱们算是附庸风雅,以后你也要多读读书。”两人窝在沙发里,亲亲热热地谈笑,正说得有趣,电话响了,玉梅起身去接。

“喂,大伟哥,你怎么还不给我回电话?”一个娇滴滴的声音问道。玉梅本能地问道:“你是谁呀?”“大伟哥知道我是谁,你就别问了,让大伟哥来接我的电话。”女孩嗲声嗲气地说道。“对不起,你可能打错了。”玉梅说完就挂了电话。玉梅已经感觉到对方是谁了,心里一恼,干脆把电话线拔掉,然后又把两个人的手机全部关掉。

玉梅怒容满面,气得半天说不出话来。大伟见玉梅接了电话不过来,便在客厅问谁打的电话,玉梅说不知道是谁打错了。大伟又叫玉梅过来看韩剧,玉梅答应了一声没动。此刻她真想冲到客厅向大伟发脾气,可是突然想起翠萍告诫自己的话,心中便镇静了许多。

玉梅没有去客厅,而是去卫生间洗澡。温热的水“哗哗”地流过玉梅的身体,玉梅渐渐平静了下来。热乎乎的水汽包裹着玉梅,玉梅感觉好像获得了某种安慰,她静静地闭上双眼,任凭热水从头顶流下……人生有时候就好像走到了死胡同,当你觉得四周一片死寂,也要困兽犹斗地挣扎几番,说不定歪打正着,还能找出某一个小小的突破口。

玉梅洗了很长时间,仿佛把多日的积郁和不快都冲洗得无影无踪了。洗完后,玉梅好像变了一个人似的,她哼着小调,换上那件淡紫色的丝绸睡衣,走进客厅。大伟一把拉住玉梅说:“好香呀！过来让我好好闻一闻。”玉梅甩开大伟的手,娇媚地说:“人家都快渴死了。”大伟赶忙端来一杯热水,递到玉梅手里。不等玉梅吩咐,大伟已经拿来吹风机要帮玉梅吹头发。

31 女为悦己者容

艾云上班时，眼睛不时地向外边瞟，她估计着大伟和小仇应该过来检查工作了。几分钟后，大伟和小仇果然来了，这是他们每天例行的工作。艾云睁大了眼睛看着大伟，大伟神情自若，脸上没有一丝郁闷的迹象。大伟像往常一样穿着洁白的衬衣，头发梳得整整齐齐，胡子刮得干干净净，皮鞋锃亮锃亮的。艾云心里纳闷，难道昨晚玉梅没和大伟吵架吗？艾云本来想着大伟今天脸上绝对会有几道血印子。

大伟和小仇离开了，艾云还没有缓过劲儿来。艾云再也坐不住了，她想要弄明白真相。艾云想也不想就去了大伟办公室，大伟正在翻阅几份材料，见了艾云冷冰冰地说："你有事吗？我正忙着。"艾云想起往常大伟见了自己，热情地又让座又倒水的情景，心里不由一阵难过。艾云就像泄了气的皮球，没有了一丝力气，她没有说一句话，就失魂落魄地走出了大伟的办公室。

艾云神情恍惚，脸色苍白地回到单元，师傅以为艾云生病了，向单元长告了假，把艾云送回了家。艾云母亲和姥姥见艾云这副摸样，吓得不轻，便热情地挽留艾云的师傅一起吃午饭，艾云也不让师傅走，师傅便留下来了。师傅三十出头，妻子在汉阳市教书，他平常住在单身宿舍，上完班就回汉阳市的家。

师傅第一次来艾云家，显得有些拘谨。艾云的父母长期分居，艾云父亲住在外面基本不回家。艾云从三流大学毕业以后一直在家待业，急得艾云母亲到处求爷爷告奶奶地为女儿找工作。今年电厂有双退顶招的优惠政策，为了给艾云安排工作，父母终于达成共识，提前退休让艾云顶班。艾云从小和母亲、姥姥生活在一起，家里很少来访客。艾云母亲和姥姥热情得过了头，让师傅更加手足无措。艾云母亲端来水果请师傅品尝，师傅便坐下和她们说话。寒暄了几句，艾云嫌母亲和姥姥说话讨人嫌，便拉着师傅去自己卧室里聊天。

大伟看见艾云走了，仿佛卸掉了重重的枷锁，长长地出了一口气。他喝了几口水，活动了一下胳膊，然后继续翻看材料。

玉梅打来电话，询问大伟中午想吃什么，大伟说："你做什么我都喜欢吃。"玉梅没有像平日那样三言两语就挂了电话，而是又关切地问候了大伟工作忙不忙之类的闲话。最后，玉梅又亲热地说："我中午给你炖点排骨汤补补身子。"大伟想起昨晚两人在一起时十分和谐，做完之后，玉梅似乎有些意犹未尽的样子，不觉身上一热。大伟压低声音说道："我这身板，还需要再补？"说完自己已经笑出了声。玉梅欢快地说:“吹牛不上税,你就吹吧,小心到晚上磕头求饶!”大伟赶紧讨饶,玉梅笑着说:“拜拜,别担心,你就是交不上公粮我也不会怪罪你。”

玉梅挂了电话,心情很好,忍不住想给翠萍打个电话,汇报一下昨晚的战绩。碰巧,小薇喊玉梅看淘宝秋季新款服饰。淑芬也在一旁劝说玉梅买几件新衣服武装一下自己,小薇更是不停地鼓动玉梅说:“你一年四季就这几身运动衣换着穿,烦不烦呀?你要注意一下自己形象,要不然明明开家长会都不让你参加了。”连小薇都给自己提意见了,可见自己确实需要改变了,也难怪大伟会被小妖精迷住。善良的女人遇到问题总会在自己身上找原因,女为悦己者容,玉梅决定好好武装自己。

32　爸爸活得太窝囊了

班组准备派恩华和李师出去干两个月的外包工程。李师是普通班员，走了基本不影响班组工作；恩华走了，他们小组就只剩下小薇、淑芬、马大姐三员女将了。该让谁当代理组长呢？班长犯了难。

班长私下里征求玉梅意见，玉梅说："谢谢班长看得起我，我一个库管员，对班里的情况了解不全面。"

"玉梅什么时候变成滑头了，我这不是正为难着嘛。你看，论资历马大姐年龄最大，还是正儿八经的大学生，可是淑芬这人嘴不好，说话爱得罪人；你和淑芬、恩华都是校友，可是她一天光知道管娃，性格有些软弱，缺乏组织协调能力；小薇是退伍军人、大学生、独生女，娇气，个性强，心里有啥就说啥，不管你脸上搁不搁得住。你说这让我选谁好呢？"班长十分为难地说道。

"那你找她们谈过话吗，她们怎么说？"玉梅郑重地问道。

"找淑芬谈了，淑芬说她管理不了别人，不管谁当组长，分派工作她一定努力完成。别人我还没有来得及问。"班长说道。

"那不就结了，就让马大姐当组长，淑芬肯定一如既往地卖命干活，小薇一看两个姐姐都这样，自然也没有话说了。班长，你早都有答案了，还来考我。"玉梅开玩笑地说着，班长也跟着笑了起来。

恩华和李师后天就要走了，班长征求大家的意见怎样给恩华和李师饯行。马大姐热切地说："班长，恩华一直都是咱们班的得力干将，他要走了，我们还真舍不得，咱们不光要设宴欢送恩华，我还建议班上给恩华一天假，让他把家里的事情安排一下。"

玉梅不相信地看着马大姐，随即她反应过来了，立即附和道："就是就是，马大姐说得对，咱们真应该好好送送恩华，也应该让恩华临走时，回家把媳妇和娃安顿好。"淑芬、小薇也表示同意，恩华连连作揖说："你们够姐儿们！大家的心意我心领了，饭就不用吃了。"小薇第一个抗议，班长笑着说："请，一定要请！今天下午就请！"

淑芬本来下了班要赶到省城照顾孩子，孩子今年复读初三，学校不放暑假，天天补课。可是下午要送恩华，淑芬觉得不去对不住恩华，便让老公去陪孩子，自己参加班上的活动。

班上十几个人全都到齐了，班长率先举杯致欢送词，恩华和李师十分感激地给大家一一敬酒。恩华喝了几杯酒，眼圈红红地说："我给女儿说我要出门干活给家里赚钱，给她攒学费上名校，我女儿当时就哭了，搂着我脖子不让我去，说她就在厂里上中学，只要每次考到全班第一就不用交学费，还保证说她以后不胡乱花钱了，听得我难过得光想哭。"

"兄弟，来！为你有这样懂事的女儿干一杯！"有人提议道，大家全体起立干了一杯。

"我这个爸当得窝囊，一辈子也就这样了。我娃学习那么勤奋，弹琴又那么用功，你说我不趁着年轻还有力气的时候多给娃攒点儿学费，我还能干啥？咱这辈子当了工人老大哥，靠着下苦吃饭，怎么着也不能让娃像咱一样活着吧？"恩华有了一点醉意，摇摇晃晃地举着酒杯又要和大家干杯。

"老同学，别这么说！钱是个啥？钱就像人身上的垢痂，洗完了就又长出来了。谁再有钱，晚上也就只能睡身子大一块儿地方。"有人劝慰恩华道。恩华听了又要和人家喝酒。

玉梅、淑芬、马大姐赶忙拦着恩华，让他坐下吃几口菜垫垫底，要不然很容易醉倒。恩华听了大家的劝告，坐下来埋头吃了几口菜。其他小组的同事打趣恩华带的这支娘子军够意思，关键时候还是向着恩华。恩华得意地说："我们四个男女搭配干活不累，几年下来，这比兄弟姐妹还要亲。我这两个月不在，马大姐你把咱淑芬和小薇领导好，把咱们小组的工作干好。"马大姐豪爽地说："恩华你放心，大姐嘴巴笨不会说话，但是大姐手底下利索，你放心地去，咱们小组有我们三个，绝对误不了事儿。"

那晚，大家边吃边谈，一直闹到了夜里十二点，直到饭店要打烊了，大家才依依不舍地起身离开。班长和所有的男同事都喝得有点高了，有几个说着说着就哭出了声。恩华刚开始呜咽着哭，哭着哭着，越发伤心难过，班长不停地安慰他，他直接抱着班长放声大哭。恩华和李师要舍妻别子出去干活，这对男同事来说是一个不小的打击，由不得人。小薇、淑芬、马大姐当时也跟着哭起来了，玉梅安慰了这个又去劝说那个，劝着劝着，自己也悄然落泪。

33　二泉映月

玉梅回到家，暗夜寂静，大伟加班还没有回来。玉梅心绪不佳，毫无睡意，打开电脑，却什么也看不进去，便点开了《二泉映月》的曲子。如泣如诉的二胡声令人肝肠寸断，玉梅的思绪随着二胡声起起伏伏……

那是一个夏天的夜晚，母亲和村上的大人们一起去交公购粮，玉梅姊妹三个在院中乘凉玩耍。夜已经很深了，母亲还不见踪影，玉兰和玉竹熬不住了，便在凉席上睡了。蚊子太多，玉梅关了灯，坐在黑暗中给妹妹们摇扇驱蚊。头门大开着，玉梅盯着黑乎乎的门洞，盼望着母亲早点回来，可是过了很久，街道上依然没有任何声响。玉梅坐着坐着心里忽然有些慌乱，母亲是不是不回来了？母亲会不会不要我们了？不知道什么时候，母亲回来了，摇醒了玉梅，把玉兰和玉竹抱回了屋里。玉梅看着母亲，傻傻地笑。母亲埋怨玉梅怎么不知道关着头门睡觉，玉梅一句话也没有辩解，傻笑着睡了。母亲以为玉梅受了惊吓中了邪，赶忙跑到后院烧纸送祟，又到灶王爷像前跪了半天，才放心地睡了。

玉梅又想起那次母亲去集上摆摊做衣服，一个无赖硬说母亲给他做的裤子长短不合适，纠缠着让母亲给他买布重新做一条。母亲气得直哭，围观的人纷纷谴责那个无赖。众怒难犯，无赖灰溜溜地走了，母亲回家后跪在灶神爷像前哭到很晚很晚。玉梅躲在被窝里淌眼泪，发誓要好好念书，将来赚很多很多的钱给母亲用。乡亲们劝说母亲别去摆摊了，母亲说我就指望这养活女子呢，第二天还是用架子车拉着缝纫机去了集上。玉梅知道，母亲都是为了供她们姊妹上学，才拼命地去赚钱。母亲千辛万苦供自己上完了学，自己也算幸运，分到了电力系统，可自己又干出什么名堂了？一天不过是做一些鸡零狗碎的工作，没有一点儿出息，小时候的梦想呀，追求呀，统统都没有了。玉梅原来以为自己和母亲完全是两个世界里的人：当母亲在厨房里洗切斩剁时，自己在书本里流光溢彩；当母亲忙完家里忙地里时，自己安然地往返于家和学校之间；当母亲准备把引以为傲的缝纫手艺传授给玉梅时，父亲断然喝道："娃将来买着穿，谁还稀罕手缝的衣服！"可如今，自己还不是和母亲一样一天围着锅台转。想到这里，玉梅的眼泪又来了。

呜呜咽咽的二胡声幽怨凄绝，似乎说不完道不尽生活的沉重艰辛，玉梅越听越心酸。

瞎子阿炳一生坎坷，天天在大街小巷卖唱，几位文化工作者无意中用录音机录下了他的演奏后，阿炳却悄然离世。后来阿炳的专辑出版，引起全球轰动，成为世界交响乐的经典演出曲目。日本著名指挥家小泽征尔在听完《二泉映月》后，感动得当场双膝跪下。玉梅听过无数遍这首曲子了，今天听来格外凄楚。

玉梅听着这哀婉凄绝的二胡声，脑海里浮现出自贤爷孤独衰老的身影；想起恩华孩子说的话；想起自己这么多年陪着明明上奥数、学钢琴来回奔波的辛苦；又想起吴老师孤身一人，晚年寂寞，还有母亲年纪轻轻守寡拉扯三个女儿的难肠……玉梅心里越发悲凉，一时百感交集，眼泪又无声地流了下来。

34 娃娃跑不过老汉

太奶六点多醒来后，躺了半天没有动。人老了，起床不能太快，要不然容易头晕。太奶躺了一会儿，感觉浑身活泛了，才慢慢地坐起来定了定神，然后轻手轻脚地去了卫生间。大伟父母其实早已经醒来了，听见里边有动静，便过来照看母亲。

太奶洗完脸出来对儿子说："今日天气好，你叫上明明到原上跑步去，让孩子锻炼锻炼身体。"尔后又对媳妇说："早上熬一点白米粥，配三样小菜，等明明他们回来再热牛奶。"说完，太奶坐在梳妆台前，从一大堆瓶瓶罐罐中拿起爽肤水，很仔细地在脸上轻轻拍打。爷爷去叫明明起床，明明一翻身，用毛巾被捂住耳朵，继续睡觉。爷爷拍着明明的肩膀劝说道："宝贝，快起来，开学了天天都要早起军训，你先得适应适应，快起来跟爷爷跑步去！"明明依然躺着，太奶在隔壁高声说："没有受不了的苦，只有享不了的福。明明，快起来跑步去。"爷爷硬拉着明明起来。

明明耷拉着脑袋跟着爷爷出了家门，日头已经升得老高老高，思思和她爷爷在路边等着他们，明明很不好意思地跟在后边跑了起来。经过花园时，明明看见好多老人已经在晨练，不由得加快了脚步。

出了厂门，沿着乡间小路往上跑，要拐六道弯、爬三面很陡的坡才能到原上。明明和思思今天是第一次跑步上原，感觉十分吃力，跑到第三面坡时，两个人都气喘吁吁，停下来大口大口地喘着粗气。两个爷爷平时锻炼惯了，早已经轻松自如地跑到了坡顶。爷爷们回过头来给明明和思思加油，明明和思思鼓足了一口气，向着爷爷跑去。爷爷们不断地给明明和思思加油叫好，眼看明明和思思快要追上他们时，两个爷爷笑着跑远了。

明明和思思一路追赶着爷爷，不知不觉跑到了原上。原上长满了玉米，高高的玉米秆上结满了玉米棒子，像两道绿色的篱笆墙，把田间小路挤得越发狭长。爷爷们转过弯就不见踪影了，四周静悄悄的，明明和思思感觉有点害怕，就大声喊叫着"爷爷，爷爷，等等我们"，爷爷高声地回答"明明，思思，快来追上我们，后面有只大黄狗，你们赶快跑"。

明明和思思跑了一程，满身大汗，心慌气短，口干舌燥，实在没有力气跑了。思思是女孩，娇气一些，干脆停下来站在地头喘气。明明也累得快要没气儿了，便也不跑了，两只手撑在膝盖上，弯下腰喘气。

爷爷们跑到了高速路边，回头一看两个小家伙还没有赶上来，便停下来等孩子们。等了一会儿还不见明明和思思的身影，爷爷们又回过身来找他们。

思思带着哭腔说："爷爷，你干嘛大清早把我带到这儿来受这洋罪，我难受死了，我头晕恶心，我心慌得快要跳出来了！我嗓子好痒，我要喝水！"思思爷爷心疼地说："爷爷忘了带水，思思你忍一忍，咱们马上就回家喝水。"明明也说："爷爷，我衣服湿透了，贴在身上好难受。"明明爷爷不快地说："你才跑了这么一点路，就喊叫着受不了，看你们开学军训怎么办！军训比这运动强度大得多，照这样子你肯定吃不消。你们体育课一天是怎么上的，你的体育考试是怎么过关的？"

"我都一年多没有上过体育、音乐、美术这些副科了。每天下午上这些课时，妈妈就把我们从学校接出来了，让我在家早早把作业写完，等他们大人一下班就带我们去省城上奥数。我们到了六年级一周要上三节奥数，五点去，晚上十点半才能回来。"明明委屈地说道。

"我们都一样，平时一周三节奥数课，每节课老师都布置一大堆作业，我们一天光是写学校作业和奥数作业都忙不过来，哪儿还有工夫去上体育课？到了寒暑假，我妈给我报了三个奥数点，说是可以多几次考试机会。每天都是上午上麻老师的课，下午又去听黑老师的课，晚上回去还要去另外一个老师那里上课。你光说我今年瘦了还没有长个子，我这么辛苦，没有累到趴下就已经是万幸了。"思思生气地埋怨爷爷道。

"民国时期小学生不上体育课不准毕业，现在倒好，学生娃连个体育课都上不了。好了，今天是第一次锻炼，你们不太适应，咱们能到这里也算不错了。"明明爷爷鼓励孩子们。明明和思思默默地点了点头。

下原时，明明和思思腿沉得走不快，明明爷爷说："两个娃娃跑不过两个老汉，说出去叫人笑掉大牙。你们两个无精打采的，就像打了败仗的散兵游勇，走路好像都走不稳了，我看得雇上两个人把你们抬着。""爷爷，你背我，我走不动了。"思思撒娇地说道。"来来来，你看你长得和爷爷快一样高了，看爷爷还能背得动你不？"思思爷爷犯难地说道。思思脸红了，笑着说："你想背，我还不让你背我呢！"

35 母子连心

第二天上班时，玉梅看见小薇、淑芬、马大姐眼睛肿肿的，正想打趣她们几句，小薇却先指着玉梅的眼睛说："玉梅姐，是不是大伟哥欺负你了，你眼睛咋这么肿呢？"玉梅对着镜子一看，可不是吗？自己的眼睛肿得像蜂蜇了一样。再看小薇也好不到哪儿去，便一把拉过小薇让她也来照镜子。小薇捂着脸不让玉梅看，玉梅又喊淑芬、马大姐来照镜子，照完以后大家都承认说是昨晚回去心情激动，睡不着觉，熬过头了。

马大姐说："当年恩华刚进厂的时候，我这个师傅没当好，咋就不知道操心恩华的婚事呢？以恩华的条件，在厂里找一个女孩子应该不成问题，可是我自己当时孩子小，就没有操心过恩华的事儿。等过了两年，玉梅你们这一批学生分来以后，厂里就不再大规模进人了。恩华的婚事就成了一个老大难的事儿，后来经人介绍找了现在的媳妇。文雅人长得漂亮，可单位效益不好，离得又远，一个月工资还不够来回跑的车费，怀孕后干脆就专门在家带孩子了。"

"前几年还好，咱们厂效益还可以，孩子小也花不了多少钱。这几年物价飞涨，双职工养一个孩子都吃力。我们家自从依依在省城上了初中，月月赚多少花多少，恩华一个人赚钱养家自然入不敷出。"淑芬深有同感地说道。

"你们比我们强多了，以前养孩子根本花不了多少钱，你们早早攒钱都在省城把房子买了，哪像我们要养房、养车、养娃，三座大山压在头上，永世不得翻身。"小薇一副虱多不怕咬的样子，无所谓地说道。

"我上班以前，我们家就靠我母亲当裁缝过活，就那么很少的一点儿钱，我母亲把我们姊妹三个都供出来了。我那时候觉得自己没有了父亲，啥事情都和别人家的娃不能比，只有好好念书才能和别人平起平坐。我小时候虽说家里穷，也从来没有尝过为了赚钱而骨肉分离的滋味。昨晚回去想起我母亲做衣服赚钱给我们交学费的情景，我这心里难过得……"玉梅哽咽着说不出话来，大家都过来安慰玉梅。

"其实，我们这个年龄的农村孩子，能考学出来都不容易。我上大学时，一共复习了四年，我们同学都快大学毕业了，我才考上大学。我那时候就是一根筋，不考上大学我就活不下去。我复习一年考不上，再复习一年还是差几分。我复习到第三年的时候，我爸我妈都不好意思站到巷道里跟人说话，见了人老远就低头躲开了。复习到第四年的时候，我自己也不好意思见人了，我发誓要再考不上我就用一包老鼠药把自己给结果了。没想到第四年我考上了，我妈一看见我的通知书哭了好几天，说是砸锅卖铁也要把我供出来。我上学带的钱，最大面值是一张五块钱，其他都是毛票，厚厚一摞，才只有五六十块钱，就那还有借亲戚朋友的。”马大姐平常从不和大家这么亲密，今天一下子说了这么多掏心窝子的话，惹得大家都忍不住用手去擦眼泪。

正在这时候，班长喊马大姐过来安排当天工作。最近三天，班上要去家属区铺设电缆，马大姐他们组负责 #23 楼附近的这一片。玉梅一听这刚好在大伟家跟前，便好心地说："你们渴了就去大伟家喝水，大伟家在 2 单元 202，很方便。”大家扬扬手里的水杯说不用。

班长讲完话时间不长，淑芬的电话响了起来。淑芬接完电话，一脸慌乱。玉梅看淑芬神色异常，便轻声问她怎么了。淑芬着急地说："我们家依依哮喘的老毛病又犯了，已经被送到医院去了，老师打电话叫我赶紧到医院来。班上这么忙，班长刚说了不能请假，我怎么办好？”马大姐和小薇也过来了，一听说是这种情况，都不知如何是好。玉梅说："淑芬，孩子要紧，你回去给孩子看病，我给你代班。咱们一起去给班长说。”

明明做完作业，眼睛有些酸痛，他摘下眼镜揉揉双眼，走到窗边向外张望。窗外艳阳高照，鸣蝉声声不绝于耳。下午的太阳依然威力十足，路上几乎没有一个行人，看来大人们常说“秋老虎热死人”还是有几分道理的。

大伟母亲洗好了一串葡萄，用白色的瓷盘盛好，放在茶几上，招呼明明过来吃。明明答应着，又向外瞅了几眼。楼西头有一群工人正在拉电缆，好几个人围在一人高的电缆轱辘旁边干活。突然，一个穿工作服特别像妈妈的身影映入眼帘，明明以为自己眼花了，又揉了揉眼睛再仔细看，那个身影却转到另一边去了。

大伟母亲剥好了葡萄，拿过来喂明明吃。剥去紫色表皮的葡萄，晶莹多汁、鲜嫩无比，明明张开嘴巴，“哧溜”一下就把葡萄吸进了口中。葡萄好甜呀！水分又多。奶奶剥一个明明吃一个，连吃了十几颗。明明不想吃了，奶奶又哄明明说葡萄营养多，再吃几个。明明勉强又吃了两个，任凭奶奶好话说尽，也不多吃一口。

明明想起刚才看到的人影，便要下楼去看个究竟。大伟母亲拦住明明说："你一定是看错了，你小时候一看见和你妈妈穿一样工作服、留长发的阿姨，就追上去叫妈妈。我们怎么说你都不信，结果人家一回头，你看不是你妈妈，就开始哇哇大哭，一边哭着一边就要去生产现场找妈妈。”明明不好意思地说："那都是什么时候的事情了，你还拿这取笑我。我刚才分明看见那个人就是我妈妈，天这么热，我要下去看看，要真是妈妈，我要给她送一些水喝。”明明说话间已经走到了门口，换好了鞋子开门下楼去了。大伟母亲拦不住，也就随他去了。

36 一窍不得，少挣几百

眼看离国庆节歌咏比赛的日期越来越近了，各分场都加紧了练歌。最近玉梅他们检修分场工作任务多，几乎没有练歌的时间。主任要求各班抽出两名人员组成检修合唱队，每周一、三、五晚上排练。班长派玉梅和小薇去唱歌，玉梅想着明明快要开学了，不想参加，可是一看周围的同事下了班不是去省城陪读就是要辅导孩子写作业，只好作罢。

今晚，合唱队第一次正式练习，大家都早早来到了会议室。主任请来了工会的文体干事给大家从基本的换气、发声、用气方法教起，大家"咿咿呀呀"地吊了吊嗓子，然后又体验腹式呼吸的发声原理，摸着肚子体会呼气吸气时腹部变大变小的感觉。一个个都觉得新奇有趣，学得十分认真。

磨刀不误砍柴工，嗓子练开了以后，文体干事指挥大家进行合唱。此前，大家都会唱《我们走在大路上》《大海》这两首歌，现在掌握了一些歌唱技巧之后，大家再唱这两首歌，明显地觉得有了进步。

有人说："这干啥都有窍门，老话说，'一窍不得，少挣几百'。照这样练下去，咱们说不准都能当专业演员。"

有几个女工围着玉梅说："这唱歌是掸闲杆子的事，学不学会窍门没有啥，关键是要学会教育娃的窍门。玉梅，你们明明学习那么好，你有啥窍门吗？"

玉梅笑着说："我管娃也是胡弄呢，算不上有窍门。"

"我娃做作业一遇到难题就烦躁得不行，我一说，人家比我声音还高，惹得我生一肚子的气。一看见娃我就头疼，出来唱唱歌、散散心，跟大家说说话我这心里面就痛快多了。"一个女工笑道。

"我娃也一样，一天挑吃挑穿，成天指派我给他做排骨、红烧肉，买品牌衣服，把我当佣人一样使唤。我想着只要娃好好念书，我一天把饭端到娃嘴跟前伺候着我也心甘情愿。谁知道我娃提起好吃的就眉开脸笑，说起念书写作业就立眉瞪眼，把我能气死！"另一个女工抱怨道。

"我们那人和他妈，一天就知道惯娃，娃做错事了，我一指教娃，人家都护着娃，把我气得没方子。我一天……"另一个女工絮絮叨叨地说着。

"人常说'没儿气不长，有儿常常气'，孩子都是人家的好，孩子不在谁跟前，谁就不知道带孩子的难处。娃跟咱们大人一样，心烦意乱的时候你就甭硬碰硬。你没听娃们说有一种怪物，名叫‘别人家的孩子’，不玩电脑不上网，又听话来又懂事，回回考试得第一。”玉梅笑着说道，大家都乐了。

“我娃写字潦草得很，经常把一个字写成几个字，就像‘树’字能给你写成‘木、又、寸’；把‘烛光摇曳’的‘摇曳’写得像‘插电’。我说‘烛光摇曳’叫你变成‘烛光插电’，那不是电子蜡烛吗？还有，我娃还粗心得不得了，把‘花圈’念成‘花卷’，把‘棘手’念成‘辣手’。”一个女工的话惹得大家笑个不停。

“谁又不是一生下来就啥都知道，娃写得不端正、念成错别字都不要紧，只要娃喜欢写字认字，你给娃找一些字帖练一练，这些小毛病慢慢就改掉了。”玉梅笑着宽慰这位女工。

“你们知道不？我玉梅姐不光管娃有一套，还是营养大师、理财高手、钢琴教授。我盈盈现在三岁，我照着玉梅姐教育明明的样子，每天晚上临睡前给她念一个小故事，现在盈盈出去一说话，就跟大人一样，别人都吃惊这孩子这么小就知道‘百步穿杨’‘叶公好龙’‘刻舟求剑’的故事。她现在高兴时叫我白雪公主，我躺在床上她说我是睡美人，我要是批评人家了，就把我形容成巫婆、后妈。”小薇学着盈盈的样子，娇滴滴地说道。

“看你这么妖精，哪里像是玉梅的嫡传弟子。你一天把盈盈打扮得像个小公主，把你收拾得像个小姑娘，哪里像个当妈的样子。”一个女工揶揄小薇道。

“你冤枉死我了！我娃的一日三餐都是我亲自下厨做的，今天中午的西红柿鸡蛋面，就是完全按照玉梅姐教给我的方法做的，我们盈盈吃了一碗。”小薇用手比划着碗口的大小说着，大家摇摇头表示怀疑，小薇气得说不出话来。

“你们真把小薇看错了，她对孩子可精心了。我看她对娃那么有耐心，我都觉得脸红。好妈妈不应该是我这种婆婆妈妈的黄脸婆，我早都 out 了。像小薇这种时尚妈咪，跟孩子们容易沟通，才是孩子们最喜欢的家长。”玉梅说道，其他几个女工将信将疑。

37　儿子给我长脸了

大伟在家上网，看看表已经十点钟，玉梅还没有回来，便向楼下张望了几眼。昏黄的路灯下没有几个人影，茂密的七叶树将马路笼罩得严严实实。大伟正准备给玉梅打个电话，就听见门铃响了。大伟赶紧过去开门，玉梅哼着歌，满面笑容地进了门。大伟问："你今天拉了一下午电缆，怎不知道累，心情还这么好？"

"你不知道文体干事给我们教着用肚子呼吸有多好玩，我们跟着文体干事一起呼气吸气，肚子一会儿鼓一会儿瘪，把人笑得眼泪都快出来了。"玉梅一边说一边把大伟的手拉过来放在自己肚子上，然后夸张地吸气呼气，逗得大伟也笑出了声。

玉梅接着说："很久没有参加过这样的大型合唱练习，大家练得可认真了。平常我们虽说都在一个分场，可都是见了面打个招呼就各忙各的去了，难得像今天这么聚在一起。唱歌的间隙大家聊聊天，开心得很。大家都从头坚持到尾，没有一个人中途溜号。我和小薇在回家的路上都忍不住哼着曲子，好像一唱歌，人就把白天拉电缆的事忘得一干二净。"

大伟给玉梅端过来一杯水说："唱了那么长时间，可能渴坏了。你明天就别再去拉电缆了，那不是你的工作范围，你的胳膊有伤，万一老伤复发了可怎么办呢？我给你们班长说说，让他……"玉梅急得直摆手，差点让水给呛住了。

大伟又说："你这是何苦呢？"玉梅喘了一口气说："你千万别给我们班长打电话，我这是自愿替淑芬代班，你别瞎掺和。前几天有个班因为工作问题刚打了一架，影响很不好。我们班上恩华和李师都出去干活去了，这几天活儿太多，人手紧张，班长不让请假，可碰巧淑芬的孩子病了，班长和淑芬都很为难，我就主动提出给淑芬代班。"

"这样的话，我就不说了。那你自己干活时悠着点，别太使劲，要是你胳膊上的老伤犯了，可划不来。"大伟叮嘱道，然后又接着问，"那淑芬明天能回来不？她孩子的病怎么样了，要紧不？"

"我怎么好意思问？好像我催着淑芬赶紧回来上班似的。小薇打过电话了，淑芬说依依已经好多了。你不知道，淑芬一天为了依依都愁死了，依依这孩子心理素质差，一提起考试就紧张，平时学习成绩还可以，可一到考试的关键时刻就头脑发晕。小升初的时候没有发挥好，没考上一类学校，就将就着上了一个二类学校。中考的时候，淑芬都不敢在依依面前提考试，一提依依就害怕。到了联考时，依依莫名其妙地发烧了,甚至不敢去学校。没办法,淑芬只好让依依留了一级。按说今年依依是复读生了,应该能好一点儿了,可是谁知道这孩子又会出什么状况?淑芬那么和气的一个人,怎么就摊上了这么一个难缠的娃。”玉梅给大伟简略说了淑芬的事儿。

大伟催促玉梅赶快去睡,明天还要拉一天电缆,肯定很辛苦。玉梅说:“我又不是纸糊的,没有那么娇气。”

大伟说:“你妈给我说你那年摔断了胳膊,伤得挺重,都不敢让你抱明明,你还硬撑。”玉梅这胳膊是十五岁那年和玉兰去壕里拉土时摔伤的。当时,玉梅在前面低头使劲拉架子车,玉兰在后面埋头推车,两个人都没有看路,一不小心架子车翻到了地里,玉梅来不及松手,被车辕打翻在地,随即右胳膊传来了一阵钻心的疼痛。玉兰喊来了母亲,玉梅当时疼得已经说不了话。母亲当即用架子车把玉梅拉到了医疗站,自贤爷为玉梅接好了骨头,叮嘱玉梅母亲不敢让孩子乱动,最好不要上学写字。可是玉梅第二天要参加一场知识竞赛,老师一时找不到代替玉梅的学生,玉梅就硬着头皮去考试了。结果胳膊留下了老伤,每逢阴雨天气便隐隐作痛。

玉梅给大伟讲自己小时候在农村学拉架子车的往事,大伟说:“农村的孩子经常帮大人干活,还是懂事早。”说到这儿,大伟又说起了明明今天帮玉梅干活的事。

玉梅说:“明明那哪儿是干活,他可能觉得好玩。”

大伟说:“你门缝里看人——把人看扁了。明明回来说他在老家看见狗蛋经常帮着父母去地里干活,咱们家从来没有什么活儿可干,今天好不容易逮着了机会,所以好好表现了一下。他说干活时天气那么热,他都没有喊一声累。”

玉梅想想好像真是这样,便对大伟说:“看来,这几天没有去上奥数奥语,让孩子回到老家多接触了一下农村的生活还真有用处。”大伟也说以后要多带明明参加一些社会实践活动。

临睡前,玉梅又对大伟说:“明明今天也真是给我长脸,我们分场好多人都夸咱明明呢!我原来看过一个小故事,有三位母亲一起逛街,她们提着各种新买的东西,顺便来学校接孩子放学。到了以后时间尚早,三位母亲便坐在一起闲聊。有两位母亲争着夸奖自己的孩子,一位母亲说她儿子参加全国奥林匹克数学竞赛,获得了一等奖;另一位母亲说她女儿参加全国青少年舞蹈比赛,荣获了冠军;第三位母亲一直默默无语,微笑着侧耳倾听。放学了,孩子们争先恐后地跑出了教室。前两位母亲接到了孩子,急忙询问孩子一天在校的学习情况。第三位母亲的孩子微笑着跑过来,接过母亲手里的袋子,挽着母亲的胳膊说‘妈妈,你累了吧,我来提东西’。另外两位母亲见状尴尬得说不出话来……”

38 咱先输在自家门口了

淑芬提着一大包脏衣服，赶在响号前跑进了二门里。各个班组都已经排好了队伍，准备做早操。淑芬低着头，从队伍后面的草地里很快绕到了自己班组的队伍里。玉梅、小薇看见淑芬，老远地招手让淑芬站过来。淑芬满面通红地跑了过来，玉梅赶紧接住淑芬，小薇小跑着把淑芬的皮包和手中提的大袋子放回班里。三个人相视一笑，然后开始做广播体操。

淑芬在班长那儿报到以后，走过来和玉梅、小薇说话，马大姐平常不喜欢扎堆聊天，今天也过来关心地问依依的身体怎么样了。淑芬无奈地说："依依体质弱，那天补完课，和几个孩子追赶着跑了几步，出了一身汗，站在窗口吹凉风，身上突然起了一片一片的风疹，然后哮喘就犯了，呼吸困难，幸好随身带着药，喷了几下就缓过来了。"一听依依不要紧，大家放心了许多。

马大姐说："淑芬，你们依依身体这么差，肯定是你养孩子太小心了！这世上的事情说不来，你越是放不开手脚，这孩子就越爱耍麻达。'水至清则无鱼，人至察则无友'，你看农村的孩子成天在土地上玩耍，人家身体一个比一个结实。你要把心放宽展些，多给孩子一些自由，说不准依依身体还能好一些。"

"马大姐，人跟人不一样。俗话说'龙生九种，九种各别'。现在是一家一个孩子，看不出兄弟姊妹们的差别，过去一家几个孩子，性情、容貌差别都可大了。"玉梅说道。

"也可能是我不会带孩子，把依依身体搞得这么差。"淑芬自责地说道。

"淑芬姐你别这么说，现在的孩子都娇气，动不动就生病，这可能和吃的东西不安全、学习压力过大、缺乏锻炼都有关系。"小薇安慰淑芬道。

"我看还是现在的人太爱惯娃了。我有一天坐公共汽车时，看见一个老太太领着孙子，我就赶紧起来给老人让座。老太太要搂着孙子坐，孙子不愿意，把老太太赶起来自己一个人坐在座位上。那孩子大模大样地坐在那儿也不老实，双腿晃来晃去，把我的袋子踢来踢去，还蹭了我一腿的灰。我心说这娃咋是个六月的萝卜——少窖(教)。我心里那个气呀，恨不得把那孩子揪起来我自己坐下！我那天也是提了两大袋子东西，提得我胳膊都快断了。"马大姐气愤地说道。

"孩子不懂事，肯定都是老太太平常惯下的毛病。"小薇气愤地说道。

"你说这样的孩子这么自私，将来能有啥出息？父母养这样的孩子能有啥指望?”马大姐又补了一句。

“你们看过中日两国孩子夏令营的报道吗？夏令营刚开始时，日本孩子的背包鼓鼓囊囊，装满了食品和野营用具，而有些中国孩子的背包几乎是空的，或装样子，只背点吃的。野炊的时候，凡是又白又胖抄着手啥也不干的，全是中国孩子。中方大人批评他们不劳而获，可咱们这些中国孩子反应很麻木。在咱们中国的草原上，日本孩子把用过的杂物都用塑料袋装好带走，可中国孩子却走一路丢一路东西。日本孩子发现了一窝鸟蛋，马上用小木棍围起来，提醒大家不要踩。咱们的孩子倒好，差点要把鸟窝端掉。”玉梅举了一长串的例子。

“夏令营就是锻炼娃的，中国家长惯娃，一个个都替孩子背着包，而人家日本家长就很明智，让娃自己背包，一直坚持走到终点。‘父母之爱子，则为之计深远’，你们看中日两国家长对孩子的态度差别大不大?”马大姐反问道。

“那是1992年的较量。2004年，中、韩、日三国的青少年又在内蒙古科尔沁草原上办夏令营。当时正是北方罕见的高温天气，行程十分艰苦。日本少年自信满满，身背巨大行囊，为野外生存作了充分准备。咱们中国孩子却像残兵败将，队伍中手机铃声不断，都在向家长诉苦。活动结束时，日本、韩国孩子对蒙古族文化、旅游资源大加赞赏，而咱们中国孩子却只盼着早点回家当小皇帝。你看这可怕不可怕?”玉梅感慨地说道。

“咱们的孩子还没有出发，就打起了退堂鼓，还有啥好比的？难怪人家日本人叫咱东亚病夫，还公开说，我们这代人不是他们的对手。”小薇说道。

“咱们成天说不能让孩子输在起跑线上，啥是起跑线？我看咱先输在了自家门口了。人这一辈子长得很，不是一百米的短跑，而是马拉松长跑。”马大姐说道。

大家正说得起劲，一位同事过来通知说班长要安排今天的工作，大家赶忙过去围在班长旁边，听班长讲话。

39 一举两得，皆大欢喜

三天的期限已过，今天明明就该回家住了。明明从昨天开始就不自在，就像跟屁虫一样粘着奶奶不放。可是奶奶说这改不了，明天就得回去，明明才怏怏地睡去了。今天明明明摆着一脸的不高兴，爷爷说："明明，过两天你就要军训和分班考试了，你妈妈要给你准备行李，你也得收收心。"太奶说："回你家又不是要把你送人，你这傻孩子，回自己家有这么难吗？"

玉梅一大早起来，把家里收拾得干干净净，特意把明明的房间仔细打扫了一遍。明明这段时间不在家里住，玉梅和大伟两个人自由了很多，今天明明要回来，可得做几个好菜拉拢拉拢儿子。

玉梅上班时，淑芬、马大姐、小薇都问玉梅今天准备给明明吃什么，玉梅说："你们给支支招，说上几样菜名来。"

小薇说："给自己孩子做饭，又不是待客，就做明明最爱吃的西红柿鸡蛋拌面，再烧个虾米紫菜汤就好了。"

淑芬说："你们天天都在一起，孩子不就是在爷爷奶奶家住了几天，搞得太隆重了反倒不好，关键是要多和明明交流交流。"

马大姐煞有介事地说："玉梅，这孩子在老人那里享受惯了，养了许多坏毛病，回家来你可得来个下马威，好好调教一阵子。"玉梅本来就有点犯难，听了大家这么一说，心里直打鼓。

翠萍打电话问玉梅给明明准备好军训的东西了没有，玉梅说："那有啥好准备的，不就是几件换洗衣服，再带上牙刷牙膏、喝水杯子就行了吗？"

翠萍说："你这妈当得太不称职，你不给明明托人开省级以上医院的病假证明就算了，你居然还不给明明准备日常用品，你也太不把军训当回事儿了！你不知道这军训的厉害，我也不跟你说了，下班和我一起去汉阳市给孩子买东西去。李楠开车，咱们把明明和妞妞也带上，买完东西，顺便逛逛公园，吃顿大餐，让孩子们好好玩玩。"说完不等玉梅回答，又说："不准反悔，下班就走。"

玉梅回家和大伟一商量，大伟说："这样也好，你就当是带明明出去玩。"明明知道了也很高兴，爷爷奶奶也极力鼓动明明出去和妞妞玩玩，这样明明就会淡忘了回家的事情，一举两得，皆大欢喜。

明明和妞妞见了面，两个人便开始谈论动画片、电脑游戏，压根不说一句和学校有关的话。翠萍和玉梅看见孩子这样，就有意引导孩子们谈谈军训和分班考试的事情，没想到明明说："老妈，你说好今天是带我出来玩的，可不许说让人心烦的事。"

玉梅在众人面前不好发作，只好自我解嘲地说："你这孩子咋说话呢！"

翠萍替玉梅解围说："现在这些孩子，咋就光知道看动画片、打电脑游戏、上网聊天，那都伤眼睛，怪不得你们都架着眼镜。"

妞妞不满地说："作业永远写不完，我要不忙里偷闲、苦中作乐，早就疯掉了。你说我不可能傻到天天光写作业吧？我写完作业了想找个人玩，结果这个要弹琴，那个要写作业，人家都没空。我们不像你们小时候，一家有好几个小孩，可以一起做游戏、说说话，你们大人都上班去了，我一天不看电视、不玩游戏、不上 QQ 聊天干啥？要不，你给我再生个弟弟妹妹。不行，生就生个和我一样大小的孩子，我有伴儿了，就不让电视、电脑陪我了。"

"还把你说得有理了。我养你一个都快被你折磨死了，我还敢养几个？再说了，我养你一个这钱都紧张，我养两个让你们喝西北风去呀？你还说得轻巧，让我生一个和你一样大小的孩子，这不就是双胞胎吗？你这不是存心为难老妈吗？"翠萍笑着说道。

"那把明明放到咱家给你当弟弟怎么样？"李楠问道。

"好呀，好呀！明明到了咱们家，肯定就成了你们的掌上明珠，你们看我是左看右看都不顺眼，我识趣一点，早早离家出走，省得你们看着我心烦！"妞妞怪腔怪调地说道。

"明明，那把我们家妞妞放到你家行不行？"李楠又试探着问明明道。

"行呀！就怕妞妞金枝玉叶，受不了我们家的清规戒律。我妈一喊一二三，我就要赶紧连跑带颠地站在我妈面前接受处罚；我爸一声怒喝，我就吓得魂飞魄散、六神无主。你说妞妞号称我们班'第一母老虎'，常常把男生打得求饶，能在那么恶劣的环境下生存吗？她不在沉默中爆发，就在沉默中死亡。"明明说完这话，玉梅大喊："冤枉，冤枉！"

"妞妞，你老实交代，你今天看了多长时间电视？你别以为我回家时，看见你在那儿装模作样地看书，我就被糊弄住了。你别小看你爸，我可是从《雪豹》里面学了几招侦探的招数，我回家一坐在沙发上，感觉你经常爱坐的地方热乎乎的，就猜到你没有干好事，再一摸电视机外壳还热得烫手着呢！这肯定是看了一下午电视，看着我们快下班了才关掉的，是不是？你老实交代！"李楠怕玉梅尴尬，换了话题，佯装生气地问妞妞。妞妞吐着舌头，冲明明做了一个鬼脸。

40 今天买的东西很特别

电厂离汉阳市中心只有半个小时的车程，可是玉梅、翠萍却很少来这里购物。平常，孩子们都在省城上课外班，大人也就习惯去省城。今天时间紧张，翠萍才主张来这里买东西。明明和妞妞要吃肯德基、逛公园，玉梅想着按以往的惯例，由李楠带着孩子们吃喝玩乐，她和翠萍逛街，没想到翠萍却说："今天买的这个东西很特别，最好把孩子们带着一块儿去。"玉梅追问翠萍到底要买什么，翠萍一脸神秘地啥都不说。

车子停在了汉阳市中心的新华书店楼下，一到了这里，明明和妞妞就走不动了。今天本来没打算来书店，可是大人不好拂了孩子们的兴致，便陪着孩子们到书店看了一会儿书。明明和妞妞各买了一本《鸡皮疙瘩》，才在大人的催促之下离开了书店。

翠萍带着大家说是购物，却不进路边的大商场，而是沿着小道一直走到了嘉苑市场。这里全是卖廉价物品的小摊贩，各种各样的小东西琳琅满目，小贩们用高音喇叭大声地招揽顾客，到处弥漫着汗臭味和下水道的怪味。玉梅不禁皱了皱眉头，明明和妞妞逛街的新鲜劲一过，不停地嚷嚷着要离开这个又脏又乱的地方。翠萍却很有信心地安慰着孩子们，大家只好耐着性子跟在翠萍后面继续走。

到了一家小摊前，翠萍问有没有装被子的彩条包，摊主不明白翠萍到底要啥，翠萍干脆说："就是民工出门打工背的那种用蛇皮袋子做的大包包。"

摊主反应过来后笑着说："我看你就不像是提那包的人，我不敢给你往出拿。"说着，拿出几个红白相间的蛇皮袋子。玉梅一看这真是民工提的那种袋子，便问翠萍买这干啥，翠萍神秘地一笑，并不回答。翠萍买了两个蛇皮袋子，又往前走去。

在一家卖针织内衣的小店前，翠萍问店主有没有孩子穿的那种老头衫。店主说："你到底是要娃穿的，还是要老汉穿的？"惹得大家都笑了起来。

翠萍说："我说得清清楚楚，我要买老头衫，但是要小号的，准备给这两个孩子穿。孩子们过两天要去军训，军训时学校给孩子们发的有衣服，可是那衣服不能贴身穿，我听人说买几件老头衫穿上，又轻薄又吸汗又舒服。孩子们在那儿洗澡洗衣服不方便，我买上五件，孩子一天换一件多好。你给我这两个孩子一人拿上五件！"

店主一听说："明白了，你这当妈的考虑得真是周到。"然后乐呵呵地到后边拿货去了。玉梅这才明白翠萍来汉阳市买东西的用意，忍不住称赞翠萍确实心细。明明和妞妞却拉着翠萍要走,说什么也不穿那种老头衫。

翠萍说:“你们不知道军训的辛苦,到时候你们就知道这老头衫的用处有多大。这可是军训过的家长告诉我的一个秘密,你想你们军训时都立过秋了,早晚凉、中午热,你说穿厚了热、穿薄了凉,这老头衫套在军训的迷彩服里刚刚好。听说有些孩子带的换洗衣服不合适,就光身子穿着军训服,把军训服穿得硬梆梆的像盔甲一样,硌得人难受。”翠萍不容分说地掏钱买了十件老头衫就走。

玉梅追问翠萍道:“你别卖关子了,这下该说你买蛇皮袋子的用意了吧?”翠萍还是不说。

李楠说:“不就是拿来装被子吗? 有啥神秘的,还不给人说。”玉梅听得更糊涂了。

翠萍这才说:“军训时要求孩子们把被子叠成‘豆腐块’,你说咱们的孩子会吗?所以,道高一尺魔高一丈,有人就发明了偷梁换柱的妙计,晚上盖自家被子,把军训的被子放在床下,这样教官帮着叠一次‘豆腐块’,以后可以天天是‘豆腐块’,这样多省事。”

“敢情,你真是用这个给孩子们装被子?”玉梅恍然大悟道。

“不要,不要! 我们又不是农民工,才不背那么土气的烂包包!”明明和妞妞一听这是给他们买的,生气地拂袖而去。

翠萍用眼睛狠狠地剜了一眼李楠,追上去对明明和妞妞说:“军训不让带被子你们知道吗? 用这个包装被子,上面再用换洗衣物掩盖一下,不会让人发现,你们懂吗?”明明和妞妞这才恍然大悟,两人心悦诚服地给翠萍翘起了大拇指。

玉梅和李楠不知道翠萍用了什么魔法,三言两语就把两个孩子就哄得回心转意了。两人这下不敢再多嘴,跟在翠萍后面,听凭翠萍的指挥,又给两个孩子各买了五双薄棉袜、两双玉梅小时候穿的白球鞋。

买好东西,吃完晚饭,大家步行到了新华书店。明明和妞妞看见书店门口的广场上有鸽子,便要李楠带着他们去喂鸽子。玉梅、翠萍坐在广场的长椅上休息,突然,一阵忧伤的歌声飘来,明明和妞妞丢下鸽子,循声而去,李楠紧随其后。原来是一位失去双腿的年轻人在卖唱。他孤寂而又投入地唱着遥远贫穷的家乡,唱着白发苍苍的娘亲,唱着村里美丽的姑娘,唱着难忘的军旅生涯……路上的行人纷纷驻足,侧耳倾听。明明和妞妞把准备买糖葫芦的钱投进了年轻人的箱子里,接着便是听众络绎不绝地投钱。人越来越多,明明和妞妞退出了人群,一路上默默无语。

41　宁从贱相守，不愿贵分离

大伟中午回家发现明明偷玩了电脑，责备了明明几句，明明不满地说："你们一周只准我玩半个小时电脑，我在爷爷家可以天天玩，我昨天分班考试时和同学约好了一起上网冲浪，不能失信于人！再说了，我也遵守规定，只玩半个小时就下线了。"

大伟说："以后还是一周玩半个小时电脑，在家就得按照老规矩来！"明明气鼓鼓地钻进了自己房间，玉梅叫门，明明不开。

玉梅劝大伟别生气，孩子大了，有了自己的想法，有些事情不能那么严厉。

大伟说："那我就不管了，你看着叫他乖乖地呆在家中，明天就要去军训，也不能让娃带着怨气离开家。"玉梅看大伟消了气，笑着说："你中午午休一会儿，下午你们不是还要开一个供热招标会吗？"玉梅看着大伟躺下，给大伟掖好薄被，又去厨房里忙碌。

下午，玉梅上班时给明明打了个电话，母子两个在电话里嘀嘀咕咕说了半天，直到明明开心地笑了，玉梅才放心地挂了电话。

翠萍约玉梅晚饭后散步。两人走到了人少处，翠萍压低声音问玉梅道："听说，咱们厂要派人出去承包工程，你让大伟去不？"

"你说我们家大伟能去吗？我们这一家，老的老，少的少，明明一开学，肯定天天得来回跑，我一个人恐怕不行。"玉梅斟酌着说道。

"不管能赚多少钱，我反正不让我们李楠去。丈夫丈夫，一丈之内为夫，两个人离得远了，保不准出什么事儿。再说了，我们家妞妞现在脾气越来越大，成天在家跟我顶嘴，要不是李楠从中调停，我们母女两个简直就是一山不容二虎。"翠萍信誓旦旦地说道。

"一物降一物，你一天在家中把李楠指使惯了，妞妞跟你一个脾气，你就认命吧，别跟孩子过不去。我记得妞妞那一年自己一个人去省城上课回来以后，跑到我们家要明明和她第二天去省城逛公园看电影，还打包票说她知道路，绝对不会把明明领丢。我们明明死活不去，后来明明偷偷对我说他怕坏人把他抱进汽车里拉跑了。那时候，明明和妞妞好像上四年级，是吧？"玉梅笑着说道。

"我们妞妞就是主意正、贼胆大，我都被她快吓死了。你没听明明他们都叫她'第一母老虎'。有一次，她把人家好几个男孩打得跪地求饶，老师看在她学习好的份上，叫她写一份检讨，就不用叫家长了。你猜她检讨上写的什么？居然是'狭路相逢勇者胜，勇者相逢智者胜。我一个古道热肠的弱女子，路见不平拔刀相助，赤手空拳终于制服了几位无理取闹的纨绔子弟，纵然被世人误解，我亦无怨无悔'。老师又好气又好笑，说你们这女子真是一位江湖大侠、巾帼女英雄。"翠萍说起妞妞，无奈中透着自豪。

"你们妞妞真是太搞笑了。对待这种孩子你要讲究点策略，要以柔克刚，不敢由着你那火爆性子，那肯定是管不住孩子的，还把自己气得肚子疼。"玉梅叮嘱翠萍道。

"你可是说对了，我总算叫妞妞给教乖了，啥事情都顺着人家的心思来，这才能安安然然地过日子。要是按照我以前的脾气，我都不知道把妞妞打多少回了。我那天看报纸说是一个大学女教师，嫌 13 岁的孩子不好好学习，硬是把孩子活活打死了。原来报道有打工的父亲嫌四五岁的孩子爱哭闹，失手打死了孩子，还有恶毒的后妈虐待孩子，甚至把孩子折磨死的案例，这大学教师，好歹也是有文化的人，怎么也做出这样丧心病狂的事来？你说这左邻右舍听见孩子哭闹，也没有一个人出来劝说劝说。这世道，人人都是自扫门前雪，哪管邻人瓦上霜。人情薄如纸。"翠萍感叹地说道。

"人在气头上，容易做出来傻事，事后他们肯定都很后悔，可是世上没有后悔药，孩子也不能死而复生。虎毒不食子，现在人都不知道咋了，就像得了失心疯一样，尽干这些没名堂的傻事。要是有人在跟前挡一下，也就不会发生这么多的悲剧了。所以，这孩子还是两口子一块儿带着好一些，最起码，一个唱红脸一个唱白脸，互相能劝说一下。"玉梅深有感触地说道。

"就是！这娃在咱们跟前也就是上学这几年，等人家上了大学你想管，人家还嫌你烦。我就对李楠说孩子的成长过程就这么一次，咱可不能错过了这个机会。钱有多少是个够？咱现在这点工资刚够供娃上学，咱们两个就将就一下，我绝对不进大商场买衣服了，你也少到外面跟你那些狐朋狗友去吃饭。李楠说想不到我的境界这么高，到时候人家先去的人都升官发财了，可不许我说他没本事赚大钱。"翠萍说道。

"宁从贱相守，不愿贵分离。一家人还是呆在一起好。可好多事都不能按咱心里来，就像孩子大了，就由不得咱们了。原先两三岁时，咱们一人怀里抱一个，大家戏称人家贵妇人遛狗，咱们这是'遛娃'。后来到了六七岁，下楼玩时让你陪在身边，后来干脆不准你和他下楼，现在人家就不和咱们走在一起。你看，这四个小家伙现在又不知道跑到了哪里去了。"玉梅说道。

42　谁送我都无所谓

明天就要军训了，玉梅早已经为明明收拾好了东西：洗漱用品、一床被子、方便面、饼干、薯片、巧克力、一箱矿泉水、一箱牛奶……摆放了一大堆。

晚饭时，玉梅叮嘱明明今天弹完琴就不要下楼玩了，早早睡觉，明天要赶在七点到学校集合。明明不耐烦地说知道了。恰巧这时候，玉兰打电话找玉梅，接完电话，玉梅心焦地说："明天你和爸爸、爷爷一起去报到吧，你大姨生病住院了，我要去照顾她。"明明觉得无所谓，反正是自己要去军训受苦，谁也代替不了，谁送都一样。

早上六点，送走了大伟和明明，玉梅坐上头班公共汽车赶往汉阳市。妹妹玉兰住院了，玉梅心急得一晚上都没有睡着觉。

大伟和父亲带着明明到了青龙校区，只见学校门口已经停满了各种轿车，大伟转了几圈，好不容易才找了一个空档把车停下。老师用高音喇叭指挥着新同学集合，要求家长一律靠后边站，让孩子自己背行李上校车。大伟看见只有极少数住校的学生自己背着背包，绝大部分的孩子都空着手上了车，看来大部分家长都打算把行李送到训练基地去。

明明和其他孩子坐着校车出发了，家长们开车紧跟其后。听说鑫通二中今年招收了五十多个班，一个班五十八名学生，光是初一就有三千多名学生。几十辆大轿车驶出了省城，数不清的小轿车尾随其后，声势十分浩大。

训练基地位于南山脚下，门口有荷枪实弹的卫兵把守，训练期间，家长不许探视。有家长很亲热地给老师打电话询问孩子们的情况，大伟连老师的面都还没有见过，只好和父亲在外面干等。这里太偏僻了，门口连个小商店都没有，基地里面倒有个小店铺买些零碎，小老板会做生意，端着一些香烟和零食，不时在旁边的小门里边转来转去。父亲身上的烟抽完了，大伟便过去买了一包，顺便和小老板攀谈了几句，知道十二点孩子们统一吃完饭后，家长们才可以去宿舍探视孩子，但是车不许开进院内。大伟一看现在才九点多，便劝父亲回车里坐着等。小老板说车里坐着闷，我这里有种小板凳，折叠的，你拿上两个坐在大树下面等着多自在。大伟买了两个，其他家长见状，也都来买，不多一会儿，几乎人手一个。家长们沿着一溜大树坐下，就像赶集的老农。

秋天中午的日头依然很毒，大伟和父亲躲在树下等了三个多小时，感觉又累又饿。门卫终于放行了，大伟扛着水和牛奶，父亲提着被子和零食，随着人流向宿舍走去。这个训练基地占地千余亩,走了大约半个小时还没有到宿舍。大伟热得满头大汗,想着父亲快七十岁了,还和自己一样受这种劳累,便让父亲歇歇再走。父亲摇摇头,说大伟提的东西重,想跟他换换,大伟哪里肯换,两人继续跟着大部队往前赶。

又走了十几分钟,大伟已经筋疲力尽了。有人说坚持住,马上就到。果然,不远处一群孩子们向这边跑来,大伟一看傻眼了,孩子们都穿着一模一样的迷彩服,实在无法分辨出哪个是明明。大伟和父亲只好停下来守株待兔,让明明自己找上门来。

大伟正在四下张望寻找明明的时候,明明突然站在了大伟面前。明明穿着一身迷彩服,似乎变了一个人,这才一会儿不见,竟然有点陌生。明明接过爷爷手里的包,拉着爷爷就要去他们宿舍,大伟心想这孩子就知道避重就轻,也不知道换一换老爸。

明明的宿舍一共住了八个人,上下两层的架子床,明明住在靠门的下铺。每张床上都放着军绿色的"豆腐块",孩子们和家长们把房间挤得满满当当,转个身都困难。大伟把东西放在门后明明的柜子里,锁好后把钥匙挂在明明的脖子上,带着明明去外面说话。

明明问道:"爷爷,爸爸,你们还没有吃午饭吧?咱们赶紧去餐厅,看看还有没有吃的。我们教官说这儿没有餐馆,你们就到餐厅将就吃点。"

大伟父亲听明明这么说,不由得说:"还是我们明明懂事,爷爷早已经饿得前胸贴后背了。走,你请爷爷和爸爸吃一顿。"明明迈开大步在前面领路,大伟和父亲快步赶了上来。这一瞬间,大伟突然觉得儿子长大了。

餐厅的饭菜实在太简单,几样素菜蔫不拉儿,让人看了就没有胃口。看在明明以后要在这里天天吃饭的份上,大伟不敢表现出一丝的不满。匆匆吃完午饭,明明一看表说集合的时间马上到了。大伟想着玉梅带的方便面可能不够,便要给明明一些零花钱,明明不要,说完便跑开了。大伟和父亲只好对着明明的背影说有事打电话。

"走吧,回家吧!"大伟和父亲站了半响,父亲开口说道。大伟若有所失地和父亲离开了训练基地。

43 你好有齐人之福

玉梅心急火燎地赶到了医院,还不到七点半。家耀在病房里照顾玉兰洗脸,看见玉梅来了,一下子松了一口气,说:"大姐,可把你给盼来了。你来了,我就放心了。你还没有吃早饭吧?我出去给咱们买点吃的,你们想吃啥?"

玉兰一直不吭声,玉梅说:"随便。"家耀得令,快快地走了。

玉梅坐在床边拉着玉兰的手,关切地问起妹妹的病情。玉兰"哇"的一声哭了起来,玉梅搂着妹妹,轻轻拍打着妹妹的肩膀,让她好好发泄发泄。玉兰哭了一程,收了眼泪,哽咽着说:"家耀喝酒要钱,还跟外面的几个女人扯不清楚。我劝他,他就和我闹,昨天我气得胸口疼,晕过去了,他叫了120把我送到医院。医生说我乳房有结节,需要做个小手术。"

玉梅安慰妹妹说:"这是常见病,医生让做就做吧,你不要担心。"家耀出去已快一个小时了,还没有买回来早饭。医生要来查房,玉梅顺便退出来打电话问问家耀到底在搞什么鬼。

不打电话不要紧,一打电话,家耀居然说他回县城去了。玉梅的气不打一处来,给家耀丢下一句:"你是男子汉大丈夫的话,你现在立马赶回来!你要是懦夫孬种,你就等着法院传票!"说完很坚决地挂断了电话。任凭家耀打了无数遍,玉梅也不接。玉梅镇静下来,想着玉兰的身体要紧,便回去陪妹妹了。

玉兰似乎已经习惯了家耀不在身边陪伴,她有了姐姐的照顾,居然没有问一句家耀去了哪里。玉梅凭女人的直觉,发觉他们中间问题很多。玉兰今天要做手术,玉梅不想问太多的事儿,她一心一意只求妹妹能够平平安安地做完手术。签字时,玉梅签了自己的名字,玉兰什么话也没有说,就被推进了手术室。

玉兰刚被推走,家耀就赶到了。玉梅盯着家耀的脸,冷冷地盯了半天,盯得家耀浑身不自在,额头上沁出了一层虚汗。家耀嗫嚅地说:"大姐,我们局里刚才有急事。"玉梅一言不发,死死地看着家耀。

家耀终于说:"大姐,我错了!我怕你听了玉兰的一面之词,不分青红皂白就要在医院里骂我。"

玉梅咬牙切齿地说:"你今天赶回来了,你自己给你自己留了一条退路。要不然,以后走在大街上,咱们谁也不认识谁!你爱喝酒赌博玩女人,你随便,跟我们没有一点儿关系!"

“大姐，你别这么说嘛！你听我解释，我们原打算让玉兰陪蕊蕊在汉阳市读初中时再生上一个儿子。你知道我们局里很多人都是儿女成双，我这个局长却只有一个女儿，这将来延续香火都是难题。可是玉兰身体不好，短时间不能再生孩子。我们家老人又催得紧，我在中间夹着，就像风箱里的老鼠一样，两头受气。”家耀委屈地解释道。

“所以，你就借酒浇愁，你就赌博要钱再找其他女人给你生孩子，你还有理了？你觉得还是玉兰对不起你了，是吗？告诉你，先把我妹妹的病治好，我再说你的问题。你自己用你的脚趾头想一想，玉兰得的这几种病，哪一样不是你气出来的？你做的这几样事情有哪一件敢拿上台面说？随便其中一条也可以把你的乌纱帽给扒拉下来！”玉梅头扬得高高地说道。

“大姐，你批评得对，我以后一定改！我要再是这种样子，我就誓不为人！”家耀痛心疾首地说道。

“你誓不为人？你以为其他动物欢迎你加入它们的行列？别说得比唱得好听，我可不是被哄大的！我要看你这几天表现如何，再下结论。”玉梅不屑一顾地说道。

“大姐，你看着吧，我一定不会让你失望！可是，你能不能劝劝玉兰，让她有什么就说出来，别一天到晚说不了一句话，我跟她在一起都快憋死了。”家耀看着玉梅的脸，小心翼翼地说道。

“当年结婚的的时候，你怎么就不嫌玉兰说话少？我记得你还说你喜欢玉兰安安静静的样子，说这样挺好，不婆婆妈妈、唠唠叨叨。你现在眼光变了，喜欢八哥鹦鹉了。我的妹妹我知道，就是太善良了，人善被人欺，马善被人骑。”玉梅讽刺道。

“大姐，你误会了，我不是这个意思。我们俩的问题，是由于我犯错误引起的，我认错。我就是说一个巴掌拍不响，这两口子吵架床头吵床尾和。可是，玉兰和我一吵架就十天半个月不和我说一句话，我都不知道怎么和她过下去了！”家耀急得结结巴巴地说道。

“你想让玉兰怎么和你说话？就当什么事情都没有发生过吗？那让玉兰出轨了，看你有好心情和她说话吗？你真是能说会道！敢情，你在外面花天酒地，在家还要享受温言细语，你真是好有齐人之福呀。”玉梅连挖苦带讽刺地说道。家耀脸红脖子粗，窘迫得终于不敢再说一句话。

44　怜子如何不丈夫

大伟今天上班时，老爱开小差，不知不觉就走神了。小仇开玩笑说："何总，你们家就剩下你一个光杆司令，你是不是想玉梅姐和明明了？要不，你就去看看明明，听说好多人都去看过孩子了。"大伟说："工作这么忙，我哪有心思考虑这些事情。"

最近，公司开展"秋季安全大检查"活动，大伟和小仇忙着带领大家查找缺陷，消除安全隐患。公司今年的技改项目比较多，新上马了脱硫等多项新技术，为了检验这些新设备是否安全可靠，公司决定开展一系列大型事故演习。

大伟召开完事故演习总结会，心里又开始慌起来。不知道从什么时候开始，只要玉梅不在家，大伟就像丢了魂一样，心里空落落的，不知道干什么好。记得有一次，玉梅去海南旅游度假，玉梅走了以后，大伟晚上带着明明老睡不好，也不知道胡思乱想什么，就是很累但是又睡不着的那种难受。有一天夜里，明明发起了高烧，大伟不知如何是好，惊动父母不行，打扰邻居也不合适，他干脆抱着明明去了医院。值班医生给明明打了一针柴胡，就让大伟把明明抱回家，明天一大早再来看病。

第二天早上，大伟摸着明明好像不烧了，想着玉梅今天刚好就要回来了，没有对父母说昨晚打针的事情就上班去了。明明睡着不醒，父母也没有多想，玉梅回来一摸明明额头很烫，立即抱着明明去了医院，挂上了点滴。大伟忙完工作才想起提醒玉梅和父母看看明明还发烧不，母亲说："你现在想起这事儿了？等你说这话那黄花菜也凉了。玉梅回来已经给明明挂上了针，你看你！"母亲本该训斥大伟几句，可儿子终究大了，点到为止就成了。玉梅也想借此机会好好批评一顿大伟，可是当大伟赶到医院时，眼眶乌青，满脸憔悴，一看就是这几天都没有休息好，玉梅心软了，一句埋怨的话也说不出来。大伟低眉顺眼地说："玉梅，你出去逛累了，你歇一歇，我来看着明明打针。"玉梅背过身不理大伟，也不见大伟再说什么话。玉梅回过头一看，大伟竟然和明明靠在一起都睡着了。玉梅又好气又好笑，摊着这样一个活宝老公能有什么办法？

大伟想着先给明明打个电话，电话接通以后，明明的鼻音很重，看来是感冒了。大伟责怪明明感冒了也不给家里说，明明说轻伤不下火线，这点小感冒吃点药就好了。大伟挂了电话，心里不放心，给李楠打电话想问问他们妞妞怎么样。李楠正在为妞妞的事情烦恼，翠萍听说妞妞的日光性皮炎又犯了，吵着要去看看孩子，妞妞不让，怕同学们笑话她娇气。

翠萍听说明明感冒了,说:“你们男人就是心狠,孩子病了,你们不着急,要是这种小感冒惹出大毛病来了,看你怎么给玉梅交代呢?”翠萍的一顿抢白说得大伟心中越发没了主意,想给玉梅打个电话说说,又怕玉梅着急上火,想给父母说说,更怕老人急出什么毛病来。

见大伟如此作难,小仇诚恳地说:“大伟哥,你还是去看看明明吧!你和李楠哥一块儿去,孩子也就不埋怨你们了。你想想咱们这孩子都是温室里的花朵,哪里受过军训这种苦?咱们要锻炼孩子,可是不能一下子大撒把,得一步一步慢慢地来。就像孩子们爱看的《小狼小狼》那本书,人工养大的狼崽子野性难改,可是饲养员也不敢随便把它放回到大草原上去,为什么呀?还不是因为狼崽子已经失去了独自捕杀猎物的能力,你一直好吃好喝地伺候着它,突然之间,让它置身于危机四伏的旷野之中,这跟不负责任有何区别?所以,还是人道一点,负责到底。扶上些,再送一程。”大伟觉得小仇言之有理,不觉颔首微笑。

怜子如何不丈夫。大伟想起明明小的时候,自己经常忙于工作,不能陪着玉梅和孩子去逛公园。每次玉梅独自一人带着明明出去玩时,明明都会很懂事地给爸爸背一遍:出门在外,时刻拉紧妈妈的手,妈妈去哪儿,明明就跟到哪儿,绝对不离开妈妈半步;妈妈两只手忙的时候,明明要抓着妈妈的衣服,千万不能跑丢了;遇见陌生人给东西,绝对不能吃……大伟回想起这些,不觉哑然失笑了。现在,明明长大了,大人和孩子倒像调了一个个儿,自己也变得婆婆妈妈,好像明明离开了自己的视线,自己就像丢失了最珍贵的东西一样,神思恍惚。也许,是因为玉梅不在家的缘故,自己才这么忧心忡忡,寝食难安。

李楠在翠萍的煽火下,想想最近几年报纸上报道的军训时孩子猝死的案例,也有些坐不住了。翠萍又说:“孩子是咱们家中最值钱的宝贝,咱不能把最珍贵的东西交到别人手中就不问不管了,你投资股票、基金还天天看大盘呢!还有,咱们忘了给妞妞带洋娃娃,没有洋娃娃,妞妞晚上睡不好。再说孩子军训都病了,去看看孩子能有什么错呢?”一席话说得李楠立马给大伟打电话说现在就走,看孩子去!

45 我真羡慕你妹妹

玉兰的手术进行得很顺利。玉兰下了手术台,玉梅和家耀一起守在她身旁。麻药没有散完,玉兰有些迷迷糊糊,时而醒来说几句话,时而又沉沉睡去。蕊蕊放学回来看望妈妈,玉兰醒过来后,看见女儿、丈夫、姐姐都守着自己,露出了欣慰的笑意,然后又昏睡过去。

蕊蕊见妈妈睡了,便拉着姨妈要出去走走。在医院的紫藤长廊里,蕊蕊问玉梅:"姨妈,你看我爸和我妈还能好起来吗?你不知道我爸喝醉酒的样子快吓死人了,他打我妈妈还用脏话骂我。"

"好孩子,你爸爸和你妈妈他们是大人,可是大人有时候也和小孩子一样会犯错误。如果犯了错误能够主动悔改的话,还一样是好爸爸好妈妈。我们应该相信他们,是吧?"玉梅和蔼地对蕊蕊说道。

"可是,姨妈,我怎么觉得我的一些好朋友背叛了我以后,虽然她主动向我道了歉,我这心里还是疙里疙瘩的,一时半会儿还接受不了。"蕊蕊又问道。

"日久见人心,路遥知马力,患难时刻见真情。我们要看人在别人有难的时候的态度,不能一棒子把人打死。"玉梅说道。

"姨妈,老师一般不让我们和班上学习不好的同学来往。可是,我觉得一个人的品质很重要,我不喜欢和班上那些小肚鸡肠、连一本复习资料都不借给别人的同学交往,我喜欢和那些阳光快乐、心地坦荡的同学做朋友。"蕊蕊很诚恳地对玉梅说。

"哎哟,我们蕊蕊还很有自己的思想!和人交往自然大方就好,和人交朋友,其实是一门大学问,也从侧面告诉了别人你的欣赏眼光、你的道德品质、你的家庭教养怎么样。人以群分,什么样的人选择什么样的朋友。你还小,我不说那么多了,你只要记住要多和比你优秀的同学接触,慢慢地你就会发现你也拥有了朋友身上的优点,你也就体会到友谊的芬芳,也会有越来越多的好朋友了。"玉梅说道。

"这个我知道,子曰:'三人行必有我师焉,择其善者而从之,其不善者而改之。'"蕊蕊恍然大悟道。玉梅夸蕊蕊道:"孺子可教也!走吧,咱们回去看你妈妈去!"

玉兰刚刚醒来,家耀喂她喝了几口水,又给她擦脸、梳头。旁边床上的一位病友羡慕地说:"妹子,你老公对你真好!"玉兰不好意思地低下了头,家耀的表情也讪讪的。

玉梅见这位病人几乎无人陪伴,就拿起一根香蕉递给这位病友道:"你们家人要是忙了,你想要什么就说,我们帮你买。”

“那太谢谢了!我离婚了,家里人都不在身边,老麻烦同事也不好意思,我这病快好了,我就让陪护我的同事回去了。我自己能够走动,不用麻烦你们。我真羡慕你妹妹,有老公有孩子,还有你这么好的一个姐姐。我真后悔,离婚时把孩子留给了我那死鬼男人,他只会打牌喝酒,一直不让我见孩子的面。我后来又找了一个,可是因为孩子的问题,过了几年又离了。我的心也凉了,就这么一个人过着,到现在都是一个人清汤寡水地生活着。还是有家好呀!最起码,生气了还有个人和你吵两句,不像我,一个人在家,连个说话的人也没有……”病友难过地说道。

“大姐,咱们年龄也都差不多,相信你以后一定会遇到合适的人,你也会有一个幸福的家庭的。”玉梅说道。

“不会了。第一次的婚姻是自己年轻时选择的,就像原装产品,性能最好,而第二次结婚,就像组装的杂牌子,小问题太多了,很难经营好。我和我前夫一见钟情,恋爱三年才结婚,刚开始我们三口之家也过得挺幸福。后来,他应酬多,慢慢有了酒瘾。我知道后不仅不好言相劝,而是成天和他吵闹。后来,他渐渐不回家了,再后来就在外面有女人了。这么多年过去了,我也静下心来把我们的事情前前后后都想了无数遍,我终于发现我错了,我们都错了,只不过是他错在前,我错在后而已。这么多年,我们互相伤害,把孩子夹在中间左右为难。我是个多么失败的女人,多么愚蠢的女人,多么自私的女人!人常说一个女人给孩子最好的礼物是一个完整美满的家,而我给孩子的是什么呢?所以,我生病了,孩子不来看我是我罪有应得,我谁也不怨,这一切都是我自找的。我以前一直埋怨自己命运不好,这次生病以后,我总算明白了,其实命运都是自己造成的,怨天怨地不如反省自己……”病友一口气说了许多,玉梅和玉兰听了不断地感叹。

玉梅感动地说:“听君一席话,胜读十年书。姐姐的肺腑之言实在太感人了,你是不是搞文字工作的呀?”

“我是报社的编辑,怎么你听出来了!我真是感慨太多了,让你们见笑了。”病友羞涩地说道。

“不,你说得太好了!人生病了,就爱琢磨一些事情,但是一般人可能感悟很多,却不一定能说得这么好,也只有你们这些文字工作者能讲得这么通俗易懂,又深刻透彻。”玉梅说完,家耀和玉兰不断地附和着。

蕊蕊乘机说:“阿姨,那我明天把我的作文拿过来你帮我修改修改,好不好?”

“你这丫头,还挺机灵。该不会是让我帮你发表作文吧?没问题,阿姨和你们一家人有缘,这点小事一定帮你搞定!”病友爽快地答应了。

蕊蕊高兴地抱着玉梅说:“姨妈,我要上报纸了,我要出名了!太好了……”

46 自作多情

大伟、李楠和翠萍赶到军训基地后，发现大门外依然停了好多车辆。大伟心想不会有这么多的家长来看望孩子吧？翠萍好像找到了有力佐证，指着这些车说："看！人家家长都来陪孩子了，就咱们能沉得住气，孩子都病了，还叫不来人。"大伟和李楠默不作声地跟在翠萍身后朝基地大门口走去。

持枪的卫兵拦住了他们，要求他们下午训练结束之后才可以探望孩子。翠萍着急地说："我们孩子已经病倒了，根本参加不了军训，我们是接到教官的电话才赶来看孩子的。"卫兵听了之后仍然不答应，大伟扬起手里提的药物，李楠佯装要给教官打电话，翠萍又开始百般央求，门卫招架不住，终于放行了。

在门卫的指引下，翠萍、李楠和大伟很快找到了明明和妞妞。原来，凡是晕倒、生病的孩子全被集中起来，抄写军事规定。妞妞满脸的红疙瘩，让人很难和她平日白白净净的样子联系起来。明明感冒了，不时地咳嗽、打喷嚏，大伟估计明明肯定是过敏性鼻炎犯了又引发了感冒。两个孩子见到家人，怯生生地走出来，翠萍眼圈一红，忍不住抱着妞妞就开始责骂教官。妞妞看到了洋娃娃，高兴地摆弄着，顾不上和妈妈说话。明明示意大家小声一些。大伟和李楠带着孩子们到了一个僻静的地方，明明才说："不是不让你们来，你们怎么就来了？我不要紧，你们一来，我们就要被教官扣分了，说我们独生子女就是娇气，独立性太差，贪图享受。"

妞妞也说："教官都已经很照顾我了，每天只让我在室内活动，不去晒太阳，已经够优待的了，你们跑来干嘛？"

"你们这么快就被洗脑了？我们大老远跑来看望你们，你们不感动还弹嫌我们，真是狗咬吕洞宾——不识好人心，热脸贴了个冷屁股，自己找不自在，都怨我哭着闹着要来看我的宝贝女子。"翠萍揶揄道。

"我又没有叫你来，是你自己要来，少赖别人！你不知道，这几天家长们都已经把教官快要气疯了，居然有家长投诉教官，说我们的军训是法西斯，惨无人道，灭绝人性……"妞妞把翠萍顶得一愣一愣的。

"明明，我们是为你们身体考虑，特意来看望你们的，这是给你的药。如果现在不适合看望你们，那我们立即就走！"大伟不悦地说道。

"爸爸，你别走。教官是嫌很多家长想方设法帮助孩子躲避军训，他说军训的孩子们身体素质一年比一年差，意志力越来越薄弱，已经有一半孩子无法坚持完军训。”明明接过药解释道。

“妞妞，你看明明多懂事，你看你把你妈气得。你不知道你妈一听说你的日光性皮炎犯了，急得在家坐不住，立马就要来看你。你妈怕你用手乱挠，将来留下疤痕，难看死了，嫁不出去怎么办?”李楠说道。

“哎呀，老妈！我知道你疼我，我们这里有医生。我是怕教官一会儿批评你们，就有点着急了嘛！你大人不计小孩过，别跟我一般见识，别生气，好不好嘛？求你了，老妈，其实，我晚上做梦都梦见你给我做炸酱面呢，我都吃方便面吃得要吐了，你不知道，我是多么怀念和你们在一起的美好时光呀！哪怕妈妈嚷我几句，我也是高兴的。”妞妞的一席话说得翠萍转怒为喜。

“老爸，我妈妈怎么不来看我？我大姨病好了吗？爷爷奶奶身体好吗？太奶身体好吗?”明明把家里人都问到了。

翠萍看了忍不住夸赞道：“妞妞，向明明学着点，多懂事呀！真不知道玉梅是怎么教出来这么优秀的儿子的。”

明明说道：“阿姨，妞妞可是我们方阵的训练标兵，她站军姿、正步走、内务比赛都是第一名。要不是皮肤娇嫩，她这会儿一定又在接受教官的表扬，我们都嫉妒死了。”

“是吗，妞妞?”翠萍惊喜地说道。

妞妞自豪地说：“那是自然！本姑娘什么时候遇到过难题？军训这点小儿科的训练，怎么会难倒我呢?”

“瞧你，给点阳光就灿烂，夸你两句你就快要上了天!”李楠和妞妞开玩笑道。

“爸爸，叔叔阿姨你们还是回去吧，我们俩的病都不要紧。一会儿教官要点名，我们要回去了，谢谢你们来看望我们，再见，再见!”明明看看表焦急地说道。妞妞一经提醒，拉起明明转身就跑远了。

翠萍怔怔地说不出一句话来，大伟觉得自己有些自作多情。

47 娘的心都在孩子身上

玉兰的身体康复得很快，手术后两天便可以自由行动。单位很多同事都来探病，玉竹和邵仑知道后也要来看望玉兰。玉兰不安地说："我这个样子，会不会让玉竹看了伤心？"

"自家姐妹当然会伤心，不过我都告诉她你已经快好了，她说要是妈不知道就别说了，说了咱妈肯定又会着急得要来伺候你住院。"玉梅低声地安慰玉兰道。

邻床的编辑这几天和玉梅混熟了，问道："你们姐妹俩真有意思，一个爱说爱笑，一个少言寡语，是不是亲姐妹呀？"

"我们当然是亲姐妹。你是不知道，我妹妹这叫真人不露相，她年年在她们学校是优秀老师，上课时口若悬河，讲得可精彩了，好多家长走关系都想把孩子送到她的班上。我是个工人，干粗活的，婆婆妈妈的，话多得惹人嫌弃，净说些芝麻蒜皮的事。"玉梅笑道。

"怪不得你妹妹这么文静秀气，原来是位老师，失敬失敬。你可不像是个工人，我看你倒像是位基层干部，说话干脆利索，做事情很有魄力。"编辑说道。

"你说对了，我姐是我们家的主心骨和权威人士，我从小到大都把我姐的话当作圣旨。"玉兰正说着话，玉竹和邵仑到了，姐妹俩互相问候了半天。

玉竹一个劲儿地说："二姐，你把我吓死了，你怎么会生病嘛？上次在老家，你不是好端端的吗，怎么一回来就病成这副模样了？姐夫，你是怎么照顾我姐的，是不是不给我姐吃饭呀？"玉竹的话把大家逗笑了。

玉兰听出玉梅没有告诉玉竹自己得病的前前后后，便说："小妹，我这不是快好了嘛，你们来了，涵涵怎么办？"

"涵涵要上英语课，我们邻居的孩子也要上，我让人家把涵涵捎带上。"玉竹说道。

"安国大哥说了，他一会儿和嫂子要过来。"玉梅说道。安国和孟丽是师范同学，玉兰和家耀也是师范同学，四个人可以算是校友聚会了。

家耀抢着玉梅的话音说："部长来了，我们要好好叙叙旧。"

玉竹听说安国一家要来，兴奋地说："太好了，一会儿见了，我要催催他，问问我的教授资格审批下来了没有。"

大家都热情地恭喜着玉竹，玉梅说："咱们家出了两个教授，你们家就占了一对。这一会儿教授请客,给我们讲讲天下大事、古今中外,让我们也近朱者赤,变得高雅一点儿好不好?"

不一会儿,安国和孟丽到了。见玉梅姊妹三个都在,孟丽说:"你们这三朵金花,一个赛过一个漂亮。都是妙怡学习忙,害得我都没有回桃花村给明明赎身。这孩子前几年中考考了五百六,离名校的重点班就差了那么一点点,按说找人也能上,可是妙怡这孩子心气高,说是宁为鸡头不当凤尾,没考上名校重点班她宁可不上。最后上了一个市重点高中,还好进了重点班,这几年孩子憋了一口气,发誓要考个不错的大学。今年暑假几乎没有休息过,成天补课做题,看得我都心疼。你说咱们那会儿,也就是初中毕业考师范的时候好好学了一年。现在这孩子要过小升初、中考、高考三道大关,回回累得够呛。我陪妙怡过了小升初、中考这两道难关,每回就像脱了一层皮一样,好长时间才能缓过来。可怜妙怡刚过了这一关又步入了下一关,这明年高考还不知道是什么样的形势,我这心里边没有一点儿底。"孟丽一说起妙怡的学习就没完没了。

"好久没见大家了,你看你就光知道说你的宝贝女子,也不关心关心玉兰。"安国提醒孟丽道。

孟丽难为情地笑了笑,玉兰忙说:"我都快出院了,不要紧。"

玉竹快人快语地说道:"不会吧,你们俩都在省教育局,孩子上学都这么难?怪不得我姐说明明考名校可是费了大血本了,钱花了好几万,明明受尽了折磨,她跟着听了几年课。"

玉梅说:"嫂子,娘的心都在孩子身上,你揪心妙怡我能理解。我们明明一天也是让人操不尽的心,我一提起明明也就不知道说啥好了。"

"就是,你说有些人家的孩子不爱学习,人家也就早早想其他出路了。咱们这孩子一天到晚念书,会不会念成一个书呆子了?你看看现在这社会,啥人能吃得开,还不都是那些能说会道、善于逢迎、脑瓜子活络的人。咱娃学成了眼镜妹,将来不知道干啥好。说不定只能进研究所,将来和设备仪器打一辈子交道。"孟丽和玉梅有了共同话题,两个人谈得十分投机。玉竹、家耀、邵仑和安国围着玉兰谈天说地,不时发出一阵阵笑声。

48 有个娃就是不一样

玉竹的教授资格证快要下来了，大家都为她感到高兴。安国还带来了另外两个消息——一是教育局要清查吃空饷的教师员工；二是以后中考要正式考体育，体育分数将计入中考的成绩当中，这让大家有些不安。玉兰为了陪蕊蕊在汉阳上学，几年来就没在县中上过班，家耀安慰大家说："玉兰现在归后勤部门管，不用天天坐班，如果查得紧了，就回去上几天班不要紧。"见家耀这么说，大家也就不着急了，倒是中考要考体育让玉梅和玉兰感到挺吃惊。以前，体育分数从来都不会计入中考成绩，看来今年是要动真格的了。以后可不敢像以前那样把体育课不当回事，随便就不让孩子上体育课了。

送走了大家，玉兰惭愧地说："大家都这么忙，我还给大家添麻烦。"

玉梅说："大家来看看你心里就放心了，谁没有个三长两短，你安心养好身体，这比什么都重要。过两天我把妈接过来，让妈和明明住在省城，我和大伟有空了，晚上就过去。"玉兰一再叮嘱别让母亲知道自己生病了，玉梅让妹妹放心，自己绝对守口如瓶。

下午，大伟和母亲还有翠萍、李楠来医院看望玉兰，家耀跑前跑后，十分殷勤。大伟母亲特意煲了鸡汤带过来，让玉兰趁热多喝几口。大伟母亲看玉兰面色萎黄，叮嘱家耀要好好照顾玉兰，做手术伤元气，可马虎不得，一定要把身子调养好。翠萍热情地给玉兰介绍了几位中医大夫，让玉兰过几天去号号脉，吃上几副中药，把病根除掉，玉兰和家耀感激得一个劲儿点头。

翠萍无意中说起他们去看明明和妞妞的事，大伟和李楠一个劲儿给翠萍使眼色，可是翠萍的话已经拐不过弯儿，只好为难地笑了。玉梅说："大伟，孩子们到底怎么了？你让翠萍说完。"

翠萍说："我就说纸里包不住火，孩子们肯定会给玉梅说，不如咱们今天就痛痛快快地说了吧！"

李楠说："那你就说吧，反正也没有什么大事儿。"翠萍这下就像得了圣旨，开始讲起他们三个人心急如焚地跑到军训基地看望孩子却遭受冷遇的经过。听得大家一会儿紧张得心怦怦乱跳，一会儿难过得几乎流泪，一会儿又高兴得大笑不止……

女编辑在一旁听得入神，忍不住感叹地说："我孩子也和你们孩子差不多大，可能也去军训了，可是我真没想到短短几天的军训就有这么多的事情，我一天真是太闭塞了。”

翠萍不知就里，说：“我们以前也是上完班就窝在家里，哪儿也不去。后来有了孩子，要经常带孩子下楼玩，就慢慢认识了很多朋友，刚开始大家都叫我妞妞妈，后来熟悉了才知道我叫翠萍。这养了孩子以后，家长之间来往自然就多了，我们一下子认识了好多人。”

“就是，有个娃就是不一样。我去买菜，经常有孩子叫我奶奶，我一看这孩子有点眼熟，再一看都是和我们明明一样大的孩子，我就赶紧问你们见我们明明了没有。”大伟母亲开心地说道。

“孩子和孩子在一起经常玩，还挺爱比吃呀穿呀用呀的。那次我弟从上海给妞妞带回来一条连衣裙，他们班的小女生都稀罕得不得了，非要大人给她们买，好几个家长问我能不能给她们带回来几条。后来，我弟给她们专门邮回来了裙子，几个女孩天天穿着一样的裙子去上学，经常有人问这是哪个学校的校服咋这么漂亮。”翠萍说道。

“大伟，你们什么时候把收入透漏给明明了？一天妞妞中午回来嘴噘脸吊地质问我是不是不好好上班，弄得我莫名其妙。后来妞妞才说，人家明明他爸肯定比你聪明，人家都是领导，一个月工资五千多，你一个月才一千块，你咋这么丢人？你一天肯定是不努力工作，所以才那么一点点儿工资。”李楠说道。

“那是明明看《大耳朵图图》时，图图他爸说他一个月五千块钱难道不够图图他妈买衣服？明明就问他爸爸的工资够不够我买衣服，我当时就含糊地说差不多，没想到这个傻孩子就把这当真了，还拿去到同学们面前胡说。”玉梅说完，大家都说这孩子真是糊弄不得，要不然就闹笑话了。

“你们不知道，我们妞妞有一次回来羡慕地说‘我们班 xx 他爸给他找了一个新妈妈，新妈妈可漂亮了，说话声音可温柔了，从来都不训斥 xx，成天给 xx 零花钱，还买好多好多新衣服，我们班同学都羡慕 xx 有两个妈妈。’我一听这孩子是给我亮耳朵呢，我早上刚刚把她耳朵扭了几下，她还记仇了。我就说那你和 xx 换一下，你去他们家住几天试试，要不就是我和你爸离婚，让你爸给你找一个年轻漂亮、温柔可爱的后妈去。结果，妞妞急了，说我就随便说说，你们俩千万别不学好。”翠萍一席话说得大家都笑了，玉梅看编辑有些不自在，便提议大家出去走走。

49 吴老师病了

吴老师这几天一起床就去翻日历,然后掰着指头算日子,算着算着就开始发呆。

玉梅母亲早上发了一大盆面,到了下午,面已经发得虚虚泡泡,刚好可以蒸花卷了。

锅里已经添好了水,灶下也码好了一堆干柴,玉梅母亲已经把面用碱水调好,反反复复揉了十几遍,分成几团醒在案边。等了一程,没有人来。玉梅母亲又把面团分别揉了几遍,感觉胳膊有些酸痛,便歇下来擦汗。玉梅母亲忍不住向门外张望了几眼,外面空无一人,心想吴老师不知干什么去了,吃中午饭时都给他说了下午蒸花卷,他当时答应得好好的要来烧火,怎么到了现在了还不见人影呢?你要是有事来不了,你说一声也行,离得这么近,走过来说句话能把你的脚走碎了?你要是懒得走动,你站在院中隔墙喊一声,人也就不指望你了……

面起得很旺了,玉梅母亲决定不等吴老师了。她在锅眼里架起了硬柴,等火烧得旺旺的后让火自己烧着,然后洗了手拿起一疙瘩面擀成饼,擀到有一指头薄厚时倒上油和盐,卷成圆圆的长条,像明明的毛毛虫玩具一般摆在案边,再如法炮制出另外四个毛毛虫,最后把毛毛虫切成两半,再切成一个个小段,用筷子一翻就做出了一个漂亮的花卷。玉梅母亲手巧,双手一拧便是一个花卷,不一会儿工夫就做好了五笼子花卷。

锅里的水已经滚得"哗哗"响,玉梅母亲吹开水汽,搭好五层笼屉,盖严锅盖,开始烧火赶汽。花卷刚蒸到锅里,一定要用大火烧,烧得锅里大汽冒圆了,这就叫"赶汽"。这是蒸花卷的关键工序,汽冒得越大,这花卷蒸好后就跟刚刚放进去的一样峻嶒。

吴老师常夸玉梅母亲蒸的花卷好吃,可是这个老头子就是学不会蒸花卷。每次玉梅母亲离家时,都要给吴老师蒸好多花卷,够他慢慢吃一晌。可是,人家今天特意给你蒸花卷,你这个老头子却到现在也不闪面,你这葫芦里到底装的什么药?等一会儿,等花卷出锅了,看你闻到香味了过来不?

玉梅母亲手脚麻利地洗干净了案板和发面的盆子,又给灶眼续了几根硬柴,便开始准备晚饭。半个小时后,花卷起锅了,厨房里雾气腾腾,到处弥漫着一股清香的葱油味。电饭锅里玉米粥已经熬得很烂很烂,电磁灶上刚炒好的青菜碧绿碧绿散发着耀眼的光泽。一切的一切,都好像呼唤着主人快来享用它们。只是,吴老师那边依然没有一点儿动静。这死老头子还要人过去请他吃饭?玉梅母亲想着便出了门去找吴老师吃饭。大门半开着,显然是主人就在家里。院子里静悄悄的,大黄狗卧在照壁下,抬眼一看是熟人,懒得叫唤摇了摇尾巴继续睡觉。卧室的门虚掩着,玉梅母亲推门进去,看见吴老师躺在床上,不觉吃了一惊喊道:“你咋一直睡到现在?我蒸花卷还指望你来烧火呢!”吴老师很虚弱地呻吟了几声,挣扎着想要坐起来。

吴老师病了,不偏不倚就在玉梅母亲要走的前一天病了,这让玉梅母亲很为难。吴老师却不停地催促玉梅母亲回去收拾东西,还说明明很快就要开学了,娃娃们明天就回来接你到城里享福去,你就别操心家里了,有我在家里,你就放心地去吧!吴老师说几句话,便停下来咳嗽一阵,然后用微弱的声音继续劝说玉梅母亲。

玉梅母亲说:“你都病成这样子了还操这些闲心!你安心养病,我迟去两天不碍事。”

“那怎么行?明明读书是大事,耽搁不起,你还是走吧!我一个糟老头子,成天这儿疼那儿不舒服的,没有啥,你还是先顾着孩子们那一头。”吴老师婉拒道。

“你是不知道现在城里孩子念书有多苦,我是看着玉梅一天罪太大了,我才心急得要去城里,你当我不知道一个人清闲自在?”玉梅母亲说道。吴老师又开始咳嗽了,玉梅母亲赶忙给他捶背。

安国打来电话时,玉梅正和大伟商量着明天接母亲的事儿,一听吴老师病了,玉梅便不好意思提接母亲的话题,赶忙说让母亲在家多呆几天照顾吴老师。安国感激不尽,玉梅反倒觉得好像自己做错了什么似的。

母亲来不了了,一切就得重新安排。明天军训就要结束了,休整一天,周日报到。玉梅和大伟计划明天去接明明,晚上住在新租的房子里,让明明适应适应新环境。大伟说:“我爸我妈一个礼拜没有见着明明了,他们早都喊着想明明得不行了。咱们直接回到新房里,老人肯定要伤心,你还是先给我妈做做工作。”

“你这个滑头,一遇到难题就知道往我身上推,我说就我说,怕什么?你说要是太奶身体硬朗一些的话,咱们把三位老人都带上去新房住几天该多好!”玉梅说道。

“对呀,你这个主意不错!咱们把老人带上,一起车览省城风光,就权当是旅游去了。我怎么就没有想到这一点呢?还是老婆聪明,关键时候,老婆出马一个顶仨。”大伟兴奋地说道。其实玉梅是怀着侥幸心理,希望大伟父母能够去省城陪明明,这样母亲也许就会考虑和吴老师的事了。玉梅总觉得自己在母亲的事情上,有点自私了。

50 我就是要住校

明明军训回来后，鼻炎依然没好，说话时不停地吸溜鼻涕。玉梅按照老中医教的土办法给明明做按摩，明明笑着躲闪着不让妈妈动自己。他怕痒，妈妈的手还没到他跟前他已经笑弯了腰。玉梅好不容易逮住了明明，把明明抱在怀里，用右手的食指和中指按住明明的迎香穴。

明明闭着眼睛，乖乖地让妈妈给自己按摩鼻子。玉梅时常陪大伟父母去医院做按摩，耳濡目染，慢慢无师自通地懂得一点中医按摩，大伟父母便省却了去医院的麻烦，哪里不舒服了，让玉梅按摩按摩就好多了。玉梅按完迎香穴，又开始揪明明的鼻梁和眉头，眉心很快出了一片痧，像个"二郎神"，明明"哎哟哎哟"地喊疼。玉梅拉着明明去照镜子，明明嫌难看不愿意看自己，过了一会儿他惊喜地喊："我鼻子通气了，我头也不那么晕了。老妈，你的奇门妖术还真管用。"

"过来趴下，继续！你老妈还有更神奇的招数没有使出来呢！"玉梅招呼道。明明顺从地趴在妈妈身边，玉梅开始按摩肺腧，明明舒服得"哼哼唧唧"地叫着。

玉梅边按摩边说："鼻炎都是肺气不足引起的，中医治病讲究从病根治起，你这次感冒生病肯定是夜里受凉了。你晚上睡觉爱蹬被子，我夜里要起来给你盖两三回被子，到了外面就没有人替你操这心了。"

"就是，我那天夜里被冻醒了，早上起来就开始流清鼻涕。还有你不知道，我和妞妞带的被子都被同学们羡慕死了，每天他们叠被子时，怎么也整不出四四方方的'豆腐块'，同学们看见我的被子都说'你妈妈简直是孔明在世，未卜先知，料事如神呀'。"明明叹服地说。

玉梅说："在家千般好，出门万事难。你长大了，自己要学着照顾自己，我和你爸爸不可能跟着你一辈子。你病的时间有点长，我给你刮刮痧，你忍着点，这样好得快。"

明明说："男子汉大丈夫，这点疼算什么？这次军训教官一直教育我们要坚强，要学会自立，我一开学就准备住校好好锻炼锻炼自己，这样你就不用每天在省城和电厂之间来来回回地跑。"

玉梅惊讶地说："你别吹牛了，就你还敢住校？估计住不了两天，你就开始求着我把你接回家来住。"玉梅说着，抹了一些按摩油，开始给明明刮痧。要在平日，明明早就开始嚎叫了，今天玉梅把明明脊背全部刮了一遍，也没见明明哼一声。玉梅忍不住夸奖了明明几句，明明抬起头来用手指着嘴巴叫玉梅看，玉梅看见明明嘴唇都快咬出血了，心疼地埋怨儿子，受不了了怎么就不知道说一声。

明明自豪地说："不疼，就你这点力量，就像挠痒痒，小菜一碟，对本公子来说不在话下！"

玉梅说："就你嘴硬！来，过来靠着墙再做一做倒挂金钟，这样你就好得快了。"明明依言而行。

太奶在城里住了一夜，早上起来心慌气短。大伟父母一下子慌了神，吓得准备送太奶去医院。太奶吃了早饭，又好像好了一些。大伟父亲估摸是城里车太多，吵得母亲休息不好，不如回电厂观察观察再说。大伟和父母陪太奶回了厂里，偌大的出租房里，只剩下了玉梅和明明两个。

明明强烈要求住校，妞妞也在家里和翠萍闹着要住校，大人没办法，只好同意。星期天，玉梅带明明报到时，先去了男生宿舍。新校区里一切都新崭崭的，刚装修的宿舍似乎没有什么异味，四人一间，每人一个双层架子床，底下一层是书架和书桌，上面一层是床铺，靠墙摆着四个衣柜，刚好每人一个。卫生间也在房间里面，这样孩子起夜就不会受凉了。明明极其喜欢宿舍的书桌和架子床，爬上爬下，喜不自禁。玉梅对住宿条件也挺满意，但还是担心孩子们在一起打打闹闹不安全，便去楼管阿姨那里了解了一些情况，知道宿舍管理比较严格，玉梅便同意让明明住校。

开学第一天，玉梅六点起来为明明准备早餐。明明六点三十起床，胡乱吃了两口就没有了胃口。玉梅把家里里里外外检查了一遍，确信没有一点遗漏才和明明下了楼。李楠开车把明明和妞妞送到学校，然后载着玉梅和翠萍回厂里。半路上，玉梅想起明明喝剩的半杯牛奶没有倒掉，翠萍想起搽脸油忘在房子里了。

李楠笑着说："听说人家富人都有好几处豪宅，今日这儿住住，明日那儿住住，不知道人家会不会像咱们这么遗鞋掉帽子的。"

翠萍回敬道："你以为谁都像你这么穷命，人家肯定有菲佣，而且每套房子里边一套洗护用品，走到哪儿用到哪儿，哪里像我就一套搽脸油，走到哪儿都得提上，多麻烦。真是跟着杀猪的翻肠子，跟着当官的做娘子。"

中午吃完时，明明打电话向妈妈汇报说他吃了肯德基套餐，一个汉堡一份鸡腿薯条，外加一杯可乐，花费了三十五元。玉梅"哎呀"了一声，明明继续说道："老妈，你猜我们开学第一课老师讲了什么？估计你猜一千遍也猜不出来。老师给我们一人一张调查表，问我们军训的脏衣服是谁洗的，暑假到哪里旅游去了，谁写日记了。结果我们班同学全都和我一样，把脏衣服打包回家让妈妈洗了。大多数同学都参加了各种各样的夏令营，还有好多同学都出国旅游了。坚持写日记的同学不多，你明天早上八点一定要把我的旧日记本送过来，就是那个写了《我在幼儿园当老师》的软皮本。"

51　真有这样的事

上班时，玉梅昏昏沉沉的，昨天给明明送完日记本明明又舍不得让大人走，没办法，玉梅和大伟只好把明明接回来住。妞妞和大家吃完饭便要回学校，一点儿也不粘翠萍。翠萍愠怒道："没良心的东西，跟着我们吃完好吃的，就不管你老妈的死活了！那新租来的房子我一个人住着害怕，你今晚陪我回去住。"

大家都哄然大笑，妞妞却说："人家作业一大堆，反正在哪儿都是要写完，你不早说让我陪你，害得我没有洋娃娃又睡不好了，以后没事儿别来打扰我。"

翠萍气得没话说，玉梅打圆场说："咱们是来省城上学，又不是吃喝玩乐来了，学习要紧，走，快撤！"翠萍才消了气，和妞妞一前一后地回了家。今天早上又和昨天一样，忙忙碌碌就像打仗。

玉梅喝了一杯茶水，依然有些头晕，便按摩了太阳穴，刮了刮眉骨，靠在椅子上打盹。小薇故意逗玉梅，玉梅挥手赶走小薇，半闭着眼睛，困乏无力地说："什么烂房子，贵得要死，人住着还不安生，我在那里根本睡不踏实，这几天都是硬撑过来的。我头胀得像斗那么大，好像戴了一个套子，浑身不得劲。我这样下去，迟早有一天就要崩溃。"

"胡说什么呢？玉梅姐，未来的北大清华高材生的老妈，你才跑了两天就开始叫苦连天，人家一跑跑六年、跑十二年的人还都不活了？你这是在倒时差，你先适应适应，过几天就好了。你看淑芬姐，跑了三年多了，不也照样熬过来了？现在，赶紧过来和我一起练习唱歌，你最近一直缺勤，合唱团团长已经给我下达了死命令要你去排练。"小薇说着不容争辩地把玉梅拉到了电脑边，跟着那些搔首弄姿的大歌星们一起唱歌。

"你们两个真会找乐子，也不知道关心关心你们的淑芬姐。"马大姐神秘兮兮地说道。

"淑芬姐出什么事了吗？她最近休假了，我见不着她。"小薇不假思索地说道。

"一看你就不知道发生了什么事。我昨晚出去野餐时，听人说淑芬这两天忙着给依依转学呢！听说依依不去上课，也不写作业，淑芬着急得没有办法，只好按依依的要求转学，好像已经转到汉阳市的一所普通学校去了。"马大姐喟叹道。

"真有这样的事？别人是挤破头也要上名校，她们却是要转学，这里面肯定是有文章，等淑芬姐上班后咱们听她怎么说。"小薇说道。

“淑芬要是愿意说早就给咱们说了，她要是不想说，咱们也不要勉强。”玉梅说道。

“这种事情，淑芬自然不好意思说。我也是听别人说依依好像被老师批评了几句，便想不开，学习上老是提不起精神。名校毕业班的竞争那么厉害，你就算是鼓足了精神，大家才是旗鼓相当。你要是一松劲，就哧溜溜地往下滑，成绩很快就成了班上垫底的了。淑芬办法想尽了，就连心理专家也请了，照样无济于事，只好转学了。”马大姐惋惜地说道。

“怪不得，淑芬姐最近情绪一直不佳，我有时候故意逗她她也不开心。我一直以为依依留了一级，没想到事情还这么麻烦。”小薇说道。

“所以，我说凡事顺其自然，孩子是学习的料就好好供，不是那块料就别瞎子点灯——白费油蜡。我们孩子，我看也就是那种普普通通的孩子，所以我也就没有让他学奥数，一直就在普通学校上学，最后照样上了大学。有时候希望有多大，失望就有多大。”马大姐说道。

“马大姐，你可真清闲呀，你现在什么负担也没有了。”小薇羡慕地说道。

“有人劝我们两口子，趁着厂里包活的时候，一起出去干活给儿子多攒点钱。我说儿孙自有儿孙福，儿子有本事了不要咱们贴补；儿子没出息了咱们贴补多少都不够，还不如放开手让孩子自己去闯荡。”马大姐说道。

“你看，我们那年同学聚会，小时候学习好的，大都平平淡淡地上班；小时候调皮捣蛋不爱学习的，基本上生意都做得风生水起。”玉梅感叹道。

“我们一个高中同学没考上大学，人家早早地做生意，去年儿子结婚，在希尔顿酒店请客。”马大姐正说得起劲，小薇打断她的话头说：“就是那次，我们鼓动你去烫发，买衣服和高跟鞋的那次？”

“对对对，就是那次！我本来想着咱这平头百姓去那种高级地方，不是找不自在去吗，我就不打算去了，可是你们说人一辈子有几次去希尔顿酒店的机会？我就心动了。结果受刺激受大了，回来经常和我们那人闹，怎么就觉得这一辈子都像白活了？你说跟人家相比咱孩子没有人家多，钱也没有人家多，社会地位就更甭提了。你说我当年寻死觅活地上了一个大学，能怎么样？混了这么多年，啥也不是，就是多了一大把年纪。人比人气死人，人比人简直活不成了。”马大姐感慨地说道。

“你不会是在后悔没有把你初恋情人送给你老公的那包世界名烟拿回来吧？你当时肯定是被初恋情人的翩翩风采给迷住了，所以才忘了拿走那包烟。怪不得人家说‘同学会，变了味，吃吃喝喝去唱歌；找情人，托办事，能拆一对是一对’。”小薇揶揄马大姐道。马大姐气得要拧小薇的嘴，玉梅夹在两人之间，忙得不知要劝谁。

52 甜蜜的二人世界

晚上,玉梅坐在沙发上拿着遥控器不停地换台,大伟在书房玩电脑。

玉梅走过来挨在大伟身边忧烦地说:“我心里怎么空荡荡的,干啥也没有心思。”

“今晚上的韩剧挺好的呀,你就看吧。明明不在家,你又不用陪着他写作业,多自在。快去,你的浪漫韩剧马上就要开演了!”大伟催促道。

玉梅赖着不走,大伟搂着玉梅说道:“怎么了,想你儿子了?不陪着明明写作业你心里不踏实?其实,明明长大了,迟早有一天自己要独立生活的。小学的知识你可以给儿子讲,中学你就吃力了,高中、大学就更不可能了。该放手就放手吧,小鸟的羽翼丰满了,鸟妈妈还故意把小鸟往窝外边推呢。老鹰才厉害呢,对待子女十分苛刻,所以,鹰才可以搏击长空,自由翱翔。”

“我一下子好像不知道干什么好。平时明明写作业,我在一旁陪着看书,明明写完作业,我每天都要检查了所有作业签上名字才能放心。”玉梅自嘲地说。

“现在家中就是我们两个,我们好不容易又恢复到了甜蜜的二人世界,你应该感到轻松愉快。你没有听说过这样的一句话,‘幸福的家庭都一样,那就是盼望着孩子早点上床,乖乖入睡,剩下的时光就属于幸福的鸳鸯’。”大伟说着,双手在玉梅身上轻轻地抚摸着,玉梅痒得躲闪到了客厅,大伟起身追到了沙发上,作势要挠玉梅的痒痒,两个人笑成了一团。

翠萍家里,李楠和翠萍一起看晚会。翠萍说:“这教师节马上就要到了,你说咱们给人家老师送点什么好呢?”

“送啥呢送,我看啥都不送!咱给学校交了那么多钱,就是图他们学校校风好,老师水平高,教育质量好,刚一开学花了一大笔钱,这才过了两三天你又准备给他们送钱去呀?你钱多得从口袋里往外蹦呢!要送你送去,少叫我去!”李楠不快地说。

“我听人家说那些煤老板开学时就给老师送过卡了,里边少说都是万儿八千的,你说老师能不照顾人家孩子吗?咱们这种一毛不拔的家长,与人家煤老板不是对比太明显了吗?不知道老师怎么对待咱们妞妞,咱们那闺女又是一副大小姐的脾气,万一在学校闹出个什么事儿,你说咱还不是要人家老师通融通融?”翠萍担心地说道。

“你就省省心吧，放着自在的日子不过，你尽瞎操心！名校的孩子分三类：有钱的，有权的，有知识的。煤老板的孩子掏了大把的钱才能上名校，学习上能跟咱们孩子比吗？名校就靠咱们这些有知识的孩子撑体面，老师不敢把咱们孩子怎么样。你说妞妞在家的时候，你们母女两个成天斗嘴，你老是喊叫妞妞把你气得肚子疼，这下清静了，你又开始胡搜事了。”李楠宽慰翠萍道。

“你还别说，妞妞走了，家里出来进去就咱们两个人，没有人在我耳边聒吵，我还真不习惯。不知道妞妞这会儿干啥着呢，你说她们几个孩子在一起没有大人监督能专心写作业吗？你说她们会不会在一起闲聊，就把学习给忘到脑后去了吧？你说老师让住校的孩子互相检查作业、互相签字这能行吗？要不，我再给妞妞打个电话去。”翠萍怀疑地说。

“你能不能让嘴巴歇一歇，一天就知道瞎操心！你算算你今天给妞妞打了不少于十个电话了，一会儿叮嘱孩子吃饭，一会儿又告诉孩子穿衣，过一会儿又说学习的事儿，我要是妞妞早就烦得不想理你了。”李楠说道。

“你们男人没心没肺，我的女儿我不操心谁操心？孩子长这么大，第一次离了我们，我们不替她着想，人家谁替她着想？你说指望老师，一个班五十多个娃，老师能顾得过来吗？说不定，老师连咱们妞妞的名字还没有记住呢！要不咱们下次去给楼管阿姨送点东西，水果什么的，让她多关照关照咱们妞妞，成不？”翠萍说道。

“你这个主意不错，县官不如现管，我也听他们说是巴结楼管最有效。不过，送水果拿不出手，我听他们说怎么也得送一条烟。相府的丫鬟抵过三品大员，送给楼管了，最起码，可以督促咱们妞妞每天按时回宿舍。”李楠说道。

“你看人家对孩子多么上心，我念叨孩子两句你就嫌我唠叨了。我也就是这张嘴把我给害了，活儿没少干，就是落不下好。我干活累了，脾气躁训斥你们几句，你们就记住了，我的好处你们就一样也不记。我以后也要学乖一点，哪怕少干活，也要绵言细语地伺候你们父女两个。”翠萍笑着说道。

“你要是变了，那太阳真打西边出来了。我不相信，你装一会儿还行，你能装一辈子？江山易改本性难移。你只要有意识地克制克制自己我就阿弥陀佛、谢天谢地了。”李楠夸张地说着，并双手合十念起了“我佛慈悲”，翠萍笑得倒在了李楠身上。

53 随缘就好

淑芬上班了，头发白了不少，脸上瘦得棱儿骨儿，颧骨高得能割手。两个礼拜不见，秀美的淑芬就像苍老了十岁，细弱如柳，仿佛一阵风就能吹倒。玉梅看了心疼，心想生活真残酷，一夜之间就可以让一个人老去，就像传说中的伍子胥一夜之间愁白了头，让人不敢相认。

不用问，大家就知道马大姐说的一切都是事实。玉梅和小薇陪着淑芬坐着，一时不知如何开口。偏偏翠萍打来电话问玉梅看不看明明去，玉梅说："这才隔了一天，明天就是星期五，咱们今天就不去了，明天下了班过去。"

翠萍又说："一天不见孩子，这夜里睡不着，白天吃饭不香，都快要活不下去了。"玉梅安慰了她几句便挂了电话，讪笑着说："当妈的这一天心都在娃身上，翠萍想妞妞想得茶饭不思。"

"我们家盈盈那次回老家，我和同学玩去了，我妈带着盈盈在汽车路边的商店去买东西。买完东西，盈盈和人家的小孩玩，我妈就坐在汽车站牌底下的凳子上和人说话。盈盈一回头，看见我妈坐在车站的凳子上，开始哇哇大哭，说是我妈把我送到车上走了，把她留在老家了，怎么解释她也不听，害得我妈打电话到处找我。"小薇说道。

"还是孩子小的时候好呀！就像一个有意思的小玩意儿，一天到晚跟在大人屁股后面。长大了就像仇人一样，处处跟你作对。"淑芬无奈地说道。

淑芬终于开口说话了，大家都松了口气。玉梅小心翼翼地说道："我妹妹最近住院了，我去陪了一段时间，心里真不是滋味。本来我妹妹完全可以让蕊蕊在县城上初中，可是初中的几位好老师都被城里的名校挖走了，我妹妹就陪着蕊蕊来汉阳市读书。我妹妹一直都是优秀教师，也被几家猎头公司相中了，想从我们县城调到省城。可是名校待遇好是好，就是工作量太大，累人得很，我妹妹就犹豫了。我妹妹想生一个儿子再调动工作，这也是我妹夫他们家人的意思，可我妹妹身体不好，一直怀不上，这下矛盾就出现了。我在医院里，呆了这几天就像呆了几年一样，突然觉得想开了，人生就是这么一回事，凡事都有缘分，万万不可强求，随缘就分地过吧，别跟自己较劲，把啥都看淡看轻一些，没有过不去的火焰山，没有迈不过的坎儿。"

"就是，人得认命。人的命天注定，胡思乱想不顶用，没有那个命就算你再努力也是白搭。"淑芬神情落寞地说道。

“淑芬姐，其实你已经做得很好了，有时候退一万步讲，在哪儿上学都一样。只要依依喜欢新学校，将来考大学没有一点儿问题。我们一个朋友的孩子，也是受不了名校的压力，家里人想来想去就把孩子转学到普通学校去了，结果人家孩子在那里回回考试都是第一名，后来名校邀请人家再回来，人家孩子坚决不去。还有，《雪豹》的那个主演是咱们省城的人，很红的，最近要回来做宣传，听说人家当年就是从名校退学的。”小薇说道。

“是吗？但愿我们依依也能这样。你们不知道，依依开学那几天，情绪特别低落，一天不吃不喝也没有了话语，把我吓坏了，生怕孩子做出什么傻事，我白天黑夜守着依依。你们没看见报纸上时常有孩子跳楼、离家出走的，我就怕我们依依走了那一步。你们不知道这孩子有多心高气傲，从小到大都是班上的尖子生，要是哪次没考好，她就哭得不行。事情到了这种地步，我什么也不要求了，我只要她平平安安地长大就好。我就对依依说你想去哪里上学都行，只要你觉得开心就好。”淑芬说着，眼泪流了下来，玉梅忙拿出手绢为淑芬擦泪。

“淑芬姐，你别难过了，现在依依上了学就好了。你有啥话你就说出来，我们虽然帮不了你多少，最起码能给你宽宽心。我那天上网，看见教育部发言人有这么一句话：现在听到‘从娃娃抓起’这句话我就浑身哆嗦，什么计算机从娃娃抓起，外语从娃娃抓起，吹拉弹唱从娃娃抓起，奥数从娃娃抓起……娃娃招谁惹谁了？本来哭笑打闹、天真活泼的娃娃，全被抓坏了。”小薇说道。

“就是，现在学啥都是太超前了。咱们初中时才接触到英语，现在幼儿园就学开了，这样子拔苗助长，你说孩子能不累吗？棋圣聂卫平说：中国人声称是最聪明的民族，难道就想不出别的办法来，一定要让我们的年轻人、让我们民族的未来，在这种一边恐惧、绝望、残忍，一边亢奋、迎合、连根拔起的状态下成长吗？”玉梅痛心疾首地说道。

54 养育一个孩子需要一个村庄

玉梅情绪低落,吃晚饭时,只喝了一碗稀饭便没有了胃口。大伟安慰玉梅说:“你要是想明明了,咱们现在就去学校看看明明,现在已经过了下班高峰期,路上应该不堵车了,开车过去也就一个多小时。”

玉梅唉声叹气地说:“我们还是不要打扰孩子了,让孩子安安心心地住校,我们隔三差五地去,孩子肯定就不安心住校了。惯孩子就是害了孩子。”大伟见玉梅说得有理,便不再坚持。

玉梅想起明明刚上幼儿园时,为了让明明喜欢幼儿园,她经常带着明明去幼儿园玩滑滑梯、荡秋千。做了这么多的准备工作,明明第一天上幼儿园还是哭了一整天,玉梅也心神不宁地熬煎了一整天。第二天,玉梅狠着心,坚持送明明去上幼儿园,大伟母亲放心不下宝贝孙子,偷偷站在教室外面听明明哭不哭,结果被一个小女孩发现了,惹得全班孩子哭了一早上。幼儿园老师召开家长会说本来孩子们正在听老师讲故事,这个的爷爷奶奶、那个的爸爸妈妈不停地在窗外窥视,闹得孩子们都不安心在幼儿园呆了,就盼望着大人来接他们回家,这样子不如别送孩子们来幼儿园了。

事情真是出人意料地巧合,八九年过去了,又遇到了同样的问题。玉梅想着还是要相信孩子,给孩子独立自主成长的机会。开学第一课,老师调查了同学们三个问题,发现孩子们的脏衣服基本都是带回家让父母洗的,学校和老师十分重视,老师专门发短信要求家长让孩子自己洗衣服做家务。对于这一点,翠萍和玉梅发生了分歧,翠萍认为孩子大了不用教自然就会了,玉梅却认为这名校的老师就是不一样,人家老师就是见识多,这话说得很有道理,咱们应该尝试着让孩子们自己照顾自己了。

小薇告诉玉梅说:“有人为了鼓励孩子做家务,仿效西方人,孩子做一件家务就发一份劳务费。据说很多家庭都尝试了一番,比如孩子倒一次垃圾或洗双袜子给一元钱,洗一次碗、拖一回地、买一次菜又给五角钱,这样累积起来,到月底家长给孩子发工资,表现突出的还有奖金。好像效果都不错。”

玉梅当时觉得好笑,回来对大伟说:“孩子做家务,大人给发工资,那我一天做了这么多家务,谁给我发奖金?”

大伟开玩笑说:“我给你发,我每月的工资不是都如数上交给你了吗?”

"我那是替你保管，我免费为你提供理财服务，你不知道感谢，还说得好像我把你工资一个人花了一样，真是没良心。"

"人大委员不是都提议家务劳动要付报酬，可不是我个人发明。不过一家人干啥都讲钱，多伤感情，就像AA制一样，肯定很别扭，你想两个人都留着一手，像防贼一样防着对方，这样的家庭能幸福到哪儿去？所以，让孩子干家务可以，但是不要跟钱扯到一起，这样对孩子还是好一些。"玉梅和大伟你一言我一语地说道。玉梅觉得有些事情还真是不好说，便一笑了之。

记得有一天早上大丫来送报纸，玉梅觉得意外，便问了几句。大丫说："我妈妈让我送报纸锻炼锻炼。"赖在床上不肯起来的明明闻听此事，一骨碌爬起来央求玉梅也像大丫妈妈一样锻炼锻炼他。玉梅非常惊讶，莫非太阳真打西边出来了？这么乖巧懂事的孩子，是我家明明吗？

玉梅让明明洗洗自己的睡衣，明明欣然领命而去。只听见厨房里水声哗哗，不知明明是戏水还是洗衣，随他去吧！明明糟蹋了很多肥皂、洗衣液，那几片污渍依然故我，毫不褪色。明明要妈妈给他电视广告里那种神奇的、能让污渍跑光光的肥皂粉。玉梅找出超能天然皂粉，明明又信心十足地扬言要把污渍赶尽杀绝。结果污渍依旧，明明自己倒像是从水里捞上来的，浑身湿漉漉的，他对此毫不介意，而是用晾衣架挑着睡衣，满世界炫耀，生怕没人知道他的劳苦功高。

明明脸上那毫不掩饰的快乐告诉玉梅，半个小时的洗衣锻炼，让他体会到了劳动的乐趣，使他学到了书本上没有的知识。他知道了污渍很难洗掉，知道了妈妈洗干净他的衣服是多么的不容易，也知道了广告里的宣传是多么的不靠谱。明明的快乐使玉梅懂得了，无论城市乡村、过去现在，男女老幼都热爱自由自在、无拘无束的锻炼和劳动，尤其是掌上明珠般的孩子，在暑假中从书本的世界走出来，多参与各种有趣的社会锻炼，是大有裨益的。后来，玉梅还刻意让明明洗过几次衣服，可慢慢地又自己洗了。

西谚说，"养育一个孩子需要一个村庄"。玉梅觉得任何事情都需要合适的环境，洗衣服这么简单的家务，孩子们为什么都不会干呢？玉梅不否认，自己对于明明带回来的那包脏衣服几乎想也没想就洗了，原因和其他家长一样：孩子太忙了，几乎没有时间洗衣服。大人照顾孩子习惯了，觉得洗衣服是理所当然的事情。家里就这么一个孩子，再大的孩子在父母眼里永远都是孩子。

玉梅想起小时候，母亲成天忙着为别人做衣服，根本没有时间照顾家里，自己是老大，自然而然地就做饭、洗衣服、干家务、照顾妹妹了。当时，玉梅觉得这么做是天经地义的事情，就像一件衣服老大穿三年，老二再穿三年，到老三了，缝缝补补又穿三年，大家都这样，是再平常不过的事情了。

55 爱心泛滥

下午,玉梅刚到班上,翠萍的电话就像闹钟一样准时响起。小薇故意不让玉梅接电话,想和翠萍套套近乎,问问盈盈上幼儿园的表现,可是翠萍一听玉梅不在立马就要挂电话,根本无心搭理小薇。小薇赶忙把电话给了玉梅。

玉梅接过电话"喂"了一声,翠萍便焦急地说:"大事不好,咱们赶紧得给孩子找一家托管中心!"

玉梅听得莫名其妙,说:"翠萍,你别着急,你慢点说,到底怎么回事?"

"你知道人家思思和涛涛为什么不在鑫通二中上学了吗?人家借读费都交了,为什么又突然就转到高科一中去了呢?你知道孩子们每天中午吃饭的时候都干了一些什么吗?我今天可算是见识到了,咱们花了这么多钱,送孩子们去省城上名校,可这些孩子到底都干了什么?幸亏我今天中午搭人家的便车去给妞妞送排骨汤,才发现了这个秘密。你知道我兴冲冲地给妞妞送饭时,妞妞见了我是什么态度吗?她跟她们几个同学正要去餐厅吃饭,见了我,叫了一声妈,转身就要走。我这气呀,就突突地往上冒,我叫住妞妞,让她带着我去餐厅一块儿吃饭。旁边的小女孩还说快点快点,说她们吃完饭要去给同学买生日礼物。"翠萍气鼓鼓地说了半天。

玉梅好不容易插上嘴,便说:"你别生气,孩子们就爱过个生日,这没有什么呀!"

"什么没有什么!这每天中午吃完饭上街逛野了,可怎么办呢?怪不得人家思思和涛涛转学走了,咱们怎么就不知道这一点不好呢?光是听说中考的成绩好,就把孩子送到那里去了。"翠萍气愤地说道。

"中午吃饭那么一会儿时间,孩子们能跑多远?人家这叫开放式办学,你懂不懂?孩子们总不可能一直呆在象牙塔里,完全与世隔绝吧?"玉梅说道。

"你倒想得开,怎么李楠和你的反应都是这样。把我担心的,你没有看见妞妞住校才三天就像一个没娘的孩子一样,头发油腻腻地贴在脑门上,脸上就是眼睛和嘴巴好像洗过,其他地方估计都没有见过水,活像一只大熊猫。见了我居然不惊喜,也不问问我手里提的保温桶里有什么好吃的,就顾着和那些孩子叽叽喳喳地说话。"翠萍口气缓和了许多,有点酸溜溜地说道。

"说了半天,原来是吃醋了。你也真是的,谁的醋你也吃,你这妈也真够人受的。"玉梅揶揄翠萍道。

"胡说什么！我接下来就要和你说一件正经事，你听好了。我今天去发现了许多问题，你知道孩子每天都吃些什么吗？我找见明明问了，男孩无非肉夹馍、汉堡西餐、饺子、面条，而且顿顿不离饮料可乐。女孩子大都不好好吃饭怕发胖，吃也就是吃米线、冒菜、麻辣烫和乱七八糟的零食。这样下去，肯定都成了芦柴棒了！咱们赶紧得给孩子们找个托管的地方，让孩子去人家家里吃饭，吃完饭再午休一会儿，快上学的时候再去学校。我问了，人家好多人都是这样的。"翠萍说道。

"这个我也听人说了，要不周末咱们一起去给孩子们找一家好的托管中心？"玉梅说道。

"这还差不多。我都要了好几家托管的电话，咱们后天一起去看看。"翠萍高兴地说道。

"你看我们明明好着没？你们说话了没？"玉梅问道。

"你说好着没？跟我们妞妞差不多，就是比我们妞妞更臭一些，估计是体育课上踢完足球忘了换鞋袜了。你儿子比我们妞妞好多了，问了一句我妈来了吗？"翠萍说道。

"是吗，我们明明问我了？不过，我劝你爱心不要泛滥，没事儿别心长地就跑去看孩子，这样不利于孩子成长。"玉梅说道。

"知道，我这不是想着刚开学嘛，啥事情都没有理顺，就多跑了几趟。以后，妞妞住校住习惯了，我就把租来的房子退了。幸亏当时只租了一年，要不然就亏大了。"翠萍说道。小薇在一旁给玉梅示意，玉梅便匆匆挂了电话。原来班长召集大家要开会，玉梅和小薇赶紧去了班长办公室。

班长布置完近期工作，又说了要大家为贫困地区孩子捐献衣物和国庆唱歌的事。捐献衣物的事情马大姐负责，唱歌的事情实际是给玉梅和小薇说的，合唱团要求从今天起，节假日除外，天天晚上练唱，14 号彩排，26 号正式演出，一律不许请假。玉梅和小薇当着全班人的面满口答应，班长很满意地点了点头。

散会后，马大姐过来动员大家下班回家翻翻衣柜，找几件衣服捐献出来，一是奉献爱心，二是废物利用，利人利己，赶快行动，过期不候，下周就要交到工会去了。大家觉得这个活动挺好，家里孩子用过的东西实在太多了，能送人的都送人了，剩下的扔了可惜，留着又占地方，送给山区的孩子最好不过了。小薇说："玉梅姐，你送给我的明明小时候的东西，我们盈盈用完了，你不要的话，我就捐了。还有淑芬姐你送的，我也捐了。"玉梅、淑芬都没有意见。

玉梅说："你们孩子读过的课外书也都带来，我回老家，发现农村娃的课外书太少，捐献图书绝对比捐献衣物更受欢迎。我收拾了许多书、磁带，准备送给我们村上的幼儿园。"

56 乱花渐欲迷人眼

现在社会什么都讲究一条龙服务，这句话在名校也得到了有力的佐证。周末早上，玉梅和翠萍一路问人，终于把鑫通二中周围的菜市场、早餐摊点、超市商场、书店、培训班、眼镜行、邮局、银行、餐馆、时装店、托管中心、美容理发店等等走马观花地看了一遍。两个人自嘲这是农民进城，终于见了世面。翠萍看见漂亮衣服就走不动了，要不是玉梅在旁边阻拦，翠萍口袋里的钱早就蹦进老板的兜里了。

走了一路，玉梅和翠萍感慨了一路。这名校周围简直遍地是黄金，啥生意都能做成。你就看那些卖玉米棒的、卖煎饼果子的、卖麻辣串的，哪一个跟前不是围了一群学生娃？就这还是周末，光是一些补课的孩子出来买早点，到了平时，还要排长队才能吃到嘴里。玉梅一看孩子们都是这么胡乱凑合着吃早饭，想着明明平常也就是这样对付着吃早饭，心里难过，觉着孩子还是住在家里好，最起码顿顿都能吃上干净放心的饭菜。

翠萍说："你这下信了吧？孩子们一天拿着钱胡吃海喝，而且吃的都是这些没名堂的东西，你能舍得让你的宝贝疙瘩被地沟油、黑作坊、垃圾食品包围了？"

玉梅说："学校里的饭菜还可以，餐厅宽敞明亮，食品花样繁多，这些孩子怎么都跑出来买这些东西？我原以为农村娃把辣子条当宝贝一样地吃，没想到城里孩子也能看上小摊上的东西。"

"要不然怎么叫孩子，他们好奇，一样东西吃腻了就爱换一换口味。这是物质诱惑，你还没有看见那几家网吧，那才是毒害孩子们的精神鸦片，男孩子都爱去那里玩游戏。你再看那几家饰品礼物商店，赚的都是女孩子的钱。"翠萍说道。

玉梅看着这街上各种小店，不觉叹息道："我们可真是农民进城了，对着这花花世界，大人都晕头转向，这孩子不知道咋适应呀！"

翠萍和玉梅说着话，眼睛却一直盯着路边的时装店。橱窗里，一位模特穿的裙子很别致，翠萍拉着玉梅非要进去看看。玉梅知道翠萍是个购物狂，拉着翠萍的胳膊死活不让她去，翠萍笑嘻嘻地说："就看一眼。"

玉梅只好说："我在外面等你。"翠萍进去了半天不见出来，玉梅忍不住也进了店里，翠萍抱着好几件衣服说："这几件都不错，我试一试，你给我参谋参谋。"

老板娘过来招呼玉梅说："大姐你们是来陪孩子们上学的吧？我这儿好多顾客都是学校老师，你们孩子在奥数班还是英语班。"

玉梅随口说:"是奥数班。"

老板娘马上显出无限崇拜的表情说:"那你们孩子简直就是天才,你也一定很会教育孩子,我最崇拜有文化的人了,我这儿的衣服都很大方时尚,最适合你们这些家长们了……"

走在路上,玉梅突然回过味儿来,说:"人家老板娘怎么知道咱们是来陪读的,肯定是咱们一口醋溜普通话,还有平时说话养成的粗喉咙大嗓门,让人一看就不是省城人。"

"管他呢,只要她没有把东西高价卖给咱们就成。我说你呀,以后住到了城里也要讲究一点,咱们可不是二十年前到这里来上中专的农村丫头了,咱好歹也在电厂呆了这么多年,也算是有房有车一族了,以后你得跟我多学一点。"翠萍挤眉弄眼地对玉梅说。

玉梅笑着骂道:"去你的。"

翠萍毫不计较,摇头晃脑地说:"逛了一早上,我肚子饿了,咱们吃点什么?"

最近比较流行吃香辣虾,翠萍建议吃香辣虾,而且香辣虾酒楼就在两家中间,慢慢溜达着就到了。妞妞和李楠姗姗来迟,大家嚷嚷着要罚酒三杯。李楠说:"这不怪我,我都走到门口了,妞妞不让我出门,非要我换衣服不可。我昨天一下班就急忙忙往城里赶,尽操心着看妞妞了,忘了换工作服,妞妞不乐意,嫌我穿工作服丢人。"

妞妞满脸不高兴地说:"你就是害怕谁不知道你是个工人,你一点儿也不注意自己的形象!你看看人家明明爸爸,再看看你自己,真丢人!"

翠萍呵斥了妞妞几句,妞妞说:"你一天就不管我爸,光知道打扮你自己。你又买衣服了,家里到处都是你的衣服,衣柜里都放不下了。你就一天胡乱花钱,把我上大学的学费给我留着,别到时候哭穷。"

翠萍气得打了妞妞一下,玉梅拦住说:"妞妞长大了,知道讲究了,也知道心疼爸爸了。下次,你爸爸一定换工作服,现在咱们先吃饭好吗?"

玉梅去续饮料的时候,无意中发现邻桌吃香辣虾的一家三口不时地朝着这边看,女主人使劲地催促孩子快吃。这个人好像在哪里见过,玉梅示意翠萍看看那个女人到底是谁,谁知那个女人已经去结账了,翠萍很好奇,装作是去结账的时候偷偷看了那个女人几眼,回来神神秘秘地说:"那是你们班李师的小老婆。"

玉梅想了半天说:"不会吧,李师和恩华出去干活去了,他的小老婆怎么带着孩子和别的男人一起吃饭,你不会看错了吧?"

翠萍信誓旦旦地说:"只要是见过一面的人,我绝对认不错。只是,这打工妹怎么越来越出息了,穿戴打扮太时髦了。"

57 白天不懂夜的黑

豆浆机好像出问题了,怎么半天也听不见打豆浆的声音……电饼铛里那张饼子似乎没有拿出来,电源好像也忘记关了,会不会一直不停地反复加热,会不会引发火灾……闹钟响了没有,现在究竟是几点了,会不会迟到了……翠萍和李楠仿佛在楼下喊着我,手机是不是关机了,打不进来……玉梅迷迷糊糊,似睡非睡,一会儿梦见这个一会儿又梦见了那个。楼上谁在挪动桌椅,隔壁好像有人在"咚咚"地钉钉子,楼上的人脚步声那么沉重。玉梅恍恍惚惚,半梦半醒,心好像飞上了云端,一阵子飘到这儿一阵子又飘到了那儿……

玉梅拿过手机一看,才夜里一点,时间早着呢。城里人夜猫子多,怪不得这么吵闹,睡吧睡吧,明天还要赶回去上班呢。大伟星期天要值班,昨天已经回厂里去了,玉梅和明明呆在出租房里,白天也不觉得什么,到了夜里玉梅就开始熬煎。玉梅仔细观察了明明几次,发现孩子好像没有受到什么影响,便不提自己失眠的事情。大伟在房子里的时候,玉梅睡得还行,跟在自己家里一样。可是,大伟回厂以后,玉梅一个人睡在这张大床上就开始胡乱做梦。玉梅前天晚上居然梦见了自己刚刚上班时,在零米当值班员的情景,梦里好像是厂用电中断了,机房里漆黑一片,玉梅摸索着找着了手电筒,直奔密封油系统,检查直流油泵联动正常,又去看甲、乙小机油系统,看见直流油泵都联动正常。一会儿,玉梅好像又梦见水塔溢流了,好多好多的水流出来了,一直流到了马路上,玉梅爬进坑里去开放水门,放水门好沉好沉,玉梅怎么也打不开。过一阵子,玉梅似乎听见电泵启动了,值班室铃声大作,玉梅和同事们拿起扳手冲出去赶忙投冷却水……

昨天夜里没有睡好,今天夜里也是如此。玉梅痛苦不堪,躺在床上盼望着天快点亮。玉梅觉得奇怪,自己明明困得要死,在这儿却怎么也睡不着。母亲常说人都有魂,要是换了一个地方,魂没有跟过来,人就会心神不安。玉梅原来觉得母亲思想太封建了,自己又一时半刻给她说不清楚,就把这些话当作耳旁风,一笑了之。可是经过了这么几次的验证,玉梅心里有些晕晕乎乎,说不定人真有什么魂。明天回到家,让大伟陪自己去十字路口烧烧纸,也许就把魂招回来了。转念一想,玉梅又觉得这样做会让大伟笑话,要是母亲在,给灶神爷磕磕头,没准就好了。玉梅想也有可能是自己内心里太依赖大伟了,身边没有人,心里才会空荡荡的。玉梅觉得自己有些可笑,其实大伟在家什么活儿也不会干,根本给自己帮不了什么忙,可就是只要大伟往那儿一坐,不管是喝茶看电视上网,自己心里是踏实的。玉梅想起来这么一句话:男人就像冰箱里的灯,一直在那儿存在着,只有你打开冰箱取东西时,他才会亮起来。再想起前一段时间,大家都在议论出去干活的事情,玉梅想幸亏大伟没有去,要是大伟走了,自己夜夜失眠可怎么办,这个理由说出去会让人笑掉大牙。

玉梅越想越睡不着,又打开手机看表才两点多。玉梅睡意全无,瞪大眼睛盯着窗帘出神。外面有几只野猫在叫,那声音好像婴儿在大人跟前撒娇,又好似饥饿的小狗在寒风里呜咽,听得人心里挠挠的,越发心神不安。路上不时有车辆经过,刚才似乎是疯狂的拉土车把减速带砸得“克里克朗”地响,接着又像是一辆轻巧的小轿车经过了,最后仿佛是一辆农用的手扶拖拉机来了,烟囱里突突地冒着黑烟……

汽车跑啊跑啊,来到了一片一望无垠的麦田,玉梅在地头高兴地大声呼喊母亲,可是母亲离自己那么远、那么远,一直也不回头……不知怎么回事,玉梅又回到了家里,家里破旧的三间瓦房,父亲躺在病床上,母亲在炉子上熬药,苦涩的中药味弥漫在屋子当中。玉兰扎着羊角辫,斜挎着军用黄挎包回来了,安国、安民正在院子里滚铁环,玉竹在一旁加油。春天来了,槐花开了,香气飘得好远好远好远……

手机铃声响了好几遍,玉梅也没有听见。明明在隔壁房间里,被吵醒以后,过来叫了好几遍才把妈妈叫醒。玉梅不好意思地说:“我怎么睡得这么死?来不及做早饭了,你自己去学校门口买吧。我还要收拾厨房,我把泡好的豆子带回去,你把你的东西带好。我来不及洗脸了,咱们赶紧走吧!”

明明听话地随着玉梅出了门,刚好电梯到了,玉梅在电梯里穿上外套,用手梳理了一下头发,再系好鞋带,嘴里不时地提醒着明明。一旁的人看着玉梅的样子,十分好奇,玉梅顾不上这些了,等电梯一停,她和明明急忙跑出电梯。这时候李楠的车早已停在了楼下。

送走了孩子们,玉梅问翠萍休息得怎么样,翠萍说:“还行。”

李楠说:“得换一个床垫,这床太软,睡得人腰疼。”

玉梅说起自己晚上睡不着,早上醒不来,这样下去恐怕就成了神经衰弱症。翠萍说:“你这才跑了几天,你就坚持不住了,你也太矫情了吧!”

李楠劝玉梅说:“过一段时间可能就好了,心里不要焦虑,大不了就是上班晚了请个假的事情,不要太在意。”

玉梅说:“好在一周也就只在城里住两三天,今天晚上就回到解放区去了。”

翠萍在一旁开始唱:“解放区的天是明朗的天,解放区的人们好喜欢……”玉梅无奈地笑了。

李楠开着车,说:“你别吵,这儿车多,你帮我看着点。”翠萍坐在副驾驶位置上,仔细地看着路边的车辆,车里一时鸦雀无声。玉梅乏极了,靠在后排座位上不一会儿便睡着了。翠萍示意李楠把车开慢一点,让玉梅睡一会儿。

58　一代人的烦恼

大伟给玉梅解梦，说："你可能住不惯高层，一下子从五楼住到了二十一层的高处，有点上不着天、下不挨地的感觉，你的那些梦可能是你心里老是担心一些事情。你经常不是说你小时候真没有想过会过上这么好的日子，你说你转正以后，第一个月拿到了两千多元钱，激动得好几天也睡不着觉。你说你妈辛辛苦苦做一件衣服才赚三块钱，吴老师兢兢业业教了那么多年书，一个月也才是五六百元的工资，而且是全校最高的工资。你说你回家把工资全部交给你妈以后，你妈吓得问你这是不是你挣的钱，还说你家虽然穷，可是绝对不花不干净的钱。要是这钱来路不正，你赶紧给人家退回去。"玉梅听到这里，自己也忍不住笑了。

大伟接着说："你那时候就像一个铁姑娘，浑身有着使不完的力气，干起活来风风火火，巾帼不让须眉。要不是你生病了，你肯定不会找我这种文文弱弱的厂子弟。"

玉梅打了大伟一拳说："就是！要不然，我早就是什么'生产标兵''三八红旗手''全国劳动模范'了，哪像现在，完全一个家庭主妇。"

"人都说咱们是最幸福的一代。这话有几分道理。我们孩童时不用忍饥挨饿也不用吃三鹿奶粉，少年正值港台文化黄金年代，又没有国产山寨文化的毒害。我们在整个社会充满正能量的上世纪八十年代长大成人，在学费暴涨之前一路上完学。工作后在房价飙升前买了房或分配到了福利房。也许，唯一的不幸就是赶上了计划生育最严苛的时候，成长中充满了孤独。我就是那唯一的不幸，我们同学基本上都有兄弟姐妹，我家就我一个，我每次回你家，看见你们两家的孩子就像亲兄弟姐妹一样，我真的好羡慕。家耀想让玉兰生个儿子，我能理解，咱们家要是没有明明，我妈绝对让咱把那个孩子生下来。"大伟说道。

"你说得轻巧，那个孩子来得不是时候，当时太奶瘫痪在床，你爸妈都累病了，再生一个你管还是你爸妈管？还有，明明上学谁管？"玉梅说道。

"我就随口说说而已。前两天，我们一位老同学来厂里谈生意，说他现在儿女双全，老婆办了停薪留职专门在家带两个孩子。我听了心里痒痒的，咱们现在不比以往了，孩子一到城里上学，就要交几万块钱的学费，再加上房租、孩子交的补课费、服装费、生活费，开销一大堆，我觉得花钱如流水，咱们这几个月估计都是入不敷出吧？"大伟说道。

"你别太担心,咱们那几套房子租出去了,基本上可以抵消了这边的花费。我不在家的时候,你多留心老人的身体。"玉梅叮嘱道。

明明的分班考试成绩比较理想,是全年级前五十名,妞妞也不错,进了全年级前一百名。两个孩子都分到了奥数班,翠萍最近一直打听今年的奖学金是多少。据说,往年是前五十名返还一学期学费,前一百名返还一半学费。照这个算法,明明可以返回六千元,妞妞可以返回四千元。往届的家长们,一开学就以谁家孩子得了多少奖学金来判断孩子的优劣。很多家长见了大伟和玉梅都要夸奖两句,这让大伟和玉梅感觉好有面子。好多家长给孩子设立专门的账户,把奖学金和自己给孩子奖励的钱存起来,当作孩子的教育基金,让孩子单独保管,以此激励孩子好好学习,天天向上。翠萍早就在妞妞面前夸下海口:"你得多少奖学金,妈妈奖励你多少,你爸爸也奖励你多少,这样你就可以存下三份奖学金,你就是你们班私人存款最多的富妞了。"

可是,最近翠萍听说今年的奖学金大幅缩水,好像变成了六百,而且只奖前五十名,要真是这样,妞妞就跟奖学金绝缘了。开学典礼之后,一切都应了传言。翠萍气愤地说:"这学校把牌子创出去了,就不在乎学生了!"

同事们说:"你把啥都别当真。你没听说鑫通二中是权场,高科一中是钱场,西京大附中是官场,驿路附中是名利场和情场?人家那都是精英荟萃、培养高级人才的地方,你把眼睛擦亮,让你们妞妞学学邓文迪,趁着上学的机会,多认识几个'官二代''富二代''星二代'们,早早给你钓个金龟婿。"

翠萍生气了,说:"你们尽胡说!我们妞妞才多大?"

同事们故意逗翠萍说:"现在的孩子们都是吃肯德基、麦当劳长大的,那里面的激素多,孩子们早熟。"

翠萍沮丧地说:"你们别吓唬我,我胆子小,我养个女儿本来就担心这担心那,你们再胡说,我就真生气了。"

又有人说:"现在的家长也够倒霉的,我们孩子上学那会儿,奥数培训费一学期才四五百,考一次试也就交二三十块钱,择校费也就一两万。这两年越查越猖獗,到了你们这里,奥数学费成了四五千,考一次试不上课也得几千元,学费直接翻了三四倍,还把娃们给整扎了,把家长也给箍住了。看来,这早两年上学还真是划算。"

翠萍说:"这啥都让我们赶上了,你有啥办法!"

玉梅知道后安慰翠萍说:"胳膊扭不过大腿。咱们已经在那儿上学了,就这样子了,人家学校政策变的,又不是给咱们孩子一个人变的,大势所趋,你就别想不开了。"

翠萍为难地说:"我倒不是在乎那么几个钱,我是发愁怎么跟妞妞交代。我以前经常给妞妞说名校好得很，学习好的孩子只要考试好，上学就不要钱，学习不好的孩子才需要交一大笔钱。”

玉梅说：“我们班长说他们孩子上鑫通二中的时候，根本就没有费什么神，当时，只要你孩子成绩优异，学校不仅不收学费，还给孩子发一大笔奖学金，撵在家长屁股后面，追着邀请你孩子去他们那儿上学。那时候，鑫通二中一个年级也就几个班，和周围的学校差别不大。现在一个初一就五十多个班，比过去一个学校的人还要多。就这还不算，人家这几年建的分校，规模更大，挂个鑫通二中的牌子，收费也不比本部低，只是学生低了一个层次。学生和家长给人说出去上的是名校，很有面子。学校钱不少收，到时候统计中考成绩时又不往里边算，学校名利双收，只苦了咱们这些冤大头。可是，明知是这样的，咱们有什么办法？咱们只能去人家那里上学，咱反正到不了国外。”

翠萍说：“店大欺客。你早知道这些，那你还不如让你安国哥给咱们找找关系，咱不学奥数就把孩子送进名校去得了，哪怕多交点钱也行。反正咱们学奥数也没有少花钱。”

玉梅说：“不是那么回事。学奥数是前奏，没有经受奥数的洗礼，孩子很难承受名校的压力。再说了，这惯大的孩子不受点苦也长不大。我安国哥说了，一代人有一代人的烦恼，也许，我们的子女生活在这个时代，注定了要承受祖祖辈辈没有遇到过的磨难。公务员考试中就有一道题目，说是十根长短不同的木棍，长度都是整数，最长的是89cm，且其中任意三根都不能组成一个三角形，问第二短的木棍长度是多少。如果你没有学过奥数中的兔子数列，你就答不出来。就好比‘文化大革命’时的知识青年下乡，身处时代的洪流之中，好多时候身不由己。一些问题一时难以解决，需要时间，我们的孩子赶不上了，但以后的孩子也许就可以受益了。”

翠萍说：“我听说教育部发文严禁幼儿园小学化，你说这能行得通吗？谁爱叫孩子那么早就去学习呀，还不是好小学入学要考试吗？就跟咱们这奥数一样，小升初如果不考的话，谁给我一百万我也不让妞妞去学。不从根子上治病，我看啥招都不顶用。”

玉梅叹息了一声，说：“你也是啥都知道，那你就别生气了。听说国外好多地方都是这样，这是个全球性的问题。这几年，韩国去欧美等海外国家陪读的家庭不断增多，咱们身边不是都有人跑到香港生孩子去了吗？不是有好多人都送孩子去国外留学吗？说不定过几年，咱们也要去海外陪读，见见世面去。”

翠萍笑着说：“你越说越没有边边沿沿了。”

玉梅不以为然，说：“一切皆有可能。”

59 欢喜冤家

班长一早上不停地翻看新闻，小薇问道："班长，你什么时候成了社会观察家了，你把那些新闻当小说一样地看，有啥意思？"

"国家兴亡，匹夫有责。我这叫有社会责任感，你们这些个婆娘蛋蛋就知道把你老汉和娃挂到嘴上，一天就知道看谁的衣服漂亮、谁家娃乖、谁家男人勤快，哪里懂这些国家大事？"班长一本正经地说道。

小薇正要反驳两句，马大姐笑着问道："谁在说我们女人眼里光有老汉和娃？某些人看新闻还不是光看美国9·11纪念日要举行啥活动，还不是和我们这些个娃他妈一样，操心你女儿在美国过得好不好。"

班长笑道："我女儿天天给我打电话，我放心得很。我就是觉得这美国总统太不像话，这枪支怎么能随便当糖一样卖？这玩意儿可不是闹着玩的，走火了可是要出人命的呀！美国那些大学都是花园式的，没有围墙，啥人都可以进来。你说为啥美国经常会发生校园枪击案？那还不是枪支泛滥惹的祸。我给我女儿说学完了赶紧回来，你待在外面我跟你妈操心死了，那些个说话叽里呱啦的洋鬼子你就少搭理，万一语言交流出现了问题，产生了什么误会，或者有什么种族歧视，闹翻了拿着枪胡乱扫射，把人吓死了。"

小薇说："你放你的心吧，人家美国不是你说的那样，人家是最发达的资本主义国家。你女儿博士毕业了，人家肯定不回来了。你看看现在清华、北大的学生一毕业都出国了，有几个呆在国内？"班长打着哈哈不说话了。

玉梅端着一杯热茶过来说："我们租住的小区有一对高级知识分子，两口子七十多岁了，身体都不好，子女都在国外，一人雇一个保姆陪着在花园晒太阳。"

马大姐说："班长，你看见了么？你把你女儿送到国外去念博士，将来老了，也是这样子。你看何总多有眼光，让大伟念个大学，再娶上玉梅这么好的一个媳妇，一大家子四世同堂，天天在一起多热闹。"

玉梅拦住马大姐的话头说："我们家老老少少一摊子，你还看我不够可怜，你还忍心说我？班长的女儿是咱们厂的骄傲，这都读了十来年了，马上就要毕业了，将来你看人家海归博士多风光，你就知道班长的苦没有白受。"

"我是骑虎难下了，当年对娃要求太过头了。娃现在高不成低不就的，我不在乎她将来干啥，只要能经常见面就行。好在，我女儿听话，早早和他们一个读博士的同学结了婚,没有当剩女,我就谢天谢地了。我现在要求不多,一毕业赶快给我生个孙子,让我抱抱,她以前的同学接班的、上技校的、当兵的都在咱们厂里工作,都结婚生孩子了。我说你都三十出头了,你赶紧生一个,趁着我和你妈还能给你带,要是晚了,我们两个老得动弹不了了,看你指望谁去呀!我把这事情想来想去,觉得还是玉梅公公有眼光,当年一直给咱们联系省城的名校,要是当年把合作办校谈成了,那你们也就不用受这陪读的罪了。何总这人既不像一般人那样不注重孩子教育,随便让孩子上个技校回厂里上班就行了,也不好高骛远把孩子送得远远的,漂洋过海,啥都照顾不上。给儿子选媳妇,也不挑那些花里胡哨的,就看上了玉梅这种大方端庄的,你看,现在一家人和睦相处,活得多滋润。"

马大姐、小薇也都夸奖着玉梅,玉梅说:"你们不知道我这几天生不如死,我的罪大得很。明明才上了几天学,我就跑得背不住了,我看我明明上个大学把我也就给交代了。班长,你咋就有那么大的劲儿供出来个博士呢?"

班长笑着摆摆手说:"不值一提,我们那时候跟你们现在不一样。"

马大姐说:"你别不好意思,谁是咱们厂第一个买私家车送孩子上学的?谁早早把孩子送到省城上名校的?谁为了孩子上学早早到城里买房的?"

班长说:"马大姐,你这嘴巴不安锁,你一天咋啥事情都胡说,你老提那些个陈芝麻烂谷子的事情干啥?我那时候也是迫不得已,我骑着摩托送孩子到省城去上课外班,孩子上课,我没有事儿干,就去拉座,一下午赚三五十块钱。到了冬天,天冷得受不了,我就咬咬牙买了一辆便宜车,那时候一升汽油才一块钱,你们没有想到吧?现在,你们谁敢开着我那烂车去接送孩子?估计,早都被孩子赶回来了。"

小薇说:"你的那些光辉事迹,早都被咱厂的人传了个遍,谁不知道?听说,咱厂有人开了一辆破车送孩子上学,孩子离学校老远就要求下车,说是儿不嫌母丑,自己不嫌车低档,但是同学见了会笑话,为了避免不必要的麻烦,不影响他的学习,以后就在这个地点接送他。"

马大姐又说道:"玉梅,你想想班长为了送孩子上学费了多大的神,你现在条件这么好,将来要不供出来一个博士,就说不过去了。"

玉梅说:"饶了我吧,我以为小学陪读了六年,我就大功告成了,上初中我就不管了。现在倒好,罪比原来还大。"

"你再熬六年,上了大学你就真的解放了。"小薇鼓励玉梅道。

"其实,有了娃以后,大人的心就拴在娃娃身上了。啥时候你的心都悬着呢,你操心这操心那,就算孩子嫌你烦,把你顶撞得一愣一愣的,你还得替人家操着心。老话说得好,'父母的心在儿女身上,儿女的心在石头上'。"班长说道。

"养儿才知父母恩。我以前老嫌我爸我妈管得宽,不让我吃这,不让我干那。

我发誓我将来当妈了,我孩子想干啥就干啥,我绝对不打我孩子一下,我什么时候都要对孩子有耐心。结果,盈盈才三岁多一点,我都快要被她烦死了。小小的一个人儿,稍不顺心就哭,哭个没完没了。我那么大的时候,好像啥都不懂,吃饱了安安静静地坐在那儿,她哪儿像是我的孩子,简直是我前世的冤家。"小薇苦笑着说道。

"冤家,孩子就是我们的欢喜冤家。佛说'前世五百次的回眸才会修来今生的擦肩而过',那么,孩子一定是父母前世所深深辜负的那个人,无以为报,只好在今生倾其所有,尽其所能,默默地、心甘情愿地站立孩子身后,看着他一天天长大成人。"玉梅说道。

"还是玉梅有文化,说到了我的心上。孩子真是我们的冤家。你们看淑芬这两天又请假了,依依这孩子越长越让人担心了,养这么一个难缠的孩子比养一百个听话的孩子还难。"马大姐说道。一提起淑芬,大家都有满肚子的话要说,可是又不知从何说起。

明明打电话给妈妈诉苦:"妈妈,今天过教师节,好多家长都来学校了。没有来的家长,都让孩子带来了礼物。我们几个住校的学生没有办法,商量了一阵子,就凑钱给老师买了一束鲜花,太廉价了,太没面子了。"

玉梅听了不好多说什么,就避重就轻地说:"你们还记得给老师送礼物,挺有心的呀!给人送礼物重在于心意,你们送鲜花挺好呀!不要考虑价钱,说钱就俗了。"玉梅这么一说,明明开心多了,便在电话里给妈妈讲起班上的一些趣事。

两人叽里呱啦说了半个多小时,大伟在一旁吃醋地说:"你们娘俩天天打这么多电话,哪里来的这么多话?"男孩都有恋母情结,明明三四岁的时候,有一天晚上临睡时,大伟和玉梅吵了几句,玉梅气呼呼地和明明先睡了。没想到,明明睡了一会儿突然叫爸爸,大伟来到床边,冷不防明明给他吐了一脸口水,说:"坏爸爸,坏爸爸,欺负妈妈。"

有时候,玉梅和大伟开玩笑时就说:"我有我儿子给我撑腰,你可要小心点。"大伟常常拿这娘儿俩没有办法。

60 突然袭击

妞妞的头发三天没洗了,用手一摸,手上便有一股油腻肮脏的怪味。同宿舍的女孩米米来自淮北,一个月才回一趟家,一周只洗一次澡,头发上面老是一股浓烈的异味,妞妞见了她尽量躲得远远的。可是米米不识趣,经常爱坐在妞妞身边说笑话。妞妞躲闪不及,就和她敷衍几句。妞妞的书桌临近窗户,光线好,米米没事儿就在窗户跟前晃荡,妞妞正在思考一道数学题,米米一来,妞妞的脑子就短路了。

米米说:"这么简单的代数题,我早都做完了,你还没有做出来。来来来,别苦思冥想了,我给你讲讲,或者你抄我的也行。"

抄作业这种伎俩,哪里是优等生的所作所为?从来只有别人抄自己作业的时候,从来都是自己嘲弄别人朽木不可雕也,也从来没有人敢在自己面前炫耀过聪明。士可杀不可辱,妞妞直接把米米的作业本抡回去了。

米米自然回敬一句:"狗咬吕洞宾,不识好人心。"然后听着许嵩的歌曲,幸灾乐祸地在宿舍里载歌载舞。其他两个女孩一副事不关己高高挂起的样子,她们三个是一个班的,妞妞班上只有妞妞一个女生住校,老师便把她们安排在了一起。

妞妞丢下一句"无聊",便一个人跑到自习室找明明一块儿写作业去了。

今天过教师节,妞妞给老师去送贺卡,看见其他孩子有送购物卡的,有送字画的,有送美容卡和家政卡的,妞妞觉得有些尴尬,站在老师办公室门口,进退两难。班主任正忙着接待一些家长,抬头看见了妞妞,便招呼妞妞过来,妞妞向老师问好以后,双手递上贺卡,鞠了一个躬,转身退了出来。妞妞觉得自己就像一个做了错事的小学生一样,手足无措。

妞妞在电话里给妈妈说了这事,翠萍安慰妞妞说:"傻孩子,你安心上课去吧,老师会很喜欢你的礼物的。"上课铃声响了,妞妞一节课几乎没有听进去几个字,现在一做作业才发现什么都不会。明明耐心地给妞妞讲了两遍,妞妞总算弄明白了。那几道难题终于解出来了,妞妞高兴地邀请明明写完作业一块儿去吃蛋挞,明明却被几个男孩子拉走了,妞妞好失望。

翠萍约玉梅下班后去看孩子,玉梅惦记着明明的鼻炎没有好彻底,天气预报说明天有雨,想着要给孩子换厚一些的衣服,便答应了翠萍。晚饭去了孩子们喜欢的东东包,李楠请客,妞妞戏说这是女债父还,明明听了会意地一笑。

妞妞和明明都穿着鑫通二中的校服,值班经理说:"你们是鑫通二中的学生?

都是很聪明很了不起的孩子,我希望我孩子将来也能上名校,我送你们一人一个小卡片本。"妞妞和明明喜出望外,简直比中了六合彩还高兴。妞妞的头发盖过耳朵了,害怕被生活老师批评了扣德育分数,饭后翠萍带着妞妞去理发,李楠先去宿舍把妞妞的洋娃娃拿回来,然后再回家打扫卫生。玉梅和明明去买零食。

玉梅和明明提着一大袋零食和一箱牛奶回到了租住的樱花小区。等候电梯时,旁边一位阿姨问明明是不是鑫通二中的学生。这位阿姨与妈妈年纪差不多,可是穿着裙子高跟鞋,化了妆,烫着头发,跟妈妈感觉一点儿都不一样。明明打量了对方一眼便答应了一声,玉梅也微笑着和对方点了点头。

电梯到了二十一层,那人也和玉梅、明明一起走了出来。对方问了一句:"你们是不是陪孩子读书的,我那天早上看见你们匆匆忙忙地坐电梯。"

玉梅想起星期一早上自己狼狈不堪的样子,笑着说:"让你见笑了,我们单位离得远,上班怕迟到。"

"太巧了,我们还是隔壁,我们孩子也在鑫通二中上学,说不准孩子们还认识。"对方说着话,敲门呼唤孩子出来。

一个戴着眼镜、有些腼腆的男孩子探出头来,邻居一把拉出孩子对玉梅母子说:"我姓同,这是我们家磊磊,快叫阿姨和明明。"男孩问好之后,好奇地看着明明。出于礼貌,玉梅也让明明向对方问好。

新邻居热情地说:"这下好了,我们终于认识了新朋友,我也是来陪孩子上学的。我在淮南工作,现在专门来城里陪孩子,你们以后着急上班就让孩子来我们家吃饭。我们孩子不会做题了,也要麻烦你们孩子多帮帮忙。"玉梅和邻居客气了几句,便告辞进了家门。

一回到家,明明就喊叫着要洗澡。玉梅打开燃气热水器,明明哼着歌,痛痛快快地洗了一个热水澡,换上干净的睡衣,抱着妈妈的胳膊嗲声嗲气地说:"我们寝室的胖胖和瘦猴还有馋猫要是看见我躺在老妈怀里撒娇,一定会气得吐血,他们在羡慕嫉妒恨之后,肯定会钻进被窝哭鼻子。哎呀!老妈,赶快给我一杯水,你不知道,我这几天几乎没有喝过水,我们渴了不是喝饮料就是喝牛奶。"

玉梅说:"这样不行,你们怎么这么懒?提一壶水有多重,你明天就自己去打水,渴了不许再喝饮料。我就说呢,你这么爱喝牛奶了,三天就喝完了一箱牛奶。"

明明说:"老妈,你不知道,我们一个同学打水时烫伤了,老师叫我们尽量少去开水房。我念一首打油诗给你听:枯藤老树昏鸦,食堂又在涨价,同学饿成瘦马。夕阳西下,妈妈我要回家。"

玉梅听了忍俊不禁,说:"你们这是歪才,要是把这心思用在学习上,估计一个个都能考上清华北大。"

61 左眼跳灾，右眼跳财

玉兰出院后，继续在汉阳市陪蕊蕊上学，家耀回家的次数多了，家终于像个家的样子了。医生一再叮嘱家耀要好好照顾妻子，绝对不能再惹妻子生气，也提醒玉兰要心胸开阔、乐观开朗，多和朋友家人沟通交流，病就好得快了。玉兰希望自己快点好起来，人一生能有几个三十岁？健健康康，快快乐乐地活着多好。

原来和玉兰在一起教书的一位女老师现在应聘到了名校，听说玉兰生病了，特意从省城过来看望玉兰。这位老师谈起目前的工作状况，喜忧掺半，喜的是待遇确实太丰厚了，跟以前简直没法比；忧的是名校的孩子和家长太挑剔了，总以为自己掏了那么多的学费，就理所当然地挑剔老师，动不动就要求换老师。学校每年都要竞争上岗，压力好大好大。说话间，两人又说起另外一位刚刚离婚的老师，应聘到了名校以后，和学生家长关系暧昧，人家老婆打到学校，闹得满城风雨，实在呆不下去了，只好辞职，学校也把房子收回去了。据说那个学生家长是个阔佬，刚开始包养着她，慢慢地就不稀罕了，后来干脆抛弃了她。她现在城里的学校进不去，回到县城又觉得不甘心，还没地方住，只好到打工仔的学校去了。玉兰想起这位同事以前多次被评为教学能手、先进教师，却因为这事和老公离了婚，而今落得如此下场，真是一失足成千古恨。

朋友走后，玉兰想着自己和家耀的婚姻，心里很纠结。她拿起电话向姐姐说起了那位朋友的遭遇，泣不成声。玉梅劝解妹妹说："不是一家人不进一家门，锅和铲难免磕磕绊绊，吃饭时牙齿也会咬到舌头，一家人就别说两家话了。你看家耀对你也好了，蕊蕊学习又自觉，你有什么想不开的？别把福气拿脚踢走了，好好过你们的小日子，保养好你的身体比什么都强。看在蕊蕊的份上，你也要打起精神好好过日子。过日子不讲什么道理，也不要揪住过去不放，把心放宽展些，只要心情好，啥事都好说……"

玉兰答应姐姐自己要好好地和家耀过日子，不再让姐姐担心自己了。玉梅又说了一些劝告妹妹的话，这些话与其说是给玉兰的，不如说是给自己的。说老实话，玉梅觉得家耀实在难以饶恕，而妹妹也太容易妥协了。

吴老师的身体好多了，母亲说等种上麦子就来陪明明上学。玉梅觉得明明都快放羊了，既不练钢琴了，作业也没有大人督促检查，吃饭穿衣也没有人照看，现在母亲快要来了，玉梅又有了盼头，失眠比原来好多了。玉梅把这个好消息告诉了明明，没想到明明却坚决反对回家住，说是宿舍同学多，学习上可以互相帮助，根本不用大人操心。玉梅本以为明明会很高兴地欢迎姥姥来，哪知道这孩子居然不愿意回家住。跟孩子讲道理讲不通，玉梅也不着急，说不准过几天明明又哭着闹着要求回家住呢！玉梅听说上几级有几个住新宿舍的孩子得了白血病，她打定主意不让明明住校了，翠萍也是这个意思。

翠萍的左眼老在跳，从昨晚开始就不停地跳。俗话说"左眼跳灾，右眼跳财"，这好端端的会出什么事儿？翠萍心想着，对着窗外吐了几口唾沫，去去晦气。电话响了，翠萍一看是学校老师的号码，心里就直打鼓，心想这孩子不知道在学校又闯什么祸了。当老师说妞妞上体育课摔伤了脚，翠萍一时半会儿还无法相信。妞妞像个假小子一样，男孩子敢玩啥她就敢玩啥，很有运动天赋呀，怎么就摔伤了？翠萍和李楠赶忙请了假，驱车到医院去看妞妞。

等到李楠和翠萍赶到医院时，已经过了两个小时，老师和同学已经带妞妞拍完片子。医生要求给妞妞打石膏，翠萍在电话里说那就按照医生的要求办。医院里什么时候都人满为患，李楠找地方停车，翠萍急急火火地往骨科跑。当翠萍上气不接下气地赶到时，妞妞已经坐在轮椅上，右脚包着厚厚一层石膏。翠萍一看见妞妞，顾不上和老师同学打招呼，就一口一个"心肝宝贝"地问痛不痛，怎么这么不小心把自己摔伤了。

妞妞不客气地打断了妈妈的话，低声说："嗯，嗯，嗯。老妈，这里是医院，不要大声喧哗，请你注意自己的影响。"

同学们忍不住笑了，老师上前说："妞妞同学的妈妈，你好，我是妞妞的德育老师，妞妞她们班今天上体育课，妞妞和几个孩子抢篮球时不慎摔倒，造成了右脚外侧第五趾骨骨裂。另外几个孩子互相拍打着肩膀玩闹时，造成一个孩子锁骨骨折，体育老师在那边陪同他们看病。我们没有照看好你的孩子，给你们造成了不必要的伤害，很对不起，孩子的医疗费用由保险公司承担，请你保留好收据和发票。"

老师态度如此诚恳，翠萍反倒不好意思起来，觉得自己应该先感谢一下老师和同学，便客客气气地说了许多感谢话。李楠绕了半天也找不到一个停车位，翠萍告诉他别停车了，直接把车开到门诊大楼前得了，女儿坐着轮椅，走不了路了。

妞妞骨折了，走不了路，上不了楼，怎么才能回到六楼的家里去呢？李楠说："今天我把你背回去，一个月以后等伤好了，我再背下来不就得了。"

妞妞说："不行！你让我一个月都关在房子里，我还上不上学？我要成了我们班上的最后一名我就羞死了，我不憋死也就气死了，我不干！"

翠萍想起了玉梅，就在电话里告诉玉梅妞妞骨折了，上六楼不方便。玉梅一听，二话没说就要叫明明把钥匙送过来，让妞妞住到这边的高层里，这边有电梯，上下楼方便。

翠萍说："那太好了，不用明明送钥匙了，让李楠过去拿就行了。"

62 十五的月亮十六圆

明明听说妞妞受伤了,晚上放学后来看望妞妞,顺便带回来了妞妞的作业本。翠萍和李楠做了一大桌好吃的菜,明明和妞妞吃得直喊肚子要爆炸了。妞妞不能坐太长时间,每天早上上几节课,下午有新课了偶尔去上上,平常基本上不去。翠萍每天推着妞妞去上课,遇到了楼梯大家都帮着抬一抬妞妞,让翠萍十分感激。妞妞好强,生怕自己落下了功课,翠萍特意告诉老师把妞妞的作业和学习资料都交给明明带回来,老师也叮嘱明明帮妞妞补课。

下午一放学,明明就赶回来给妞妞补课,翠萍说:“你干脆吃住都在家里得了,我给你们两个当专职保姆,你们好好学习,争取在你们班上考个前几名。”

妞妞说:“你以为是在电厂,轻而易举就可以考个第一名?这里是鑫通二中,是名校,你要知道我们班上的同学原来都是他们学校的尖子生,我们班的最后一名放在普通学校那都是数一数二的人物。我们拼尽全力考进全校前一百名都不错了,你还要求这么多,真是站着说话不腰疼!”

翠萍说:“你这孩子,我说一句,你就能翻出十句,小心明明笑话你。明明你就回来住吧,你看中午我做饭时多舀一瓢水、多淘一把米就够你吃了。”

明明犹豫着,没有回答。妞妞头一摇,嘴一撇说道:“你老糊涂了,这事儿你不和我阿姨说,跟我们小孩子说什么?”

翠萍恍然大悟道:“对呀,我真是糊涂了!”

翠萍在电话里跟玉梅商量要明明回来吃住的事儿,玉梅说:“不用了,明明住校住习惯了。”

翠萍说:“你看我住你的房子,应该给你房租吧?但是你绝对不要,那你就让明明回来吃住,这样还可以给妞妞补补课,我也可以监督他们学习写作业,权当我求你了,老同学!”

玉梅说:“那让我问问明明,看看孩子怎么说。”

玉梅挂了电话征求大伟的意见,大伟说:“你这菩萨心肠,肯定早就答应了,那就让孩子去吧,横竖也就一个月的时间。再说了,新装修的房子住着对人也不好,明明迟早要回家住,等你妈来了,明明就不用住校了。这个周末我就不过去了,一个屋子住着两家人,不太方便。”

玉梅说:“要不咱们周六过去把明明接回来?老人两个礼拜没见明明了,成天在我跟前念叨明明。”

大伟说：“下个礼拜接，下礼拜刚好要过中秋了，把明明接回来让老人们高兴高兴。”玉梅见大伟答应了，便告诉明明不准淘气，作业要认真完成。

妞妞高兴地坐在轮椅上摇头晃脑地欢呼：“明明不走了，太好了！”

马上要过中秋节了，厂里发月饼，恩华的妻子文雅来领月饼。文雅长得婀娜多姿，说话细声细气，很招人喜欢。玉梅和小薇问她家中有没有困难，要有事儿了，就跟班上说说。文雅说：“家里倒没有什么难处，就是丫丫老喊叫着想爸爸了，每天回来都要问几遍。我想着在厂门口开个时装店，多少赚一点家用，这样恩华就不用出去干活了。”

玉梅说：“好呀，开张的时候告诉我们一声，我们给你放炮，多进点我们能穿的衣服。”

文雅左顾右盼好像在寻找什么，玉梅看了有些疑惑，文雅拉着玉梅边走边说：“你们班上的淑芬姐怎么没来？”

玉梅说：“淑芬有事，最近休假。”

文雅欲言又止，玉梅便说：“你有什么话就说，这里就咱们姐妹两个。”

文雅吞吞吐吐地说：“我去进货，碰见了淑芬老公和我的一位朋友在一起。我没敢和他们打招呼，就躲开了。你和淑芬姐关系好，你提醒提醒她，让她把老公看紧点。”

玉梅心里十分吃惊，嘴上说：“不会吧！怎么会这样？”文雅说：“千真万确，我看得一清二楚。”

马大姐问班长道：“马上要过节了，咱们什么时候去吃顿团圆饭？”

小薇说：“吃什么饭？人都没有到齐，吃饭有啥意思！”

班长说：“咱们今年破个例，等过了国庆恩华和李师回来，咱们全班人都到齐了，咱们给恩华接风，去省城好好吃一顿，怎么样？”大家都没意见。班长用手使劲一拍大腿，说：“那就说好了！咱们忍耐几天，让人家班上先去热闹，咱们过了节后好好庆贺。”

小薇调皮地说：“十五的月亮十六圆。”

马大姐啐了一口，说：“把你美得，我到时候一定要让你多喝几杯酒！”

小薇绕到班长身后说：“班长大人，你要主持公道，有人要公报私仇，要逼我喝酒！”

63　我走错门了吗

餐桌上摆放着鱼香肉丝、手撕包菜、凉拌西兰花、蒜泥黄瓜四盘菜和一盆骨头汤,外加一盘金黄香脆的馅饼。明明在电话里已经把晚饭描述了好几遍,玉梅和李楠到了楼下,明明还不停地催促妈妈快点。

玉梅走进新房,误以为到了另外一个世界。翠萍在房间里摆放了许多花草,餐桌上也摆放了一束香水百合,家里一下子变得温馨浪漫而又富有生机活力。玉梅开玩笑说:"我还以为走错门了,哪里来的这么多花,简直像是到了植物园。"

"当然是我妈妈买的!阿姨,你喜欢吗?"妞妞答道。

玉梅连声说:"喜欢,喜欢!"

明明搂着妈妈的胳膊说:"妈妈,阿姨专门做了我最喜欢吃的馅饼,你闻闻香不香?"

玉梅高兴地说:"我今天终于可以不用下厨就能吃到嘴里了。"

翠萍说:"你们快去洗手,咱们开饭,孩子们都等不及了。"

翠萍的手艺极好,做的凉拌菜和大厨有一拼,玉梅忍不住夸奖了好几遍。妞妞说:"我妈歪人本事大,就算她把我刚骂得狗血喷头,只要她给我一做炸酱面,我马上就奴颜婢膝地投降了。"

李楠说:"你这叫'一白遮百丑',我也是看在你天天钻在厨房里为我们又炒又煎的份上,什么也不跟你计较。"

翠萍说:"算你们俩有良心,我这么几十年的好饭好菜没有白做。"

玉梅讲起明明小时候有一次去翠萍家吃炸酱面,回来让她也做炸酱面,吃面时明明说:"妈妈,妞妞可幸福了。她妈妈天天做炸酱面,她就可以天天吃炸酱面了。我都想去妞妞家生活了。"玉梅为此又做了几次炸酱面,明明才不再说这些怪话了。

明明抵赖说:"不可能,我哪会那么贪吃?"

翠萍说:"这有何难?明天中午我再做炸酱面就是了。你们两个放开了吃,看你们一人能吃多少碗。"明明和妞妞都说好。

饭后,玉梅和翠萍一起收拾厨房,玉梅问翠萍孩子们最近学习怎么样,没有大人辅导能行不。翠萍说:"放心,孩子们比你想的要厉害得多。这名校的老师也确实水平高,上课能带动孩子们。再说了,咱们孩子上课外班等于把初中的英语、语文、数学都学了一遍了,再要是跟不上那就麻烦了。还有,你不知道,这两个孩子在一起好照顾,我省了不少心,我这专职保姆当得可轻省了。”

妞妞腿上打着石膏,坐一会儿就胀得难受。明明推着妞妞回到卧室,斜靠在床上,脚下垫着垫子,写作业看书。妞妞要画图,明明拿过来三角板,两个人嘀嘀咕咕地商量着写着画着。玉梅看了,想起来安国大哥给自己辅导作业的情景,忍不住笑了。有人敲门,翠萍开门一看不认识,玉梅听着像是邻居磊磊妈妈的声音,迎出来一看,果然是邻居同姐。同姐说:“打扰了,不好意思,你们明明在吗?能不能过来给我们家磊磊讲几道题?”

玉梅笑着说:“不知道我们明明会讲不,就让孩子们互相学习吧!”

明明说:“妈妈,你陪着我一起去好吗?”

妞妞在床上喊道:“明明,你快去快回!”

明明和磊磊在书房写作业,玉梅和同姐坐在客厅聊天。同姐削好苹果递给玉梅说:“明明妈妈,咱们萍水相逢,能做邻居,多少也是有些缘分,你说是吧?我也不怕你笑话,我们磊磊基础差,脑子也不太灵光,我们那穷乡僻壤也没有什么好奥数老师,多亏磊磊他爸爸的朋友帮忙,费了很大的神,我们才上了这学校。”

玉梅说:“我们明明也马虎得很,学习不踏实。”

同姐又问:“这几天住在这里的是谁?刚才我还以为走岔了。”玉梅大致说了妞妞的情况,恰好明明讲完了题目,玉梅便带着明明准备回家。同姐递过来一张卡,说是单位发的就餐卡,自己用不了,请玉梅不要嫌弃,拿去和家人一起吃。玉梅坚决不要,同姐佯装生气地说:“你不要就是看不起姐姐了!”玉梅无法,只好收下。

妞妞听见明明回来了,坐在床上大喊:“明明,快过来!”

翠萍拉着玉梅问道:“你们这高档小区和我们的筒子楼就是不一样,我们那里尽是些劳苦大众,你们小区住的全是有钱人,随便一个看起来都来头不小。隔壁那女人,看着就不像一般人,势太好了。”

玉梅说:“可不是,明明给她孩子讲了几道题,人家就给了我一张酒店的就餐卡,说是他们用不了。”

翠萍说:“这好办,明天咱们就去酒店看看,看这卡上有多少钱。”

玉梅说:“先别花,要是钱多了,我想还给人家去,我怕大伟骂我。”

翠萍说:“他们这孩子一看就不是考进来的,肯定是基础太差,要不然怎么会花这么大力气巴结咱们?他们这东西来路肯定不正,再说了人家也是不差钱,给你了你就用吧!”

玉梅摇摇头说道:“不是咱的东西咱不能要。”

翠萍说:“你真是傻到家了。”

64 鸵鸟效应

李楠在厨房准备早餐,煎鸡蛋的香味飘了过来,明明一起床便呼喊着妞妞玩去了,全然忘了隔壁还有一个妈妈。将来,迟早有这么一天明明会离开妈妈,陪在一个女孩身边。玉梅有些莫名的失落,静静地靠在床头感叹着。往常这时候,玉梅一般会在厨房里忙着做早饭,明明和大伟在客厅等待着吃早饭。今天有人代替自己下厨,难得这么悠闲自在,玉梅心里却有些感伤。

吃早饭的时候,玉梅吃得很少。李楠说:“再吃一个煎鸡蛋,我做了五个煎鸡蛋,一人一个,想多吃也没有。”

明明说:“我妈妈不吃油炸东西,我妈妈爱吃饼子夹菜。”

李楠说:“我咋忘记了你是大伟拿烧饼夹菜哄来的!”

明明和妞妞一听这话,立马揪住不放,李楠和翠萍你一言我一句,加油添醋地把玉梅的罗曼史讲了一遍。明明惊奇地问玉梅这是不是真的。

妞妞羡慕地说:“怪不得叔叔和阿姨这么恩爱,再看看你们两个,俗不可耐,一天就知道掐架。”

李楠气得说不出话来,翠萍扬手就要拧妞妞的嘴。玉梅赶紧拦住问翠萍今天都要干些啥。翠萍喘着粗气说:“待会儿李楠在家陪孩子,咱们两个去逛街,中午消费你的那张卡,下午我给咱们做炸酱面。”

玉梅说:“在外面吃饭也行,就是那张卡,我觉得用了不好。”

翠萍说:“那有啥!给你了就是你的,中午就算你请客,反正那酒店就在咱们家跟前,咱不用白不用。”明明和妞妞一听要去吃大餐,高兴地直喊“耶,耶,耶”,玉梅只好答应。

翠萍实在是个闲不住的人,才几天时间,就已经把鑫通二中附近的大街小巷全部摸了个遍。翠萍挽着玉梅的胳膊边走边说:“可把你给盼来了,我看中了好几件漂亮衣服,一直不知道买哪一件才好。这儿还有给孩子治疗近视的店和美容店、美发店,以后咱们就在省城做美容,不要再在咱们厂里做了,一样的消费,城里肯定比咱们那个荒郊野外好。”

玉梅说:“我的美容卡包了好长时间了,老记不起来去做,我先把原来的做完了再说。”

翠萍说:“我还包了一家美甲的卡,人家昨天开业,优惠酬宾,可划算了,我专门等着你今天来了，咱们一起去做指甲。”

玉梅说：“你下午还做饭不？你把指甲弄得五马六怪的，咋做饭呀？这美甲不适合家庭主妇，那都是兴给人家那些小姑娘的，咱们就不去了。”

“瞧你，落伍了吧？爱美丽没有极限，谁说咱们不适合了？你去看看人家那家的老板娘，比咱们大多了，可人家穿戴打扮得像是十七八的大姑娘。你再看人家刘晓庆五十多了，还穿着热裤，年轻得能迷倒大小伙子。”翠萍羡慕地说道。

“你是怎么了，尽胡说八道！咱什么年龄干什么事情，咱冒充一个十七八的女娃娃有啥意思？你喜欢了你去买，你们幼儿园老师可以穿便装，我们要进二门，成天穿工作服，买那么多漂亮衣服也没用。你要是喜欢你去涂指甲，我不去，我闻不惯那种味道，我在这儿等你。我晚上给孩子们做饭，你就像清朝的慈禧太后一样，戴着黄金指套，翘着兰花指，扭扭捏捏地给孩子们讲一讲历史剧吧！”玉梅说完，翠萍只好作罢。

玉梅提议去那家治疗近视的店里去咨询咨询，翠萍说：“那你先陪着我去看看那几件衣服怎么样，我都看了好几回了，老是拿不准主意，今天有你这个高参，你给我挑一件最适合的。”

“你真是一个花钱包子，难怪妞妞刚才还叮嘱我看着你。”玉梅说道。

“这个死女子，一天尽和老妈作对。你不知道，她学完《三字经》以后，说‘人遗子，金满盈。我教子，惟一经’这话不对，我要是把咱家钱买衣服买完了，她就是考上了再好的大学，也上不起。”翠萍笑道。

“你看你把妞妞吓成啥了，你还胡乱花钱买这买那。你上个礼拜刚买了三件，还没有见你穿过，你又买呀！”玉梅埋怨翠萍道。

翠萍说：“我也是受了刺激。你猜猜我上次给妞妞的宿管老师去送礼遇到谁了？我的小学同学，当年的校花，嫁了一个阔佬，如今年长色衰，离婚了，为了陪女儿读书跑来当宿管老师了。所以，女人一定要对得起自己，好好武装自己。心动了吧？心动不如行动，走喽，疯狂大采购去了！”翠萍声音大得让路人纷纷回头观望。

玉梅低着头，拉着翠萍快步走了一程说：“今天，咱又把人丢到省城里了。那一年，咱们去洛阳参加阿邹的婚礼，咱们四个女生和男生走散了，又都没有带手机，龙仔他们让开出租的伙计找咱们，说是在街上看见四个叽叽喳喳的女人绝对错不了。结果人家故意把车停到咱们跟前，问也不问就把咱们拉到了婚礼现场，真是把人丢大了。”

翠萍说：“管他呢！谁也不认识谁，这叫‘鸵鸟效应’你懂吗？到了城里，你想怎么打扮都成，只要你自己高兴，反正又没有人认识你。要不然，城里人啥都敢穿，有人坐地铁穿得暴露的，让人都不敢睁眼，就这人家还理直气壮地说‘我愿意骚，你不可以扰’。”

65 上帝的感觉

翠萍极不情愿地带着玉梅朝"亮目护眼店"走去。一路上,翠萍嘟嘟囔囔地说:"一提起给你明明花钱,你肯定就失去了理智,你小心人家老板一看你爱子心切,说几句花言巧语就把你口袋里的钱骗走了。"不管翠萍说什么,玉梅坚持认为只要能治好孩子的近视眼,花几个钱值得。

翠萍说:"刚才我试衣服时,你不停地催我,让我也没有好好挑选就买了这件。你一天光说我爱冲动,那一年,孩子们上幼儿园的时候,是谁听了人家阶梯英语的宣传,当即就掏了两个月工资给明明买了一箱子学习资料?然后每个月再交几百元学费,上了一年多,花了两万多块钱,跟我们上了五年阿斯顿英语花的钱差不多。谁不知道你平时节衣缩食,但到了娃的学习上,花起钱来绝对是大手笔。"

玉梅自知理亏,辩解道:"哎呀,那时候娃小,糊里糊涂就上当了。你看娃们都挂着一副眼镜多不方便,要是真有灵丹妙药可以让娃们摘掉眼镜,试一试怕啥?"

翠萍说:"你太天真了,治疗近视那是全世界的难题,你不想让孩子近视,你就让孩子少学习多运动。孩子们还不都是从四五年级开始戴眼镜的,那时候孩子们下午放了学,有的孩子还要在学校改错题大扫除,来不及回家吃饭,好多家长就把稀饭、饼子带到学校让孩子们吃了赶快上奥数课。你说咱们上了一天班,陪着孩子上课时一个个都哈欠连天,支撑不住。你再想想孩子们上了一天学,晚上不光要听奥数,回到家里还要写学校的作业,经常到了12点才睡觉,你说他们眼睛能好吗?现在上了名校作业只多不少,这近视度数年年都要增加,眼镜过一年肯定得换。所以,我劝你别花那冤枉钱,没什么效果。"

玉梅央求翠萍道:"去看看嘛!不好了咱走人不就完了?"翠萍拗不过玉梅,只好继续往前走。

两人到了护眼店,只见店里挤满了家长和孩子,翠萍一下子来了劲儿。玉梅不爱凑热闹,一看人多,就拉着翠萍要走。翠萍却已和店员聊得火热,店员热情地邀请玉梅和翠萍去理疗室体验熏蒸穴位疗法。玉梅看见好多中学生坐在那里,眼睛贴在仪器上,正在接受蒸汽熏疗,另外几个店员给孩子们耳朵上粘上珠子,用胶布固定以后,教家长和孩子如何按摩。玉梅看得好奇,店员说:"我们的熏蒸穴位疗法源自《黄帝内经》,是一种安全可靠的中医治疗手法,不打针不吃药,不手术不易复发,效果十分明显。很多孩子在我们这里治疗一段时间后,视力都得到了很大的提高,有些假性近视的孩子已经摘掉了眼睛。大姐,赶紧让你们的孩子加入我们亮目护眼俱乐部吧,孩子越小治疗效果越好。我们承诺,一次入会你们可以一直治疗到18岁,而且我们连锁店很多,各大名校周围都有我们的加盟店,你可以随便在我们的加盟店去做治疗,十分方便。18岁之前,不限次数,欢迎随时光临。你们想想,如果每年给孩子配一次眼镜多么麻烦,如果你给孩子选择了亮目,那么你就可以免去这一项开销,每天几分钟,我们就还你孩子一片明亮的世界。我们的按摩手法十分简单,你学会以后,可以自己随时在家给孩子按摩,十分有效。大姐,告诉你个秘密,我们老板就是陪孩子做眼睛治疗时看准这个商机的。过一会儿,等孩子们做完了,有了空余的仪器,你们可以亲身体验一下,做完以后,双眼真的非常非常舒服。我那天体验了以后,我的眼睛一整天都格外明亮……"

翠萍已经完全被俘虏了,玉梅将信将疑,偷着问了身边几位家长,大家反映都很不错,玉梅也来了兴趣,便很仔细地阅读着说明书。店员热情地邀请玉梅和翠萍去他们经理的办公室体验一番。这是一间装修十分考究的办公室,放着轻柔舒缓的古典音乐,悬挂着典雅华贵的拖地窗帘,玉梅和翠萍坐在舒适的老板椅上,用蒸汽蒸着双眼,感觉美妙极了。

熏蒸完毕以后,店员给玉梅的耳朵上贴珠子按摩。店员很贴心地说:"大姐,你耳朵好硬呀,你是不是休息不好?那我给你贴在治疗失眠的穴位上,我教会你按摩,然后你自己回家再按摩按摩,睡眠质量就提高了。"玉梅一听这话,觉得这位店员还真是懂中医穴位的,便从心底里接受了这种疗法。翠萍耳朵上粘了好多胶布,耳朵被捏得红彤彤的,样子十分好笑。

翠萍低声对玉梅说:"人家一摸就说我这人肝火旺盛,真是神了!我看这东西不错,这么多人都在这儿做,咱们趁着周末搞活动,平常9800,今天优惠到了5800,还外送大人十次按摩。咱们赶紧包了,要不然过了这个村就没有这个店了。"

玉梅和翠萍正在商量的时候,店员招手示意她们过来。玉梅和翠萍到了另外一间没有人的房子,店员压低声音说:"我刚才给我们经理申请了半天,我们经理都不同意,最后说是你们两个人一起来的,那就优惠一百元吧。这可是从来没有过的先例,你们出去绝对不敢乱说。"

翠萍忙说:"没问题!"

玉梅说:"现在就给李楠打电话叫他带着孩子们过来,咱们让孩子们做完眼睛再去吃饭,按摩要空腹做,这样再好不过了。"翠萍给李楠打电话,玉梅要求店员给安排一下,等孩子们一到,优先给明明和妞妞做治疗。店员满口答应,两人当下就刷卡缴费,店员又送给她们一人一个精致的手提包。

翠萍开心地说:"这钱花得好舒心,真是体验了一回当上帝的感觉。"

66 有苦难言

下午的阳光慵懒而温馨，斜射在阳台和客厅里，一切显得那么安静柔和。

明明已经写了一个多小时的作业了，玉梅端过来一杯热水让明明喝几口休息一下，明明说："我不累，作业太多了，我才写了这么一点儿。妈妈，你能想象得到吗？我们同学里有很多人把学校作业和课外班的作业全部写完以后，还自己给自己布置作业，我好有压力呀！他们课间十分钟的时候还常常坐在那里学习，我们去楼道里转转都觉得有罪恶感，好像浪费了大好时光一样。"

玉梅笑着说："你坐好，我给你按摩耳朵。你可别学成他们那样子，那样就成了书呆子。课间休息就是要你们放松放松，你可千万别弄成一个学习机器了，痴痴呆呆，一点儿也不活泼可爱。"

明明说："人家孩子都说他们家长一天逼着他们去学习，你倒好，劝我少读书，说出去谁会相信。"

"过犹不及，过犹不及，你明白吗？你这孩子故意装糊涂！"玉梅和明明正说笑着，隔壁传来翠萍和妞妞的争吵声，玉梅和明明会心地一笑。

李楠走过来说："主任让我回去处理一起缺陷，你现在回不回？"

"妈妈，不准回去！今天才礼拜六，你陪我嘛！"明明着急地说道。

玉梅说："那你先回，我明天再想办法。"

翠萍说："明天英俊和亚荣送孩子回学校绕道过来看妞妞，到时候你和他们一块儿回去。"明明和妞妞听说思思和涛涛要来，非常高兴。

半个多月不见，思思和涛涛好像一下子长大了许多，四个孩子围在一起，自有他们说不完的话。亚荣和英俊一进到房子，先看了看妞妞的腿，大人们正在说骨折后如何养伤的话时，几个孩子已经前呼后拥地钻进了明明的卧室，把门一关，叽叽咕咕不知道说些什么。

玉梅招呼大家吃水果，亚荣提议要到各处参观一遍，英俊边看边赞叹说："好地方，这房子一看就是精心收拾，准备自己家住的。"

亚荣带着挑唆的口吻说："这么大的房子，住一家人多亏呀！现在不是流行拼车、拼孩吗？你们干脆把明明和妞妞拼在一起养得了，这样要省多少事儿。你看，思思和涛涛在一起上学，我们两家轮流着接送，省了不少麻烦。"

玉梅淡淡地说："一个孩子难养，孩子太孤独寂寞，老是缠着大人陪他们一起玩。明明老要我们陪他下棋、打球、跳绳，大伟陪他还可以，我这水平陪他玩一会儿，他就嫌我敷衍他。”

翠萍怕玉梅误会，忙说：“我们妞妞就是幸运，要不是有玉梅的电梯洋房给我们救急，光是上下楼就把人难住了。咱厂好几个人的孩子住校，大人想孩子了就过来把孩子接出来住招待所，够麻烦的了，我们多亏有玉梅帮忙。”

玉梅说：“互相帮忙，要不是你给娃们做饭吃，前几天学校发生食物中毒，明明也难以幸免。”

亚荣很感兴趣地说：“名校也有这事，那报纸上咋没有登呢？”

翠萍神秘地说：“不光是咱们才听说，那些中毒住院的娃们当时也不敢给家长说，这话听听就行了。”

英俊说：“这娃到省城上学就是叫人操心。唉！涛涛一走，我俩一天也不做饭，胡乱凑合着一吃就对了。这娃们一上学，咱们大人也见不上面了。过去咱厂人见了面就问‘干啥去呀’，现在成了‘你跑娃着没’。周末你到省城来陪娃，我把娃从省城接回来，咱们也算是赶时髦，过上‘双城生活’了。”一语未了，大家都笑了。

翠萍问涛涛在那边上学适应不，亚荣懊恼地说：“我们把孩子转过去，真有些后悔。高科一中离厂里太远了，单趟开车就得一个半小时，坐公交就得三四个小时，我们没办法只好让孩子住校。这才住了几天，涛涛就一天翻墙往外溜。老师不让我们住校了，我们正要租房。”

英俊说：“我们就是图高科一中管理严格，孩子们在学校一整天都不出校门，这样大人放心一些。谁知道涛涛野惯了，根本关不住。再说了，这学校一个宿舍住十几个孩子，住宿条件太差了，还爱补课，礼拜六经常不放假，孩子回家呆不了一会儿就要走，烦人得很！”

玉梅说：“我们明明刚开学，还没有补课，好像国庆节后就要开始补课了。文文在西京大附中，好像老师抓得也挺紧。”

亚荣说：“文文他们学校没有宿舍，外地孩子都租房，那边房子比你们这边还要贵，你们这边还算不错。”

“我那天见了文文妈妈，她诉苦说他们天天来回跑，招不住了，准备几家人拼车。”翠萍说道。大家都认为这是个好主意，资源共享，互惠互利。

英俊问玉梅孩子的作业多不多，玉梅说：“S班（重点班）的作业大约要做到晚上11点多，E班（英语班）的作业大概不到12点，普通班作业量更大，好像要到12点多才能完成。”

“那比我们学校好一些，我们涛涛天天晚上写完作业再给我打电话，经常都是到了12点才睡。我真担心孩子身体受不了，这些孩子上名校要比普通孩子辛苦很多。”英俊感慨地说道。

亚荣不以为然地争辩说：“少壮不努力，老大徒伤悲。你看看清朝那些皇帝教育皇子的时候，从五六岁入学，天天都是黎明即起，一日两餐，习武读书两不误，而且一年四季都没有寒暑假，比咱们孩子更辛苦。”

“人家那是培养未来的一国之君，咱们平头老百姓，犯不着和他们比较。咱就一个娃，咱不心疼谁心疼？再说了，书读多了，脑袋瓜就中毒了。你看清朝那么一大群熟读圣贤书的大老爷们，愣是整不过慈禧这么一个小女人。”翠萍说完这话，把大家给逗笑了。

亚荣眼尖，看见桌上摆着笔记本电脑，锐声问道：“玉梅，我的天！你还真把这儿当家了，你给孩子还配上电脑了？人家租房子陪娃读书，屋里都没有电视电话，你可倒好，电视电脑一应俱全。”

玉梅平静地说：“我妈过几天要来，我害怕老人孤独寂寞，有个电视看能好一些。再说了，人家这房子里电视冰箱洗衣机样样都有，我哪能把人家的东西搬出去？电脑是我从家里带来的，明明要下载歌曲查资料。”

亚荣撇撇嘴说：“难怪我们涛涛成天说他羡慕明明有个好妈妈，大家都不让孩子上网听歌，你倒好，还提供方便。”

玉梅耐心地说：“你要换位思考。孩子和咱们一样都是人，你说人不可能光学习不干别的事情吧？咱们大人看见流行什么东西都想要跟风去买，孩子也一样。人家孩子都拿着手机听歌，咱家孩子肯定也想听，你不帮他下载，他自己想方设法也会下载，这样反倒更影响学习。不如你主动给他下好，他还高兴地说你和他有共同语言，没有代沟。”

“理解万岁！这下你知道明明为啥这么乖巧了吧？你成天和孩子反着来，还怪孩子爱逆反。”英俊说道。

“你嫌我不会管娃你就直说！”亚荣板着脸反击道。

英俊说：“你就不把娃当人看，麻老师打娃，别的家长都反对，就你说打，不打不成器，娃害怕挨打就知道念书了。”

“你不也是一样地打？”亚荣反唇相讥道。

翠萍怕他们两口子吵起来，赶忙打起了圆场说：“有个性的娃将来都有出息！”

英俊无奈地说：“你们不知道，这话我在家里不敢说，我一天面对一个更年期的老婆和一个青春叛逆期的孩子，我谁也得罪不起，有苦难言呀！”

67 有一个人爱你那朝圣者的灵魂

不知道从什么时候开始,省城就变成了一座“堵城”。玉梅带明明上课的时候,经常要早出晚归,尽量躲开上下班的高峰期。今天周末,翠萍想着六点以后二环不会拥堵,便挽留大家吃了一顿便饭。可是,谁也没有想到,晚上依然拥堵不堪。

起初,大家还有心情欣赏路边的霓虹灯和周围的车辆,渐渐地就不耐烦了。亚荣烦躁不堪,嘟嘟囔囔地抱怨个不停。孩子们担心回宿舍晚了,被生活老师批评。玉梅说:“别怕,给老师解释一下,不会有事。”玉梅怕大伟和父母操心自己,便给家里打电话说明了一下情况。

英俊气愤地骂道:“咱们没车时羡慕人家屁股底下压着四个轮子的,看人家一脚油就不见人影了。等咱有车了,好像全世界的人都有车了,咱又成了羡慕两条腿走路的了。这么牙长一段路,咱走早都走到了,愣是叫人把汽车开成了蜗牛。”

玉梅回到家,已是夜里十点半了,大伟放好了洗澡水,等待着玉梅。坐车时间太长了,玉梅有些晕车,简单冲完澡,坐在沙发上便不想动弹了。大伟给玉梅吹干头发,关切地问玉梅哪儿不舒服,玉梅似乎就连说话的力气都没有了,哼哼唧唧地说:“我晕晕乎乎的,就想在咱家床上好好睡一觉。”

大伟扶着玉梅到了卧室躺下,开玩笑说:“你这失眠叫‘环境选择性失眠’,以后我不值班就陪你去省城,咱们也买一张跟咱家一模一样的床垫,管保你从此高枕无忧。”大伟还想再说一些什么,看见玉梅没有反应,原来玉梅已经睡熟了。

大伟本想给玉梅说说这几天太奶又生病了,父亲的高血压也犯了,自己跑了四五趟医院。可是玉梅睡得那么香,大伟不忍心打扰。这几日,大伟切切实实地感到了生活的重负,仿佛突然从金字塔的顶上跌落到了底部,一时难以承受。原来家务事一直都有玉梅顶着,大伟根本不知道照顾三个老人竟然如此繁琐。自己照顾了几天老人就快要崩溃了,真不知道玉梅这么多年是怎么熬过来的。

大伟深情地凝望着妻子,突然想起了叶芝的诗:“当你老了,头发白了,睡意昏沉……多少人爱你青春欢畅的时辰,爱慕你的美丽,假意或真心,只有一个人爱你那朝圣者的灵魂,爱你衰老了的脸上痛苦的皱纹。”

大伟情不自禁地想起了十七年前追求玉梅的情景——那时候,大伟刚刚从大学毕业,人人都夸何总的公子是位青年才俊,玉树临风,风度翩翩,前途不可限量。大伟从小在发电厂长大,大学又是在省城读的,几乎没有出过远门。毕业时,大伟心仪已久的女朋友去了南方，他多么想随她而去，可是父亲非要安排他回厂里工作，这让自视甚高的大伟差点郁闷死了。

那一年，正是滨河电厂四期项目试运的时候，厂里招收了一百多名大学、中专、技校学生。电厂实行半军事化管理，入厂教育一个月，天天听课军训，不是观看录像，就是列队跑步、打靶射击。每天大伟军训完了，已经累得筋疲力尽，回到家里还有更烦人的事情在等着他——经常有热心的叔叔阿姨给他介绍对象，姑娘们的照片放了一摞一摞，任他随意挑选。更令人啼笑皆非的是，有些女孩子专门在他回家的路上等他，远远地见了他就装作偶然遇见的样子，带着夸张的表情和他打招呼。大伟觉得这些人的做法十分可笑，可是母亲说电厂这么偏僻，男女比例严重失调，分来的女孩子少，要赶紧找一个先了解一下，要是行动晚了，僧多粥少，好姑娘就让人挑完了，要是在厂里找不着对象，那就得去外面的单位找，结婚以后两地分居，会有很多问题……大伟为此苦恼不已。

大伟不看照片，女生宿舍也不去，叫他参加舞会等社交活动他理也不理，这可急坏了大伟母亲。大伟母亲只好请大伟父亲出面解决此事。大伟父亲一天到晚忙着扩建的事情，根本无暇顾及这些婆婆妈妈的事儿，可经大伟母亲一提醒，他马上意识到这件事情的重要性不亚于四期扩建。大伟父亲立即叫人把新分来的大学、中专女学生的档案送到办公室。他利用一个下午，仔细翻看了所有女学生的档案，发现只有三个女孩基本符合他的条件。下班时，大伟父亲把这三份档案带回家让大伟母亲挑。大伟母亲对这三个女孩都很满意，就让大伟自己挑。大伟没兴趣，父母亲气得无话可说，只好再搬太奶当救兵。

太奶劝大伟说："你就假装答应你爸妈，反正你天天和这几个女孩子在一起训练，照片上看得不准，不如真人实在，你就留意一下，要不然好姑娘让人挑走了，你后悔咋办？"大伟听了太奶的话，开始有意无意地观察起这三位姑娘。

其他两位姑娘明显地向大伟表示了她们的好感，玉梅却像一个傻子一样，对大伟一点儿反应也没有，反倒激起了大伟的好奇心……

那是一个多么烂漫纯真的年代，自那以后，电厂就再也没有那么多新来的年轻人了。最近几年分来的都是复转军人和双退顶招的子弟，总共十来个人，分到了各部门，就像一滴水滴进了大海，几乎悄无声息，引不起什么波澜。

如果不是国庆节时玉梅生病住院，自己也许就真的放弃玉梅了。大伟想到了这里，一股睡意袭来，他带着微笑进入了甜蜜梦乡。

68 家里出乎意料的安静

淑芬回来了，大家都围着她说话，玉梅打趣说："咱们的碰头会越开越早了。"

小薇说："玉梅姐，没有了你这个高参，我们还开什么碰头会。"

马大姐说："玉梅，你过来给淑芬拿拿主意，看看淑芬该怎么办？"

班长说："你们就别瞎掺和淑芬的家务事，人家淑芬老公不想上班和你们几个有什么关系？再说了，淑芬老公已经办了离职手续，铁了心要走，就是九头牛也拉不回来，你们现在说这话还有什么用？"淑芬低着头，满面愁容，黑瘦了许多。

玉梅不好接话，便招呼淑芬说："你回来了，咱们发的东西都给你在班上放着，等下班时给你送回家。"

班长说："刚好，我要给大家传达一下公司的会议精神，大家都过来，我说说供热的事儿。大家知道，这几年煤价上涨过快，新建电厂日益增多，咱们公司这几台设备老化，发电煤耗较高，加之咱们离城市比较近，政府部门对咱们公司的清洁生产提出了很多新的要求，所以咱们近几年技术革新力度很大，环保投入也很大，生产成本也在逐年加大。面对这么严峻的生产形势，咱们公司领导高瞻远瞩，提出了'求生存，图发展'的战略目标。咱们要认清形势，主动出击，近水楼台先得月，要充分发挥咱们距离城市近的这个优势，积极开拓供热市场，实现由单一的火电企业向热电联产的综合型企业的转型。所以，这几年大家要同舟共济，艰苦创业，等咱们的供热项目建成投产以后，咱们的前途还是很光明的。眼下，咱们新建的供热项目已经开工，各部门一定要保质保量地完成自己的任务。安装设备、架设管道、敷设电缆，工作量都很大，咱们人手紧张，大家的年休假都已经休过了，有事尽量自己想办法下班后处理，最好不要请假。咱们工作任务繁重，各个小组要互相配合，不能拖延工期，当天的工作任务一定要当天完成。"

马大姐招呼着小薇、淑芬去现场干活，班长和其他班员也都相继离开了。玉梅清扫了班组的卫生专区，整理了一番库房，碰见隔壁班组的库管员，两人隔着楼梯说了一会儿闲话。对方有意打探淑芬老公的事情，玉梅含糊了几句。

对方神秘地说："你可能不知道，淑芬老公陪孩子读书时，在省城泡了一位富姐，人家辞职是去赚大钱，可怜淑芬还蒙在鼓里。你们也要把淑芬提醒一下，不要光把注意力放在孩子身上，还要把老公和家里的钱财看紧点，现在的人都让人捉摸不透，万一那个富姐贪财好色，心狠手辣，不择手段，将来吃亏的还是你们淑芬。"

玉梅谢过对方，刚回到班组，班长就打电话让玉梅订盒饭，中午男人们加班干活，不休息。玉梅赶紧统计好人数，然后去餐厅送饭单。

快下班时，马大姐她们回来了，玉梅给她们一人泡了一杯热茶。小薇喝着茶喊叫着说："我快累死了，偏偏盈盈上了几天幼儿园就病了两次，上周五又发烧了，她们班上孩子大多都是疱疹性咽炎，医院里都是她们这一拨孩子在打吊针。"

玉梅说："孩子刚入学都不适应。我三妹玉竹的孩子刚上小学，老师天天晚上要求孩子们办一份手抄报，孩子一写就到了晚上十一点。小学语文嘛，要先把最基本的字词句学好，再学作文，现在是不会走就想飞，弄颠倒了。有些孩子已经厌学了，有一个死活不愿意上学，天天要姥姥带她去医院里吃药打针。"

小薇说："一年级能认几个字？这手抄报说白了还不是给家长布置的。"

淑芬抱怨说："上头动动嘴，下头跑断腿。我上班累死累活，下班还要管娃，我哪儿还像是个女人，我简直比一个小伙子还顶事！"

马大姐说："你们没看见班长他们中午都不休息？班长对咱们几个够照顾了，让咱们都回来歇一歇。"

玉梅心想，以往遇到这种事儿，就数马大姐最爱发牢骚，可如今她却说出这番话来，看来，人还是要肩上有担子才会进步。

这一周玉梅忙得要死，人一忙起来，时间过得就特别快，转眼又到了周末，玉梅要值班，大伟也忙得不可开交，翠萍提议说："让明明呆在省城算了，孩子们周六早上要补课，回家也呆不了多长时间，我一个人带两个孩子没问题。"

玉梅说："老人都想孩子了，早都盼着星期六这一天了。"翠萍便托其他同事把明明捎了回来。

太奶天一凉就容易咳嗽，大伟母亲特意给婆婆熬了润肺的百合汤，太奶让多熬点，等明明回来也喝一些。大伟父亲最近血压不稳定，早上不能出去锻炼，就在家里练练毛笔字。今天早上，大伟父亲写了一副对联——"是命是运兮，缓缓而行；为名为利也，坐坐再去。感觉大有长进，想等明明回来了点评一番。大伟母亲一大早起来买菜做饭，忙忙碌碌一早上做好了一桌菜，等着宝贝孙子回来吃。

12 点钟，玉梅和大伟都下班了，全家人围坐在餐桌边等候着明明。玉梅的电话打了无数遍，同事总说城里堵车没办法，他们带孩子们去吃完西餐再回来。老人们失望至极，大家闷闷不乐地吃了顿中午饭。

上班路上，小薇碰见玉梅便问明明回来了没有，玉梅唉声叹气地说："就为明明坐了别人的车到现在还没有回来，闹得一家人吃啥都没有胃口。"

大家都下现场了，玉梅开始统计考勤，一看淑芬和自己这两个月几乎把这几年攒的换休全部休完了，不免担心以后给班长请假就难以开口了。四点多钟，明明终于回来了，玉梅在电话里听见家里十分热闹。离下班还有一个半小时，玉梅的心早已飞回了家中，可是班上工作这么忙碌，万一运行设备出了问题，运行人员打来电话联系消缺,班上没有一个值班人员接听电话是绝对不行的。

班上的电话响了,玉梅挂了翠萍的电话,接起来一听是运行人员通知缺陷,赶忙用笔认真地记录下来。检修人员最烦快下班时去消缺,可是这个缺陷很紧急,玉梅不敢怠慢,随即打电话联系班长汇报缺陷。

班长犯愁地说:“人都忙着干供热,哪里还能分出人手去消除缺陷,这样吧,我抽一个人过去消缺,你上 MIS 系统做好缺陷登记,我们消完缺陷回来自己填写处理结果。一会儿马大姐她们几个就回来了,到了下班时间,你们几个先回,我们加班加到几点也拿不准。”玉梅谢过班长,整理好台账,等马大姐她们换下工作服,几个人结伴一道回家。

家里出乎意料的安静。明明正在写作业,坐着叫了一声妈妈就又埋头写作业了。玉梅满以为儿子一个星期没有见自己了,回到家里肯定要撒撒娇,说一些想念妈妈之类的肉麻话,谁知道明明一句“妈妈”就把自己打发了。大伟母亲抱怨说:“明明的作业太多了,一回到家丢下书包,喝了几口水,脸也不洗,和我们说不了两句话就写作业去了。你奶奶生气得都不想吃饭了。以后,还是咱们自己去接孩子好,几个孩子放学时间不一样,人家接了四个孩子肯定耽搁了不少工夫。”

大伟父亲不快地说:“明明的手机不停地响来响去,一会儿这个问作业,一会儿那个叫出去过生日。我听得心烦,就让明明把手机关了。小孩子带着手机影响学习,你们以后要限制明明用手机。”

玉梅本想说人家孩子三四年级都拿着手机,明明上中学才用上手机,可一看大伟父亲的脸色,她忙回答:“是,是,是!”

晚饭时,明明要玉梅给他找找看家里有没有可以送同学的礼物,说是思思今天过生日,恰好大家都回来了,就去给思思庆贺一下。过完生日,还要去看望原来的班主任张老师。玉梅想起家里有玉竹给的密码本,就找了出来给思思做生日礼物。明明正吃着饭,涛涛过来敲门,等着和明明一起去思思家过生日。明明无心吃饭,玉梅看孩子们兴致很高,想着孩子们难得在一起玩,就帮着明明给思思写好祝词,叮嘱明明去了不要喝饮料,早点回来洗个澡。

11 点多,明明终于回来了。大伟有些不高兴,可是明明眉飞色舞地说着他们和张老师的谈话,而且越说越激动,甚至手舞足蹈,大伟受了感染,便不忍心责怪明明了。明明侃侃而谈,自信阳光,神采飞扬,玉梅突然觉得明明长大了,浑身散发着一种翩翩少年的风采,她像欣赏一件艺术品一般看着自己的儿子……

已经 1 点多了,大伟催促明明快睡,明明意犹未尽,可一想起明天还有那么多的作业要写,眼睛一下子失去了光彩,像泄了气的皮球,蔫搭搭地没有洗澡就去睡了。

69 闲传少谝,咱们上工走

现场生产任务繁重的时候,检修人员就免了做早操,大家直接到班组集合。班长每天总是第一个到班上,打开窗户,浇浇花草。玉梅老远看见班上的窗户大开着,便和小薇开玩笑说:"咱们班长今天这么早就到了,这窗户一开咱们的接头暗号就对上了。"

小薇说:"我今天是保姆来得早,我终于早到了一回,没想到班长天天都来得这么早,真是劳模,今年评选'十佳员工'咱们都去给班长拉票。"

玉梅和小薇到了班上,发现班长、马大姐、淑芬都早到了。班长和马大姐来得早,没什么奇怪的,可是淑芬也来这么早就有些令人匪夷所思。小薇问道:"淑芬姐,你今天咋来这么早?你昨晚睡没睡觉,怎么这么早就从汉阳市赶回来了?"

淑芬苦笑了一声,马大姐说道:"淑芬孩子现在大了,不用大人陪了。"

班长说:"告诉你们一件事情,你们最近都要注意一下,要是有人打电话说法院有你的传票,让你们通过银行汇钱,你们可千万不要相信那些坏人。"

小薇说:"这就跟拿着艳照敲诈一样,人家那是勒索贪官污吏的,咱们普通百姓身正不怕影子斜,没做亏心事不怕鬼敲门,你这话要往上反映,不用给我们讲。我也不怕你笑话,我们家每个月还完房贷,给我们盈盈存完学费,就一穷二白了。我们家要是来了小偷,都会被小偷嘲笑一顿:见过穷鬼,没见过这么穷的穷鬼!"

马大姐说:"肥猪也哼哼,瘦猪也哼哼。又没有人向你借钱,你就别喊穷了。你们两口子养一个娃,两家大人都是退休职工,都领着养老金,哪里像我们双方父母都是农民。"

淑芬向来安静,如今更加寡言少语。玉梅坐在淑芬旁边,关切地说:"淑芬,依依刚刚转学,你还是多去汉阳陪陪孩子,女孩子大了,当妈的就有了操不尽的心。你老公刚到省城,估计也很忙,顾不上管孩子,你们一家三口分了三处,也不是个办法。你不行了就把老人接过来,晚上给依依做个伴。还有,你老公做生意,可能需要的启动资金大,你可要把把关,哪怕是去到外面想办法筹钱,也别把你们的存款全投进去了。依依这几年上学,正需要钱,啥时候都要把娃放在第一位。你可一定要把钱袋子捂紧,把工资卡放好。"

淑芬点点头,小薇凑过来,意味深长地说:"男人是耙耙,女人是匣匣。淑芬姐你可要把你们家的人和钱都看紧了,千万不能当甩手掌柜,你老公赚了钱了,这账你可一定要管,你没听人说‘男人有钱都变坏’吗?”

马大姐不屑一顾地说:“那是肯定的了,还用说吗?我们同学聚会,每次都是那几个做生意的老板同学埋单,吃吃喝喝然后再去K歌,去的都是省城最高级的商务会所。我们去了,歌厅那些小姐就坐在我那几个老板同学大腿上不走。我们同学拉下脸说今天来的都是同学,不需要你们服务,可那些小姐像苍蝇一样赶也赶不走,不情愿地坐在旁边搔首弄姿地唱上几首酸曲,还要和我们喝酒,我们没人搭理,我们同学塞了一些小费,她们才一扭一摆地出去了。我要不是为了我们孩子将来着想,我真不想参加这样的同学聚会。人家都是一些财大气粗的大老板,光是一张K歌卡上的钱都够我赚半年的了,去了心里太不平衡了。”

玉梅说:“一个人有一个人的活法,他们做生意应酬多,有时候身不由己,挣两个钱也不容易。说不定他们还很羡慕咱们这种两点一线的简单生活呢。”

班长感慨地说:“咱们工人阶级,现在真正沦落成了社会最底层的无产阶级了。你看农民失去了土地,‘被上楼’以后还有征地补助款;城中村改造以后,家家分钱又分房,有钱又有闲;做生意发了家了,举家搬到了城里,人家这叫‘响应政府号召,早日实现城镇化’。就咱们工人老大哥,被下岗再就业折腾了个半死,一天不生产就要喝西北风去了。”

大家都无奈地摇摇头。玉梅说:“‘劳心者治人,劳力者治于人’,自古如此,哪朝哪代都一样。”

小薇说:“你们没听过人家说没有学好English当了工人?才明白这外语的意思是——应该累死。”

马大姐说:“关键问题是咱们即使把English学得呱呱叫,还是‘应该累死’的命,悲哀呀,悲哀!你的名字叫‘生在中国’。”

班长说:“闲传少谝,换好工服,戴上安全帽,上工走!”说完,率领着大家走了。

班里只留下玉梅一个人,玉梅看见门前的柳树叶落了一地,便拿起扫帚开始扫地。洗衣机旁,堆放了好多油腻腻的工作服,一次根本洗不完。玉梅分门别类整理了一下,把一些放进洗衣机里洗了起来。不时有电话联系消缺,班长又让玉梅联系送盒饭,零零碎碎的事情接二连三,玉梅一个早上跑来跑去几乎没有消停过。

晚上厂里要举行大合唱,下午班长让小薇和玉梅在班上再练习练习。玉梅和小薇跟着电脑学唱了几遍,电话响了起来,运行设备又出问题了,玉梅赶忙向班长汇报,班长让玉梅和小薇把工作票和备品马上拿过来。

小薇说:“我还以为今天下午能安生一阵子,咋有这么多事?这些小事情真磨人,还不如让我去现场干活整整端端。”

70 好心情烟消云散

玉梅和小薇本来在美容院预约了化妆，可是今天下班晚了，美容院里人满为患，根本排不上队。小薇说："咱们好不容易穿一次晚礼服，必须要化妆才能上得了台面。要不这样吧，玉梅姐我给你化，你再帮我化。"

玉梅说："你的化妆品全不全？我这里只有一盒眼影。"

小薇说："我这里样样齐全，就是没机会使用，都快过期了。今天刚好发挥一下余热，也算我没有白花钱。你把东西带好赶紧到我家里来，我给你化妆盘头。"

小薇很仔细地给玉梅打粉底，玉梅看着镜子里映出的两张脸，感慨地说："岁月不饶人，看你的皮肤多细嫩，年轻真是好呀！"

小薇说："你的皮肤光泽度挺好，我比你小八九岁，我要到了你的年龄有你这么一半我就谢天谢地了。"盈盈不时跑过来好奇地看看这个，翻翻那个，拿起口红要妈妈给自己抹红嘴唇。盈盈穿着一件白毛衣，套着自家做的大红缎面马甲，越发显得粉妆玉琢，乖巧可爱。玉梅看着盈盈讨人喜欢的样子，突然想起自己流掉的那个孩子，心中生出一股子难以名状的伤感。

两人好久不化妆了，笨手笨脚地化完妆盘好头，远看效果还不错。等到两人换好晚礼服闪亮登场后，引得小薇老公不停地夸赞说简直是大牌明星、晚装女王，说着换了好多角度给两人拍照留念。小女孩都爱臭美，盈盈一会儿把小薇的高跟鞋穿着"踢踏踢踏"地走来走去，一会儿又把衣服上镶的水钻珠花摸来摸去，脸上露出一副爱不释手又有点嫉妒的表情，过一会儿又缠着玉梅和小薇也要穿上这种亮闪闪的漂亮衣服去舞台上表演。小薇和玉梅各抱着盈盈照了好几张照片，小薇打趣玉梅说："你要是再生个女儿，绝对是个大美人。何总这会儿在现场加班，他是没有看到你抱着盈盈幸福的样子，他要见了，无论如何也要让你再生一个女儿。"

玉梅说："我刚才就是这么想的，我要真有这么乖巧的一个女儿就好了。"

小薇说："你没有看看人家×××比你大两岁，不照样生了一个女儿？"

领队催问玉梅和小薇打扮好了没有，啥时候可以出帘子。玉梅笑道："我们穿成这样出去怕让人笑话，这晚礼服还真不是咱们工人穿的，我们马上就到。"

玉梅和小薇遮遮掩掩地出了门，看见大家都已经列好了队。不知谁喊了一句"美女，美女，快看我们的大美女！"大家都跟着起哄喊叫着"美女过来和我们照个相"。玉梅羞得捂着脸，心儿扑通乱跳，赶忙站到了队伍里面，热切地等待着演出开始。

晚会在雄浑豪迈的国歌声中拉开了帷幕。首先出场的是燃运支部代表队,平日里与煤炭打交道的他们今天盛装登场:女士们身着曳地长裙,男士们白衬衣红领带,令人眼前一亮。紧接着出场的是发电党支部代表队,他们常年奋战在生产一线最艰苦的岗位,肩负着公司的发电重任。平日里他们日夜倒班,生活很不规律,合唱训练难度可想而知。机关党支部代表队男士们西装革履,女士们裙裾飘飘,唱响了《团结就是力量》。离退休党支部代表队用精心准备的《天路》和《红旗飘飘》,热情讴歌了伟大的中国共产党,把全场的气氛推向了一个高潮。当一面巨大的五星红旗在台上挥舞起来时,台下无数面小红旗也随之舞动,欢呼声、叫好声、热烈的掌声经久不息。

"他们曾经是和我们一起并肩战斗的师傅和朋友,如今他们是悠闲从容的爷爷奶奶。桑榆情深,夕阳最美,今天他们是最深情的歌手,是历史的讲述者。今天我们的晚会不像是一场比赛,更像是所有人的联欢。谢谢叔叔阿姨们带给我们的感动和美好。"主持人亲切的话语引起了全场共鸣,掌声再度响起。

接下来该玉梅他们出场了,主持人用充满激情的语调报幕道:"检修支部的成员们最近正在进行 #2 机组 A 级检修和供热改造,练歌时间非常有限。他们褪去油腻的工作服,穿上节日的盛装,惊艳得让人不敢相认。"

一曲唱罢,掌声雷动,玉梅按捺着激动的心情,随着大队人马回到了座位上。不知不觉间,11 个代表队的合唱已经全部结束,公司工会职工舞蹈队的美女们又前来助兴。玉梅刚刚从歌声中回过神来,突然听见旁边的人在说艾云,她竖起耳朵听着。

一个人指指点点地说:"看,艾云就是坐在前排那个新来的。你看清了没有?"

"好像是吧。听说,她恋爱故事丰富多彩,跟好多男孩谈过,号称'排长'。那么多优秀的男孩她都看不上,非要当小三,真是个大叔控,居然和她师傅好上了。"有人嘲讽地说道。

另一个人不相信地说:"不会吧?看上去还是个很不错的姑娘。"

玉梅的好心情一下子烟消云散,就像新鲜出炉的面包黏上了一只苍蝇。玉梅感到一阵屈辱和恶心,她心里乱糟糟的,似有一堆乱麻缠绕不清。玉梅不动声色地走到了外头,如果这时候大伟迎面走来,她也许会给他一个响亮的耳光。所幸,这里只有她一个人,玉梅静静地呆了一会儿,又做了十几个深呼吸,解气地想:傻瓜,刚一进厂便给大家留下了这种不好的印象,看你以后怎么做人!这么一想,玉梅心情平静了,就像什么事情都没有发生一样回到了家。一瞬间,她觉得自己就像阿 Q 一样可悲,可是除此之外,还能有别的好办法吗?

71 班长教训得极是

节日期间，商场优惠活动很多，小薇央求玉梅陪她去逛街，两个人在纸上把时间算了一遍又一遍，最后定下了五号下午去逛。星期五下午，班长召开例会说：“最近检修任务繁重，国庆期间大家只能换着休息。具体地说就是上三天班休四天假，而且必须是连着上班连着休息，不能挑着日子上班。”

小薇听罢，几乎快要哭了，说：“凭什么呀！这几个礼拜每周都只休息了一天，到了国庆也不让人休息，我不要加班，我要自由！”

班长严肃地说：“最近工期紧，周末没有休息，过后班上会给你补回来。你要实在有事情，不想加班，你可以找人给你代班，你们私底下协调好了给我说一声就行。大家还有什么意见要提，现在就说，不要开会闹情绪，下去胡嚷嚷！”

班长发脾气了，大家都不敢再吭气。班长说：“没意见了，大家就按照国庆值班表准时上班。散会！”

淑芬悄声对小薇说：“你要是忙了，我替你上班，我国庆也不到哪儿去。”

小薇说：“我那是气话，我也没有正经事儿，我就是想出去转转放松一下，成天呆在厂里无聊死了。”

玉梅责备小薇道：“小薇，你把你的性子改一改，你没有看见班长最近忙得嘴巴都上火了？”

马大姐说：“你就跟我前几年那性子一样，就像吃了一根椽，直来直去。我以前一直以为我有啥说啥没有错，其实那叫不懂事，说白了就是不考虑别人的感受。我就当了这么几天代理小组长，我这想法就变了，这人干活儿再累也不怕，但人要心气儿顺，心气儿顺了吃再大的苦也不觉得苦。你这心里没有啥，就图着嘴巴上痛快，可你让班长心里怎么想？你自己去看看，班长给咱们几个都只安排上三天班，就是考虑咱们女人要管家管娃管老人，你还那样！”

小薇脸红了，结结巴巴地说：“那我去给班长认个错。”

“说什么呢？”班长过来笑呵呵地问道。

“人家正想过去给你解释解释，其实，我原计划要趁着国庆好好歇一歇，谁知你通知要人加班，好比晴天霹雳，我就随口说了那些话，你别往心上去呀。”小薇低着头，吞吞吐吐地说道。

班长说：“我还不了解你？有口无心，在咱们班上没事儿，以后出了门可不敢这样了,不然要吃亏的。”班长笑着离开了,几个女人们依然说笑声不断。

玉梅说:“我前三天上班,后四天休息,就是大后天太奶要过寿,我两个妹妹要过来,我总不可能把她们都丢在家里不管吧?再说了我也要帮着做饭呀。”

小薇说:“你别发愁,咱俩上班时间一样,到跟前了,咱俩一唱一和,给班长亮亮求求情,兴许班长就格外开恩,让你早早回去帮厨去了。”

大伟回家对玉梅诉苦说:“过节期间,调度调峰力度大,厂里要停运、启动机组,我要值班,只能休息前两天,我可能没有时间陪你和明明出去。”

玉梅说:“糟了,这假休得真不合适,我休息你上班,你上班又该我休息了,咱俩怎么也都凑不到一块儿,我啥都指望不上你。”

大伟说:“你们姐妹多就是好,你看奶奶过生日,我们家至亲至近的人没有几个,就你们姊妹几个能给家里带来一些热闹气。”

玉梅说:“太奶的生日好,大家都有空能过来聚一聚,我给妈说了中午在家吃,下午我们就去省城。妞妞的脚好多了,放假就搬走了,翠萍她们把明明带回来,省得咱们再跑一趟。”这样太好了,大伟本来还发愁什么时候去接明明呢。

晚上,李楠把翠萍和孩子们接回来了,玉梅和大伟在楼下等明明。妞妞说:“阿姨,我们学校的作业可多了,我想让明明来我家做作业,可以吗?”

玉梅笑而不答。玉梅原打算等母亲来了,让妞妞和明明一起回来吃午饭,如今看来,好心未必办好事,还是不说为妙。

翠萍说:“你现在眼里只有明明,吃饭时从来不知道让人。奇怪,明明来了,你也懂得问人吃饱了没有。”

妞妞说:“你一天就知道花钱买东西和训斥我。”

李楠打开后备箱说:“玉梅,你过来看看,看看翠萍都胡买了一些啥。”

玉梅一看,好家伙,后备箱里衣服、晾衣架、鞋子、床上用品,五花八门摆了一河滩,不由得笑了。

李楠又说:“玉梅,你这两个礼拜没去,没人管翠萍,翠萍见啥都买,这些东西好几千块钱呢!这请假要扣钱,住在城里又胡乱花钱,我一天再节约有啥用处,招不住一个胡乱折腾的。玉梅,你把你同学要好好劝一劝,这样下去,我哪一天就要到你家要饭吃呀!”

“你把玉梅说得能行的,她还成了王熙凤了,当着荣国府的家又去当宁国府的家呀!”大伟说道。大家都笑了起来,翠萍不好意思地低下了头。

72　积善之家有余庆

三号那天，玉梅上班时顺便带了一些水果、瓜子、花生。大家围过来抢着吃，说是要沾沾老寿星的喜气。班长说："大凡长寿之人，自己身体好、心性好是一方面，这儿孙孝顺更重要。你看报纸上经常登老人跌倒了没有人敢去扶，为啥呢？那是大家都知道人老了，骨头脆，摔一跤可不是小孩子把屁股上的土一拍就又要去了，老人摔一跤可能就要命呢！老人一摔，这盆骨很可能就动不了了，就瘫痪了。我听过好几个老人就是从这上面走的。太奶有福气，那一年摔伤了，做了手术，现在恢复得好好的。"大家也都跟着称赞玉梅一家子人都和和气气。

班长又说："我算了一下，太奶是咱们厂最长寿的老人了。为了让大家也行行善，我建议咱让玉梅一会儿早回去。"

马大姐说："积善之家有余庆，你现在就回去，家里一堆子客人都等你着呢。"

玉梅不好意思刚上班就回去，小薇说："大家都让你走，你不走是不给大家面子。"说着硬把玉梅往外推。

玉梅操心着这两天要回家接母亲的事情，便打电话问母亲家里收拾好了没有，母亲说："安国刚刚打电话说他要回来接吴老师，到时候我也跟着过来。"玉梅觉得奇怪，便又问安国哪天回去。

安国说："是这么回事，我爸年纪大了，我想把他接到城里来，可他老是放心不下家里。刚好有个退休老师要陪孙女读书，准备在咱村租房子，我爸就让人家住在我家，给咱们把两院房照看上。"

玉梅说："这几年撤点并校，好多小村庄的小学都没有了，咱们桃花算是一个完全小学，附近几个村子的小孩都在咱们那儿上学。我上次回去，见咱们村有那么多的外来户，我还直纳闷，后来才知道原来这是移民搬迁。那些住在半山腰和河道里的人家现在都搬到了咱们桃花村，咱们村的宅基地越来越贵，人均土地越来越少。我们去赶集，看见好儿座希望小学白白地空着，太浪费了，真可惜！"

安国说："是吗？"

玉梅又说："我怎么觉得时代发展了，孩子们上学还没有咱们那会儿方便了。你看这几年校车老出事，孩子们天天坐着车来回跑，的确挺让人操心的。你说我们在城里上名校需要陪读，老家那些孩子上个普通学校也要陪读，农村人地里零碎的活儿多，这为了孩子上学住到咱们村，地里的活儿咋干呀！"

安国说："这个政策制定时想着这样可以集中利用教育资源，可谁知实现起来却弄成这种局面。有些人嫌不方便就不让孩子上学了，怪不得失学率又高了。"玉梅又和安国说了一会儿话，确定了回家时间，便挂了电话。

中午，大家给太奶热热闹闹地过完生日，玉梅帮着大伟母亲收拾好厨房，便带着妹妹们回到了自己家。当玉梅宣布安国过两天就把母亲和吴老师接来时，大家十分兴奋。大家兴冲冲地商量这两天怎么去玩，明明和蕊蕊提议去爬山野炊，涵涵闹着要去动物园，玉兰和玉竹则想逛街购物，家耀他们几个无所谓，大伟因为明天要加班，不免有些失落。玉梅建议晚上去省城，带孩子们欣赏欣赏夜景，明天男士们带孩子去动物园玩，女人们逛街，后天大家一起去爬山，大后天给母亲接风。大家都说没问题。

家耀和邵仑开车带着玉梅和明明去了省城，大伟孤零零地留在家中，有些无聊，便去了父母那边。太奶拿着玉梅送给她的靠枕说："玉梅给我绣的这个富贵花开的牡丹图案我越看越爱。"

大伟母亲说："玉兰带来的那个生日蛋糕也很漂亮，玉竹从上海给你带的那些点心真绵软。"

太奶说："点心很不错，还是我年轻时吃的那个味道。"

大伟说："玉梅和明明一走，家里就像没有暖和气了，过来就好多了。"

太奶说："这叫人气，家里人多了人气就旺了。玉梅和明明是咱们家的人气王，你看那娘儿俩一到哪儿哪儿就欢欢喜喜的。"

大伟父亲说："晚上我们下楼散步，路两边停满了汽车，这到了白天，呼啦啦一下子全开跑了。这一到过节，人就全走了，厂里就像一座空城，都没有几个人影了。咱家也一样，明明回来这三天时间过得飞快，这孩子一走，家里也像空了心了，我怎么觉得这个下午特别长。"

大伟母亲笑道："你真是偏心眼，就爱你明明。今天，忘了给玉梅说把你带上，大伟值班去不了，你一天闲得没事干，你应该跟着他们一起去城里玩玩。"

大伟父亲故意说："哎呀，你怎么不早说？那我现在追他们去！"

73　没有无缘无故的爱

过节了，不知道从哪里一下子冒出了这么多人，东大街上到处都是人，你根本不敢走快，一迈开步子就会撞到别人身上。玉梅常常有一种幻觉，觉得这些人可能和自己一样，在这样的繁华里行走一趟，回到家会感到格外累，因为你的身上已经沾染了太多陌生人的气味和目光。所以，每逛一次省城，玉梅就觉得特别浮躁，回到家要好好地洗一个澡，然后换洗掉里里外外的衣服，再躺在床上舒舒服服地美美睡一觉，整个人才能恢复过来。这种奇怪的感觉十分微妙，是你在一个小地方或者是在一个清静的地方呆惯了，才会体验到的。就好像你从练歌房出来，突然感觉到周围的世界原来好安静，那些飞驰而过的汽车声音，根本算不了什么。

但是，这并不是说玉梅排斥大城市的生活。玉梅讨厌街上的喧闹，却喜欢商场的繁华。平常，大伟很少陪玉梅逛商场，只有在逢年过节时，大伟才会陪玉梅逛一逛。每次，当玉梅挽着大伟的手臂乘坐电梯、欣赏两边的物品时，玉梅都会说："琳琅满目的商品，让人看了就激动，我觉得生活太美好了！你每回陪我来逛街，我都特兴奋，一样的东西，只要是你给我挑选的，我就觉得非同一般。"

大伟说："真的，我觉得一年好像必须走这么一个过场。今天给你随便挑，给我买不买无所谓。"

玉梅说："那不行，今天一定要给你买，要不然你妈不答应。你们男人一年也买不了几件衣服，给你在大商场买件上档次的，我随便在小店买一些衣服就行了，我们女人的衣服流行快，不必花那么多钱。再说了，花几千块钱买一件衣服，我也买不下去，那可是我们村一家人种一年地的收入。"

大伟不会和玉梅争辩什么，只是安安静静地陪着玉梅挑选衣物，偷偷记下衣服的款式。等逛到了最后，玉梅走得脚疼的时候，大伟让玉梅呆在餐厅喝饮料，自己去把看中的衣服买回来。当然，这里面准有玉梅的，而且是非常适合玉梅气质的一件。玉梅看了价钱常常埋怨大伟太奢侈了，可是大伟说："你总得有一件能穿出门的像样的衣服吧？算我送给你的新年礼物，喜不喜欢？"大伟说这种话的时候，玉梅感觉自己就是世界上最幸福的女人。人人都说女人爱慕虚荣，可是有谁会拒绝这样的礼物呢？感情有时候必须以物质的方式表达出来，才会真正地让女人昏了头。

今天，玉梅和两个妹妹一起出来逛街，那种感觉又不一样了。小时候，母亲是裁缝，所以玉梅姊妹三个的衣服总是十分合体。以前尽管家里穷，过年时，母亲总是想方设法让玉梅姊妹三个穿上一件新衣服或者新鞋子，最不济，也要像《白毛女》里的喜儿一样，扯上二尺红头绳扎在头上。玉梅是老大，穿新衣服的时候居多，一件新衣服是“新三年旧三年，缝缝补补再三年”地穿，等到玉兰穿完再给玉竹的时候，就已经旧不拉唧了，玉竹为这常常提意见。玉梅上学时囊中羞涩，只能和翠萍去批发市场买衣服，几块钱就可以买到一件上衣。玉梅有一条裙子，花了六块钱，姊妹三个轮着穿了好几年，母亲舍不得送人，现在还在家里放着。今年夏天，母亲还把这衣服拿出来说叨了半天。参加工作后，玉兰和玉竹的衣服玉梅全包了，玉兰和玉竹的同学经常夸她们有一个好姐姐。如今大家都成家了，各管各了，逢年过节都是给母亲和孩子买东西，姐妹之间很少买衣服。姐妹三个一起在省城逛街，这也是第一次，三个人开心地说个不停。

商场太大了，逛了一早上，什么也没有买到。午饭后，玉兰和玉梅各自挑选了一件毛衣，玉竹看好了一条长裙，三人开好了票，便去了衬衣区。玉竹说：“这衬衣今天打折，好划算，我给邵仑和两个姐夫一人买一件，你们谁也别跟我抢。”

“那我给大姐买毛衣，以前都是你给我们买东西，今天就让我也给你买一回，也算是我的一片心意。”玉兰随口说道。

玉梅开玩笑说：“我享到妹妹们的福了！早知道我就不买毛衣了，我买貂皮大衣多好。昨天吃饭还是你们家耀付的账，我这是又吃又拿多不好意思。”

玉竹说：“姐夫回去都能报销，你随便吃。”

玉兰使眼色说：“小声点，人家还以为咱们都是腐败分子呢！”玉梅和玉竹捂着嘴巴，不敢吭声。

玉竹挑选衬衣时，让玉梅和玉兰选颜色，她用手一比划，便报出了三个人的尺码。玉梅感到奇怪，就问玉竹怎么知道大伟和家耀的尺码，玉竹说：“邵仑是41的码，大姐夫和他高矮胖瘦差不多，自然是一个码，二姐夫稍胖一点，42也就足够了。我经常给邵仑买衣服，我这手就是尺子，没问题。”

玉梅赞叹地说：“我们光看着你们两个好得不得了，今天看你买衣服，我终于知道原因了。看来我一天太粗心了，对大伟太疏忽了。”

玉兰也说：“小妹，看不出来你还这么细心。我还以为邵仑把你宠得一天什么心都不操呢！”

玉竹说：“怎么可能！人心换人心，谁也不可能无缘无故地爱一个人，当然也不可能无缘无故地恨一个人。”玉梅和玉兰愣然了一阵，又细细地回味着这句话。

玉梅想着给老人买点什么，大过节的把老人们孤零零地留在家中，玉梅觉得有些抱歉，便打电话告诉大伟玉竹给他买了衬衣，接着又问大伟母亲他们喜欢什么颜色的保暖内衣。大伟母亲客气了几句说要考虑一下，过了一会儿回电话说：“我要玫红色的，给你爸买灰色，给你奶买大红的，号要大一码，穿起来方便。你和你妹妹她们好好玩，就不要再操心我们了。”话虽这么说，但声音明显是喜悦的。

玉竹建议说：“要不咱们给妈也买成大红的？”

玉梅说：“你还不了解咱妈？就买成玫红的算了，给吴老师也买成灰色，这样显得洋气。”

玉兰说：“就听大姐的，咱妈不喜欢那些艳丽的颜色。”

三个人正说着话，电梯旁传来一个孩子的哭声。玉梅她们回头一看，原来是一个五六岁的小男孩在哭，一位穿戴打扮异常出众的年轻女子，穿着尖头的高跟皮鞋朝着孩子的肚子接连踢了四五下，一个保姆模样的中年女人，战战兢兢地把孩子护在身后，女子嘴里骂骂咧咧，不依不饶地绕着圈儿要打孩子。周围的人们见状，都小声地谴责打孩子的女子，女子看着围观的人太多了，悻悻然地带着保姆和孩子走了。

有人说：“这肯定不是亲妈，哪有这么当妈的，踢孩子踢得狠的，恨不得往死里踢。”

另一个人说：“看那脸上涂抹的样子，不像正经女人，说不定是小三转正了，拿大老婆的孩子当出气筒。”

还有人说：“活该！老子作孽，报应到了儿子身上，钱多了把人烧的，不知道自己姓啥为老几了！”

玉梅也气得骂道：“心狠手辣，简直禽兽不如！”

玉竹说：“这世上真是啥人都有，不管孩子有多大错，也不能这么踢孩子，万一踢伤了内脏，后悔就来不及了。这个女人简直是蛇蝎心肠。”

玉兰神色恍惚地说：“这孩子好可怜，不知道回家后会不会再挨打。这要让他亲妈看见了，说什么也要把孩子带在身边，说什么也不会离婚了，这孩子太可怜了，太无辜了。”玉兰说着，眼睛潮湿了。一天的好心情，被这出意外给破坏了，玉梅想起那个孩子，仍然心有余悸。

74 知识改变命运

带孩子们去野生动物园逛了一天,家耀和邵仑回到家里累得不想动弹。孩子们回来时在车上睡了一路,现在又劲头十足闹着要吃大餐。玉梅姊妹三个还在商场里排队交钱,家耀打来电话问晚饭去哪里吃,玉兰把电话交给玉梅,让玉梅拿主意。玉梅开玩笑说:"你们好快呀,我们没出城到现在还没有回家,你们跑到那么远的山里反倒回来得早。晚饭就不要在外面吃了,你们熬一些稀饭,我们买一些东西回家吃。你不知道,商场有买赠活动,我们排了好长时间队还没交上钱。孩子们不乖了,就让他们看电视。"家耀答应着熬稀饭去了,玉梅让玉竹去旁边的太华酒店买食物,自己和玉兰交钱。

玉梅和玉兰提着大包小包从商场出来时,天色已晚,街上的行人似乎有增无减,买快餐的人排着长龙,玉竹还在队伍中间。公共汽车站牌下挤满了人,人人都伸长脖子,观望着开来的车辆,生怕错过了自己要等的那一路车。开过来的公交车都很挤,车厢内站满了人,人们见缝插针地站着,就像沙丁鱼罐头,就这仍然吸引着一群人贴着车身跑。车还没有停稳,有些人已经急得好像要破门而入。这里是省城的中心地带,夜幕降临,华灯初上,五颜六色的霓虹灯和各种广告牌次第亮起,竞相闪烁,城市仿佛变成了一个神秘妖娆的女郎,充满了诱惑和风情。

几乎各路车辆都要在此停靠,一辆辆高大的公交车停下来,张开大嘴,吐出一群人,又吸进去了另外一群人。站台上永远挤满了焦急的人们,就好像明明的一道奥数题目:一根粗管子向一个水池子里灌水,另一根细管子往外排水,问什么时候水池才能蓄满水。玉梅小学在桃花村就学过这种题目,可是课本里不讲,却要孩子们在奥数班里学,这课改真是胡闹,课本简单,考试题难,这才让奥数班有机可乘。玉梅看到等候公交车的人,突然觉得这站台上的人们就像池子里的水,不知道到什么时候才能抽干运完。这些素不相识的人要去往哪里?他们是干什么的?要和谁见面、吃饭、说话……玉梅胡思乱想着。

玉兰很少来省城,今天第一次看到这种场面很不适应。玉兰不解地问:"车上这么挤,这些人怎么还要往上硬挤?车门都关不上了,不会等下一趟?"

玉梅说:"因为下一趟车还是这么挤,在大城市里生活你首先就得学会挤公交车,要不然你就要迟到,就要落后,就老是赶不上趟!"

玉兰说:"我还是喜欢小县城,刚到汉阳市,我就觉得人多烦躁,跟这里相比可是小巫见大巫,根本不算什么。以后过节我就不出来凑热闹了,到处都是人,买东西、吃饭都不方便。我这次算是见识到了黄金周的厉害了,明天咱们哪儿也别去了,就在家里呆着看电视。”

玉梅皱着眉头说:“逛了一整天,我的脚好疼。我看这里根本挡不到出租车,咱们啥时候才能回到家?”

玉兰也发愁地说:“路上堵得寸步难行,这汽车就跟蜗牛一样慢。”彩灯闪烁,夜色迷离,身处人海,玉梅却感觉到一种深入骨髓的孤独、无助、焦虑……

玉竹好不容易买到了食品,高兴地朝着姐姐们扬了扬手里的袋子。玉梅和玉兰迎了过去,姐妹三个准备往前走一走,看能不能拦到出租车。玉竹刚刚从人群中挤出来,这会儿还有些兴奋,说道:“姐姐,这省城就是和我们金鸡不一样,这包子一块五一个,比我们那儿贵多了,买的人还这么多,就好像不要钱一样。我还从来没有像今天这样挤着买过东西,就像回到了大学食堂,不,比那要挤多了,就像咱妈带着我交公购粮、抢购食盐一样疯狂。”

玉梅揶揄说:“今天让你挤着买包子,真是委屈了我们的大学教授。要是你的学生看到他们敬爱的玉竹老师受这洋罪,一定要骂死我了。”

不等玉竹回答,玉兰说道:“大城市生活真是报纸上说的‘亚历山大’,高收入高消费,挣下的钱在手里暖不热就像流水一样花掉了,还不如少赚两个少花两个自在。我将来一定要让蕊蕊回到小城市工作,不要受这么多的罪。”

玉兰顿了顿,又说道:“我们那几个老师应聘到了省城的名校,也都说压力太大,我想了想我这人比较懒散,我就呆在县城算了。”

玉竹说:“你的工作你做主,但是,蕊蕊将来的人生得由人家孩子说了算。”

玉梅也说:“蕊蕊才上初二,你就别急着做决定。你的身体弱,不适合太劳累,你喜欢呆在县城也不错,但是你不能限制蕊蕊将来的发展空间。我看蕊蕊将来是个人才,以后的发展空间大着呢,大到咱们姐妹们想都想不来的程度。你们想想,咱们小时候在桃花小学念书时,谁会想到咱们有一天会在省城里这样子过国庆?”

玉兰感慨地说:“知识改变命运。我那时候看见你考出去了,我就拼命学习,想着和你一样考上学是多么幸福的事情。”

玉竹说:“你们两个都是我的榜样,我上学时,老师同学一说起我就说‘看看你两个姐,一个比一个学习好’,我怎么能不努力学习呢?”

玉梅说:“我也是以安国大哥为榜样,才好好学习的,要不然咱们三个一辈子就呆在了桃花村了。所以,这个老大的带头作用很重要,蕊蕊一定要给明明和涵涵做出榜样。”

玉兰听了说:“我们蕊蕊一天奥数也没有上过,就是光学了课本上的知识,哪里敢跟省城名校的孩子比较？压力山大，压力山大！”

明明和蕊蕊想看《雪豹》，涵涵要看《喜羊羊与灰太狼》。明明说：“涵涵，喜羊羊太幼稚了，你就和我们一起看枪战片。”

涵涵说：“喜羊羊聪明机智，我就喜欢看喜羊羊。你们再抢遥控器，我就说你们是红太狼，灰太狼。”

明明说：“那我们就说你是懒羊羊。”

涵涵说：“懒羊羊有什么不好？谁不爱吃好东西？谁不喜欢睡懒觉？我们作业那么多，这次放假，我们要做七张手抄报，写十页拼音，十页生字，背《三字经》、背古诗、背英语歌曲、做好多数学题，还去上钢琴课、画画课、英语课，我妈妈说我作业全部写完才带我来你们家，我每天写作业都写到了半夜才敢去睡觉。我不当喜羊羊，我就要当懒羊羊。”

明明说：“哥哥我比你更惨，我这几天连夜奋战，终于在你们来之前把全部作业K完了。”

蕊蕊说：“我们学校的作业超级多，我们老师是变态狂，就怕我们一放假玩疯了，给我们布置了一大堆作业。我还有两篇作文没有完成，我妈说作文要有真情实感，让我回家把这几天的见闻写下来，我觉得这个主意不错，这才和我爸妈到你们这里来玩了，为这，我都缺了好几节辅导课呢！”涵涵说什么也不让换台，明明和蕊蕊无奈地走开了。

家耀见状，劝他们别跟弟弟抢电视，说着拿出手机让明明玩。明明玩了一会儿赛车游戏，高兴地说：“姨夫，你的手机太棒了！玩赛车就像开真车一样刺激，速度超快，色彩超炫，音乐超酷。我们班好多同学都拿的是苹果手机，我妈自己用好手机，偏要我拿她淘汰的旧手机，害得我都不敢在同学面前把手机拿出来。”

蕊蕊说：“我就不要手机，手机有什么用处？无非是玩游戏、听音乐、发短信，多影响学习，我们老师一上课就把我们同学的手机收走了。”

“我们老师贼残忍呢，每天早上就让我们把手机交上去，晚上放学时才还给我们。”明明说。

涵涵抱着一袋薯片边吃边看动画片，吃着吃着突然哭闹着要妈妈。邵仑抱起涵涵哄了半天也无济于事，只好给玉竹打电话。当涵涵带着哭腔给妈妈打电话时，玉竹她们还在街头等候着出租车，出租车一辆接一辆，可就是没有一辆是空的。

邵仑说：“你们别等了，我开车过来接你们。”

玉梅说：“不用了，小区的临时车位少，这会儿把车开出来了回去就只好停在马路边上，大街上停车不安全，说不准明天车就少了一个车轱辘。”

75 客走主人安

玉梅的电话响了,原来是安国准备六号下午就要把玉梅母亲和吴老师接回来,让玉梅在家等着。玉梅告诉安国要来早一点儿,到时候大家见过面以后,玉竹他们还要赶回去呢。安国答应说没问题。母亲后天就要来了,大家情绪高涨,商量着明天就去爬山,后天哪儿也不去了,就在家里买菜做饭迎候母亲和吴老师。

六号中午一点多,安国就已经回到了省城,三个孩子早早守在楼下,专门迎接姥姥、爷爷和舅舅。玉梅母亲头一次坐电梯,有些头晕,一进门便坐在沙发上不敢动弹。吴老师精神矍铄,进到家中兴致勃勃地参观了一番。三个孩子把安国围着"舅舅长舅舅短"地叫着,安国说:"明明,舅舅透露给你一个好消息,国家要下大力气整治奥数,你就不用再花力气学奥数了。不过,你可要保密。我估计到你考大学的时候,奥赛获奖绝对就不再加分了。你们学习之余,一定要加强体育锻炼,这样中考体育五十分就到手了。"明明高呼着万岁跑去向妈妈报告这个好消息。

玉梅说:"书上说有几件事情你做了绝对不后悔,其中就有锻炼身体、生个孩子、孝敬父母这几条。"

安国说:"就是,我建议高考也要考体育,要不然孩子们就没有体育活动的时间了。"

玉竹说:"大哥,现在小学生特别累,大学生很轻松,这很不正常。你们以后制定政策能不能平衡一些,给小学生减减负,给大学生加加压?"

邵仑严肃地说:"以语文为例,语文学习的规律是'培根'、是'积累'。韩愈说,'无望其速成,无诱于势利,养其根而俟其实,加其膏而希其光;根之茂者其实遂,膏之沃者其光晔'。而如今,却违背了教育最基本的规律,超越学生的学习阶段,急于灌输各种思想。涵涵从一年级开始就在搞分析,上课就是记一种理解、一种声音、一个标准答案。有一次我听一位特级教师上《邱少云》,这位老师着重分析了文章中出现的三次'纹丝不动'。通过不断提问、比较,说明这个词用得怎么好,分析得头头是道,用了整整二十分钟时间。我就想问:人在被火烧时,真的会'纹丝不动'吗?这样的分析有什么作用?就是这样大量的分析、启发,所谓热热闹闹的课堂,占去了小学生的大好时光。小学生是记忆力最强的时期,是最应该积累的时期,不去记一些一辈子受用的经典东西,去搞假大空的分析,这就是语文教育的现状。这种专讲技巧,反复操练的教法,貌似科学,实则是堂皇迫害,是制造工具、剥夺灵性、扼杀个性的奴化教育。”

家耀见安国面露难色，便说：“大哥早上五点就回老家了，一早上打个来回累得够呛，咱们难得聚在一起，先吃饭吧。”

邵仑拉着安国激动地说：“你看现在出一点事儿，为啥有那么多什么都不清楚的人跟着在网上打口水仗？这些人在长期的奴化教育压制下，不但已经失去了独立思考的能力，而且没有是非标准，只会跟着一窝蜂地起哄。”

家耀打着哈哈，硬拽着安国去吃饭。

席间，玉梅打趣地问吴老师怎么舍下了一亩三分地，愿意住到城里来了。吴老师嘿嘿一笑，说：“有啥舍不下的，我把头门钥匙给了我的那个老同事，家里有人经管，我就放心了。”

安国说：“你不是到地里都看了没遍数了？说是麦子都出芽芽了，我看你还是牵心家里。”

玉梅母亲说：“你放心，你的房子、你的麦子都在桃花村生了根，飞不走。等明年开春了，娃把你拉着回去转一圈，你就知道桃花啥都好好的。”

玉竹也说：“吴老师，你就安心在城里住下来，没有事情了，就到这边坐坐。”

安国说：“从南郊到东郊，得倒两回车，我哪天陪你坐一次公交，你路熟了就自己过来。”

玉兰说：“我们坐了一次公交车快要挤扁了。吴老师，你最好让我大哥送你过来。”

安国忙说：“没问题，没问题！”

玉竹又说：“昨天我们逛商场的时候，给你和我妈都买了保暖内衣。”说着便拿出来放在了吴老师手边，吴老师和安国看了又看，十分欢喜。玉梅心里暗笑，没再多说什么。

吃完饭，大家又聊了一会儿，到了四点多钟，玉竹和邵仑提出要走，说是涵涵明天还有英语课。玉梅说：“涵涵还在上英语？我觉得一年级的孩子，最好不要学英语，读一读还行，绝对不要写英语。一年级正是学拼音的时候，英文字母和汉语拼音很容易混淆。语文是主课，基础一定要打好。”

玉竹说：“上次你给我说了以后，我就没有再给涵涵报英语，现在这几次课上完以后，我就按照你说的，到了三年级以后再让他学英语。”

玉梅说：“我这也是从明明身上总结出的经验教训。明明从幼儿园就开始学英语，一周两节课，我带着他跑了五年，后来又学新概念英语，学了这么多年，竞赛得过几个一等奖，实际意义不大，光是好听。明明三年级时都已经学到了虚拟语气，那是高中英语知识。咱们那会儿初中开始学英语，也学得挺好，现在学校三年级正式学英语，你们跟上学校的节奏就可以了，没必要花那冤枉钱，又让涵涵很辛苦。”

邵仑说：“你看大姐说得对吧，这是过来人的肺腑之言。我就成天告诉你，不要看人家都送孩子学英语，你就觉得咱们涵涵落后了，孩子小时候就是让他自由自在地玩儿。”玉竹答应着，玉梅便放了心。

见玉竹要走，玉兰和安国也一起告辞了。家里就剩下玉梅和母亲、明明三个人了，玉梅母亲说：“客走主人安。我这回总算看到了家耀，我还以为玉兰和家耀闹矛盾了。你不知道，我给你们姊妹三个都带了这么多年娃，把你们的脾性都摸透了。我原来最担心你，我怕大伟家瞧不起咱们农村人，你天天要和他们打交道，关系不好处，我怕你受气。玉兰和玉竹公公婆婆都不在跟前，三个人的小日子好过活。过了这么些年，我算看出来了，我的这三个姑爷，就数邵仑最顾家，会照顾人，对孩子也有耐心。你们家大伟没有啥坏毛病，可就是从小被惯成了，眼里没活，也不会照顾你，就知道规规矩矩地上班，好处就是听你的话。家耀当了官，就看不透了，玉兰又是个老实疙瘩，又没有生个儿子，我总觉得玉兰这日子不牢靠。玉兰说她想生个儿子，我看这个主意正。你要是听我的话，熬一熬，把女子生下就好了。”

玉梅说：“你就别说了，我现在都后悔死了。你也别操心我们了，我们三个肯定都想把日子过到前头去。你来了呆在我这儿，我们就都放心了。”

玉梅母亲说：“我在家里也不安心，要不是你吴老师病了给耽搁住了，我早就过来了。你说这人老了，就是活儿女的世事呢，我把我一个人放得再合适有啥意思？人是个苦虫虫，一天就要动弹动弹，我活一天多少能给你们帮一点忙，我心里就安生了，将来到了地下见了你爸，我也没有啥亏欠。”

玉梅说：“瞧你，一说就又说我爸了。你去睡一会儿，你眼睛这么肿，是不是昨晚操心着今天要出门就睡不着了。”

玉梅母亲笑着说：“你啥都能看出来。你把明明的学习也不要抓得太紧了，贪多不烂，学得太多了娃顾不过来。来，咱们把灶神爷贴上。”

明明说：“姥姥，贴这么个像能有什么用？”

玉梅母亲笑道：“灶王爷能保佑你考上好大学，快过来磕个头。”

明明磕完头，搂着姥姥的胳膊说：“姥姥，你住这间屋子，咱们两个是隔壁。我妈妈说以后家里就咱们两个人，咱俩住近一点儿也好相互照应。”玉梅母亲笑呵呵地随着明明看房间去了。

76 生活终于步入了正轨

母亲来了,家里的生活也总算步入了正轨,玉梅悬了许久的心终于落地了。

玉梅手把手地给母亲教着怎么使用燃气热水器,母亲试了几遍,还是不顺手。明明过来说:"姥姥,你别担心,有我呢!你要洗澡,我给你放水,你要什么温度都可以。"

玉梅带着母亲去街上转转,顺便买点菜。母女两个用家乡话说着中午吃什么,电梯里一个三十出头、颇有丰韵的女人问道:"听你们口音像是××县人?"玉梅点点头,女人说:"在这里碰见乡党了,真是太好了!你们住几层?我们在二十二层,我叫妮娜,陪儿子在这儿上学。"玉梅说了楼层和房号,两人又留了电话号码,说好有空了就过来串串门。

第二天中午饭后,吴老师一个人突然来了。安国打电话说:"我们在跟前闲转,我爸想上来喝口水,我有点事,过一会儿来接我爸。"

玉梅说:"你放心地办事儿去,吴老师在我这儿,你就别操心了,你啥时候来接都行。"

吴老师苦笑着说:"我就在安国那房子里面呆不住,妙怡在家写字,孟丽走路都不敢放开了走,家里静悄悄的,就像没有人一样,我拘束得都不敢咳嗽几声。"

玉梅顺势说:"你闲了就过来跟我妈说说话,做个伴儿。我们都走了,我妈一个人也呆不惯。"

吴老师说:"人老了,就怕一个人捂得心慌。"

玉梅母亲说:"你晚上想吃啥?"

吴老师说:"你做啥我就吃啥,我不挑食。"

玉梅说:"一会儿翠萍和李楠就过来了,咱们一起吃晚饭。"

吴老师说:"你们有客人,我就不在这儿吃晚饭了,我叫安国一会儿就来接我。"

玉梅真诚地说:"是自己人吃一顿家常便饭,他们也是送娃过来,明天我坐他们的车回去上班。以后我两三天过来一次,你没事儿了就过来,我妈一个人连在哪儿买菜都不知道。你来了,我们也就安心上班了。"

吴老师说:"这你放心,我最起码会领着你妈下楼转转,买点菜。"

翠萍要李楠和她一起去妞妞的宿舍打扫卫生,因为妞妞宿舍是典型的"猪舍",又脏又乱,两个大人收拾了近一个小时才有了眉目。玉梅等不及了,催了几次,他们才赶回来吃晚饭，玉梅介绍他们认识了吴老师。

妞妞说："爷爷，你和我老家的爷爷可像了。"

吴老师高兴地说："是吗？"

明明说："马屁精，你爷爷谁没有见过，又黑又胖，哪里能跟我爷爷比？"

妞妞说："我说的是另外一个爷爷，对我可好了，说我学习最好，回家给我好多压岁钱。"

翠萍制止妞妞道："你个小财迷，就知道钱！谁给你压岁钱多谁就爱你，那谁给你一百万你是不是就不认亲爹亲娘了？"

妞妞说："你别以小人之心度君子之腹。到底谁爱钱，谁这几天为了钱和我爸老吵架？"

李楠呵斥妞妞说："大人的事情小孩子别管！"

玉梅说："妞妞，吃饭，吃完饭你和明明下楼玩玩。"大家转移了话题，很快吃完了饭菜。

吴老师执意要帮着玉梅母亲收拾碗筷，玉梅便和李楠、翠萍外出散步。李楠悄声地给玉梅说："玉梅，我们老家要移民搬迁，财政上还有五千块钱补贴，我爸我妈想借这个机会盖个二层楼。现在物价飞涨，这随便盖个二层楼也要十七八万，我想我们哥儿俩都掏一些帮老人盖座楼房，也算是尽一点孝心吧，平时我们又不在老人跟前，也没有机会尽孝。我弟弟的儿子刚出生，每月这房贷和奶粉钱是一大笔开销，我们现在有房有车，也算差不多，就掏上个大头。谁知道翠萍不同意，还说我们妞妞是女孩子，将来也不回老家，还说我弟弟上学花了家里的钱，将来儿子还要继承家产，理应我弟弟多掏一些。你给翠萍说说，让我在父母跟前也好做人。"

玉梅说："李楠，你们房子都一个月没有住人了，你先过去开开窗透透气，我和翠萍再走走。"

李楠讨好地说："翠萍，那我先过去把家里收拾收拾，你等会儿和妞妞再回来。"

翠萍没好气地说："赶紧走，我看见你就烦！"李楠苦笑着走了，玉梅和翠萍在小区继续散步。

翠萍气愤地说："以后我绝对不让妞妞找这种家在农村的凤凰男，家里大大小小的事情都指望着他了，好像他在外面开银行着呢！"

玉梅看翠萍正在气头上，便问："你说人会不会变？"

"当然会变！"翠萍说道。

"你觉得我变了没有？"玉梅又问道。

"你变了，从我刚认识你的那会儿起，你由一个农村丫头变成了大户人家当家主事的媳妇了。"翠萍想也没想就回答道。

玉梅笑着说:“你就直接说我变老了就行了,何必绕那么大一个弯儿。那你觉得你变了没有?”

“你说我变了没有?”翠萍反问道。

“你变得爱钱又不爱钱了。”玉梅回答道。

“啥叫爱钱又不爱钱?你说明白一些,我听不懂。”翠萍疑惑地问。

“你在老人盖房这种大事情上一毛不拔不是爱钱是啥?你把衣服鞋子成堆地往家买一点儿也不省钱……”玉梅说道。

“我买衣服能花几个钱?盖房可是一个大疙瘩。”翠萍分辩道。

“你说你最近就花了好几千,你一年买衣服少说也万把块钱了。你把那些没名堂的衣服买了一件又一件,加起来花得也不少。你一年买上两三件像样的衣服,啥时候见你都是浑身名牌。”玉梅劝道。

“名牌好衣服贵得很,我买不下去,便宜衣服我买了不心疼。”翠萍说道。

“衣服是你的面子,我当然希望你穿得漂漂亮亮。房子是老人和你们的面子,一辈子也就盖这么一次,你就咬咬牙放放血,给李楠和你挣个面子,以后你和李楠不管啥时候回去脸上也有光。这钱要花在正经事上,该花就得花……”玉梅说道。

“妈呀,你说得轻巧!我顶多只给一两万,我们攒个钱也不容易。再说了,咱们也是今非昔比了,社会上老调工资,咱们的工资几年不变,不就等于降了吗?”翠萍惊叫道。

“你们李楠是老大,他弟弟刚成家不久,你怎么着也要比他弟弟多上一些,你自己看着办吧。反正,我觉得李楠父母都是要强的人,供养了两个大学生也不容易,到老了盖一院像样的楼房也是情理之中的事情,你们应该支持老人。你嫁到人家家,给婆婆公公没洗过一件衣裳没做过一顿饭,平常老人又不要你们操心,你就指望这件事情扭转你的光辉形象呢!这是大是大非的问题,你们两个回去好好掂量。”玉梅郑重地说道,翠萍低头半天不言语。

77 骑单车的少年

国庆一收假,大家都回来上班了。刚一见面小薇就说:“我的妈呀!这放假把我快累死了,还不如上班有规律。”

马大姐说:“你有我辛苦?我先是给儿子洗了一大袋脏衣服,又陪儿子去吃肉夹馍、凉皮,还给他买了一台笔记本电脑。最后回了趟我家,谁知我爸病了,怕我担心一直不给我说,我昨天回来时把我爸妈都接过来了,我一会儿还要带我爸先去咱们医院让刘大夫看看,不行了明天再去省城看。”

玉梅说:“我们家也是人来人往,我妈来帮我们照顾明明,我的头一下子轻了一截子。”

班长说:“连着加了几天班,我都快成傻瓜了,分不清今天是星期几了。”

玉梅说:“我家大伟也是成天上班,我这几天呆在城里也没有见过他人影儿。今早上一回来就直接来上班了,到中午回家还不知道能不能见上。”

小薇揶揄玉梅说:“几天不见,肯定是想何总了吧?”

玉梅佯装生气道:“小孩子,尽胡说!”大家借机开起了玉梅的玩笑。

淑芬坐在角落里一直不吭声,玉梅关心地问起依依回来了没有。淑芬摇摇头,便不再说话。玉梅想问又怕淑芬为难,便不再追问什么。小薇说:“淑芬姐,你是不是买了一只小狗?你那天抱的那只小板凳狗,好可爱,我们盈盈见了爱得不得了,这两天老缠着我给她也买一只。我说闺女你就饶了你妈吧,我养你都快要发疯了,哪里还有工夫去养一只狗。盈盈说‘妈妈你养我,我养小狗’,我说你说的比唱的好听,我能指望着你养狗吗?”

马大姐责备淑芬道:“你最近怎么了,养什么狗,你要分清主次好不好?你们依依都是毕业班的学生了,人家家长都鼓了百八大的劲儿管娃去了,你倒好,玩物丧志,真不知道你是怎么想的。依依小时候,你比谁都把娃抓得紧,从学前班开始就每周带着娃去省城上各种兴趣班。现在到了交紧板了,你倒像没事儿的人一样,啥都不管了。”

淑芬沮丧地说:“你以为我不管娃,是人家娃不让我管她。依依说她一个人能行,坚决不让我晚上去陪她,我放心不下,过去看她,她把门反锁着不给我开门,还骂我叫我走开。我有啥办法,我总不能去撬门吧?”

“我就不信,你们家依依能做出这样的事情。那你不如让娃住校算了,一个人住在外面多不安全,要不你把你婆婆叫来看着依依。”马大姐说道。

“我婆婆当年一看见我生了一个女孩,连产房的门都没有进,扭过头就走了。依依从小到大就没有穿过他们家的一丝一线,我从来都没有指望过人家。”淑芬绝望地说道。

“那让你老公过去看依依也行,女孩子比较听爸爸的话。”马大姐又说道。

“我连他在哪里都不清楚,他现在忙着做生意,根本没心思管我们娘儿俩。”淑芬低声地说道。

“那你给依依找个心理医生,兴许有效。青春期的孩子逆反心理严重,有些话不愿意和家长说,但是愿意给同龄人或者朋友说。”小薇建议道。

淑芬说:“那我再试试。”大家也不好再多说什么。

班长召集大家开会,布置一周工作。班长走路时腰向前倾着,似乎很不舒服。玉梅问班长怎么了,班长道:“最近太累了,这腰椎间盘突出的老毛病又犯了。你没有听人家说,工作不突出,学习不突出,光是腰椎间盘突出不顶用。”

小薇说:“班长,你太逗了！人家说家长是最小的‘长’,我看你这班长就是世界上最累的‘长’。”

马大姐说:“恩华啥时候才能回来？我这代理组长当得够够的了,我看我这组‘长’才是世界上最辛苦的‘长’了。”

班长说:“你再坚持一两个礼拜,恩华和李师就回来了,咱们班上人手就能松泛一些了。”

小薇说:“他们一回来,咱们就去吃饭给他们接风,你说好的,可不许反悔!”

班长说:“你把别的事情记不住,就把这事儿盯了个住。你也别忘了,你要喝三杯酒。”大家起哄道,小薇笑着跑开了。

玉梅正和大家说笑着,大伟打来了电话,结果被小薇接到了,大家又开始取笑玉梅。大伟平常很少给玉梅班上打电话,今天是特殊情况——结婚纪念日。玉梅接完电话掩饰不住满脸的喜悦,坐在那里无限神往地望着远方。小薇故意用手指在玉梅眼前晃了几晃,玉梅居然毫无反应。小薇说:“何总是不是耳朵烧了,或者是打了一个喷嚏,咋就知道你刚才念叨他了？哎,何总刚给你说什么甜言蜜语了？瞧把你乐得,说出来大家分享分享。”玉梅微笑无语,小薇还想再揶揄玉梅几句,马大姐喊她去现场干活,小薇这才作罢。

班上就剩下了玉梅一个,玉梅想起前天去爬山的情景,两个妹妹都是一家三口齐上阵,只有大伟来不了,便在电脑上写下了《骑单车的少年》。

国庆长假云开日朗,人意山光,去大峪口爬山十分相宜。

途中,全是清一色的进山游玩者,几乎见不到出山的车辆。家耀告诉我早出晚归的游人太多，这条旅游专线差不多成了单行道，早晚高峰期常常堵车。在滚滚车流中，我们遇见一群背双肩包、骑单车的少男少女，一望而知，他们都是附近学校的大学生。

看看身边飘过的一张张青春逼人的面孔，想想"流光容易把人抛，红了樱桃，绿了芭蕉"的决绝无奈，谁能无动于衷？心潮起伏，羡慕嫉妒恨，种种情愫欲说还休，酸甜苦辣咸万般滋味难以名状。不得不承认，岁月催人老，任谁也不能幸免。时光悄无声息地变幻一路风景，貌似温文尔雅，实则飞扬跋扈得没有一点商榷的余地。水一般的少年，风一般的歌，梦一般的遐想，从前的你和我；手一挥就再见，嘴一翘就微笑，脚一动就踏前的少年……一切的一切就像歌中唱的那般，早已被岁月神偷挟裹涂抹得遥远模糊。

时光飞逝，世事巨变。不经意间，我们已经被搁浅在青春的边缘，进退失据，彷徨苦闷。而你我成长的路上正人来人往，花红柳绿，熙熙攘攘。纵然如此黯淡，亦不必太伤怀。不必临风慨叹，人生如梦，"当年共我赏花人，点检如今无一半"；不应枉自嗟伤，岁月如刀，朱颜空改，闲花淡淡，春难掩留；更不宜庸人自扰，滚滚红尘，得此良人，相知相伴，优雅从容地老去也是美事一桩。且让我们在这乱花飞红中，携手登高，缓步香茵，嬉游醉眼，莫负青春。

一气呵成之后，玉梅恨不得立即发给大伟看，可是一想周一大伟肯定要开会，便打印了一份，并在下面写了一句：我能想到最浪漫的事，就是和你一起慢慢变老。

78 结婚纪念日

大伟刚从现场检查回来，李楠就跟了进来。大伟感觉很奇怪，说："你就像在门背后站着，怎么我前脚刚进门，你后脚就跟进来了？"

李楠笑呵呵地说："你每天都干些啥，我闭着眼睛都能知道。我夜观天象，掐指一算，就知道你今天这个时候有空。"

大伟说："少贫嘴，你是无事不登三宝殿，说吧，你今天来又有什么事情？"

李楠说："就是为了给我家盖房的事儿，我跟翠萍叨叨了一个假期都没说动她。我让玉梅劝了劝翠萍，昨儿个，翠萍终于同意了。我在我爸我妈面前有了交待，回去说话腰杆子也硬了，我心里高兴，晚上想请你和玉梅一起吃个饭。"

大伟说："我是无功不受禄，要谢你谢玉梅，我跟着作陪就是。"

李楠说："说得也是，你给玉梅打电话说我在你这里。"

大伟拿起座机，又觉得玉梅她们班上人多说话不方便，不如打手机。玉梅接通电话以后，大伟说了李楠的意思，把电话递给了李楠。玉梅高兴地说："李楠，翠萍答应了，那就太好了！饭就不吃了，以后我们大伟忙的时候，你给咱们多接几次娃就行了。"

李楠说："接娃那是顺便儿的事情，这次你又给我们帮了大忙，我一定要谢谢你，还求你以后多帮我说说翠萍，别胡乱买东西，给我多省几个钱。"

玉梅说："说到翠萍爱花钱买衣服，这可有你一大半责任，谁叫你们班上全是清一色的娘子军，你说你成天带领着一帮花枝招展的女人们干活，翠萍能放心吗？再说了，翠萍从现场出来，在幼儿园里工作环境不一样了，人家同事们一个个打扮得漂漂亮亮的，翠萍也要与时俱进，变得讲究一些，你说是吧？"

"冤枉！我们班上都是娃他大妈，一天干个啥活儿都要我出面，我都快累断腰了，你和翠萍还这样挤兑我，我简直比窦娥还冤。"李楠叫屈道。

"你行了吧，别给我摆亏欠，有话回去给翠萍说去。"玉梅揶揄李楠道。

"那你晚上一定要和大伟来吃饭，我让翠萍中午多买点菜，咱们在家吃。"李楠再次邀请道。"那好吧！"玉梅答应道。李楠愉快地挂了电话。

大伟本来计划晚上和玉梅过一个浪漫的结婚纪念日，没想到玉梅答应了李楠的邀请，便挖苦李楠道："你一天把你们家里的事儿都摆不平，你一有芝麻大点的事儿就跑来叫玉梅，你真是够烦人的了。"

李楠说："谁叫咱们是同学呢，谁叫玉梅和翠萍是闺蜜呢？你看看玉梅，为了朋友的家庭幸福献计献策，两肋插刀；再看你，一点儿也不关心老同学的死活，就知道当你的大少爷。"

大伟说："你就说我'事不关己高高挂起得了'，说我是少爷做派，我就是不会做饭洗碗。你优秀，你天天回家钻进厨房不出来，晚上给老婆洗脚暖被窝，一遇到正事你就说不上话了，你看你把男人的脸都丢完了。"

李楠说："爱老婆是美德，那叫热爱生活，尊重女性，你懂不懂？你没听胡适说男人也要有'三从四得'？'三从'是太太出门要跟从，太太命令要服从，太太说错话要盲从；'四得'是太太化妆要等得，太太生日要记得，太太打骂要忍得，太太花钱要舍得。他说男人如能做到以上'三从四得'，一定家庭幸福美满！"

大伟做出痛心疾首的样子，说："可悲呀可悲，你中毒太深了，已经不可救药了！那你咋不说一说'茶壶理论'，人家大学者还讲一个茶壶要配好几个茶杯，一个男人还要妻妾成群呢？"李楠说："你也就是在我跟前嘴硬，这可是你亲口说的，我这人嘴巴快，说不准什么时候告诉给玉梅，有你好看！"

"你敢！我今天回去就警告玉梅以后少管你们家的事情，说你挑拨离间我们的关系，我敢打包票玉梅会相信我。"大伟狠狠地说道，李楠连忙求饶。

从翠萍家回来，玉梅拿出早上打印好的文章给大伟看。大伟和玉梅坐在一起读出了声，读到最后几句，大伟眼睛湿润了。又看到最后那句：我能想到最浪漫的事，就是和你一起慢慢变老。大伟情不自禁地吻起了玉梅，玉梅闭着眼睛，安安静静地说："和你在一起，我什么都不怕，今天是我们的结婚纪念日，我们就这样优雅从容地一起变老，就像歌中唱的，老得哪儿也去不了，你还依然把我当成手心里的宝。"

大伟听了，激动地把玉梅紧紧地抱在怀中，玉梅浑身发软，任凭大伟抱着自己。大伟附在玉梅的耳畔呢喃道："我不要变老，我要我们永远都这么年轻。我要你穿最漂亮的衣服，用最好的化妆品，就像电影中的明星一样不会变老。我要在我们变老以前，在我们年轻的时候，在我还有能力的时候，好好地爱你，亲你，吻你……"

79 流泪的冲动

“好消息,好消息,今天要发加班费了!玉梅,你赶紧去分场给咱们领钱。”班长接完电话,大声地喊叫着玉梅,其他人也都催促着玉梅赶快去分场给大家领钱。

马大姐刚把考勤统计好,玉梅就回来了。玉梅扬着手中的一捆钱朝班长说:“大丰收大丰收,这次是加班费最多的一次。这是清单,请班长过目。”

班长拿起单子一看,连声说好,当即就让玉梅和马大姐照着单子给大家发钱。刚过完节就领到了一笔加班费,大家的心情都特好。小薇说:“我这两天正在等米下锅呢,过节花钱花得太多了,把盈盈要交学费的事儿给忘得精光。这钱发得太巧了,就像知道我这两天手头紧,真是雪中送炭。”

马大姐说:“我刚想给我爸我妈添几件衣服,这钱来得太及时了。”

玉梅说:“这钱在我口袋里只能呆几天,我们租的房子该交暖气费了,光是我的加班费还不够,得把我们大伟的再添一点。”

淑芬说:“我租的房子也要交暖气费了,我们的暖气费少,但是依依又要问我要钱买衣服,我这钱一眨眼也就没有了。”

班长说:“那这么一说,我这钱还能在口袋里捂一捂,我拿这钱买吃喝,明天给大家带一些我烤的面包。”

大家七嘴八舌地都说:“好好好,明天都来早一些,咱们来个聚餐,每个人带一些自己做的东西,看看谁的厨艺高。”

小薇说:“我只会打豆浆,我带豆浆,大家都不要和我抢!玉梅姐,你带包子,你包的包子像菊花一样可好看了。淑芬姐你带肉夹馍,马大姐你带煎饼夹菜……”小薇给大家一一分派了任务,大家都笑着答应了。

淑芬拉着玉梅示意玉梅出去,玉梅随淑芬来到走廊,淑芬说:“玉梅,你给我支支招,我们依依快把我当做提款机了,一个月要好几次钱,比在省城花销还大。我们家那人现在做生意又不给我交钱,我月月工资都不够用。”

玉梅说:“女孩子花这么多钱,是有些不正常。你没问依依要这么多钱干啥,是不是爱上网爱打游戏了?你趁着给钱的时候,好好和孩子谈谈,也问问老师和同学,看孩子都干些什么。”

淑芬难受地说:“我给你直说了吧,依依经常逃课,老师给我打了好多次电话。我给她钱,怕她拿了钱胡花,不给吧,又怕她因为缺钱干出傻事情。”

玉梅说："你让依依去他们老师办的托管中心吧，老师上课讲不透的会在托管中心再讲一讲。好多家长都把孩子送到那儿去了，孩子和老师接触多了，啥话都好说了。我妹妹在汉阳陪孩子读书，也把孩子送到托管班上，吃饭午休倒是其次，主要是人家都是这种样子。我妹原来是数学老师，好多家长都叫她给孩子补习数学，你也可以叫依依去我妹那儿，让我妹给依依好好说说。你每次给钱都少给一点，可以多给几次，借着给钱的名义去把依依看看。实在不行，你把房子退了吧，孩子这样难管，又不让你去，你租房子其实已经没有什么意义了。住在学校好歹还有老师管，你好好和孩子说，就说你一个人赚钱不够用，别让孩子跟你老吵架。"淑芬点点头，玉梅给妹妹打了电话，让她特别关照一下依依，然后把玉兰的号码给了淑芬，淑芬感激得眼圈都红了。

玉梅说："咱们在一起上班这么多年，帮这么一点小忙不算啥。"

淑芬哽咽着说："我实在是憋不住了，我这话早都想给你说了，我怕你笑话。你说我是不是很失败？老公、女儿一个都管不住。"

玉梅安慰淑芬道："如果你还想和他好好过的话，你就豁出去和他谈一谈，别这样不死不活地拖着。依依可能也知道你们的事情了吧？你处理好自己的事情，依依的问题也就好解决了。"

淑芬央求说："那你能不能陪着我去？我现在见他一面不容易。"

玉梅说："没问题，我陪你去。"

好好的依依怎么变成了这样？玉梅想起那天在福利区里碰见的那个男孩子，高高瘦瘦的，应该有十二三岁了。明明说这孩子有些自我封闭，去学校也从不上课。玉梅时常见他一个人在厂区里转悠，不是在树下看蚂蚁搬家，就是坐在栏杆上看着远处发呆。虽然不知道他平常怎么生活，但直觉告诉玉梅他应该是被孩子们排斥和孤立的。

今天看见他似乎长高了不少，戴着耳机，应该是在听歌。突然，玉梅听见孩子很大声地说道："今天腿好多了嘛！"玉梅下意识地回头，原来他是在跟一只小猫打招呼。小猫一条腿有点跛，走起来很艰难，看样子伤得不轻。小猫和孩子似乎很熟悉，一瘸一拐地绕着孩子走来走去，时不时把头在孩子的腿上偎一下蹭一下，一副很依恋孩子的样子。孩子坐在路边好让猫蹲坐下来，仔细地端详片刻，手在猫的脊背上来回摩挲了一会儿，又大声说道："是好多了。"

看着这一幕玉梅鼻子突然酸酸的，有流泪的冲动。多好的孩子啊，为什么沉浸在自己的世界里，不肯抬眼看一下这么明媚的秋天呢？

80　名校的老师就是不一样

星期三下午,学校要开家长会,李楠和大伟都有事情去不了,玉梅和翠萍坐同事的顺车去了学校。学校门口停满了汽车,玉梅和翠萍打量了一下,发现好多都是黑色的高档车。时间快到了,玉梅急匆匆地向教室赶去,孩子们都提早放学了,只有几个班干部站在教室门口迎接家长。

教室里黑压压坐满了家长,玉梅觉得有些慌乱,一个举止大方的学生把玉梅领到了明明的座位上。班主任高老师四十多岁,个子不高,戴着眼睛,穿一身西装显得很干练。他抬腕看了一下表说:“时间到了,我们的家长会正式开始。首先,我们彼此认识一下。鄙人姓高,其实一米七零不到,不过写字能够到黑板。”

家长们都笑了起来,高老师面不改色地说道:“我念到孩子的名字,请家长站起来答到。”

老师点名的时候,家长们很配合地站起来答到,似乎都变成了学生。玉梅注意看了一下,开会的家长基本上都是妈妈,年龄大都在四十岁左右。有几个孩子明明经常提到,玉梅就格外留意了一下,唐子轩的妈妈像是医生,于姝瑶的妈妈像是政府职员,郑文远的妈妈似乎是教师,杨訾非的爸爸看起来是商界人士……只有一个家长像是小摊贩,明明说同学们老是嘲笑班上一个同学,说是他身上有一股子烂菜叶的味道,没有人愿意和他说话玩耍,也没有人愿意和他坐同桌,从开学至今,那个孩子一直孤零零地坐在教室最后一排。玉梅训斥明明歧视同学,明明委屈地分辩说谁和烂菜叶交朋友,就等于失去班上其他朋友,多划不来……

玉梅正在胡思乱想,高老师讲道:“我们的主题是如何让孩子尽快适应初中阶段的学习和生活。通过两个多月的了解和观察,我发现我们这个班的同学基础知识扎实,学习态度端正,整体素质较高,但也存在一些普遍的问题。第一,学习方法不科学;第二学习效率不高;第三,学习目的不明确……”高老师讲话条理清晰,声音温和,风趣幽默,很是吸引人,玉梅听得很认真,心中暗暗赞叹这名校的老师就是不一样。

高老师讲完之后,让家长自由提问,有家长问:“孩子上了名校,还要不要补课?”

高老师回答道:“我的孩子今年上高一,我以一个父亲和一个老师的身份谈一谈我的看法。我认为有两类孩子需要补课——一是学习成绩很好的孩子可以参加一些提高类的竞赛班;二是学习成绩偏差的孩子要参加一些巩固基础知识的补习班;学习中等的孩子最好以课本和学校的讲解为重点,什么时候都要记住,要以课本为重点。这么薄薄的一本书,如果你把它吃透了,任何题型都难不倒你。”家长们报以热烈的掌声。提问的家长越来越多,玉梅静静地听着,偶尔在本子上记录一些话语。

家长会开了三个多小时,高老师宣布散会后,大多数的家长走出了教室,玉梅落在后面,想私下里和老师谈一谈明明最近的学习情况,但是几个家长和老师称兄道弟地相约着要去吃饭。恰巧,翠萍打了几次电话催玉梅快一点出来,玉梅接完电话,高老师已经不见人影了。翠萍见到玉梅就问:“你们家长会开了这么久,你们明明也没留下来接待家长?老师提没提到明明?听说考试不排名次,但老师一般会把前十名的孩子点评一番。我刚才看了一下子,老师留的孩子都是在班上有头有脸的,咱们的孩子那么优秀,老师居然都不留。”

玉梅说:“老师留的都是班干部,只提了明明一两句。”

“那妞妞和明明原来都是优秀班干部,到名校了就竞选不上了,还不是人家家长都有来头。我刚才看了人家那些家长的穿戴打扮都不是一般人,咱们工人阶级怎么能够和人家相比?我们妞妞一再提醒我开家长会的时候要穿好一点,我觉得跟身旁那个穿名牌化着妆的女人相比,我实在是太土气了。你还好,有大伟给你买的牌子衣服撑体面,我这小店里买来的衣服,是不是满大街人都穿?”

玉梅说:“你这件外套也不错,咱又不是来参加选美的,别太在意这个。说说老师开会都讲了一些啥,我们那个高老师的开场白可有意思了……”

玉梅邀请翠萍去家里吃饭,翠萍说:“我去妞妞宿舍看看,估计又要让我好好打扫一阵子。明天早上没有顺车坐,咱们俩要挤公交车,你给班长说你晚到一会儿,我是中班不着急着回去。”

玉梅发愁地说:“我今天早退,明天晚到,我都不好意思给班长开口了。你不知道我们班上最近有多忙,我一会儿回去先问问有没有顺车。”

母亲和吴老师已经做好了晚饭,明明在他的房间里写作业,玉梅回来了三个人都迎了出来。玉梅担心母亲在这高层上住不惯,母亲说:“吴老师过来了,我不觉得着急。”

明明关心老师在家长会上说了他什么,玉梅说:“你是不是做什么坏事了,害怕老师向我告状?”

明明大呼冤枉。玉梅说:“跟你开个玩笑,兵不厌诈,你懂吗?”大家都笑了起来。吃过晚饭,吴老师的电话响了,安国开车在楼下等候吴老师。

81 冤家宜解不宜结

淑芬干活回来,来不及换工作服就把玉梅拉到僻静处诉苦道:“玉梅,我给我家那个死鬼打了好几次电话他都不接,我联系不上他,咋办嘛?”

玉梅想了想说:“你们两个到底怎么了,你还想不想和他过?”

淑芬为难地说:“他肯定不想和我过了,我把他的心伤透了,他也没少气我。怎么给你说呢,我们依依小时候有一次回家过年,穿着羽绒雪袍和靴子。他妈一问依依的衣服和靴子的价钱,气得就骂开了,说是她活了一辈辈了都没有穿过这么好的衣服,这么小一点的娃娃就披金挂银的,小心叫福给烧得不知道啥了,还诅咒依依小时享福不算福,老了享福才算福。你知道,我从来不回他们家过年,我把孩子打扮得像个小公主一样,他把依依带回去一趟,孩子就变成了土包子,雪袍换成了手缝的棉袄,靴子换成了棉窝窝,好衣服全被他妈拿去给他弟家的孩子穿了。依依哭得死活不愿意,可他硬是把孩子给带回来了,害得我又给依依买了一身新衣服。”

“这事儿你说过,他们家人是有些过分,不过,我劝你以后给他们家人也要准备一些礼物。”玉梅说道。

淑芬沉默了一会儿说:“冤家宜解不宜结。我和他们家的矛盾越来越深,跟他自然也就有了嫌隙。我开始不让他动我,非要他发誓下跪求我才肯和他同房。慢慢地我越来越讨厌和他那样了,他也对我没有多少兴趣了。依依到了省城上学以后,我们两个轮换着陪读,家里都不开火,一周也见不上几面,他有时候几个月都不碰我。我意识到了,专门好意对他,他就像个木头人一样毫无反应,我想他是外面有人了。我和他吵闹,偷看他的手机,限制他的自由,冻结他的工资卡、存折,全部都没有用,他离我越来越远了。”

“你们那人和英俊关系好,让他替你联系联系。”玉梅说道。

“他们两个是同学,常常爱在一起喝酒聊天。”淑芬回答道。

“你要不好说,那我托英俊给你们说和说和,就说依依上学花销大,你一个人顾不过来,让他多关心一点孩子,最起码要掏点生活费。你们俩的事情一时半会儿也解决不了,就先顾孩子吧。”玉梅说道。

淑芬无奈地说:“我们俩是覆水难收,只要他肯管孩子,我就谢天谢地了。”

玉梅给英俊打了电话,大致说了一下淑芬和依依的状况,英俊满口答应说他尽快给玉梅回话。淑芬在一旁默默地听着,沮丧地说:“我觉得我真是活该,老觉得他们家人重男轻女,我这个女儿可是非同凡响的人物,我一定要培养出一个非常优秀的孩子,考上个清华北大,将来出国留学,让他们瞧瞧。结果,依依不争气,连个好初中都没有考上,现在连个普通的中学生都不是了,这样下去,万一和社会上的混混搅合在一起了,这孩子就完了。"

玉梅说:"英俊已经答应帮你们了,其实,人在事中迷,旁观者清,当局者迷。咱们厂这么多年不进人,大家都彼此知根知底,是个典型的熟人社会。你们有了难处,大家都想帮你们一把,可就是不知道你的意思,现在你给话了,英俊也就好说了。大家的日子都过得疲疲沓沓、平平淡淡,谁比谁也好不到哪儿去,你别把话憋在心里,说出来就好多了。"

淑芬又问:"我昨晚带依依到你妹妹那儿去坐了一会儿,你妹妹怎么说?"

"我妹妹说依依好漂亮,你让依依住校吧,孩子和孩子们在一起有共同话题。我让蕊蕊给你们依依带一些吃的,让两个孩子多沟通一下,说不准依依慢慢就变乖了。我们蕊蕊可懂事了,学习成绩一向很好。"玉梅说道。

淑芬听了,感激地说:"本来我都快愁死了,听你这么一说,我又觉得啥都有盼头了。"

玉梅说:"本来就是有盼头的,只要你自己能把过去放下就会有将来。"

晚上十一点多了,英俊打来电话说:"这么晚了打扰你,真不好意思。可我高兴,就想早点把好消息告诉你。我今天去看涛涛,顺便把你的话带到了。依依她爸同意每月支付一千元生活费,等他以后生意稳定了,依依的生活学习费用他全部承担。"

玉梅喜出望外,当即拨通了淑芬的电话,淑芬听完玉梅的话,顿时哭了起来。玉梅吓坏了,急得要过去劝慰淑芬,淑芬说:"对不起,我吓着你了。我是高兴得哭了,他肯管孩子,说明他心里还有我们娘儿俩。谢谢你,我今晚能睡着了。"玉梅挂了电话,重新躺回到了被窝,却怎么也睡不着了……

82 有兄妹真好

早上起风了，黄叶遍地，楼下的七叶树挑着几片稀稀落落的叶子，裸露着灰褐色的枝干，在寒风中瑟瑟发抖。一夜之间，天气说冷就冷了起来，让人一时难以适应。玉梅一路疾走，到了班上套上工作服才觉得暖和一些。玉梅提醒大伟父母出门前多穿一件衣服，大伟父母说你再给你妈那边打个电话，让他们也加件外套。玉梅给母亲打了好几遍电话，一直没有人接，便给邻居同姐打电话让她帮忙过去看看。同姐回电话说她敲了半天门，家里边好像没有人。玉梅想母亲不会这么早就去买菜，那母亲是干什么去了？玉梅想起同事讲他们母亲陪读时，有在街上走丢的，又被人抢走金耳环的，又被人骗光钱财的……玉梅心里七上八下，一时间心慌意乱，坐立不安。

小薇见状说："你怎么不知道给你安国大哥打个电话？"这句话提醒了玉梅，玉梅打过去，安国说他们快到玉梅家了。玉梅稍稍放下了心，可是过了一个多小时，安国还是没有打来电话，玉梅的心又一次悬了起来。玉梅想着安国要是再不来电话，她就准备叫上大伟过去看看。

两个人正说着，安国打电话说："找到干娘了，干娘追出去给明明送衣服时，一阵风把门给吹得关上了。干娘就跑到学校去给明明送衣服，学校那么大，干娘搞不清楚明明在哪一个班，又担心我爸过来，就抄近路赶回来坐在门房等我们。我们到家里找不见干娘，又跑到学校、菜市场找了一大圈，打了一个岔，跑回来一看干娘好端端地在门房里坐着呢！你给我说一下明明的班级号，我去把明明的钥匙要回来。"

玉梅如释重负地说："找到了就好，我担心死了！"

安国说："你放心吧，有我在，干娘不会有什么事。"玉梅挂了电话，安心地上班了。

淑芬看着窗外的合欢树在风中不停地摇摆，担心依依衣服单薄，要是冻感冒了可怎么办呢？玉梅说："让我妹家蕊蕊给依依带件风衣，两个孩子身高差不多，应该能穿上。"淑芬高兴地连声称谢。

小薇看了，羡慕地说："玉梅姐，你有哥哥、妹妹真好。我没有兄弟姐妹，特别羡慕你们家孩子多，还有这么好的邻居哥哥。你们小时候一定经常在一起玩，肯定特别热闹。"

玉梅说:“那当然,我们家我是老大,平时我两个妹妹都是我的跟屁虫,安国和安民哥来了,安国大哥自然就成了我们的首领。秋天,大哥就带着我们去坡边吃蛋柿,就是那种在树上熟透了的软柿子,贾平凹在他的散文里就写到过爬上树吃蛋柿的情景。柿子又软又甜,每找到一个,我们就在地下抢着要,安国大哥总是先尽着我们姊妹三个吃,那种滋味,你们城里孩子一辈子都体会不到。”

小薇和淑芬听得入了迷,玉梅接着讲道:“像这种刮风的天气,我们那儿的桐树叶子落了一地,桐树叶子大,落得早。风一停,我们抽一根扫帚棍,把一头削尖,另一头插上半截玉米芯去扎叶子。安国大哥领着我们比赛,看谁扎到的叶子多,我们扎满了一扫帚棍叶子,就像举着一根超级大的糖葫芦,带回家把叶子捋到麦草堆里,又跑出去再扎叶子。而到了冬天,我们就像鲁迅先生写的那样支一个竹筛,撒一些秕谷逮麻雀。到了春天,我们就玩得更有意思了。早春时节,趁柳叶还未冒尖、枝条却已活泛的那几天,安国大哥早就爬上树折柳枝做柳笛了。他用力扭一扭树枝,抽出树骨,余下一段完整的柳树皮,截成几节,便做好了几个柳笛,分给我们,我们如获至宝,‘嘀嘀’地吹个不停……”

小薇无比羡慕地说:“你的童年太自由了,怪不得我写不出你那么好的文章,我的想象力早被我们家狭小的鸽子笼楼房给扼杀了。我们盈盈比我更惨,我那会儿好歹还作业少、朋友多,能经常下楼去玩,可怜我们盈盈都没有几个玩伴。厂里的年轻人越来越少,你们那一批一个年级还有七八十个孩子,后来就成了四五十,现在只有十来个孩子,大家住得又分散,孩子们好可怜,不去幼儿园就没有人一起玩。”

马大姐凑过来说:“我星期天参加了咱厂的一个婚礼,发现只有几个没上幼儿园的小孩子来吃席,大家都说孩子们上课去了。你说这不管多大的孩子都上课,家长累,孩子也辛苦,何必呢?旁边一个从外省来的人说全国各地都一样,一个娃上学全家受累。现在都一个孩子,将来就这么一点儿指望,人都想让孩子坐轿,可总得有人抬轿呀。那就得把娃抓紧,大家互相攀比,看人家孩子都学东西去了,谁敢不让孩子去学,紧慢学着都生怕自己孩子落在人后。其实,这叫跟风扬碌碡,钱都叫那些培训老师赚去了,就苦了家长和娃娃。”

小薇说:“过去讲城里的孩子吃得好,穿得好,生活条件好。其实未必,农村的孩子吃的是绿色无污染食品,呼吸的是新鲜空气,学业负担也轻,你看咱身边好多‘凤凰男’都可能干了,里里外外一把手。”

玉梅说:“今非昔比了,你看看现在到处都使用农药,到哪儿找绿色无污染食品去呀?据科学家说,现在二十个苹果才能抵过去一个苹果的营养。农村人现在手里也活泛了,父母都出去打工去了,老人就拿零食哄娃,农村娃都被假冒伪劣的小食品包围了。”

83　书里面的世事有多大

明明做代数遇到一个难题，百思不得其解，便打电话向妈妈求教。玉梅说："你把你今天上课学的公式给妈妈念一念，让妈妈穿越到初中时代，和你当同桌，一起写作业。"

明明念了公式，玉梅稍一回忆，说："这道题目看似和公式没有关系，但是你把它改写成……"

明明醒悟道："哦，我明白了，要写成这样……"

玉梅夸奖道："你把公式多念几遍，自然就懂了。"

明明算出来了以后，说："妈妈，你真厉害！你原来学习这么好，为啥没有上大学？是不是家里穷，你就上了一个中专？你要是生在我们家，我一定要让你上完大学还出国留学。"

玉梅故意说："妈妈上个中专都很不错了，我们好多同学上了几年学就回家哄弟弟妹妹去了，也有人去打工或者早早订婚了，像你这么大的时候，我们很多同学都订了娃娃亲了。"

明明听了哈哈大笑，说："老封建，幸亏你没有订给别人，要不然我就没有妈妈了。"

玉梅说："那你得好好谢谢你姥姥。"

明明缠着姥姥问妈妈小时候是不是订过娃娃亲，玉梅母亲笑眯眯地说："没有，真的没有。不过你姥爷病重的时候，家里日子艰难，村里人给姥姥出主意，先给你妈订个娃娃亲，多要些彩礼救救急。姥姥就给媒人说，车到山前必有路，船到桥头自然直，日子再难熬，掀一天是一天，天一黑一白，眼一闭一睁，黑白两模糊就混过去了。大人一辈辈就这样了，再苦能苦成啥？娃的世事以后不知道在哪儿，大人再难也不能拿娃的婚姻当儿戏。你不知道，邻村有两个男娃都看上了一个女娃，女娃家父母贪财，在两个男娃家挑挑拣拣，放话说谁家给的彩礼多就跟谁结亲。两个男娃家底都不厚，一时拿不出那么多钱，可是事情闹大了，谁也不愿意认输退出。一户人家到处借债，花了血本娶回了女娃，可这女娃跟另一个男娃经常偷偷摸摸见面。女娃的丈夫知道了，提着菜刀找对方算账，把那个男娃砍得动弹不了。最后，女娃的丈夫坐了牢，女娃被公公婆婆打骂得发了疯，常常满街道乱跑。村里人都说造孽，大人图了几个钱把娃害成啥了，人不人，鬼不鬼。"

明明听了,赞叹地说:“姥姥你太有远见卓识了,你不光没给我妈订娃娃亲,你还送我妈妈读书。”

玉梅母亲说:“你妈念书好,那是天生的。你妈小时候上学的时候,我就没有管过,我只念了两天半书,斗大的字认不了一麻袋。你妈她们都是靠自己上课时好好地听讲,放学认真写作业就把书念好了。我赶集给人做衣服去了,你妈和你姨放学回来自己做饭,还要喂猪喂鸡。你妈是老大,下午放学了,先要打一篮猪草才能回家吃饭。等家里的事情忙完了,才趴在板凳上写作业。”

明明说:“我妈给我说过,她和我姨一直就是趴在板凳上写作业,回回还考第一,得的奖状贴了一墙。我那天看书上讲非洲有一个女人,家里连板凳都没有,她就是趴在家门口的一块石头上写作业,中途辍学后结婚生子,后来遇到联合国的一个救助项目,她又走进学校,人家现在都是享誉世界的社会活动家了。”

玉梅母亲说:“你跟你妈一样,闲了就爱拿着书看。你妈小时候烧火时,就拿着书不换眼地看。我在案上擀面,你妈看书看得忘了烧火,叫我骂了好几回。你们现在上学花钱一花就是成千上万,放在庄稼汉身上谁也挨不起,你妈原来转学交借读费六十块钱都把姥姥难住了,一时半会儿拿不出来,东家借西家凑,才够你妈交学费。人家那个学校教育质量高,你妈在人家那个好学校住校,三天回来背上一袋子馍馍,顿顿啃干馍馍喝白开水,连个菜的面都没有见过,最后考上了中专。你妈考学那一年,全县那么多娃,就考了四五个,你妈是第一名,比你们现在考名校还难。咱们家要不是你妈上了一个中专,十九岁就挣钱养家,你两个小姨说不准都念不成书了。姥姥是个睁眼瞎,也不知道这书里面的世事有多大,你比你妈的条件好,你妈没有上大学出国留学,那你好好念书,将来给你们何家光宗耀祖。”

明明学着姥姥的腔调,爽快地说:“婆,你放心,没麻达!”惹得两人笑了半天。

大伟最近一直在忙着 #4 机组的启动工作,天天要做各种实验,一连十几天没有回家吃过午饭了。今天,#4 机组中修后的各种实验总算进行完毕了,调度安排后天晚上七点点炉。大伟中午回家吃饭时,直夸玉梅做的饭香。玉梅说:“你们发电这么累,也没有一点儿奖励。听说检修这次大修奖可高了,你们那个清水衙门,真是人家说的‘挣的是卖白菜的钱,操的是卖白粉的心’。”

大伟说:”你一天胡乱说什么?人家那是承包的项目,都是人家加班加点辛辛苦苦挣的钱,你别听有些人胡说。”

玉梅说:“不是别人说,是翠萍给我说李楠偷藏私房钱,被她抓住了。”

大伟说:“人家两口子的家务事,你以后少插手,免得他们两个一有矛盾就让你当包公断案。你要知道家家有本难念的经,清官难断家务事,你手不要伸得太长,万一处理不好了,小心他们埋怨你。”

玉梅说："你也别抬举我，我哪是什么包青天，只不过大家都是好朋友，互相帮帮忙而已。"

大伟说："你就是一天心里不藏事，你吃咱家饭，少操别人的心了。"

玉梅问："那你藏不藏私房钱？"

大伟哭笑不得地说："我要钱干什么？我一不抽烟二不喝酒三不要钱，我要私房钱干什么？再说了，工资卡、存折都在你手里，发个加班费、节约奖我都如数上交。不信，你看看我口袋里还是你上次给的那几百块钱的零花钱。"

玉梅忍住笑，说："我知道你是一等一的好男人，是下班就回家的好老公，行了吧？"

大伟说："这还差不多！"玉梅承认自己对大伟有了提防之心，有意无意会看看丈夫的手机，但是，她还是全心全意地爱着他，毕竟女子都希望自己的丈夫是世间最好的男子。

收拾完家里，马上就要到上班时间了，玉梅便靠在沙发上展了展腰。大伟睡得很香，玉梅想让大伟多睡一会儿，便看着表到了上班时间才把大伟叫醒，两人一起去上班。路上碰见马大姐，马大姐老远就说："哎哟，你们俩这是摇铃的离不了打锣的。玉梅，你看大伟最近好像瘦了一些，你可要给你们大伟加强一下营养。"

大伟笑了笑说："最近老加班，盒饭吃多了没胃口。"然后快步走了。

玉梅和马大姐并肩走着，马大姐说："听说这次发大修奖，各班都不一样。"

玉梅说："是吗？"马大姐还要说什么，李师的前妻、思思的姑姑夏淼儿从后面赶上来了，喊着叫玉梅和马大姐等一等她。

84 婚姻对一个女人意味着什么

班长看见玉梅和马大姐进来,不悦地问:“你们两个刚才和夏淼儿说啥呢?”

马大姐回答道:“谁爱和她说话,我们躲她还来不及。是她把我跟玉梅叫住问李师啥时候回来,还问这回李师能挣多少外快。我没好气地说不知道,她鼻子底下有嘴不会自己问去?”

玉梅说:“我没有跟她搭腔。”

班长说:“以后离夏淼儿远一点,小心她又跑到咱们班上来闹事。”玉梅和马大姐都说记下了。

说实话,玉梅原来挺同情夏淼儿的,可是随着时间的推移,人的心理就悄然发生了变化。多年前,李师和夏淼儿闹离婚的时候,人们都指责李师花心,吃饱了不知道放碗,娶了一个如花似玉的厂子弟,却把一个打工妹的肚子搞大了,怨不得人家成天撵到班上指着鼻子骂你。可是,夏淼儿和她妈像母夜叉似的叫骂李师时,人们就听出来一些端倪,人们又开始同情起李师来了。再后来,大家都劝李师干脆离了算了,这样窝窝囊囊地过日子不如散伙。夏淼儿和她妈不乐意了,说“你小子竟敢提出离婚?你在家里像个孙子一样下跪求我们,我们都不愿意看你一眼,要离也是我们说离才能离”。夏淼儿转移了战场,每天在家里想方设法作践李师,吓得孩子哭爹喊娘,左邻右舍受不了,都劝说他们离婚算了。真要离婚的时候,夏淼儿哭了,提了很多苛刻的条件,李师照单全收,两人总算结束了互相伤害的日子。就这,夏淼儿她妈老远一瞅见李师,就立马追过来叫骂,吓得李师上下班都要贴着墙根溜。打工妹后来嫁给了李师,夏淼儿却一直没有再婚。

他们的儿子现在也在省城上名校,夏淼儿的工资加上李师给的抚养费根本不够用。夏淼儿隔三差五地逼着儿子问李师要学费,小老婆在省城做生意,孩子也大了,也该上名校了,自然把钱看得格外紧,害得李师有时候连吃饭都成了问题。玉梅看见一次夏淼儿,常常会难过好几天。玉梅想不通,这女人怎么就这么傻,离婚这么多年,为什么不好好再找一个男人安安稳稳地过日子,非要在一棵歪脖子树上吊死。玉梅和好多人都开导过夏淼儿,结果有点引火烧身,夏淼儿一有事情就把人缠住,弄得大家见了夏淼儿一句多余的话也不敢再说。夏淼儿那张姣好的脸,在岁月的侵蚀下,慢慢演变成了一张写满仇恨和怨愤的状纸,她仿佛祥林嫂一样,见了人就要絮絮叨叨地说自己一个人带大孩子是多么不容易。可怜之人必有可恨之处,鲁迅先生的话说得多么一针见血。

玉梅感慨地想着：人活着不容易，一旦一个坎儿过不去，一辈子就毁了。过去听人常说"好死不如赖活着"，这话像止痛片一样可以缓解一时的伤痛，却不能除掉疼痛的病根，所以赖活着不是长久之计，要活就要活出来个人样来。别人打不倒你自己，只有你自己放弃自己。聪明的人不能拿别人的错误来惩罚自己，更不能拿自己和孩子一生的幸福来和别人较劲。地球少了谁照样转动，世上的好男人那么多，早点离开一个不忠的男人应该庆幸才对，何必要自怨自艾不能自拔呢？无论什么时候，人都要学会站起来，勇敢地和过去告别，才能真正拥有幸福和快乐。可惜，这些话说给夏森儿简直就是对牛弹琴，这个女人已经无药可救了，自己何必为了人家的事儿动气伤神。

柳树在风中摇晃着枝条，黄绿相间的柳叶纷纷落下，到处一片萧杀之气。这几天降温了，感冒的人很多，玉梅牵挂着明明和母亲，想着下班后去省城看看就放心了，可是大伟要值班，按规定不能离开厂区，那就叫上翠萍和李楠吧。玉梅心里正盘算的时候，却不知道此时李楠做出了一个令人惊讶的决定。

淑芬看玉梅对着外面发呆，走过来说："才女，是不是又有了灵感了？文人就爱伤春悲秋。"

马大姐说："你懂什么，玉梅这会儿一定在想夏森儿原来就像一只骄傲的孔雀，若不是遇人不淑，嫁了一个花心老公，何至于沦落到了今天这个地步。"

玉梅怕淑芬感到难堪，忙说："我自顾无暇，哪能管得了人家，这不天气预报说要下雨了，我操心我妈和明明，想给他们送点抗病毒冲剂。"

马大姐却继续说："我每次见到夏森儿心里都不舒服，你们不知道，咱厂分来的大学生、电校生大都是农村娃，她们技校生都是城里人，本来就高人一等。夏森儿不仅漂亮，而且家境好，人还特单纯，常常被一大帮人簇拥着吃喝玩乐。那时候看她还是一个没心没肺的傻丫头，谁知道结婚以后就像变了一个人，把李师看得紧紧的，恨不得拴在裤腰带上，生怕李师长了翅膀飞了。结果，怕什么就招什么，麻绳偏在细处断。李师好端端一个人怎么就能和打工妹搅在一起了？后来闹离婚闹得天翻地覆，不仅断送了李师的前途，也葬送了自己的青春。"淑芬无声地走开了，玉梅一个劲给马大姐使眼色，马大姐说完后，才意识到了此事，懊恼地打了几下自己的嘴巴，赶紧走开了。

玉梅想起《红楼梦》里贾宝玉说："女孩儿未出嫁是颗无价之宝珠；出了嫁，不知怎么就变出许多不好的毛病来，虽是颗珠子，却没有光彩宝色，是颗死珠了；再老了，更变的不是珠子，竟是鱼眼睛了。"婚姻对一个女人意味着什么？成就？毁灭？玉梅越想越糊涂，心中惆怅不已。

85　半缘恼君半惜君

下午真的下雨了，玉梅犹豫着要不要约翠萍去看孩子，没想到翠萍却找上门来了。

翠萍一见到玉梅，眼泪哗哗直流。玉梅着急地说："你有什么事情，你说出来，说完再哭。"翠萍依然哭个不停，玉梅干脆抱着翠萍让她放声大哭。

翠萍哭够了，才抽抽搭搭地说："李楠要走了。"

玉梅惊讶地问："走了？李楠要走到哪儿去？"

"他要调到川北的电厂去，他没有和我商量就跟人家谈好了，下个礼拜就走。"翠萍抽噎着说道。

这几年川北建了几座百万大厂，正在四处招兵买马，一些人跃跃欲试，正在和对方接洽。李楠不是和大伟说好的不走吗，怎么突然之间就变了主意？玉梅担心大伟会不会也要离开。翠萍说："李楠说是他到分场去交材料，刚好碰见川北电厂向咱们厂求援，希望咱们能给他们派去一名技术骨干，他们亟需要一个能独挡一面的技术大拿。领导问他去不去，他没有思索就说去，对方当下就和他通了电话，谈了半个多小时，连待遇和休假的问题都说了。李楠当时满口答应，现在想反悔都来不及了。"

玉梅说："你想不想让他去呢？"

翠萍说："我刚一听到这话就气蒙了，本能地反对。可是，闹完了我细细想了想，还是让他去吧。你看现在到处讲改革，像咱们厂这种情况不多了，我们幼儿园将来不知道会怎么样，我又是从现场调出来的，跟人家那些老师不能比，万一有个风吹草动，肯定先动的就是我这种人。"

"那你刚才哭得像个泪人儿，把我吓坏了！我还以为你坚决不让李楠去，既然同意人家走，那就赶紧回去给你那挣大钱的相公收拾行李去，跑到我这儿哭哭啼啼，拿我当什么了？我可不会怜香惜玉。"玉梅开玩笑说道。

翠萍破涕为笑，说："人家心里正难过着呢，你还说这些风凉话，没良心！"

此时，大伟和李楠也在办公室里谈论这事，两人说了半天，大伟说："你这次真的是什么都放下了，也不管家和孩子了，下定决心说走就走，让人太吃惊了。"

李楠说："这是命中注定，躲也躲不掉的缘分，当断不断反受其乱。"

大伟说："我和玉梅今晚给你送行，顺便给你们翠萍做做工作，让她别拖你的后腿。"

李楠说："你真不愧是睡在我上铺的好兄弟！我刚才给翠萍一说这话，家里就像炸了锅，我是逃到你这儿躲避暴风骤雨的。你不知道翠萍那性子，发作起来吓得你浑身打颤。"

大伟嘲笑李楠怕老婆怕到了这个份上，也好意思说出来。李楠说："我还不是让着她，怕她生气了气出病来，这是绅士风度。"

翠萍想起妞妞，又开始发愁了。玉梅劝解她说："妞妞住校住得好好的，以后让大伟多接送孩子们几次，熬一熬就过去了。"

"接送孩子我倒不怕，我是发愁我管不下妞妞。我们两个再要是吵嘴了，谁来给我们当和事佬？"翠萍说道。

"孩子慢慢长大了，不会成天和你吵架了。说不准李楠走了，妞妞因此就变得懂事了。我听人说有人成天失眠，结果陪孩子上了几年学，每天风里来雨里去，来回奔波，一天累得要死，回到家倒头就睡，失眠问题不治而愈。"玉梅说道。

翠萍笑道："那可是'无心插柳柳成荫'，要真是那样就太好了！"

忽而，翠萍又转喜为忧地说："你说，李楠是不是烦我了？是不是我那天说他藏了私房钱，他就要走了？"

"这可说不准了，你那河东狮吼的威力我可是不敢恭维。要是你后悔了，决定痛改前非，摇身一变要做个千媚百娇的温柔贤妻，李楠说什么也就不走了。"玉梅故意揶揄翠萍道。

翠萍果然中计，方寸大乱，忧心忡忡地叫玉梅给她支招。玉梅扑哧一笑，说："你别杞人忧天了，李楠又不是漂洋过海三五年不回来了，他一个来月回来一次，你们这对牛郎织女犹如金风玉露一相逢，自然胜却人间无数。"翠萍听出了玉梅的戏谑之意，想要还击玉梅，只是话未出口，自己却先脸红了。

玉梅见状，便随口说道："梨花带雨云晨昏，面若桃花羞三春。道是无情却有情，半缘恼君半惜君。"

翠萍说："没良心，人家急得像热锅上的蚂蚁，你倒好，老是拿我开玩笑！"

玉梅故意道了一个万福，说："恭喜主任夫人，你家夫君加官晋爵，前途无量，他日富贵，莫忘贫寒之交，我就心满意足了。我家那位还不知咋想的，我自己都是泥菩萨过河自身难保，哪里敢笑话你！"

翠萍笑嘻嘻地说："你就见不得穷人吃个白馍，你们大伟都当了多少年工程师了？我们李楠好不容易有个出头露脸的机会，你就开始挖苦我了。"

"这下终于承认你们李楠是去升官发财去了，刚才谁在我跟前哭哭啼啼来着？"玉梅不放过任何一个讽刺翠萍的机会，翠萍连忙讨饶，不再争辩。

86　参加个乐队就这么难

校乐队要招聘新队员了,同学们围在宣传栏旁争相观看。中午吃饭时,妞妞兴冲冲地跑来找明明商议此事,明明说:“你报民族乐队,我报西洋乐队,下午没课了咱们就去排练。”

妞妞说:“算了,我学的古筝,你学的钢琴,咱们两个又不在一个乐队排练,我还是不去凑那个热闹了。”

明明说:“你学了那么多年古筝,就去试一试,说不准老师就选上你了。”

妞妞说:“我连学校的功课都学不好,哪有闲工夫去搞那玩意儿?我们班上光是钢琴考过十级的同学就有十几个,学舞蹈、吹萨克斯、拉小提琴、练跆拳道、学游泳的也不少,可是班主任不赞成我们去参加各种学生团体,什么舞蹈队、英语组、合唱团、文学社在他眼里这些都是花拳绣腿的东西。万般皆下品,唯有读书高。”

明明说:“我不管那么多,我决心去试一试。”

妞妞无奈地说:“祝你好运。”

教学楼的入口处,有一间教室里摆放着一架钢琴,是学校专门为住校的孩子设置的琴房。明明已经好久没有摸钢琴了,今天坐到了钢琴面前,有一种久违了的亲切感。明明试着弹奏了几个音节,手感很好,便一发不可收拾,弹了一曲又一曲。琴声吸引了几个同学,他们也都摩拳擦掌,想试弹几下。大家轮流着弹了一会儿,明明对自己更有信心了,毕竟自己曾获过“春苗杯少儿钢琴大赛”的亚军,底子在那儿放着呢!

下午放学后,班主任刚把同学们的手机发下来,明明就迫不及待地告诉妈妈他要报考学校的西洋乐队。玉梅试探地说:“你不怕影响功课,那你就去试一试,锻炼一下。不过,我可听说鑫通二中是全省青少年器乐培训基地,人家的西洋乐队经常代表全省到世界各地去演出,美国总统到省上来了,都是他们演奏的迎宾曲。人家的考核特别严格,你可要好好准备准备。”

明明说:“你别忘了我是英武神明的天才少年,西洋乐队少了我,那是他们的一大损失,你就等着听我的好消息吧!记住,星期五过来时把我的琴谱带过来,千万别忘了!”

第二天课间操的时候,明明和很多同学找到了乐队老师要求报名,老师却告诉他们必须要有班主任老师和家长的共同签名才可以报名。孩子们都说“怎么这么麻烦?我们都是从小就练琴才来报名的,这是我们的自由,关他们什么事儿?真是戴着草帽还打雨伞——多此一举。”乐队的老师耐心地告诉大家这是学校的规定，谁也不能例外。参加个乐队就这么难，孩子们悻悻然走开了。

明明和唐子轩准备去找班主任给自己开个介绍信，在楼梯上碰见了于姝瑶、吴杨惠子、杨訾非，他们正在说开介绍信的事儿。原来，于姝瑶想要进学校的舞蹈队，班主任却拒绝给她开证明，于姝瑶苦苦央求，老师才说“你们还小，有些事情和你们说不清楚，叫你们家长过来和我谈。”明明和唐子轩一看这事儿不好办，自己再去找班主任高老师还是得碰钉子，不如让妈妈来和高老师交涉。

下课了，同学们都在讨论着自己加入哪个社团好一些，明明在一旁默默地听着。于姝瑶说：“老师不让我们女生参加舞蹈队，还不是怕我们经常排练演出影响到了学习，到时候拉了咱们班的后腿。”

唐子轩说：“我还没说我要报动漫设计呢，我学了这么多年画画，再加上我又精通电脑，你说像我这种神童，如果不去参加动漫设计兴趣小组，那可是巨大的、无可挽回的、不可估量的损失。”

杨訾非说：“还有我，大名鼎鼎的文学才子，将来的诺贝尔文学奖获得者，连老师办公室的门还没有挨到，就被轰走了。”

“说什么非要家长、班主任同意我们才可以报名，分明是敷衍我们，想等我们热度一过，就把这事儿给忘了。我偏不，我不蒸馒头争口气，我非要让我妈给我写个证明，看他还能说出个什么花样来！”于姝瑶忿忿不平地说着。明明想着这好办，晚上给妈妈打个电话就可以搞定。

玉梅在班上随口说了明明想报西洋乐队的事情，没想到一石激起千层浪，引来了一片反对之声。淑芬说：“玉梅，我给你说句掏心窝子的话，你最好还是不要让孩子参加那些个社团的好。我们依依原来在她们学校的舞蹈队，一般中学生都不让留长发，可是舞蹈队的女孩子是个例外，走到哪里都是众人的焦点，这样对孩子的成长不利。还有，参加舞蹈队不光排练演出影响学习，舞蹈队的女孩子一个赛过一个漂亮，个个都爱打扮，又容易早恋，让人头疼得很。”

马大姐说：“艺术不是一般人搞的，你别听现在讲自主招生，那里边的渠渠道道多着呢！不是艺术世家你就别把那当做一回事，权当业余爱好摆弄两下就好了。”

小薇说：“听说艺术院校的孩子文化课都一般，而且学费特别贵，出来都不愿意从事稳稳当当的工作。你们明明学习那么好，将来考个名牌大学没问题，你就别去凑那个热闹了。”

玉梅没想到这个问题这么复杂，便说：“隔行如隔山，没想到这水这么深。我就怕明明兴致正高着呢，我不答应他肯定闹情绪，我再和家里商量看怎么办好。”

87 博鳌论坛八国峰会

高老师很忙,玉梅约了几次高老师都没有空。星期五下午,高老师决定召开一个小范围的不公开的家长会,要求是父母双方都必须来参加,哪怕是离婚了也要来。明明他们把这叫做“博鳌论坛八国峰会”,因为高老师邀请的恰好是班上最活跃的“四大才子”和“四大美女”的家长。

星期五下午,大伟推掉了一个重要会议,按时来到了高老师的办公室。玉梅一看另外七个孩子的父母全都到齐了,高老师的表情十分严肃,便知这次的家长会非同一般。

高老师开门见山地说道:“非常感谢各位家长在百忙之中按时来参加这次家长会。大家的时间都很紧张,我就简单说一下叫你们来的目的。这两天,孩子们为了参加各种社团,情绪波动很大。我的意见是不鼓励不反对,但是对于你们这八个孩子来说,这是一件影响面比较大的事情。你们的孩子无论从学习还是个人能力方面来说,无疑都是我们班的佼佼者。为了孩子们的前途和未来着想,我想说孩子们有三条道路可供选择:一是通过参加奥赛和物理等竞赛,获得全国一等奖,可以被北大、清华等“7+2”院校提前录取,这个录取的主要是针对在某一方面异常有天赋的孩子;二是通过艺术特长类的专业考试,进入北大、清华等知名院校,这个主要考虑的是有特别突出的艺术才华的孩子;三是正常的高考,只有各门功课都特别优异的孩子才可以考进重点院校。我们高中的重点班,每个班都能考上不少学生。情况大致就是这样,请你们仔细斟酌,帮助孩子们做一个合理的决定。我还有课,今天的家长会就到这里,会议内容不公开,我更希望你们把这当做一种朋友间的交流,而非学校的家长会。”父亲们都感激地握了握高老师的手,母亲们欲言又止,高老师送客到办公室门口便止步了。多年以后,当玉梅回想起这次家长会的时候,她后悔极了——老师都把话说到那个份儿上了,自己当时怎么就那么不开窍呢?

玉梅和几位妈妈很快就熟了,弄清楚了这七位家长大都在省城工作或做生意,为了孩子上学方便,好几家特意搬到了学校附近住。大家都说孩子考完小升初以后,说什么都不愿意学奥数了,老师还指望他们几个参加奥数竞赛,真是笑话。大家谈笑了半天,终于弄清楚了传说中的“四大才子”原来是何佳明(明明)、唐子轩、杨訾非、郑文远,“四大美女”就是于姝瑶、苏菲菲、吴杨惠子、上官慕雪。几位家长说了半天,一时也商量不出什么眉目,互留了电话便各自回家了。

玉梅挽着大伟的胳膊走着，大伟看着路边各色的小店说："时间过得真快呀！我在这座城市上大学好像还是昨天的事情，一转眼，明明都这么大了。"

玉梅说："我才觉得快呢，我们上中专那会儿，也就比明明大两三岁。眨眼间，咱们孩子就要上大学了，到时候咱们就老了。"

大伟看了玉梅一眼，说："孩子催着大人变老。明明上小学的时候，我还从来没有这种感觉。今天，高老师一说起明明考大学的事情，我一下子还有点接受不了。这么一个小不点刚上了初中，就要考虑上大学的事情，是不是太早了一些？"

"我也觉得老师小题大做，孩子们觉得参加社团好玩罢了，干嘛说得那么严重。"玉梅说着，两只手搂住了大伟的胳膊。

"你冷吗？立冬了天一下子就冷了。"大伟说着，搂紧了玉梅的腰，快步向家里走去。

路边有一个卖烤红薯的老人，从炉膛里取出几个刚刚烤好的红薯，大伟看见了，走过去买了一个让玉梅暖手。玉梅捧着红薯，心里热烘烘的。身边走过一对对学生，看样子都是高中生。有一个女孩手里抱着玫瑰，看见了红薯也要买，男孩子精心挑选了一个送给女孩子，女孩子美滋滋地接过来。鲜花换到了男孩子的手里，女孩子双手捧着红薯，男孩搂着女孩子的腰靠在女孩子的耳边说着什么。

玉梅看直了眼，大伟说："是不是羡慕人家有鲜花？"

"我有那么小心眼吗？看，年轻多好，怎么看都是美丽的。"玉梅出神地说道。

"咱们又不是没有年轻过！瞧你，好像咱们已经七老八十了似的。"大伟笑着说。

"我们那儿老辈的人讲过去人到二十五，半截入了土。现在生活水平高了，那说'人到四十，半截入了土'不为过吧？我们有个同学上学晚，比我大三四岁，人家都已经当了奶奶了。咱们明明上完大学二十二，再上个研究生年龄就更大了，将来结婚不知道到了什么时候。咱们和人家要差一代人呢，这辈分都算不清了。"玉梅说。

"我从来都不觉得自己老，叫你越说感觉自己越老了。以后别说老的话好吗？说吧，说你现在想干什么，我都陪你！"大伟高兴地说。

"真的？那你陪着我在校园里走走，我真的好喜欢这所学校。"玉梅由衷地说。

大伟和玉梅在校园里转了一大圈，禁不住啧啧称赞起学校来。玉梅说："我们小学是由一座破庙改建而成的。一年级的时候，我们的课桌都是那种土坯垒起来的土台子，板凳都是自己从家里带来的。后来到了四五年级，学校才给我们配上了木制的桌椅。我小时候做梦都想到一所美丽的校园里读书，后来终于考到了电力学校，才算是圆了我的梦想。"

88 都是网络害了娃

明明向爸爸妈妈立下了“练琴和学习两不误,成绩绝对要保持在前十名”的军令状,终于拿到了玉梅的签字。其他同学就没有那么顺利了,杨訾非凭借三寸不烂之舌,施展了各种死缠烂打的招数,终于得到了父母大人的首肯。后来,于姝瑶搬来爷爷奶奶当救兵,上官慕雪不惜以绝食相逼,终于促使爸爸妈妈缴枪投械,答应了她们参加舞蹈队和西洋乐队的要求。

玉梅和大伟原以为明明是闹着玩的,就算初赛通过了,正式加入了西洋乐队,训练那么枯燥,三分钟热度一过,自然就懒得去了。没想到,明明不仅过五关斩六将,从一百多名的学生中脱颖而出,而且深受乐队费老师的青睐,天天单独授课。明明每天下午都要跑到费老师那儿练一会儿琴,回到家里,飞快地吃完饭,然后马不停蹄地开始写作业。玉梅看在眼里喜在心头,觉得孩子难得和费老师投缘,学习也不用家长督促,两全其美,那就让孩子练去吧!

马大姐经常撵着班长问恩华什么时候回来,班长说:“厂里又和人家续签了合同,可能到过年前才能回来。”小薇说:“那咱们就在厂门口随便吃顿饭算了,这一段时间大家天天加班也需要犒劳犒劳,总不能不让马儿吃草光让马儿跑吧?”班长当即痛快地答应了大家的要求。

依依现在住校了,渐渐适应了新学校的生活,淑芬顿时轻松了不少,最近气色也好了许多。恰好中午来了几位同学,淑芬便向班长告假去参加同学聚会。玉梅要去省城给明明送东西,也不能参加聚餐,小薇噘着嘴巴说:“你们怎么都这么忙?你们都不去了,这吃饭有什么意思?”

班长说:“你们不是常说吃什么不要紧,重要的是和谁一起吃吗?你是不是嫌我们这几个老家伙太无趣了?”

马大姐说:“要不咱们明天吃?迟一天早一天无所谓,吃饭就是图个热闹团圆,咱们人都到齐了,明天吃饭也是一样的。”

大家都说这个建议好,明天吃就明天吃。班长说:“大家没意见我也没意见,我从今晚就开始不吃饭攒肚子了,你们可别嫌我吃得多。”一句话说得大家都笑了。

说来也巧,那天晚上厂门口发生了一起命案。第二天,各种版本的消息满天飞,公安局的警车呼啸着在马路上驶来驶去。一时间,厂里的气氛紧张起来。前一段时间,家属区接连发生了几起入室盗窃案,菜市场上还发生了大白天劫匪用迷幻药迷倒了店主,公然搬走商店里的高档烟酒的盗窃案。如今,又发生了入室杀人案,难免人心惶惶。厂里加强了各处的警戒,职工们晚上早早地关门闭户,轻易不敢出大门,玉梅班上的聚餐自然就耽搁了下来。

几天后,案件的真相终于浮出了水面。原来是附近一个村民发现妻子带小孩看病时和小诊所的医生有了私情,一怒之下用刀砍死了医生,跑回家告诉父母,准备亡命天涯。结果没跑多远就被警方捉拿归案了,其父母也因包庇罪被警方带走,家中只留下一对孤儿寡母,在村民的谴责声中抬不起头来。不久,警方在审讯中发现这是一桩案中案,这桩命案又牵涉到了一桩拐卖妇女案。原来,这个妻子和丈夫是通过网聊认识的,妻子今年只有十六岁,家在福建,父亲是身价过千万的富商,上初中时和家人闹矛盾以后离家出走,千里迢迢来找网友。两人见面以后,女孩对男孩很失望,但是男孩控制了女孩的自由,直到女孩生下了孩子,也不允许其在村子里走动。一天孩子生病了,女孩和婆婆带孩子看病时,趁着婆婆不注意,向医生求救,却被男孩误以为是眉目传情,最终酿成了一桩命案。

一年多来,女孩的父母一直在四处寻找独生女儿,没想到女儿会流落至此。富商接走了女儿,小婴儿无人愿意收养。考虑到几个月的婴儿需要照顾,警方特许杀人犯的母亲出狱照顾孩子,这桩闹得沸沸扬扬的案子很快真相大白,也算是以令各方都能比较接受的方式结案了。

玉梅他们闲聊时说起这个女孩,都不免要感慨几句。关于这个女孩离家出走的原因,大家有各种各样的说法,班长说:“这都是有钱人把娃从小就惯坏了,大人说不得,一不顺心就离家出走,也不想想她走了大人能急死。”

马大姐说:“都是网络害了娃,要不是娃们一天爱上网聊天,这天南海北的两个人根本就不可能认识。”

淑芬说:“大人不敢把娃逼得太紧了,娃们经的事情少,一时想不开,就被逼上绝路了,让人后悔一辈子。”

玉梅说:“现在的孩子太单纯,这个女孩可能平时缺少朋友、缺少关爱,所以受了一点委屈就做出了这样的傻事。这娃瓜的,你和大人说不来,你可以和同学朋友说说,话说开了,心里也就没有啥了,何至于跑到人生地不熟的地方会网友?真是个瓜娃!”

这个话题,被大家茶余饭后谈论了很久很久。

89　日历已经翻到了元旦

莎莎即将临产，安民发过来莎莎的孕装照，大家看了都十分欢喜。吴老师一天到晚乐呵呵的，玉梅母亲一有空便给新生儿缝衣服鞋袜。

玉梅觉得一天忙忙碌碌的，又似乎什么事儿也没干，就连博客也好久都没有写过了，日历却已经翻到了元旦。大伟父母说玉梅母亲来了这么长时间了，一直没有见面，不如来厂里散散心。玉梅知道老人想明明了，便和大伟把母亲和孩子接回到了厂里。玉梅母亲是个闲不住的人，缝了几件棉马夹送给了大伟父母和太奶，三位老人穿着十分合身，不停地感谢玉梅母亲不仅照顾了明明，还惦念着他们。

星期天下午，大伟怕堵车，早早地载着大家回到了省城。刚到楼下就看见吴老师在门卫值班室里坐着聊天，明明欢喜地冲上去问："吴爷爷，你怎么知道我们现在回来？"

门卫说："吴老师一大早就过来了，和我说叨了一早上。"

吴老师说："我出来闲逛，转着转着就到咱小区了。"

玉梅招呼大家回家，大伟悄声说这吴老师真有意思，玉梅笑着看了大伟一眼，大伟便不再吭声。

晚上，安国过来接吴老师，玉梅邀请安国一起吃晚饭，安国毫不客气地吃了两大碗。玉梅问起妙怡最近复习得怎么样了，安国说："别提了，妙怡还没上战场，孟丽就先成神经病了，连饭都不会做了，听人家网上说什么有营养就给孩子做什么营养餐，补各种营养品。我好久都没有吃过臊子面了，还是咱们这家常饭吃着舒心。"

玉梅又说起明明加入了西洋乐队的事情，安国说："这是好事情，很多人不主张孩子参加兴趣小组，我倒觉得孩子多接触一些东西还是比较好。"

大伟说："老师觉得明明应该继续学奥数，将来参加奥赛获奖的可能性还是比较高的，我们对这个不是很清楚。"安国问明明喜欢学奥数不，明明头摇得像拨浪鼓。

玉梅说："何止不喜欢，简直是深恶痛绝！"

安国说："那就对了，不要逼着孩子干自己不喜欢的事情。明明又不偏科，选择的余地很大，钢琴也是明明的强项，继续练习下去也挺好。再说了，政策老是变来变去，以后还有没有奥赛都说不准。"

明明听见舅舅向着自己，委屈地说："同学们都叫我小郎朗呢，你们给我签个字还提了那么多条件。费老师都说了我是他的关门弟子,他要将他平生所学毫无保留地传授于我。"

安国说:"真有这么好的事儿?那你可得好好弹琴。当然,学校的功课也不能放松。"

明明骄傲地说:"没问题!"

恩华回来了,只待三四天,过完元旦就走。班上准备到省城吃饭唱歌,算是欢迎恩华,也算是庆祝元旦。恩华烦恼地说:"李师不回来,这夏森儿和她妈却抓住我不放,给我家不停地打电话,问我们发了多少钱,我没办法,干脆说干完活才算账。她们还缠着我问这问那,我只好说我是家里有事,趁着过节请假回来的。"

马大姐说:"你以后少理那个女人和她那个麻迷儿妈,好药难治冤孽病,好话难劝糊涂虫。我现在算是看出来了,那娘俩没有一个好说话的,也没有一个明事理的,李师早早离了也是好的。"

班长说:"苍蝇不叮无缝的蛋。李师没有那回事,夏森儿也不至于是现在这副模样。再说了,离婚就离婚了,技术员被撤了,咱也犯不着天天喝酒打牌。老话说得好,看一个人品行高低,要看他顺境和逆境两方面的表现。"

"能大能小是条龙,只大不小是条虫。"马大姐说道。

"就是这话,你一下就说到了我的心上了。恩华,你多劝劝李师。"班长说道。

恩华说:"我看李师越来越消沉了,我说的话他就当耳边风。这年头,普通人最好还是从一而终的好,这两个老婆两个孩子一般人吃不消。"

淑芬说:"夏森儿一个人带着娃也不容易。听人说,她娃回家她才舍得买菜买肉,娃一回学校了,她天天顿顿吃剩饭。她娃不爱学习,她硬把娃往好学校塞,吃力不讨好。人钻进了牛角尖,谁说啥都不顶用。"

小薇说:"夏森儿也真是的,咋就那么爱钱?自己不嫌寒碜就算了,还成天逼着孩子问李师要钱。"

玉梅说:"你们盈盈小,你不知道上名校花钱没底。像正儿八经考上的,都要花这么多钱,我们现在月月等米下锅,就盼着发工资呢。夏森儿能把娃教育成个啥?还不是硬拿钱把娃塞进名校去的,没个十万八万的进不去。李师两个孩子都上名校,你说他头大不头大?"说完,忽然想起那天碰见李师小老婆的情景,玉梅心里不免咯噔了一下。

元旦前一天,文雅的时装店开张了,班长率领着大家去放鞭炮祝贺开张大吉。文雅、恩华带着丫丫在店里欢迎大家。玉梅看见文雅店里布置得简洁大方,各种服饰摆放得恰到好处,服装款式新颖,质地不错,价位合理,不禁赞叹文雅好有眼光,将来一定生意兴隆,财源滚滚。

90　一地鸡毛

太奶感冒发烧了，大伟父母也跟着病了，吃了各种药总不见好。厂医院请了省城的著名中医来坐诊，玉梅听说了，急忙预约了三个号。大伟忙着走不开，玉梅提前去排队，快轮到玉梅了，小仇开车把老人们送到了医院。中医号完脉，恭喜太奶说老人家高寿，脉象很好，就是偶感风寒，不妨事，喝几副药发散发散就好了。看病的人很多，玉梅和小仇照顾着三位老人看完病，小仇先把老人们送回去，玉梅缴费抓药。

药抓好了，药剂师问玉梅在医院熬还是带回家熬，以往玉梅都是带回家文火慢熬，今天三个人的药怎么熬呢？玉梅打电话问大伟母亲在哪儿熬药，大伟父母商量了一下说："太奶的药拿回来熬，我们的药就在医院熬算了。"

玉梅答应着解释说："我也怕三个人的药在家熬不过来。"

大伟母亲说："医院熬也是一样的，我们这几天都病了，把你累得够呛。"

玉梅心头一热，忙说："我先把太奶的药拿回来熬上，你和我爸的药还要等到下午才能熬好。中午你们想吃什么？我顺路买点菜。"

大伟母亲叮嘱玉梅少买点菜，做点酸汤面就行。老人们这几天都没有胃口，今天想吃东西了那就快好了。玉梅欢喜地说："中午咱就吃酸汤面，你们吃了捂捂被子发发汗，我再用醋熏熏家里，感冒很快就好了。"

旁边的师傅问玉梅给谁打电话呢，这么热闹，说得他都馋得不得了。思思奶奶不满地说："肯定是给她婆婆打电话请示上午吃啥饭。我一天把饭做好，儿子媳妇都不愿意过来吃，想当个老保姆都没有人要。要不人说伺候完孙子，伺候儿子媳妇，还能伺候老头子这就是福气，说明咱还有一口气能动弹，还有一点用处。"

玉梅听到思思奶奶这样说话，心里有点悲凉。思思奶奶话多，女儿夏森儿离婚后，有人来介绍对象，对方一打听她妈是个麻迷儿，就没有了下文。夏森儿离婚后，思思奶奶不知悔改，反倒变本加厉，母女两个经常挑唆是非，变着法子和思思妈妈吵架，甚至在花园里当着那么多人的面打思思妈妈。儿子受不了夹板气，后来调走了，思思爷爷前一段时间体检查出了大病，夏森儿自顾不暇，就她一个人照顾，现在累病了一个人来医院，让人看着可气又可怜。

玉梅想起母亲常说：女儿娃当姑娘要性如棉，志为根，多在父母跟前说哥嫂的长处，要像提起全家快乐的贵星；当媳妇要性如水，意为根，随圆就方，要使家中一团和气，要做个任劳任怨的喜星；当婆婆就要性如灰，兜满家，宽厚安详，像个福星。思思奶奶本应该当福星了，就是人常说的到了“老太太炕头坐，一福压百祸”的年纪了，可她就像一根搅屎棍，啥事情都想插手，结果把家里闹得乌烟瘴气。玉梅本想劝慰思思奶奶几句，可又觉得不妥。人老了是可怜，而为老不尊却又让人厌恶。两相比较，大伟的父母都还通情达理。幸亏当年没有给这个变态的老太婆当儿媳妇，玉梅觉得自己还算幸运。

大伟母亲放下玉梅的电话说：“思思奶奶刚才在医院里见人就骂媳妇不孝顺，不管老汉也不管她。我都不好说她，那次就为娃们上课回来晚的事，她把媳妇骂了好几回。我给她说教育孩子的事儿，老人要少插手。她倒好，啥事都要插一杠子，让思思在省城上幼儿园上小学，她不会辅导，娃成绩不好了，又把娃转回来。现在，媳妇把娃管得这么好，思思娃都考上名校了，她还这样。我那天叫她一煽火也把玉梅说了一顿，还好玉梅没有上气，晚上照样过来给咱蒸馍。我看你在电厂干了这么多年，最英明的决定，是给咱大伟找了一个好媳妇。”

“你算说对了。思思奶奶当年不是也看上玉梅了？可是玉梅一生病，她就不让儿子追玉梅了，刚好给咱留下了。我不是给你说过了，咱大伟一个独苗，这找媳妇一定要找一个家里姊妹多的。你看一来玉梅家姊妹三个，三朵金花，将来养老，几个人搭搭手就过去了；二来玉梅学习成绩很好，是个靠考学跳出农门的好娃，智商绝对不低，给咱生个明明你看多聪明多可爱；第三这农村出来的学生娃，都踏踏实实，本本分分，没有啥花花肠子，又会照顾人。你看咱大伟多有福。”大伟父亲说道。

“不光咱大伟享福，咱老两口跟咱妈也没少沾光。养个女孩又能咋样，可能娇惯得还等咱俩伺候她呢！”

“你现在说玉梅好，刚一见娃，你不是嫌人家娃土气么？结婚时，你还弹嫌玉梅的亲戚一个比一个寒酸……”大伟父母你一言我一语地说着。

玉梅急着回家熬药做饭，闷头只管赶路，在大门口，差点和亚荣撞个满怀。亚荣满脸怒气地说：“老师叫我去学校，涛涛又闯祸了，不按时交作业，还顶撞老师，还把老师车胎的气给放了！我们英俊去了光会收拾孩子，我今天下了后夜班，昨晚制粉系统不正常，我忙了一晚上，困得要死，刚刚躺在床上，这个电话就把我吆起来了，我先一个人过去看看再说。唉，我这命苦的，哪像你和翠萍都上着白班。”亚荣原来和玉梅、翠萍都在一起上倒班，后来玉梅调走了，再后来翠萍也调走了，亚荣见了玉梅和翠萍总是有些别别扭扭。玉梅觉得亚荣确实辛苦，可是自己能力有限，实在帮不了她了。亚荣火急火燎地赶车去了，玉梅还想叮嘱她几句，可是亚荣已经走远了。

下午，玉梅去医院给大伟父母拿药，碰见翠萍要去银行。玉梅打趣说：“富婆，你把银行的门槛都快踏断了。”

翠萍说：“我一天管不着人，这工资卡可不能不管，我去查查账。”

91　李楠这个死鬼

最近的流行性感冒传染性很强，学校好多孩子都病了，妞妞也被传染上了。翠萍把妞妞接到家里住，每天两头来回跑。有一天，翠萍没有便车可搭，其他同事们都互相拼车，大伟和玉梅也没过来，翠萍一个人落了单便坐公交车。寒冬腊月，到处都是冰天雪地，回厂里要倒三回公交车，翠萍在车站等了半天还是没有车来，冷得在地上不停地跺脚。终于看见一辆车来了，大家都争着往上挤，翠萍稀里糊涂就被人给挤上去了。等到换乘下一辆公交车的时候，翠萍一摸包包拉链开了，再一摸，手机钱包全不见了，急得哭喊了起来。旁边的乘客漠然地看着翠萍，翠萍高声叫骂起小偷。一个过路的老人看见翠萍哭得可怜，拿出几元钱递到翠萍手里。翠萍感动得要老人留下电话号码，好日后还钱。老人摆摆手就走了。

回到了厂里，翠萍哭着给李楠打电话诉说自己的遭遇，骂李楠不管家让自己受了这么大的罪。李楠劝慰了半天，翠萍方才缓解了过来。李楠怕翠萍想不开，一个人在家生闷气，便打电话让玉梅去劝劝翠萍。玉梅带着翠萍立即挂失了各种银行卡，停用了手机卡，询问了补办卡的手续。银行卡和信用卡好办，在厂门口的银行就可以办理，医保卡就比较麻烦，必须要去汉阳市办理。

玉梅安慰翠萍说："明天小仇刚好要去汉阳办事，淑芬也要给孩子送东西，我也想去看看我妹妹，不如咱们一块儿去给你办卡？"

翠萍说："那太好了，妞妞这几天病着，我要用医保卡。你说这小偷眼也真亮，李楠刚给我买的智能手机，他就偷走了，我一个月的工资就这么打水漂了。幸亏我的旧手机还能用。你不知道，我们幼儿园那帮子居然说我树大招风，穿得太起眼，叫贼给盯上了。"

"我们班长成天说'吃好些，穿烂些，闲事少管，打架躲远些'。你的皮包亮闪闪，衣服红艳艳，手机新崭崭，一看就是有钱人。"玉梅笑道。

"好不容易周周正正出了一回门，就叫贼给盯上了。笨狗扎了一个狼狗势，就吃了这么大一个亏。"翠萍自嘲道。

第二天中午，小仇开车带着玉梅、淑芬、翠萍去汉阳，先去了依依的学校，淑芬要趁着中午做操的空当给依依送东西。翠萍看见学校的大门都快被各种商店挤得看不见了，便说："这学校怎么这么小？看上去一点儿也不像个学校。"

淑芬说："就这，也不好上。一个班挤了八九十个学生，教室的前后门都堵得不好走，下课了，孩子们出来上次厕所都困难。老师上课用扩音器讲课，后面的孩子根本听不清。老师就想办法上课时让大家把桌子拼到一起，尽量往前集中，写作业时再把桌子搬开。每天都这么来来回回地搬桌子，真是麻烦。”

玉梅说：“我妹妹家蕊蕊她们班上也是这种样子，比起省城来说，条件是差了点儿，可是比起我们当年上学顿顿开水泡馍来说就算好多了。人咋惯咋来，孩子习惯了也就不当回事儿了。”

淑芬说：“就是，依依宿舍住着二十几个孩子，我看她也不叫苦了。”

“我们妞妞宿舍住了四个女孩子，还成天拉帮结派闹矛盾，小女孩的事情就是麻烦。以前，她住了你们的房子，嫌我们租的筒子楼低档，周末都不愿回来，现在知道住家里舒服了，也不管我一个人能不能跑得过来，非要回家住。我让她忍一忍，把这个学期住完，偏偏这个死女子生病了，硬要我把她接出来，要不然我也不至于丢东西。”翠萍生气地说道。

玉梅劝翠萍道：“折财消灾，你就权当自己救助了一个穷人。”

淑芬说：“我以前光以为我命苦，依依转学以后，我才知道她们好多同学的父母都是从县城、农村出来陪娃念书的。好多人摆小吃摊、给人擦皮鞋、打零工供娃上学。不听话的娃多得很，一天不好好念书，就比吃比穿。”

翠萍说：“我那个筒子楼里，有一家人为了让娃学奥数上名校，两口子都去兼职，没时间辅导娃，就给娃买了一台电脑让娃查资料。结果娃一天光玩游戏就不做奥数作业，早都被老师给赶走了，两口子还不知道。”

淑芬说：“我们依依她们班上还有妈妈坐台赚钱供娃读书的。”

翠萍说：“我那个当宿管的同学为了供娃，也是走马灯一般地换男人。我们妞妞说阿姨家的表叔多得数不清，吓得我都不敢和我同学来往了。”

车停稳以后，小仇从后备箱帮淑芬取了好多东西送到了学校。玉梅和翠萍坐在车上等候，翠萍说：“你看这娃他妈心实的，恨不得把啥好东西都给孩子。”

“傻瓜，依依哪里需要这么多东西。”玉梅说道。翠萍不相信似的看着玉梅。

车内沉默了一阵子，翠萍幽幽地说：“这娃们一天啥都不干，就专门念个书，也不好好地念，不知道这些娃们将来是上天还是入地呀？我看我妞妞最近学习退步大得很，没眉没眼，期末考试谁知道能考个啥成绩？”

玉梅说：“你一天就爱胡呻唤，老是打击妞妞干啥？”

翠萍说：“真的，妞妞现在在班上已经垫底了。她一天着急上火，例假老不正常。你说小小年纪都已经内分泌紊乱了，将来咋办呀？李楠这个死鬼，一天跑得远远的，不管我们娘俩的死活。”

92　十四条忠告

翠萍的手机找到了。原来是妞妞帮妈妈开通了手机防盗系统，对方偷走手机以后不敢用，只好还了回来。翠萍拿到了失而复得的手机，高兴地叫玉梅看。玉梅说："这孩子还就是脑瓜子灵活，知道这些新玩意，这次你们妞妞可是立了大功。"

翠萍说："可不是嘛！这是我们李楠给我送的生日礼物，要是弄丢了多可惜！你看思思爸爸调走了以后，还不是跟思思妈妈散伙了。唉，两个人过了这么多年，说散就散，真是让人寒心。现在离婚率高于结婚率，看来这自由恋爱还不如父母之命保险。你说这两个人的感情到底是靠责任还是靠那事儿维持着？我怕我们俩哪天说完也就完了。"

玉梅说："你真会杞人忧天，李楠不是那号人。"

翠萍忧郁地说："我相信李楠，可我怕有些狐媚子硬要倒贴给他，男人没一个柳下惠。我当初为啥要让他走，现在后悔也来不及了。我叫妞妞气得没办法了，我就觉得人到底要娃干啥呀！我也不知道是我教育娃的方法不对，还是我们妞妞到了青春期了，还是这娃抱错了。我心情不好，觉得人活着有啥意思？"

"都一样，我也觉得日子平淡如水。"玉梅说道。

"不一样，我觉得你把明明教育得好，根本原因就在于你一个人说了算。我们家的病根是严母慈父，角色颠倒，标准不一，弄得妞妞现在成了我们家的实际领导人。涛涛家则是各自为政，没有王法。思思家的问题最严重，两口子的、婆媳的、大姑子的，这下离了，看都满意了吧？"翠萍一字一句斟酌着说道。

玉梅不敢相信地看着翠萍说："看不出来，你还成专家了。"

"以前上班是和机器打交道，现在和人打交道，就得琢磨琢磨别人的心理。我那天看电视里记者采访杨澜，问她工作这么忙，怎样抽时间教育孩子，我就觉得人家这妈当得很称职。我自己都混不出来什么眉目，却对孩子要求那么高，也难怪孩子不听我的话。"翠萍说道。

玉梅想起手机里有杨澜写给女儿的十四条忠告，便给翠萍念了起来：一、养成看书的习惯；二、拥有品位；三、要试着发现生活里的美；四、跟有思想的优秀人交朋友；五、远离泡沫偶像剧；六、学会忍耐与宽容……

翠萍说："写得太好了，杨澜真是女人的典范，不光事业成功、家庭幸福，还把一双儿女也教育得很好。我看这些话咱们应该跟孩子一起读，要是我早早读到这些忠告的话,我的人生也许就不是现在这种样子了。”

玉梅点头称是,翠萍又说:“我是越想越难过,我几乎跟里边没有一条能够沾上边。你那天还说要去看咱们电校老师,我混得这么背,哪里有脸见老师!当年人都说,一类上中专,二类上师范,三类才去念高中考大学。咱们那时候考上中专多光荣,现在回老家一说起在工厂自己都不好意思。我觉得咱们亏大了,咱们是革命的螺丝钉,磨损磨损就没有使用价值了。不像人家医生,越老越值钱。我现在对生活没有别的奢望,就盼我们李楠赶紧回来,我一个人实在扛不住了。”

玉梅说:“谁说的让人家放心地去,家里有我呢?”

翠萍说:“我就这么点儿出息,我天天扳着指头算我们李楠啥时候回来。”

“傻瓜,想人家了就告诉人家,何必羞羞答答?”玉梅刺激翠萍道。

翠萍说:“那还用说,我说你后天不出现在我眼前,你就永远别回来。”

玉梅笑着说:“二杆子,真有你的!”翠萍很自豪地笑了。

李楠果真按时回来了,翠萍休假在家陪李楠。周末,李楠邀请大家吃饭,大伟说:“你们小别胜新婚,牛郎织女喜相会,我们就不当电灯泡了。”

李楠说:“你这嘴巴不饶人,小心我撕你的嘴!就冲着你的这句话,我都要灌你三大杯。”

大伟说:“你这么说,我就更不敢去了,谁不知道你们上边喝酒喝得凶。”

李楠说:“你就这么糟蹋老同学?你一天老婆孩子热炕头,哪里知道我们背井离乡的苦处。工作忙我倒不怕,就怕忙完工作后闲下来。打球、上网、爬山、跑步、打牌、喝酒、侃大山时间长了都没有意思,感觉自己就像个被放逐的野人。猛地回到这大城市,就像回到了人间,心里难过得不知道说什么好,想请你喝杯酒,你就说了这么一大堆淡话。真的是设席容易请客难,人走茶凉,敢情现在用的一次性纸杯,人走茶还没有凉就连杯子也扔掉了。”

“你这嘴巴像刀子,吃吃吃!你请客,我怎么敢不去,就是马上就要期末考试了,明明却感冒了,紧接着我丈母娘、吴老师也病倒了。这一大家子都病了,我的心里也烦。”大伟烦恼地说。

李楠说:“我们家也是一样,三个人轮番生病,我们上面缺医少药,我这次回来准备带点药上去。”

大伟说:“那咱们就在家里聚聚。”

李楠说:“你和玉梅过来,让妞妞去你家和明明一起做作业,咱们几个好好说说话。”

翠萍插话说:“咱们这个筒子楼,楼道里堆满了东西,你不怕把人绊倒?咱就去黄鹤楼酒店,那儿环境好。”

大人们都出去了,明明、妞妞、磊磊还有妮娜家的东东四个人一起写作业。玉梅母亲和吴老师在厨房给孩子们做晚饭。妞妞写了一会儿作业,说:“明明,我特想变回到幼儿园去,那时候没有作业,多好。”

明明说:“你太异想天开了!你原来还说你想当一只小羊,每天在草地上吃草多么悠闲。我说你不是最爱吃羊肉串了,你难道忘了羊养大了,就要被人杀掉吃了?你就说你还是当人好一些。”

磊磊说:“我还想变回到我妈的肚子里去,免得她一天就会说‘磊磊呀,你要好好学习,你看咱们从那么远的地方跑到这儿来上学,学费高,房租贵,不就是为了你吗?你可一定要给妈争口气,考上个北大清华’。”

东东说:“我可想念我那一帮子伙计了,我到这儿上学,谁也不认识,班里的同学一放了学就各回各家了,没一个人陪我玩,我心里特别难受。要不是认识了你们,我估计都要发疯了。”

妞妞打趣道:“你不会有意中人了吧,谁会让你这么念念不忘?”

东东回敬道:“你胡说,虽然给我递纸条的女生多了去,可本公子从未动摇过。我看你们两个,倒是青梅竹马,两小无猜。”

妞妞打了东东一拳说:“你再胡说,我让奶奶拿针把你这张乌鸦嘴缝上!”

明明说:“你那眼光,真是没水平,我们虽非姐弟,但是胜似姐弟。”妞妞涨红了脸,默不作声。

磊磊说:“别闹了,快写作业,要是我妈回去一看我半天只写了这么几行字,肯定就不准我和你们一起学习了。”孩子们不再说话,低头认真地写着作业。

93 在哪儿过年都无所谓

放寒假前,老师召开了一次全体家长会议,介绍了孩子们这一学期的表现,公布了假期的补课时间表。明明不负众望考到了前十名,玉梅心里格外高兴,赶忙给家里汇报了这个喜讯。明明说:“老妈,我说话算话,练琴学习两不误,你怎么奖励我? 要不,咱们叫上妞妞她们去吃西餐。”

玉梅笑着说:“你这个馋猫,就知道吃牛排。不知道妞妞考得怎么样,趁今天有空,咱们去给你买过年衣服。”

明明说:“我最不爱逛街了,你去看着给我一买就行了。”

玉梅说:“毛衣毛裤你大姨都给你织好了,内衣我让文雅阿姨给你带了一套,外套我给你买也行,但是这鞋子你得去试一试。”

明明说:“我还忘记了,你给我买一双最新款的阿迪战靴吧,我们同学都穿着这种靴子,可酷了!”

玉梅说:“最新款的鞋子都贵得很,一般都要上千块钱,这好像不是你的一贯做派嘛! 你忘了你们小学的老师讽刺那些热衷名牌的同学的话了吗? 浑身上下都是‘对号’,作业本上全是叉叉。”

明明说:“你太老土了,我们现在的同学是表里如一,衣服和作业本上都是对号,你懂不懂? 这是名校,是精英荟萃的地方。”

玉梅笑弯了腰,说:“我儿子出息了,还把自己归到了精英一族了。”

明明说:“老妈,咱们过年去哪儿? 我们班上好多同学都旅游过年,于姝瑶要去哈尔滨滑雪,上官慕雪要去欧洲,唐子轩要去港澳,郑文远要去韩国……”

大伟父母一般不喜欢玉梅带明明出去旅游,玉梅便说:“爷爷奶奶太奶好久没有见到你了,他们都想让你在家呆几天,咱们就在家里过年也挺好。”

明明说:“早就知道你会说这句话,好好好,在哪儿过年都无所谓。”

孩子们补完课就到腊月二十六了,磊磊和同姐要飞到海南去过年,妮娜也要回老家过年,大家都来玉梅家里告别。家耀来省城办事,办完事后和玉兰过来看望母亲。家耀看见妮娜惊喜地喊:“妮娜,你怎么在这里住着? 你看你也不吭一声,我早上还看见部长在忙着开会。”

妮娜说:“局长大人,咱们真是有缘,我真没想到玉梅是你夫人的姐姐呀! 我们今天刚刚补完课,下午就回去。”同姐看到玉梅家里来客人了,带着磊磊先走了。家耀当即给部长打电话说他下午把夫人和公子送回来。

玉兰请母亲去自己家过年,母亲哪儿也不去,就要在省城过年。每到过年的时候,母亲总是有点失落。没有儿子就是这点不好,平时住在女儿家也不打紧,可这大过年的,丈母娘老是呆在女儿家,就有点尴尬了。大伟一家人其实没有这么多讲究,玉梅母亲又是个顾得住面子的人,年年都在一起过,过了这么多年都习惯了。

今年,母亲却有些奇怪。那天,母亲给安民孩子缝披风的时候,玉梅摆弄着母亲做的老虎鞋、牛娃鞋、猫娃枕头、小棉袄棉裤,不停地夸奖母亲的针线活儿简直是工艺品,将来说不定都能当传家宝传下去。母亲好像有些心不在焉,喃喃地说:“莎莎这回生了一个儿子,把你吴老师高兴得恨不得飞到北京去抱一抱孙子。有儿子就是不一样,儿子娃顶门立户。”

玉梅有些不悦,心想人老了,有时候就像孩子一样,人常说老小老小,老人有时候比孩子还难以说服,因为许多观念早已在她们的思想里根深蒂固,任你说什么都没有用。玉梅觉得委屈,自己时时处处都替着母亲考虑,母亲却似乎不满足。反过来想母亲在自己面前说一些掏心窝子的话,也不为过,自己又不能说母亲什么,便走开了。

今天,玉梅见母亲又这样说话,便郑重地说:“你一个人在这儿过年,根本不可能,你叫我们心里怎么能过得去?安国大哥和吴老师要去北京看安民的娃,你还是跟着我回厂里过年。”

母亲自觉失态,掩饰着说:“楼下那几个老姐妹都回儿子家过年去了,好像到儿子家过年就了不得了一样。我就是这么说一说,好,我就跟着你。”玉兰便不再坚持邀请母亲。

家耀送给明明一款最新的学生手机,明明说:“大姨夫你太好了!我们同学都用的是这种音乐手机,我早都想要这款手机了。”

玉梅怕惯坏了明明,不让明明要,家耀说:“人家孩子都这样,你让明明拿那种落伍的手机不合适,旧手机给咱妈用。”玉梅觉得家耀说得有理,便不再说什么。

明明又嚷着要家耀带自己去吃大餐,还说我妈给你攒了一厚摞发票,家耀说:“没问题,你想吃什么都行!一会儿咱们叫上妮娜阿姨和东东一起去吃饭,咱们就当提前吃团圆饭。”

明明又问:“蕊蕊姐姐怎么没有和你们一起来?”

家耀说:“蕊蕊早上还有课,下午我们回县上过年。”

明明说:“姐姐要在她爸爸的单位过年,涛涛和思思都不在厂里过年,都没有几个人在厂里过年了,过年见不到几个好朋友真没有意思。”

94 世界上有没有真正的爱情

过完年，班组技术员调走了，恩华回来接替了技术员的职位，马大姐的"组长"去掉了"代理"两个字。李师也打算调走，据说他年前回来了，被夏森儿追着要钱，在省城呆了几天就走了。恩华说："我觉得李师还是回来的好。他在那边没有人管，没事儿了就喝酒打牌，我这一走，他就更无法无天了。"

马大姐没好气地说："他不回来正好，班上多他一个少他一个没什么区别。干个活儿斤斤计较，哪里像个男人！"

班长说："李师以前不是这样的，想当年小伙子大学毕业，风流倜傥，夏森儿她妈撵着要把女儿嫁给人家。后来都是这个人问题没有解决好，把他一辈子给毁了。那天他到我家拉着我喝酒，好像说是打工妹当年骗了他，那几年图他有两个钱，现在看他收入也不怎么样，开始嫌弃他了，回去了也没有意思。呆在厂里，夏森儿又把他撵来撵去，实在没办法了，只好躲得远远的。"

玉梅说："李师其实挺可怜的，落了一个风流花心的名声，其实谁也不管他。我那天见他穿的衣服油腻腻的，不知道多长时间没换了。这男人身边没个知冷知热的人照管着，还就是可怜。"

马大姐说："夏森儿也可怜，一年四季都穿的是工作服，一天连肉都舍不得吃，等儿子回来了做上一大桌子饭菜，儿子走了，她天天吃剩饭。听人说夏森儿连条内裤、连双袜子都舍不得买，经常上班拿着烂内裤、破袜子在缝。夏森儿把自己弄得像个非洲难民，谁能相信她还是个城里人？就这，儿子还不领情，不光不好好念书，还骂他妈把他爸逼走了，现在吃苦受罪，活该！"

小薇说："大年三十晚上，我们带着盈盈出来放炮，看见李师一个人从外面刚回来，提了一大袋方便面，可怜兮兮的。我就躲在暗处，权当没看见他。你说这大团圆的时候，他一个人孤零零的，叫人看了就不好受。"

恩华说："我还以为他在小老婆那边过的年，我要是知道是这么回事，就把他叫过来喝喝酒说说话。"

马大姐说："说啥话，晒幸福呢？叫他看你们一家三口和和美美的，受刺激呀！我看小薇的做法就很好，当做不知道就好了，给他留一点脸面。人活脸，树活皮，麻雀还有指甲盖大的一张脸呢！"淑芬一直听着大家说话，听着听着转身走开了。

班长示意玉梅过去看看淑芬，玉梅会意，装作接热水来到了隔壁房间。果然，淑芬一个人坐在角落里流眼泪。玉梅递给淑芬一张纸,安慰她说:“大家坐在一起胡乱说闲话,你别往心里去。马大姐说他儿子今年过年回来时,又给她背了一袋子脏衣服,气得她骂儿子说‘人家回来看老娘提点心,你不提东西空手回来我也不嫌,你总不能回回给你妈背一袋子臭袜子脏衣服吧?你把你妈当啥使唤,当佣人使呢?你看你把福往啥时候享呀,你妈我总有老的干不动的时候呢,你娃到时候哭都没有眼泪’。”

淑芬说:“我们那人过年没有回来,他叫依依跟他回一趟老家,依依死活不去。这孩子跟我说话了,可一直不愿意理睬他爸。”

玉梅说:“慢慢来,人都说女孩子是妈妈的小棉袄,天性里就知道疼妈妈。依依可能是嫌她爸经常不管她。有些事情给孩子说不清楚,等依依长大了,就会理解你们了。”

玉梅想起过年时,蕊蕊问她这世界上有没有真正的爱情。玉梅以为蕊蕊喜欢上谁了,就故意说:“你老实交代,是不是早恋了?”

蕊蕊说:“给我写情书的的人倒不少,可惜我一个也看不上。这些人给你写完肉麻的情书,看你不理睬,过不了几天就开始追逐其他女孩子去了,变心变得太快,真是薄情寡义。”

玉梅说:“你不想理睬他们就算了,不过你最好把情书还给人家,千万不敢交到老师那里去。”

蕊蕊说:“你以为我是你们那个年代的人,动不动就把这叫耍流氓,单纯得啥都告老师?我才不会呢,我还没有遇到我喜欢的人呢!说不准哪天遇到了,我也会主动追求人家呢。”

玉梅说:“这么说你是相信爱情的,不是不爱,只是时候未到。”

蕊蕊娇羞地说:“我不跟你说了,人家跟你说知心话,你却拿人家开玩笑。”

玉梅说:“好好好,你能把姨妈当朋友,姨妈很高心,绝对保密。”

蕊蕊这才说:“如果,一个女孩子撞见了爸爸把别的女人带回家里,她看见了不该看见的一幕,她该不该原谅爸爸呢?”

玉梅愣了一下,说:“这怎么像是小说里的情节?那是骗读者的鬼话。”

“不是的,这是真的,依依……”蕊蕊自知说漏了嘴,吓得掩住嘴巴不敢说话。

玉梅装作什么也没有意识到,平淡地说:“时间长了,人就会把许多事情忘掉。”蕊蕊似懂非懂地点了点头。

今天,淑芬说了依依的反应,玉梅突然觉得这孩子真不容易,小小的心灵却承受了太多的痛苦,真不知道这孩子一年来是怎么熬过来的。

95 开弓没有回头箭

明明给妈妈写了一大页歌名，让妈妈帮着他下载在手机上。玉梅一看好多歌曲都没有听过，想着小薇是时尚青年，就让她把把关。马大姐知道了，说："玉梅，你就这样子惯娃。你看着你明明有了新手机，肯定就成天听歌上网聊天。我儿子上学那阵子就流行随声听，每个人耳朵上都挂着一对耳机，我娃写作业都在听歌，对学习影响大得很。"

小薇说："小孩子都好奇，你要是不给孩子买，他心里老是惦记着，还不如你主动给他买了，他有了也就把这当作稀松平常的东西了。"

玉梅说："我也就是这么想的。现在兴这个，明明要是没有，跟人家孩子没有共同语言，就不合群了。我们明明说他们同学都羡慕他有一个开明的老妈。"

马大姐说："那是你儿子嘴甜，给你上套，你就中计了。"

小薇说："就算是这样也好，现在能把老妈哄得屁颠屁颠地给他下载歌曲，将来就能把领导、媳妇、丈母娘都哄得团团转，这才是干大事的料！"

玉梅说："好了好了，赶紧帮我下载歌曲！"

明明对新手机爱不释手，常常拿在手里摆弄来摆弄去。玉梅说："明明，我看你大姨夫给你送这款手机算是送到你心上了。"

"那是，这手机音质可好了，听歌效果棒极了。"明明喜欢地说。

"你要是喜欢听歌的话，给你重新买个 MP5，手机辐射大。"玉梅劝说道。

"也是，你给我买 MP5 吧，那天我们班唐子轩的新款苹果手机被人抢走了，小偷还把他推倒在树坑里，脸上皮都蹭掉了。老师不让我们走在路上听歌，也不让我们身上带太多的零花钱，说是有人专门抢劫中学生。"明明说道。

玉梅说："你知道老师为什么要你们穿校服吗？"

"知道！一是校服是我们学校的标志，是鑫通二中的骄傲；二是穿上校服，时刻不忘自己是名校的学生，时时处处要注意自己的言行举止；三是穿上校服，比较整齐也便于管理，防止同学之间互相攀比。"明明像倒核桃一样，"哐啷啷"说了一长串。

玉梅说："你知道就好，你们平时出门低调一些，别惹是生非。你那天中午说要给杨訾非过生日，中午不回家吃饭，你姥姥挺担心的。"

大伟说："你可别沾惹那些个抽烟、喝酒的坏毛病。"

明明说："你们放心吧，老妈老爸！你们那么给力，我怎么会辜负你们对我的信任呢？那天，郑文远、苏菲菲她们家长都没有给他们准假，你够给我面子了，我们就是一起吃了个饭，胡乱聊了一会儿天。我那天一回来就赶紧写作业，一点儿也没有耽搁功课。磨刀不误砍柴工，你让我换换脑子，我的学习效率贼高呢！”

玉梅说：“你知道了就好。”

明明说：“老妈老爸，我看你们以后光周末来一趟就够了，中间就别来了，太辛苦了。”

玉梅说：“我怕你把老妈给忘了，我可是要不定期查岗的。”

在省城呆了几天，玉梅感觉眼睛老是酸痛酸痛的，眼皮沉重得快要睁不开了。小薇也说盈盈这几天病了，不愿意走路，下楼都要她抱着，累得她腰都直不起来了。两人相约去美容院做脸开背，好放松放松。

躺在环境优雅的美容院里，听着柔和的音乐，享受着美容师手法娴熟的按摩，玉梅和小薇觉得舒服极了。等到开背时，玉梅和小薇都疼得忍不住喊叫起来。美容师说：“你们俩一个颈椎僵硬，一个腰肌劳损，以后要注意保养，按时作息。”

最后拔罐时，玉梅疼得眼泪都快出来了。美容师说：“你看看你们拔罐拔得乌黑乌黑的，怎么能不疼呢？”玉梅想自己这肯定是在电脑上待的时间长，去省城休息不好造成的。

小薇抱怨说：“我这都是抱娃累得，我受不了了！我们房子快下来了，我准备装修好房子，让盈盈在省城上小学。好小学很重要，比尔·盖茨都说他能取得今天的成绩，多亏了小学老师。”

玉梅劝小薇好好想想，这开弓没有回头箭，小学不比初中，可要天天来回跑着陪读。小薇说：“没办法，咱们和省城只是一河之隔，可咱们属于汉阳市管，咱们的语文教材和省城不一样，到时候小升初不好考。再说了，我们有了省城户口，又住着学区房，入学分数能低一些。”

小薇心意已决，回家路上，她问玉梅家原来装修房子请的那个师傅怎么样。玉梅说：“那个王师傅人挺实在，他的电话号码十几年来都没有变过。”

小薇说：“你先帮我们约个时间，我就让他给我们装修，咱们离省城远，跑一趟挺麻烦。这年头，找个放心可靠之人也不容易。我可是既要花钱少，还要装修效果好，你就让王师傅好好给我们做个预算。”

玉梅说：“没问题，王师傅给人装修房子就好比给自己家干活一样，绝对不会搞那些华而不实的东西。”

96 祸不单行

五一快到了,阳光明媚,草长莺飞,世间万物仿佛都欣欣然地要飞起来,处处都充满着生机和活力。

玉梅做梦也想不到老师会叫她去训话,原因是明明和唐子轩、杨訾非、郑文远他们在游戏厅打群架。明明在电话里解释说:“我们为了查找资料,没有地方上网不得已才去网吧的。没想到那几个留长发的小混混逼着我们要钱,我们当然不给,对方恼羞成怒拿出来刀子捅伤了唐子轩的屁股,保安过来赶走了小混混,我们才得以脱身。好在唐子轩受伤不重,缝了五针就出院了。”

玉梅生气地在电话里责骂道:“不是给你说过了,想要上网查资料就去做眼睛那家店里,你们干嘛要去网吧?你给我听好了,以后无论如何也不准踏进网吧半步,你先给我在家写检讨,我开完家长会回来跟你算账!”

大伟在一旁劝解说:“只要孩子没事儿,你就别着急了。”

玉梅说:“今天没事儿不等于以后没事儿,这孩子惯坏了,哪里还有王法?”

“四大才子”的父母都到齐了,高老师十分严肃地说:“在我们学校,打群架是要被开除的,你们知不知道?这次,幸亏没有报警,要是孩子被公安机关带走了,你们求谁也没有用。好在这件事情没有惊动校方,但是私下里已经传得沸沸扬扬。我现在郑重地告诉你们,如果校方一旦过问此事,我也就无力回天了。你们送孩子上名校自然是望子成龙,希望孩子有一个远大的前程,那你们也应该知道如何约束自己的孩子。这次,我要扣每人德育分四十分,取消本学年所有的评优资格。我当了这么多年班主任还没有见过像这样不负责任的家长……”

高老师的话如刀似箭,句句都扎在了玉梅心上。家长们脸上一会儿红一会儿白,好不容易等到高老师发完飙,家长们赔着不是请求高老师一定要为了孩子的前途考虑,千万要把这件事情大事化小、小事化了按下去,并保证一定会好好教育孩子,让他们记住这次惨痛的教训。下楼时,大伟借握手道别的机会硬给高老师塞了一张卡,请高老师在校长面前多替孩子们开脱开脱。

明明躲在姥姥身后不敢出来看爸爸妈妈一眼,玉梅本来窝了一肚子的火,看见明明已经吓得如一只畏畏缩缩的小狗,心里突然一软,想起那年玉兰被麦客骗吃骗喝的事情,便狠狠地瞪了明明一眼,进屋去了。大伟叫明明过来,明明用眼睛瞟着姥姥,脚底下磨磨蹭蹭半天挪不了半步,姥姥返身回屋,虚掩着门。明明头低到了胸口，磨磨叽叽地蹭到了大伟面前。大伟拉过明明的手，上上下下把明明检查了一遍，说："你没有受伤就好，你看见人家动刀子是不是吓坏了？你知道吗，听说你们打群架了，你妈差点晕倒了，我们就怕你万一有个什么闪失……"明明"呜呜"地哭了起来，边哭边说自己以后再也不敢去网吧了，大伟搂着明明让他尽情地哭了一场，玉梅和母亲在各自的屋里掩面而泣……

祸不单行，孟丽生病了。吴老师这几天在医院照顾孟丽，玉梅母亲让玉梅和大伟抽时间去看望孟丽。原来孟丽为了给妙怡增加营养，经常是鸡鸭鱼肉不断，吃得妙怡胖了一大圈，见了肉直摇头。孟丽又开始熬什么薏米山药粥、银耳莲子粥，还托人空运回来一些海鲜说是补脑子。妙怡满脸青春痘说什么也不吃海鲜，安国和吴老师都是个面肚子，两人在楼下吃了一碗油泼面，孟丽看着做好的海鲜浪费了可惜，就自己全部解决了。这下吃坏了，发烧拉肚子，接连打了五天吊瓶还没有好利索。安国说："妙怡还没有上高考的场子呢，有些人先把自己给撂翻了。"

玉梅说："嫂子也是爱女心切，怕孩子读书太累，想给孩子补点营养。"

孟丽说："妙怡天天晚上熬到一两点，人家给孩子喝补脑液，吃营养品，你又说那些东西不靠谱，那我就食补。食补还不得要多吃点蛋白质，光吃面有啥营养？"

大伟说："一方水土养育一方人，孩子从小吃什么吃惯了，就以什么为主食。高考这段时期孩子们精神高度集中，营养是要跟得上，可也不要太心焦，休息好也很重要。"

安国说："我说什么孟丽都听不进去，她一天唠唠叨叨个没完，典型的高考焦虑症。"

孟丽气得辩解道："你一天忙得不着家，哪里管过孩子？我出力不讨好，把娃管了还要落你的话柄。"安国摆出一副好男不跟女斗的态度，孟丽更加生气。玉梅示意大伟和安国、吴老师出去走走，她们姐妹们要说说话。

男人们都走了，玉梅坐在孟丽床边，两人热切地说起了孩子老公……

97　上个名校就这么难

经过了网吧事件以后，玉梅一看见学校打来的的电话便心惊肉跳。看来这孩子还得看紧点儿，玉梅决定每天都回省城看管明明。这下交通就成了大问题，玉梅胆小不敢开车，大伟不可能天天送玉梅，翠萍不存在早上赶回去上班的问题，她只要赶在十一点回来上中班就好。别的同事都互相拼车，早都有了固定搭档，这时候往中间加塞不大合适。小薇听说小齐和海涛的拼车组合里有人休年假了，玉梅刚好可以坐一段时间他们几个人的车。

玉梅发现拼车大有讲究，一般都是四家一组，周一到周四每家轮流出一次车，周五自便。这拼车不仅几个人脾气要对味，还要上下班时间一致。最近检修任务繁重，小齐总是要加班，周三轮到他们家时，大家都要担心回去晚了路上堵车。省城正在修地铁，到处都不好走。厂里下班时间早，所以大家都要想方设法早早下班，这样就可以躲开城里的晚高峰。上次小齐晚了十几分钟，开到北门口遇到了堵车，害得大家到家都八点多了。玉梅还好，有母亲在家做饭照顾明明，其他几个同事都是为了节约时间，特意从厂里餐厅买了稀饭、包子、炒菜带回去当晚饭吃。那天车堵在路上，大家的电话此起彼伏，孩子嚷嚷着快要饿死了，家里那口子还以为路上出了什么事故了，专门打来电话询问是怎么回事。

今天小齐又要加班，便让老婆请假去陪孩子。海涛自告奋勇替小齐出车，海涛刚刚拿到驾照，心正热着呢，手痒痒得不得了，恨不得天天开车。上次开车蹭上了一辆大卡车，让一车人虚惊一场，这才稍稍收敛了一点。每逢海涛开车，大家都找借口去蹭别人的车。今天情况临时有变，大家只好硬着头皮坐上海涛的车。玉梅视力好，又有驾照，大家推举她坐在副驾驶位置上帮海涛察看路况。在厂里开车，路上人少，显得海涛的车技还行。刚上了高速路，一辆大货车快速地从身旁开过，海涛的手抖了一下，玉梅带的排骨汤洒了出来，但她没敢吭声，怕海涛分心。到了城里，车多人多，海涛看着前方路面就忘了看头顶的红绿灯，至于路边的行人，他更是无暇顾及。玉梅一会儿提醒他红灯，一会儿又提醒他注意行人和车辆，海涛紧张得满头是汗，坐在后排的人吓得大气也不敢出。玉梅觉得这样坐车比自己开车还操心，丝毫也不敢掉以轻心。海涛右拐弯时，玉梅的身体不自觉地倾向了左边，左拐弯时，玉梅也随着倾向了右边。玉梅以为自己神经过敏，回头看了同伴一眼，看见大家都是这样摇来晃去，不由得苦笑起来。好在今天不太堵车，很快就到家了，玉梅揉揉酸痛的脖子,拖着沉重的脚步向家里走去。

星期四该玉梅家出车了,大伟有重要的会议要开,会后还要陪客户吃饭,玉梅只好请小齐先出车,回头再让大伟补上。结果小齐下班晚了,大家又被堵在路上,走了两个小时才回到家中。玉梅难为情地向大家解释,一起拼车的一个同事提意见说:"领导工作忙碌,一般都不和我们这些平头百姓拼车。小齐你一个小班长,你把你弄得比国务院总理还忙,你再不思悔改,早晚就要被我们给甩了!"

玉梅觉得对不住大家,便说:"周末咱们把孩子带出来一起吃饭。"

大家都说:"周末孩子们像吹鼓手赶场子一样,到处去上课,哪有机会聚在一起吃饭,等哪天放了暑假再说。"

到了下一周,大伟硬挤时间出了两回车,算是补上了上次的空缺。可是,上次开会时,副总再三强调领导干部值班期间,一定要做到随叫随到,不能私自离厂。各级领导干部要以身作则,确保生产安全。

大伟下周要出差,拼车实在是拼不下去了。母亲劝玉梅说:"你每天跑过来,累得话都不想说了,来了光睡觉,脸色都不好了,你这样下去咋行嘛?你就别这样折腾了,你晚上回来晚了,一家子人都替你操心,就怕路上出个啥事情。再说了,发回水积层泥,经一事长一智。明明已经知道错了,娃都改了,你就把心放到肚子里,还像往常一样打打电话就行了。"

大伟也说:"别跑了,这两周拼车把人弄得狼狈不堪,咱有老人照顾孩子着呢,就别来回跑了。"玉梅只好作罢。

一天,翠萍认真地说:"玉梅,我和你商量个事,我们打算让妞妞转到英语班。妞妞一提起做奥数题就和我急,我们两个说不到一块儿,原来李楠在家还能劝劝我们,现在妞妞老是气得我胸口疼,我的乳腺增生更厉害了。妞妞自己也难过,日记里写的尽是要死要活的那些傻话,我看了吓得心发慌。妞妞例假老是不正常,看了好几个医生都说孩子心理负担重。你说这学习重要还是娃的健康重要?"

玉梅说:"留得青山在不愁没柴烧,肯定是孩子的身体重要。咱们这个学校分班有问题,这种S型分班方法把学习好的孩子都集中在一起不好,孩子稍稍分一下心,就可能落后了,这对尖子生是个很大的打击。文文他们西京大附中不设重点班,每个班都有那么几个种子选手,学生的排名基本不太变化,孩子们的压力相对小一些。"

翠萍说:"你没听人家说每个班上排名十一二名的学生最有潜力,是高考出成绩的黑马,我们还是转班吧!"

玉梅说:"英语班挺好的,老师和奥数班一样。"

翠萍说:"当时咱们挤破头也要上奥数班,有些家长花了好几万就为的是把孩子调到奥数班,我们费了那么大的劲儿考上了奥数班,这么快又要求爷爷告奶奶地从奥数班往英语班转，是不是会惹人笑话？”

“瞧你说的，这不都是为了孩子好吗？”玉梅说。

“可能我们妞妞的奥数综合症比较严重，她一做奥数题就发脾气，带拐得连学校作业也不好好做。我们掂量来掂量去，还是现在自动转班算了，总比期末被学校降班好。也不知道不学奥数了以后，妞妞的成绩能不能提上来。唉，人为啥要娃呢？我看是要罪呢！”翠萍无奈地说。

玉梅突然发现自己鬓边多了几根白发，心情十分沮丧。玉梅记得自己长第一根白头发，是在明明小升初的时候。孩子上个名校就这么难肠，玉梅愁肠百结，心灰意懒，干什么都提不起精神来。

一天做饭时，玉梅无意中抬头看见了灶神爷，忍不住端详了一会儿这个笑眯眯的老头儿，再看看两旁题写着“上天言好事，下凡降吉祥”，横批“四季平安”。突然，玉梅觉得醍醐灌顶。只要母亲在，自己不管什么时候回来，家里都有热汤热饭，这是何等幸运。而母亲守在厨房里，想方设法做出可口的饭菜，盼着子女们平安回来，一家人围坐在一起说说笑笑吃顿饭，心里想必也是甜滋滋的。难怪母亲无论遇到什么事情，都要在灶神爷跟前诉说半天。母亲守了这么多年的寡，有许多委屈难以向人诉说，只好讲给灶神爷听。就像电影《花样年华》中的梁朝伟，对着一个树洞倾诉心事，尔后，再小心翼翼地把洞封上。人生充满了无奈和秘密，要不然树洞网的用户怎么会日益激增呢？难怪母亲每天都要虔诚地给灶神爷磕头，原来这是母亲的精神支柱，是母亲的生命信仰，是母亲的力量源泉，是平实而又高远的幸福呀！玉梅为这个发现激动不已，浑身似乎充满了力量。

玉梅又想起母亲说过，桃花村人过年时，只能让男人迎灶神，女人动了不吉利。咱跟人家不一样，我既是娘又是爹，老天看见我这么辛苦，也会体谅我的难处。母亲这么坚强，自己怎么能被这么一点儿小事就吓倒呢？

一周后，大伟出差回来了，特意给玉梅买了一顶干发帽。大伟说：“你每次洗完头发都用电吹风，这样对头发不好。人家介绍说这种干发帽很神奇，你赶快洗澡，我给你演示一下。”玉梅洗完澡，大伟把干发帽戴在玉梅头上拧了拧，头发就半干了。玉梅想不到小小的干发帽竟如此好用，忍不住亲了大伟一口，大伟搂着玉梅轻声地问：“宝贝，想我不……”

生活就像一条河流，大多时候都是风平浪静，偶尔溅起几朵浪花，便足以回味良久。

98 脊背上凉飕飕的

几个孩子常在一起玩，玉梅发现东东脑瓜子转得快，学习成绩非常好。磊磊虽用功，脑子却不好使，回回考试都是班上的后几名。同姐也时常对玉梅说："你们明明真聪明，你可真有福气。我们磊磊笨，害得我每学期都要上下打点一番，要不然孩子早就不在英语班了。"

同姐每周六都要带着磊磊回淮南上课，玉梅觉得有些奇怪，难道省城的名师还教不了磊磊？玉梅好奇了一下也就罢了，这是别人家的私事，玉梅不是那种喜欢窥探别人隐私的女人。可是今天坐电梯时，玉梅又碰巧遇见了同姐和磊磊刚从淮南回来。同姐脸色很差，玉梅随口关心地问了两句，同姐眼圈一红，差点就流眼泪了，吓得玉梅啥也不敢说了。

妮娜自从知道了玉梅和玉兰是亲姐妹了以后，时常来找玉梅聊天。妮娜喜欢运动，打球、游泳、唱歌、跳舞样样精通。平常，妮娜拉玉梅去唱歌、跳舞，玉梅都以家中有事情推托，实在推不过了，偶尔也去几次。妮娜花钱大手大脚，令玉梅瞠目结舌，觉得彼此不是一路人，便有意疏远着妮娜。今天，妮娜带着东东又来叫玉梅和明明去游泳，明明一听要去游泳，欢喜得又蹦又跳，玉梅不好推辞，便答应了妮娜。

这是城南富人区的一个私人会所，不对外开放，只有持贵宾卡的人才可以出入，玉梅看这里与碧泉湾相比有过之而无不及。游泳池没有几个人，几位教练热情地和妮娜打着招呼，妮娜向一个有着运动员一样健硕身材的帅哥招了招手，说："两个孩子就交给你了，你可要照顾好他们。让 Mike 过来陪我和朋友游泳，我这朋友今天是第一次过来，叫他小心伺候。"

玉梅说："咱们自己玩玩就行了，叫陌生人我不习惯。"说话间，一个混血的美男子过来了，妮娜和他用英语亲昵地交谈着，玉梅大概听出来了，他们是在说上次和同姐游泳的事情，最后说到了她。玉梅也用英语和他们交谈了起来，妮娜略显意外。玉梅这几年陪明明学英语，看来没有白学。Mike 要陪玉梅游泳，玉梅婉言拒绝了，他便拉着妮娜的手一道游了起来。

中间休息时，妮娜独自一个人过来陪玉梅，Mike 给她们送来水，微笑着走开了。玉梅问："你经常和同姐来这儿？"

"你的英语真不错，看来不需要翻译就能听懂我们的谈话。我和同姐经常来，今天是周末，同姐肯定回去又受了小三的气，心情不好，要不然我就把她也叫上了。”妮娜漫不经心地说。

“受小三的气?”玉梅不解地问。

“唉,这有什么稀奇,大老婆陪孩子出来读书,小三在家陪老公的事儿多了去了。你不知道当官的都是‘工资基本不用,老婆基本不碰’。同姐真是想不开,这几年陪儿子读初中、高中,过几年,他老公一准安排儿子出国留学,同姐自然要去海外陪读。”妮娜随口说道。

玉梅吃惊地说:“怎么这样子呢?放到谁跟前谁也不答应,同姐绝对不会同意她老公这样明目张胆地乱来。”

妮娜说:“同不同意又能怎么样,只要人家给她一个大老婆的名义,钱财又不少了她的,她就睁只眼闭只眼算了。这就算够仁至义尽的了,别不识趣。你看报纸上经常有些官太太莫名其妙出车祸、失踪的案例。她要是这么想不开,恐怕只能让他老公早早送他们母子出国,甚至想其他办法收拾她了。人生苦短,及时行乐,干嘛自己和自己过不去,生气是拿别人的错误惩罚自己,不损人只害己,犯得着吗?”

玉梅心惊肉跳地说:“世上还有这样的事?他还无法无天了,同姐怎么能咽下这口气!”

妮娜说:“咽不下这口气也得咽。你气死了谁高兴?肯定是小三乐坏了,说是老天有眼,你命薄福薄,自动让位了。你想想人家小三把你的家当上,孩子打骂上,老公使唤上,你死了做鬼也觉得冤枉。你要是气不过,把老公送进班房,自己断了财路,就等着过苦日子吧!到时候你不怨你自己,儿子就先怨你毁了他的大好前程。”

玉梅气呼呼地说:“歪理邪说,你说的这都是些拿不到台面上的话!”

妮娜说:“难道你认为我说错了?我说的这些话,话丑理端,都是些大实话。”

玉梅说:“实话?咋叫人听着脊背上凉飕飕的。”

妮娜说:“那是你头一回听,你们工厂里的人都有些单纯。”

“你就说我有点傻也行,我情愿一直傻傻地活到老。”玉梅没好气地说。

“你要一直能这么傻傻地活着,那是你的福气。”妮娜说完,又开始游起泳来。

玉梅有些后悔来这种地方了,身边的人在她眼里似乎都变得形迹可疑。明明和东东在另外一处游泳池里,看来这老板真是煞费苦心,这样也好,免得儿童不宜,污染了孩子的眼目。妮娜游累了,Mike 正在给她做放松按摩,两个人说说笑笑,十分亲密。玉梅又游了几圈,妮娜喊玉梅过来休息,Mike 识趣地离开了。

妮娜问玉梅这里怎么样,玉梅说:“还行,这会儿都没有看见孩子了,咱们去找找他们吧。”

妮娜说:“要不,我让 Mike 送你去和孩子们一起游泳?”玉梅想着妮娜看出自己不适,觉得自己提前离开,有些对不住妮娜,便点了点头。

99 拒绝奥赛

母亲晚上准备烙馅饼,玉梅邀请翠萍和妞妞一起来吃。玉梅母亲说:“这是吴老师带回来的新面,是今年刚收下的麦子磨的面粉,在我们老家叫尝新麦。我们桃花村人收完麦后,炸些油饼、提上花馍走亲戚,也叫‘看忙罢’。”

吴老师说:“我只怕今年家里没人,麦子长不好。我这一冬都没有回去过,开春也没有锄草,这麦子长得还能看。你们尝尝鲜,看好吃不?”翠萍和玉梅、大伟都说好吃。明明和妞妞刚开始只顾吃饼顾不上说话,吃到差不多了,两人才说姥姥的手艺真好。

玉梅说:“老师要让明明参加数学竞赛,过两天就要补课,趁着最近刚放暑假,咱们要不带着孩子先完成社会实践作业?”明明一听要补课就不说话了。

妞妞打趣说:“数学竞赛只有尖子生才有资格参加,大家都以此为荣,你要不去了,想去的人多着呢!”

翠萍说:“你看明明考得多好,你就考那么一点儿分数,你脸红不?”妞妞不乐意了,扭身走了,明明马上也离席了。

孩子们进了房间,玉梅轻声说:“你以后别当着大家的面说妞妞,女孩子面皮薄。”

翠萍说:“我刚才没忍住,晚上回去妞妞一定要和我掰扯几句。”

大家又开始聊让孩子们参加社会实践的话题,翠萍说:“我看网上有好多人带孩子去做义工,我们妞妞成天嘴硬得很,我想带她去儿童福利院受受教育。你们想去不?要去的话,我在网上提前给咱们预约。”

大伟说:“有时间你们就去,让孩子看看那些可怜的孩子也好。没时间了,就像其他人一样,借咱们厂执勤的红帽子和袖标戴一戴,照张照片,让后勤公司给盖个章子就行了。妈,你哪天教明明学学做饭,老师要拍照留念,将来还要装进成长记录袋,明明要我给他制作精美一些。”

吴老师说:“去什么社会福利院?有那时间不如带孩子回一趟老家,看看那些常年见不上爸妈一面的孩子有多恓惶。我这次回来的时候,赵老太的儿子媳妇为了坐咱们的顺车,提早走了一天,你没有见虎大、虎二还有那个小女女哭得那个样子,把人看得心酸的……”吴老师说不下去了。

翠萍问玉梅是不是她叫大家给捐书的那些孩子,玉梅说:“现在村里的留守儿童很多,这一家子的情况更特殊,一个老人带着五个孩子,不知道这回带的东西够不够。”

吴老师说:“爱花老师把你带的书放在幼儿园里让孩子们轮流着看。锋娃的服务队越来越红火了,连你五婶和三嫂都招去洗菜了。你三嫂家房子盖好了,媳妇把娃带着到县上念书去了,她一个人住着害怕,就招了几个陪娃念书的。安国忙,回去呆不了一会会儿,屋里有我那个老朋友照顾,干干净净,啥都很好。”

玉梅说:“那就好!真没有想到,咱们村子里的房子还能租出去,反正咱们的房子空着呢,就让人家住着,帮咱们种种地看看门也好。”

明明不想去上数学竞赛班,玉梅心想这孩子不识抬举,稀泥扶不上墙,又觉得言重了,便说:“老师觉得你有培养前途,特意选你去的,你先去听上几节课再说。”

明明上了几天以后,痛苦地说:“老妈,那就是学奥数,只不过是要我们用高中的知识解答初中的题目,我上课什么也听不懂,实在太悲催了,我觉得好像在听天书,我快要脑残了,再上下去我就成弱智儿童了!”

玉梅说:“你别危言耸听,我明天陪你去上课,看看是不是这样。”

明明说:“那再好不过了,你自己去感受一下我生不如死的痛苦,你就知道不该让我去上那变态的课了。”

玉梅陪着明明去上了一节课,当即决定退出竞赛班。大伟说:“咱也不要退学费了,也别让高老师知道,就给竞赛老师说家里有事孩子去不了了。”

明明说:“上回,我们‘四大才子’被高老师参了一本,第二天上学个个灰溜溜的,我是一哭解千愁,他们三个都没有逃过被暴扁的厄运。大家都知道你二老心胸宽广,羡慕我投对了胎,生逢其时,吉人自有天相。可怜唐子轩、郑文远还在奥数的苦海中挣扎着呢!”

玉梅说:“你现在舒坦了,将来人家奥赛获奖直接被北大提前录取了,看你还笑得出来不?”

明明说:“我不去凑那热闹,那叫拼爹加自残的智力游戏。你们放心,我参加高考照样可以上大学,我妙怡姐不就是凭着自己的努力,进了清华的门吗?”

玉梅说:“给你说两个段子,一个是妈妈的同事带儿子来我家做客,小家伙把我的东西翻了个遍,我气不打一出来,灵机一动,送给他妈妈一本小升初奥数题库。另一个是一位少女跑出家门,抱住一位大叔哀求人家娶她,大叔惊魂未定,突见一男子追来,大喊‘乖女儿,快回来写小升初的真卷’。”大伟愣了一下,反应过来后大笑不止……

100 幸福是什么

孩子们要学物理了,这是一门新课,好多家长为了让孩子尽快地熟悉物理学的基本概念,就送孩子们上预科班去了。教育局明令禁止学校暑期补课,好多补课班都转入了地下。

思思妈妈打听到电厂附近有一位不错的物理老师,便联系涛涛、明明、妞妞妈妈一起补课。翠萍说:“人家文文他们学校,假期一直都在上新课,开学了再复习做题,你说人家孩子的成绩能不好吗?”

亚荣说:“我们两个都上倒班,没时间出去,能在厂里上课,再好不过了,我们现在就交钱。”

玉梅说:“这样上课挺好的,我们明明的爷爷奶奶也能天天见到他们的宝贝孙子。就是在哪儿上课好呢?”

翠萍说:“这好办,这事包在我身上。”

四个孩子听说要在一起上物理课,积极性很高。每天早上下午各上两个小时,上完课几个人又一起做作业玩耍,孩子们都非常快乐。半个多月很快过去了,物理课上完了,孩子们依然舍不得分开。恰好李楠回来探亲,便带着四个孩子一起去游泳、吃烧烤,有一天还带着孩子们去福利院做了一回义工。孩子们回来后,全都写了关于幸福的日记。明明写道:

幸福是什么?我以前从来没有想过这个问题,直到有一天周末,叔叔带我们去残疾人学校做义工,我才慢慢体会到了幸福的含义。

刚一走进残疾人学校,我就感觉到这里和我们的学校一点儿也不一样。这里的教室很小,也没有操场,这里静悄悄的,几乎没有欢声笑语……

我们走到一间教室,看见里面有五六个小孩子在画画,我想他们这节课应该是美术课吧。我便微笑着走上去和一个小孩打招呼,可是他却露出一副似懂非懂的表情。我不大明白,就问身旁的其他义工。原来,这个小孩是个聋哑儿童,根本就听不见别人说话,也无法和别人交流。我坐下来和他一起画画,我们画的是节日的公园,有大树、小草、鲜花、孩子和玩具。那个小弟弟还画了爷爷、奶奶、爸爸、妈妈,我猜他现在肯定是想家、想亲人了。我心里有些难过,这些残疾孩子平时很少见到爸爸妈妈,也很难得到长辈的关心爱护,他们多可怜呀!

回到家,我给大人讲起我的所见所闻。讲着讲着我突然明白了许多道理,我似乎一下子长大了很多。我觉得爷爷催我起床的声音是那么的好听，觉得妈妈做的饭菜格外香甜可口，觉得我们家里的一切是多么的舒适惬意。我觉得自己好幸福，我明白了幸福就是一家人快快乐乐、健健康康地生活在一起；幸福就是怀着一颗感恩的心去对待自己的亲人；幸福就是尽自己的能力去帮助别人。

哦！我知道了幸福并不遥远，幸福就在我的身边。

妞妞在日记中也写到：

幸福是什么？我开始思考这个简单而又复杂的问题。

我，也许不算幸福吧。既没有几个知音，内心的苦闷无人诉说，也没有善解人意的父母，他们给予我的，只有没完没了的考试卷，甚至连最起码的自由也没有，周内暂且不说，周末也被各种各样的补习班"见缝插针"似的填满了……

我有些失落地踩着那些从窗户上掉下来的碎片阳光，目光茫然。

方头、大脑袋、嘴有些歪斜，这人十七岁了，智障，甚至连话也说不清，让人一看就产生厌恶之情。我一边嗤笑着这个怪胎，一边打量着这间不伦不类的教室：淡蓝色的手绘天花板，彩色的桌椅和一块不大的黑板，黑板旁的桌上竟还摆放着一台电脑。好可爱的地方！当然，除了我面前的这个十七岁的智障，冲我傻笑着的智障。我后悔来到这里。如果不是爸爸再三坚持，美其名曰让我放松放松，我打死也不会来这个傻子聚会的地方，一向自视清高的我想马上离开。

"你……多大？学习好不好？"他突然问我，眼睛眯成了一条缝，露出一排泛黄的牙齿。好傻！说话都含糊不清的，还谈什么学习啊？我头一偏，斜着眼睛骄傲地回答："我十三岁，学习当然好了！"他依然傻笑地看着我，不过目光中充盈着惊讶与赞扬，结结巴巴地说道："你真厉害……啊，呵呵！"我鄙夷地看着他，心想："那当然，估计你连真正的学校都没见过！"我满脸不屑，心里还是喜滋滋的，毕竟，被人夸奖的感觉总是比较舒服的。然而，扭头望见他正木然地傻笑着，不免又觉得这样的夸赞有些悲哀。

"那……那你有有没有Q……QQ号？"突然，他又凑过来，傻笑着含糊地问我。什么？QQ号？智障也玩这个？挺会赶时髦的啊！估计他无意中听到的吧！我胡乱地报了一串数字："1065087450，能记住吗？"想他肯定记不住。"记……记……记……不住，你写在这里！"他依旧傻笑着说，并递给我一张纸和一支笔，还无不骄傲地说："告……告诉你吧，我还会加好友呢！"说着，把纸翻了个面，这一面写着"添加好友—号码—确定—成功"。再看看他，一脸的真诚，在阳光的照耀下，显得格外亲切与温暖。我不禁为自己的行为而感到羞耻。

"我，人家都说我脑子不好使……"他看看我写的号码，低头小声说，这次，竟没有傻傻地笑，"可我想上初中……你说，可以吗？"他一脸的认真，眸子中透射出期盼。我有些感动,所以有些语无伦次:“当然可以,而且你还可以上高中,上大学呢!那里呀,有很多和这里不一样的东西呢!”他认真而严肃地听我说着,眼睛直视着前方,似乎看到了希望。继而,他又傻乎乎地笑道:“哇!那你真幸福!你上学你幸福……你陪我我幸福!哈,幸福,哈!”说着,他蹦蹦跳跳地跑远了,像一个三岁的孩童。这是我第一次从残疾人口中听到的“幸福”。原来,在他们眼中,上初中、上大学这在我们眼中最枯燥的生活,就是一种幸福!这种我能陪他说说话、最常见的义工活动,也是幸福,一种傻傻的、最原生态的幸福!

幸福,幸福不就是萦绕在身边的满足感么?不就是没完没了的补习班么?不就是实实在在的生活么?

我豁然开朗,只见眼前一片明亮。

玉梅说:“妞妞的作文写得真实感人,明明的蜻蜓点水,比妞妞的差远了。翠萍你以后要多鼓励鼓励孩子,好孩子都是夸出来的。”

翠萍说:“我还真没想到,这孩子心思这么重。”

101　名校毕竟是名校

最近,马大姐经常去吃谢师宴,吃一次回来发表一番高见。今天,马大姐参加的是白师傅儿子的谢师宴,白师傅儿子考上了清华,大家原以为他要大操大办,谁料他就在厂门口一家小酒馆请了四五桌。大家揶揄他说:"人家考上复旦请客的规格都要比你这清华高,你儿子还拿着学校的一等奖学金,比你工资还高,你这样打发我们,档次也太低了点儿了。"

白师傅说:"咱厂考上清华北大的娃多了去,我们又不是第一个。再说了,孩子说他准备出国,我这头比身子还要大。"

大家说:"出国是好事,你儿子肯定能申请上奖学金,你操哪门子的心呢?"

白师傅说:"我就这么一个宝贝疙瘩,跑到国外去了,我到哪儿寻他去呀!"

马大姐说:"你到底是刺激我们呢,还是显摆你儿子学习好呢?人家多少人想出国出不起,你儿子都是未来的中科院院士了,你还在这儿喊叫,那我们都活不成了!"

马大姐受了刺激,回到班上滔滔不绝地说着吃席的事儿。听得大家都有点儿烦躁,班长说:"你把你那一张嘴好好管一管,啥话到了你嘴里就变了味。"

恩华看大家说得热闹,端了一杯茶,坐在桌子上,说:"咱厂这几年,年年出四五个北大清华学生,这北大清华就像是咱厂开的。"

马大姐不以为然地说:"你没看咱厂人花了多大的血本,买房买车掏高学费,拼了老命都要让娃去上名校。省城小升初的升学率也没有咱厂高,咱厂上名校的孩子这么多,肯定就出成绩了。"

恩华拖着腔调说:"就是,按照咱们厂人花的力气算,这个比例不算高。我们老家今年就考了一个清华,那孩子啥课外班都没有上过,他爸他妈在外面打工,那娃哪有什么营养餐、考前冲刺班,就是靠着学校老师教的知识硬考上的。"

玉梅羡慕地说:"这样的孩子是天才,百年难遇。"

马大姐追问恩华道:"你不要拿偶尔的事情和咱厂来比,咱厂是年年出清华,毕竟名校出人才的几率高得多。你说你们那儿的学校好,你敢不敢把你丫丫送回去上学?"

恩华把话题一转,说:"我想送,我们文雅那一关可过不了。你看淑芬家依依今年中考成绩也不错,470在他们学校拔了尖的。"

淑芬不悦地说:“你就别拿我当炮灰了,人家在省城上的好多同学都考到了530,我们补习了一年,才考了这么一点儿,还好意思说。”

马大姐得意地说:“农村孩子和城里孩子不能比,普通学校和名校也不能比。”

小薇叹了口气,说:“说到底,还是人家名校的成绩好。”

留守儿童能考上清华,真是奇迹。玉梅想起有一次和明明逛街时,路过一个建筑工地,看见几个女工正在和水泥沙子,有一个背上还背着孩子,明明感到好奇,停下来看了半天,玉梅当时就说:“这个孩子够幸运了,可以靠在妈妈背上睡觉,其他女工的孩子恐怕都留在老家,很难见到父母的面。”玉梅想起在网上读到的一首农民工写的诗,便给大家复印了几张,让大家带回去给孩子看。

我的小候鸟
等呀!盼呀
我的小候鸟终于放假了
喧闹的车站
我在拥挤的人群中寻找着那可爱的身影
这相见的情景我幻想了无数次
我想你一定会欢笑着扑入我的怀中
可你却怯生生的不敢上前
你不认识妈妈了
是呀
我们已经很久,很久没有见面了

我给你买的新衣服显然是小了
你长得也太快了
已经超出了我的想象
……

即便是在重逢的日子里
我们相聚的时光也并不多
天不亮,我和爸爸就出门了
我们打工的地方太危险
我们只好把你反锁在家中
……

102 难忘的艺术周

新学期开始了，明明感觉初二的课程明显紧张了许多，每天练完琴再写作业，到了11点多才能上床睡觉。

九月底，学校要举行艺术周，乐队的排练任务很重，费老师想让明明和上官慕雪接替毕业班的两位钢琴手上场，故而常常单独安排他们两个练习。

这天，高老师神秘兮兮地宣布："同学们，最近上学不要带各种学案和辅导书，教育局要来抽查学生减负的问题，大家都要轻装上阵，被问到了就说咱们的作业一直就这么少。但是作业一天也不能少做，你们在家写完就行了，不必拿到学校里来，明白吗？老师是为了大家的未来着想，你们马上面临着中考，如果老师现在对你们放任自流，将来你们考不上理想的高中，你们一定会骂老师误人子弟。与其将来后悔，不如现在努力。另外，这周是艺术周，早自习取消，你们可以晚半个小时到校，记住只有这一周是这样，下一周作息时间还是外甥打灯笼——照舅(旧)。"

下课后，同学们聚到一起讨论此事，唐子轩说："作秀，作秀！我多么期盼教育局天天来我校检查呀！"

苏菲菲说："那有些人就没有机会去网吧了，屁股也就不会受伤了。"

唐子轩说："你少搞人身攻击！"

郑文远说："什么艺术周？不过就是糊弄教育部门，说我们名校的学生德智体美劳全面发展，健康快乐地成长着呢！"

于姝瑶说："我们可遭殃了，天天晚上要排练舞蹈。"

上官慕雪说："我们还不是一样，都快把手指头弹断了。"

"秀才"杨訾非在一旁奋笔疾书，明明大声念道："记者问，丁校长，贵校今年中考成绩优异，文理状元都出在你们学校，请谈谈你们的经验。丁校长答，没有什么好谈的，我一会儿要去开会。记者又问，据说贵校今年招生规模扩大，在校学生创下历史新高，请谈谈你们如何管理这么多学生。丁校长说，我马上要去开会，恕不奉陪。记者问，最后一个问题，听说教育局要来检查……丁校长立马从椅子上弹了起来，大呼道，快，快开喷泉，快取消今天的延点课，快准备一台晚会，迎接……"明明笑得念不下去了，同学们一起起哄道："快，快开喷泉……"

老师布置的作业不检查，许多同学就想浑水摸鱼，应付差事。放学路上，唐子轩悄声对明明说："英语课代表，跟你商量件事。最近我事情比较多，你看我能不能不写一些很小儿科的作业，比如默写单词什么的，那些东西我小学都背得滚瓜烂熟。当然，我看你排练也很辛苦，你的数学作业也可以瘦瘦身，做一些有难度的题目就行了，我作为班长兼数学课代表，还是很理解你的。”

明明说：“你这叫以权谋私，你这家伙，将来绝对一和珅！你可以自己给自己减负，我可不行，我老妈是火眼金睛的孙大圣，我要是偷一点儿懒，她都能发现。再说了，咱们都是有前科的人，要是再让高老师逮住了，看你吃不了兜着走！”

唐子轩说：“为了把上回扣掉的德育分补回来，我经常帮高老师打扫办公室，主动请缨给差生补课，还贡献了几百块钱零花钱，让老师表扬我拾金不昧，总算把德育分数弄到手了。”

明明说：“好家伙，我就说奇怪了，你走路怎么老是能捡到钱，敢情你这几次的拾金不昧都是动用了自己的小金库，你小子厉害！我的德育分可是我帮老师批改试卷，还有假期学着做饭，去福利院当义工挣回来的，那可是小葱拌豆腐——一清二白。”

唐子轩说：“既然你不愿意，就当我什么话也没说，真不够意思！”

明明说：“你的家庭作业你自便，老师让交的作业你得完成，要不然，老师追查起来我也帮不了你。”

唐子轩说：“够哥们，要的就是你这句话！”

明明说：“我可什么也没有听见。”两人笑着道了别。

艺术周上，西洋乐队有三次演出，明明和上官慕雪一共参加了两场。费老师特意为他们安排了一场双人合奏——《蓝色多瑙河》。明明西装革履，英气逼人；上官慕雪着一袭白色长裙，婀娜生姿。两人手拉手缓步走上舞台，犹如两位耀眼的明星闪亮登场，立即引起了无数的掌声。待两人坐定，相视一笑，几乎同时按下了琴键，一串串音符就像一股股清泉一样汩汩流淌在夜空中。两个人心有灵犀，简直就像是一个人在演奏，配合得天衣无缝，十分默契。演奏完毕，有人大喊“小郎朗”和“上官慕雪”，一呼百应，全场都在高喊：“小郎朗、上官慕雪！小郎朗、上官慕雪……”明明和上官慕雪再次手拉手走到前台来谢幕。观众的欢呼声一浪高过一浪。明明和上官慕雪回到后台，费老师迎上来拥抱他们，师生三人激动地流下了泪水。

安国坐在贵宾席上，从头至尾欣赏了明明的演出。现场热烈的气氛使安国深受感染，他情不自禁鼓起了掌，身旁的各级领导也对这两个孩子的演出赞不绝口。安国没想到明明的钢琴弹得这么好，心想还好玉梅和大伟通情达理，要不然明明今晚绝对不会站在这里。安国想起孟丽原来也让妙怡练过绘画，妙怡也很喜欢画画，可是到了五六年级，孩子功课多了，绘画课自然就被取消了。

103　妈妈，别走

午后的阳光慵懒而柔软，老太太老头子们坐在花园里晒太阳，这儿一堆，那儿一群。玉梅母亲和吴老师坐在人群之中，好像水滴汇入了河流，让人无法分辨。玉梅急急乎乎地走过来，眼睛在人群中搜寻着母亲和吴老师。一般这个时候玉梅是不会回来的，今天是乐队的费老师要找玉梅谈话，玉梅才赶了回来。吴老师老远看见了玉梅，便招了招手，玉梅看见了高声喊着母亲和吴老师，然后对着其他的老人们微笑着打招呼。

一位老人打量着玉梅，带着城市人的优越感说："老嫂子，这就是你大女子？看上去真像是个城里人。"

另外一个老人说："人家娃娃到城里这么多年了，自然就是城里娃了。你看，老嫂子都这么洋火，哪里还能看出来是个农村人？玉梅，你们明明乖得很，上学去的时候还记得叫你妈出门带上钥匙。"玉梅被大家说得不好意思。

玉梅母亲说："你们再坐会儿，我跟娃先回去了。"玉梅搀着母亲，吴老师提着板凳，三个人一起回家。

回到家，玉梅说："我刚和费老师谈了一会儿话，费老师让给明明请省城最好的钢琴老师，说是明明很有培养前途。"

玉梅母亲担忧地说："最好的老师，怕贵得很，现在一节课的学费就高得很，这换个老师没有个四五百怕拿不下来。"

吴老师说："吃人呀！这弹琴老师挣钱就像拾钱一样，这才上屁大一会儿课，学费就这么高，顶咱一个月的菜钱。"

玉梅犹豫着说："就这一般学生人家老师还不要，人家老师是国家级的大师，经常到世界各地去演出，根本就不收几个学生，要是没有费老师介绍，咱连人家的面也见不上。我刚才和人家的经纪人通了电话，人家让明明礼拜六去面试。"

吴老师说："安国那天看明明弹完琴，回来把明明夸了半天。既然老师这么赏识咱们明明，那咱就是吃糠咽菜也要让明明去拜师学艺。遇见一个好老师不容易，名师出高徒，这是缘分。"

玉梅想起刚才那几个城里老太太的话，便委婉地对母亲说："妈，你以后不敢在人前夸明明，小心夸脱了。"

玉梅母亲说："你那个阿姨说她孙子成天在家里偷偷摸摸地拿钱，吓得一家人都像防贼一样防着孩子。你阿姨买完菜的零钱一转身就不见了,你阿姨还不敢给儿子说,说了怕淘气。那个娃爱上网打游戏,口袋里不敢有个钱,一有了钱就不见人影了。他儿子经常半夜半夜地到外面寻娃,寻回来了两口子就收拾娃,把你阿姨气得心口疼。”

吴老师说:“那家女子才叫大人头疼,天天要叫他爸看着送到学校,亲手交到老师手里。放学时,他爸要早早站到学校门口去接,要是接迟了,就叫那些混混带走了。你说十几岁的大姑娘了,叫人操不尽的心!”

玉梅母亲说:“你看,这孩子拘系紧了就成瓷釉脸了,没皮没脸就管不住了,大人办法想尽也没辙。还有一家那媳妇把娃盯得紧的,连娃上厕所都掐着表,就是星期天咱俩在电梯里见到的那个女娃跟她妈。”

玉梅想了想说:“就是那个瘦得像芦柴棒的女娃?看人时畏畏缩缩,像只受惊的小老鼠一样。”

玉梅母亲说:“对,就是那个娃。还有人说他孙子平常乖得很,一说起念书就蔫了,都没咱明明懂事。我没有夸明明,是他们看见咱明明自己说的。这个小区的娃上名校门槛低,就这好多娃都考不上,只得跑到远处去上学,不方便得很。”

玉梅说:“咱们在这儿人生地不熟,你们几个老人坐在一起说说话也就行了,有些不该说的就别说了。”

吴老师说:“你妈走到哪儿热闹到哪儿,那些个老姐妹有啥话都爱跟你妈叨叨两句。”

玉梅母亲说:“我是左耳朵进,右耳朵出,就图个热闹。”

玉梅说:“这就对了,人没有个伴儿也不行。我看你们今天一大群人坐在一起说话,我都想赶紧退休了算了。”

明明放学回来了,见妈妈还没有走,高兴地叫妈妈和自己一起看晚会的录像。玉梅招呼母亲和吴老师一起过来看,四个人看着笑着说着,刚看到了明明弹琴那一段,朋友打电话叫玉梅下来坐车。玉梅急着要走,明明搂着玉梅不松手。玉梅为难地说:“人家的车在楼下等着呢!”母亲也说:“饭都做好了,你迟一会儿没事儿。”朋友不停地打电话,玉梅坚持看了两分钟明明弹琴的节目,匆匆忙忙走了,明明一脸失落。

坐在车上,玉梅半晌无话。朋友问是不是娃舍不得让你走,玉梅点点头。朋友说:“抱歉,要不是赶着坐车,我也不会这么着急。你们这好歹一个礼拜还能见孩子几回,你说我们这些调走的人,一个多月才回来一趟,感觉跟孩子都不亲了。我今天要走,我儿子昨天就不高兴了,说话都无精打采的。我老婆给我买了那么多的水果,还有别人托我带的东西,整整四个大包,搞得我好像逃难的。”

104　怀着一颗体谅别人的心

国庆节有好几位师傅的孩子结婚,班长让大家商量怎么随份子。马大姐说:“怎么随?还不是老样子,这几年工资不涨,咱们的份子钱也没涨,就一人一百算了。”

小薇说:“我们结婚那会儿,人家就给了一百,这都几年了,我再随个一百合适吗?再说了,人家这次是在省城举行婚礼,听说档次挺高的。”

淑芬说:“你还怕没机会还礼?明年人家孩子满月,你再送一次礼不就结了。”

班长说:“那就一人一百,玉梅你给咱们收礼。”玉梅收好了大家的份子钱,班长过目之后让恩华、玉梅、小薇跟他晚上去新房转转,看人家要不要帮什么忙。

吃过晚饭,大家按照班长约好的时间,到男单楼旁边集合。班长早到了,看见玉梅和小薇都穿着裙装,忍不住开玩笑说:“你两个打扮得像个新媳妇,小心人家叫你接亲去了!”

小薇说:“跟着班长出门,我们这些娃他妈,再不好好打扮一下就看不成了。”

玉梅说:“人家结婚图喜气,咱们灰头土脸像个啥样子?叫人家笑话说咱们是红萝卜上不了席面,可就丢了咱班长的人了。”班长听了哈哈一笑,领着大家去看新房。

新房里挤满了客人,大家自觉地分成了几摊,男人们坐在客厅里抽烟聊天,女人们坐在新房的床上,争相传阅婚纱照。不知谁说了一句:“看看,一样是结婚,人家这结婚多热闹,艾云家冷冷清清没有几个人。”又有人小声嘀咕:“二婚咋能和人家这新婚相提并论?你没见艾云师傅的前妻来闹的时候哭哭啼啼的样子,叫人看了心里难过得很。听说她师傅离婚时抠门得很,啥都算计得清清楚楚,你说那媳妇带着七八岁的男娃以后咋过活呀!有人说遇上这种男人,自认倒霉。有人说遇到这种花心还不负责任的男人,早离了也好,趁年轻也好找……”

小薇轻声对玉梅说:“听说艾云和他师傅旅游结婚,过完国庆就调走了。咱们班上的李师也调走了,李师已经跟他小老婆离婚了,好像小老婆生的不是李师的娃……”小薇悄声地说着,玉梅偶尔答应一两声。

玉梅心里有点堵,觉得这装饰一新的婚房特别压抑,便站在窗子旁边透透气。亚荣下了班来不及换工作服就和同事们一起过来了,走进新房,不免自惭形秽,自嘲地说:“玉梅,你看你打扮得我都认不出来了,我穿着这一身工作服,咋看都像是个要饭的。”

一同来的同事拖长了腔调说:“玉梅越活越年轻了!”玉梅笑了笑没有搭腔,大家站起来给她们让座,可是婚床上铺着新崭崭的被褥,亚荣看看自己的工作服,尴尬地站着。人常说,立客难打发,一时间,大家都互相谦让着,没人好意思坐。有人拿来两张椅子,亚荣和同事坐下,大家才又开始说话。

亚荣上班时,刚和班长吵了一架,看见玉梅一天舒舒服服的,忍不住酸溜溜地说:“玉梅,我一天忙着看娃,都难得见你一面,你现在势好得很。”

同事说:“谁不知道咱们运行人黑白颠倒?起得比鸡早,睡得比狗晚。”

执事的人岔开话题说:“我给你们倒杯水,你们上班辛苦了。”屋里人多,吵吵嚷嚷,玉梅感觉呼吸困难,小薇也牵心着盈盈,两人和大家打着哈哈说了几句话,便下了楼。

走到楼下,玉梅感觉耳边清净了不少。小薇见玉梅心情郁闷,想安慰她几句,便邀玉梅去操场散步。小薇说:“玉梅姐,我这回终于知道社会上物价都涨到什么程度了。我原来听你说你买建材的时候,只敢买品牌的特价东西,我还以为你是开玩笑。”

玉梅说:“咱们不比住在城里的人,买个东西可以货比三家,咱是要买啥才去看啥,看准了交钱提货走人。你说买杂牌子咱不敢买,怕不识货被人骗了,买牌子吧,那价钱贵得叫人瞠目结舌,实在心疼得买不下去,那就买个特价算了,拿回来看着也不错哦!”

小薇说:“玉梅姐,我觉得你特实在。我们买房时本来还犹犹豫豫的,想着我们刚上班,父母给个首付,我们按揭还款压力大。你说团购房不仅价位低,而且大家住在一块儿互相有个照应,你们姊妹三个都买在一起了,我们才下定决心买了这套房。你看,要是搁到现在,房价翻了一番,我们更买不起了。人家现在男讲‘高富帅’,女讲‘白富美’,有的又说‘经济适用男’,我看你是‘贤良实惠女’。有你这样的姐姐真好,何工程师娶你这样的妻子真是幸福。”

玉梅笑着说:“你这小孩子,别吹捧我了,我那是瞎猫逮着了死老鼠!”其实,玉梅也打心眼里喜欢小薇,喜欢她的单纯、直爽、善良、快乐。

一个人的大部分时间是和同事一起度过的,怀着一颗体谅别人的心,你总是可以在一群人中找到一个可以合得来的伙伴。

105　你的情书都窝藏在哪里

星期五下午，明明班上进行大扫除。上官慕雪和几个女生被分配去擦玻璃，唐子轩主动要求帮上官慕雪擦玻璃。于姝瑶在一旁讽刺道："唐伯虎点秋香，我们可有好戏看了。"

唐子轩回敬道："钢琴家就凭着一双手吃饭，擦玻璃多危险，四眼钢牙妹没有一点儿同情心。"

苏菲菲和吴杨惠子在一旁使劲地怪笑，上官慕雪刚好正在接电话，没有听见于姝瑶的热嘲冷讽。高老师过来检查工作，看见了这一幕，立即拉下脸说："上官慕雪，同学们都干得热火朝天的，你好悠闲呀，站在这儿看风景呢？"

于姝瑶等人脸上露出得意的神情，唐子轩本想解释几句，高老师厉声呵斥道："唐子轩同学热爱劳动，一会儿把我们教研室打扫一遍！"上官慕雪窘得满脸通红，默默地擦着窗户。

高老师在教室里巡视了几圈，满意地说了一声"放学"，然后背着双手出了教室。大家背起书包回家了，明明因为还要去乐队练琴，便招呼上官慕雪一起走。

练琴时，上官慕雪老是出错，费老师以为她不舒服，便提前给他们结束了课。出了校门，明明问上官慕雪是不是嫌高老师批评她了。上官慕雪说："自从那次演出以后，干扰很多，高老师已经批评我很多次了。"

明明说："你别管那些无聊的小人，咱们只不过是在学校里小有名气，出了这扇门，谁知道你是干什么的！"

上官慕雪说："人家都叫你'小郎朗'，那么多的女生给你写情书、塞纸条你就没有一点儿动摇？"

明明说："这些个小儿科的把戏，我早都见多了。上小学的时候，我每次主持晚会、当运动会的解说员，或者大队部搞活动，都有人给我写情书，我觉得那些人太可笑了。我们还都是孩子，大家都是同学朋友，干嘛要往歪处想呢？我把所谓的情书给我妈看，我妈笑得说我还是个万人迷，让我把这些东西扔掉就当什么也没有发生。"

上官慕雪说："真的吗？我这下知道该怎么做了。"说话间，已经到了上官慕雪家的汽车跟前，司机早已恭候在车旁，两人像往常一样道别，各自回家。

唐子轩打扫完教研室，走在空旷的校园里，无精打采的，心想今天真是倒霉，自己就是想帮助一下上官嘛,高老师何至于如此大发雷霆呢?好心办了坏事,自己多干点活儿无所谓,可是害得上官还被高老师批了,这可怎么办好呢?唐子轩想来想去,觉得还是得求助明明,便打电话央求明明替他在上官面前解释解释。玉梅在电话里听出了那么一点意思,便旁敲侧击地说:"你还当上月老了,帮人牵红线呢?"

明明急忙把事情的来龙去脉给妈妈讲了一遍,一不小心也漏了自己的老底。玉梅说:"老实交代,你的情书都窝藏在哪里?"

明明说:"有几封没有扔,全都在书桌的第二层抽屉里,这是钥匙,你要看自己看去。"

玉梅在明明和大伟的陪同下,打开了明明的抽屉。抽屉里整整齐齐摆放着许多书本,玉梅让明明自己拿出一封。孩子大了,不喜欢大人乱动自己的东西,特别是日记、信件、手机。明明被逼无奈,只好拿出一封信交给父母。玉梅和大伟读道:

给梦中的小郎朗:

我以为我的初中生活里,永远只有做不完的作业和试卷,永远只有父母的唠叨和老师的说教,永远只有搞不懂的代数几何、背不完的英语单词和句型……

我以为那些追星的女孩子都是爱慕虚荣、傻冒无知、浅薄轻狂的人。以前,朋友们邀请我去看演唱会、去买歌星的签名唱片时,我总是打心眼里瞧不起这些人,我对此不屑一顾,我对此嗤之以鼻……

可是,那天晚上,当你像 superstar 一样出现在舞台上时,我的心被点燃了。我以前的信条在一刹那间灰飞烟灭。原来,我身边竟然有着这么优秀的男生,既有钢琴王子俊美的外表,还有一个优等生应有的谦和有礼。那一刻,我觉得你就是我梦想当中的中国少年,是英雄,是天才,是完美的化身……

同学们都叫你"小郎朗",我非常喜欢这个称呼,不知道你喜欢吗?我是一个站在人群中就无法辨认的女孩,普通的如路边的一棵小草,你就算是撞到了我,你也不会记住我。其实,你也不会撞到我,因为我是普通班的丑小鸭,你是奥数班的高材生,我们之间本来就有着一条天然的鸿沟……

玉梅和大伟读完了信,明明担心地说:"妈妈,这顶多是读者来信,我没有把这封信扔掉,你不会生气吧?"

玉梅淡淡地说:"留下吧,当做纪念。"

大伟说:"这下你成了校园明星,可不能翘尾巴,要好好学习,给同学们带个好头。"

明明仔细地把信收进了抽屉,玉梅郑重地把钥匙放在了明明的手里,拉着大伟退出了明明的房间。

106　有好戏看喽

翠萍觉得自己特倒霉，妞妞刚换到英语班，这个班上就在酝酿着换英语老师，原因是老师的老公出车祸瘫痪了。孩子们这学期的成绩下降太多，家长们联名告到了校长那里，据说这学期结束以后，英语老师就要被解聘了。可问题是，现在离期末考试还有一段时间，人家孩子都在外面请了老师学英语，妞妞自然也要补一补英语。翠萍来找玉梅商量看明明报不报英语课外班，玉梅觉得明明每天要练琴，没时间上课外班，就婉拒了翠萍。

过了两天，郑文远的妈妈几次三番地盛情邀请玉梅给孩子补语文，玉梅实在无法拒绝，便答应让明明去试听一次。

明明排练完，大伟开车送他们去郑文远家上课，回到家已是夜里十点，学校的作业还没有写一笔。明明不满地说："什么名师？我看比我们语文老师差远了，就知道给人留一大堆作业，上这样的课真是浪费时间。"

玉梅也觉得那个老头讲课一般，而且在别人家客厅上课感觉怪怪的，何况时间也不合适，便准备告诉郑文远妈妈明明不上了。没想到郑文远妈妈却先打来了电话，先入为主地说："你们看这名师不错吧？我托关系人家才让你们孩子来试听的。"

玉梅敷衍着说："谢谢你凡事想着我们明明，可是我们时间上安排不过来。"

郑文远妈妈打断玉梅的话，高声地说："人家孩子都是晚上十二点以后才睡觉，咱们这不算晚。我们这可都是高校教授、知识分子的家庭，我们对孩子一贯要求严格。你们工人师傅一般对孩子放得比较开，可是你不知道，现在你不把孩子抓紧，到时候孩子考不上本部的高中，你后悔就来不及了……"

玉梅不客气地回敬道："我们工人都是大老粗，也不懂得怎样教育孩子，我们孩子没时间上这种课！"

郑文远妈妈听出了玉梅的不快，仍然很有把握地说："你再考虑考虑，很多人求着要来我们这儿上课呢！"

玉梅直接说："不用了，再见！"

玉梅挂了电话，仍然满脸怒气。大伟见玉梅从未生过这样大的气，赶忙劝解了几句，玉梅才消解了一些。明明安慰妈妈说："我不信那个邪，你就等着看我的期末考试成绩吧！"

玉梅转怒为喜地说："那个变态女人，真不知道她能培养出个什么人才。连一点起码的良知都没有,居然说咱们离他们家就五六站路,回来晚一点怕什么,难道还怕有人劫财劫色呀!”说完,又觉得失言,便催着明明去写作业去了。

玉梅发泄完,便不觉得那么生气了,大伟催着玉梅赶紧睡,明天还要早早起来赶回去上班。玉梅说:“明明还在点灯熬油地写作业呢,你好意思睡?”

大伟说:“十一点了,咱们睡吧。”玉梅也觉得折腾了一天,不如先躺一会儿,结果,这一躺就躺到了第二天早上。

下午放学之后,明明迫不及待地告诉妈妈说:“郑文远惨了,你知道他昨晚什么时候睡觉的吗?快一点了才睡!你知道他妈想出来什么阴招不让他早睡的吗?他妈把郑文远的被子压在了身子底下,郑文远必须要完成他妈布置的所有作业才能要回被子睡觉。BT(变态),超级BT!”

玉梅不相信地说:“世上还真有这么当妈的?不会是个后妈吧!”

“绝对亲生,如假包换,我们同学都问过郑文远了。”明明言之确凿地说。

玉梅哭笑不得,又怕明明蹬鼻子上脸,故意正色说道:“好了,清官难断家务事。你看人家家长和孩子下了多大的功夫,你把你的学习可要抓紧。”

明明正色道:“邪不压正,老妈你就等着看我的正能量威力有多大吧!”

明明越说越远,玉梅训斥了明明几句,明明又说:“你知道于姝瑶、郑文远他们和烂菜叶暗中做什么交易了吗?告诉你吧,烂菜叶帮他们写作业,一道题一块钱,今天被老师逮住了,接下来可有好戏看喽!”玉梅十分震惊,明明又详细说了一遍才挂断了电话。

亚荣出车祸了,大家听说了以后纷纷前去看望。翠萍邀上玉梅、思思妈妈一起去医院探望,亚荣头上、胳膊上缠满了绷带,像个刚从老山前线下来的伤员。英俊一见熟人,就埋怨说:“自己都伤成这样子了,还要回去给涛涛做饭。”

亚荣说不了话,示意英俊在大家面前少说两句。玉梅说:“你安心养伤,孩子有地方吃饭。”

翠萍说:“文文妈妈说她们一起拼车的一个人起来晚了,耽搁了十几分钟,司机有点心急,再加上修地铁到处堵路,车不好开,快到收费站时跟一辆车蹭了一下,人家车上下来四五个大老爷们,她们四个女人,没办法就给人家赔了一笔钱。这事儿闹得大家都不舒服,她们这个车队只好解散了。”

思思妈妈说:“我顾不过来,就把我妈接来给思思做饭了。”

英俊说:“我妈来帮我们带了几天涛涛,说想看个电视都看不成,她像坐监狱一样,涛涛回来还弹嫌她做的饭菜难吃,还跟她顶嘴闹仗,气得我妈心脏病都犯了。我们家就像陷入了一个怪圈,亚荣管不下涛涛就拿我出气,我脾气上来了就收拾涛涛……”

107 你们在哪儿补课

家长会上，高老师让黄嫣然的母亲讲述自己孩子被降到普通班以后又成功升回奥数班的经验。这位母亲说："女儿上小学一年级的时候，丈夫患病住院，我一直陪着丈夫四处求医，孩子丢给老人后就没有过问。后来，为了给丈夫治病，家中值钱的东西都卖光了，就连起码的电视和电脑都没有。我就想办法给孩子找来各种课外书，以弥补孩子知识面不广的缺陷。丈夫去世之后，我忙着赚钱还债，没有工夫管孩子。眼看孩子到了五年级了，人家家长都送孩子学奥数准备考名校，可女儿对学奥数没有一点儿兴趣，还好孩子爱画画，我便决心走特长这一条路。后来，孩子好不容易考上了名校，可是第一学期下来，孩子的代数一直跟不上，经常考五六十分，最后被降到了普通班……"听到这儿，玉梅突然想起明明说那个小摊贩的儿子烂菜叶和另外五名同学被降班了，一般情况下，降班之后断无升班之理，没想到黄嫣然还能升回来，看来这个孩子果真非同一般。

黄嫣然的母亲声情并茂地继续讲道："我们孩子生性倔强，在哪里跌倒就要在哪里爬起来。降到了普通班，她开始疯狂地补习代数，成绩突飞猛进，终于又回到了原来的班集体。我们是唯一一个降班之后很快又升回来的孩子，所以，我格外感动，我为我的女儿而自豪……"

大家用热烈的掌声向这位母亲致敬，玉梅热泪盈眶。高老师又邀请了唐子轩妈妈和另外一位后进生的家长介绍经验。唐子轩妈妈谈到了初中以后家长要学会放手，要让孩子自己主动学习的话题，让玉梅深有同感。到了提问环节，郑文远的妈妈再次提议要老师多布置一些作业，高老师说："初中孩子不同于小学的孩子，我不希望孩子们永远挣扎在题海之中，我想让孩子们每天做完作业以后，能够有一段自由支配的时间，自己钻研、领悟、思考。从我们孩子的成绩来看，我的这种教学方法也是比较理想的，全年级前几名学生都出在了我们班上，这是大家有目共睹的。如果你觉得你的孩子需要大量作业的话，你可以给你自己的孩子增加作业量。但是，我还是建议你要适可而止，不要逼得孩子为了完成作业不择手段。我想这个话题就没有必要重复谈论了。"

家长会结束后，郑文远的妈妈趾高气扬地从玉梅面前经过，仿佛没有看见玉梅一样。唐子轩的妈妈对玉梅说："她是不是也请你们去她家补过课？"玉梅点点头。

唐子轩妈妈又说："她就是那德行，看见谁这段时间表现出色，她就想方设法让她孩子和谁在一起。原来,她把我们唐子轩夸得上了天,等我们那次屁股受伤了以后,当即就不让我们和他们一起补课了,说是怕我们孩子把他们孩子给带坏了。"

玉梅恍然大悟道:"难怪,她在我跟前说我们明明学习好,琴弹得也不错,还会做饭、照顾老人。我就说这么好的孩子好像不是我家明明呀!我们明明被我妈惯得连一双袜子都不洗,居然还会下厨做饭?"

唐子轩妈妈揶揄道:"人家祖上是状元郎,三代出国留洋,人家孩子小学连跳两级,是天才,是神童。人家能叫你们孩子当书童陪着人家读书,那是天大的福气,是平头百姓想都不敢想的美事!"

玉梅笑道:"怪不得大家老叫郑文远是小屁孩,原来他还真是个小弟弟。难怪人家不理我了,像我们这么不识抬举的,真是辜负了人家的一番美意。"

唐子轩妈妈撇着嘴说:"谁稀罕跟他们一起补课?你要真是天才你就上少年大学去,少在我们跟前说'郑文远比你们小,你们可要多照顾照顾我们远远'。说是叫咱们和他们一起补课,无非是想拉拢腐蚀咱们孩子罢了!"

"其实外面的老师能好到哪里去,说白了还不是搞题海战术,要是真有那么好,早就被名校挖走了。咱们守着金山还能受得了穷,只要孩子把学校的东西吃透了,那些考试题目总是万变不离其宗。就跟那些妖怪一样,管你是白骨精还是琵琶精,总是躲不过孙悟空的火眼金睛。"玉梅顿了顿又说,"我们明明从小养成了习惯,每天晚上都要早早睡觉,熬过了,反倒学不好了。"

唐子轩妈妈对于姝瑶爸爸说:"咱的孩子咱要心疼,不跟着人家赶那些个时髦。而且,有些人所谓的流行,不是时尚,而是流感病毒。再说了,她把孩子逼得没办法,孩子只好不吃早饭,省下钱找烂菜叶帮忙写作业。事情败露之后,烂菜叶挺仗义,一个人承担了全部责任,转班走了……"玉梅和唐子轩妈妈谈得投机,不觉笑出了声。

唐子轩妈妈对于姝瑶爸爸说:"你们闺女那么漂亮,不跳舞真是可惜了。"

于姝瑶爸爸说:"听说你们孩子数学考得好,你们是不是一直都在学奥数?"

唐子轩妈妈说:"我们孩子和他表哥一样,就爱钻研电脑、数学,他就爱做一些特别偏的题目,好显摆。我都不想让他再参加竞赛了,怕他走火入魔。"

于姝瑶爸爸说:"我就说你们数学几乎是满分,你们在哪儿补课,能不能介绍我们也去那里补一补?"

唐子轩妈妈为难地说:"我们真的没有补课,平时我们也没有时间管他,都是他表哥负责他的学习。我刚才还和明明妈妈说咱们学校老师这么好,孩子接受能力也强,没有必要补课。"

玉梅附和道:"就是,我们孩子还要练琴,根本没有时间去外面补课。"

于姝瑶爸爸将信将疑地说:"你们要是有了好老师可一定要告诉我们一声。"

108　花钱只能买罪受

快过年了，大家都计划着购置年货。文雅进了一批时尚保暖裤，恩华拿到班上让大家试穿。这种裤子里绒细密厚实，面料是透气舒服的纯棉布，修身保暖，手感极好。玉梅、小薇、马大姐试穿了以后，都觉得这比毛裤暖和多了，当下就一人订了一条。小薇中午就把样品拿回家洗了，发现这裤子质量极好，不脱色不掉毛不变形，上身效果很好，比淘宝上的东西还要质优价廉。经过小薇的宣传，大家纷纷给父母、家人、孩子订购裤子。

班长称赞恩华两口子和气生财；玉梅赞美文雅眼光好，进的货好；小薇夸文雅姐心眼好，价钱公道。马大姐说："那是咱们已经由商场沦落到了小店，你们看咱们厂门口每周二赶集的时候，以往都是农民，咱们工人谁愿意去集上转？就算看一眼都嫌掉价。这两年，咱们谁不去集上买菜买水果买零碎？"

恩华说："集上一捆八斤重的芹菜四块钱，咱们菜市场芹菜一斤两块钱，你说你愿意到哪儿去买？"

淑芬说："我们依依上高中，今日这儿要钱，明日那儿要钱，我能省就省，东西一样，我管它在哪儿买的。"

马大姐说："这不就是我说着了，还是口袋里货不瓷实，不是不讲究，是'贫贱夫妻百事哀'，讲究不起来了。"淑芬听了这话，脸色大变，马大姐自知失言，大家赶紧转移了话题。

小薇问班长签证办好了没有，准备哪天去美国。班长说："拿不准，这美国佬真牛逼，我去看我未来的外孙，还要到你们国家去消费，你们还挑三拣四。啥时候，咱们国家也把办签证弄得复杂一些，让美国人一等就等上几个月。"

玉梅调侃说："班长，人家都说外国的月亮比咱们中国的圆，你去了好好看看是不是这么回事。"

恩华说："我们今年这个年不好过，教育局查得很严，我们到现在还没有考试。"

玉梅宽慰他说："我们那时候也是'躲猫猫'，麻老师会突然通知到宾馆或学校去考试。你这几天早晚都不要关手机，以防学校联系不上你们。"

恩华说："上次一个考点考试就没有联系上我们，咱厂那几家去的时候也不叫上我们。"

玉梅说："你们丫丫去了，还能有人家的戏吗？"

恩华说:“那倒也是,都是为了娃,我不会怪人家。”

过完年后,恩华说:“我们终于偷偷摸摸考了试,最近丫丫已经收到了四份录取通知。”玉梅恭喜恩华说:“这下就大功告成了,就等着学校通知你交钱吧!”

今天,恩华愁眉苦脸,坐在角落里不大说话。玉梅问:“怎么了,丫丫考上了名校,文雅的生意又这么兴隆,你还有啥想不开的?”恩华说:“我发愁丫丫还要不要报奥数班,这政策一天变来变去,人家说现在考的名校不算数,省上明年五月份要进行统考,到时候按照那个成绩录取。”

玉梅不相信地说:“说狼要来,狼真的就来了!我们那阵子也是这么说的,谁知道今年就是这政策了。你就只报一个奥数点就行了,一周上一节课,别让孩子把学过的东西忘掉就行。”

恩华说:“孩子上个学咱就这么熬煎,这名校真他妈不是东西!我们原来上学时,老师在操场划一块地方让我们用粉笔写作业,粉笔金贵,我们就拿旧电池里的黑棒算题,回家几乎没有作业。现在,我和文雅天天帮着丫丫检查作业签字、算奥数题。钱花光了,大人娃娃累得半死,就这,花钱也买不来平安,花钱只能买罪受。我爸我妈两个不识字的农民都能供出来两个大学生,我现在好歹还算有点文化的人,养一个娃咋就这么难!”

玉梅给恩华说了许多宽心的话,恩华不那么难受了。玉梅又说:“难事难大家,又不是咱一家。你没听说教育部要实行回原籍高考,那些名校的校长在教育部都哭了,说是他们为别人做嫁衣裳,到时候这孩子考出好成绩了,算是谁的呀?现在,大家照样还是争着上名校,学校在乎一本升学率,家长注重孩子考个好大学。你想考好大学你就得上好学校,所以名校生意依然好做。”恩华点点头,无可奈何地干活去了。

学校要选派优秀学生出访英美,明明回家告诉妈妈自己准备去美国,因为去英国半个月要花五万多块钱,而美国只要三万就够了。

六一刚过,恩华的心情特好,丫丫刚统考完,成绩还没有出来,难道恩华还有其他的好事儿?小薇问起来,谁料恩华说:“统考的题目都是最基本的奥数奥语题,比如根据 3-1=2 写三个成语,你会吗?八十分钟的答卷时间,我们丫丫四十多分钟就答完了。那些没学过奥数的孩子,八十分钟答不到一半儿。就这教育局还信誓旦旦地说没有一道奥数奥语题,哈哈哈……”大家喊着叫恩华请客,恩华二话没说,请大家吃了一顿烤肉。

明明的签证很快办好了,班长的签证半年还没有办下来。班长开玩笑说:“美国不欢迎我们这种老家伙,美国的大门只向年轻有为的高材生敞开着。”

109 胜败乃兵家常事

时间过得飞快,一转眼初二下半学期就要完了,孩子马上就要面临着中考了。

玉梅记得吴老师常说:一天怕过午,一周怕过三。不管干啥,前半场都很重要,前面要是落后了,后面要追上可不是易事。偏偏在这个转折点上,明明掉队了。高老师找玉梅和大伟谈话,说明明不仅成绩直线下降,而且有早恋迹象。

大伟觉得一次考试说明不了全部问题,只要给孩子机会,明明很快就可以追赶上来。玉梅觉得事情没这么简单,不使点家法明明就改不过来。大伟劝玉梅别胡来,玉梅不听,决定给明明下一道死命令:期末考试到不了前十五名,无条件退出乐队。

明明自觉交出了手机和MP5,保证痛改前非,迎头赶上。大伟说:"你的东西我们先替你保管,期末考试成绩合格了,原物奉还。"玉梅心想明明能交出手机,那证明孩子没有大问题。老师没有明说明明和谁早恋了,估计是和上官慕雪。两个孩子经常一起排练,这次又一起出国,关系自然比较好,大人也不要多说什么,讲究点策略,静观其变吧!

明明这一段时间拼命地学习,晚上姥姥削好的苹果他也顾不上吃。家里的气氛有点压抑,大人晚上也不敢看电视,生怕影响到了明明。妈妈生气了,情况很严重。明明心想都是这次出国耽搁了太多的功课,加上回来后各班邀请去做演讲,又参加了奥运火炬传递,闲事情太多,月考居然溜到了六十二名,真是无颜见江东父老。这次老妈手下留情,只要求进入前十五名即可,我绝对不能辜负大人的一片好意。明明暗下决心,一定要考进前十五名。

玉梅也在反思自己,觉得当初没把高老师的话当回事,由着明明的性子来,结果一心二用,弹琴和学习根本无法兼顾。说到底这孩子还是孩子,大人就好像是舵手,时刻要替孩子把握好方向。这次就是吃了大撒把的亏了,这放手就像放风筝,得把线一点一点儿地放长,这样风筝才能飞得又高又稳。

只要大伟有时间,玉梅便撺掇着大伟去省城看孩子。明明这一段时间没有去练琴,妈妈已经给老师请过假了,明明有时候手痒,便在钢琴教室过过瘾。上官慕雪却一如既往地坚持练琴,明明看了羡慕极了。上官慕雪安慰明明先把学习赶上去,学生还是以学习为主。明明懊悔地说:"小屁孩在我跟前耀武扬威、气焰嚣张,我恨不得揍扁他。"上官慕雪说:"胜败乃兵家常事,别和小人一般见识。我等你的好消息，咱们一起努力。”明明说：“我不会让你失望的。”

淑芬最近换车了，波罗升级成了沃尔沃，大家都嚷着让淑芬请客。淑芬说：“我也不想换，是依依爸爸非要给我换车。”

马大姐说：“你老公生意做大了，你干脆回家当老板娘去，哪里还用得着在这儿下苦？”

小薇说：“淑芬姐喜欢上班还不行？”

班长说：“淑芬，你这下可等于放了一颗卫星，你这车估计是咱们分场最高档的私家车了。”

玉梅说：“啊，这车这么贵？”

恩华说：“我连这车的一个轱辘也买不起。”

淑芬说：“人家是嫌我开那辆旧车接依依不安全，那车在路上坏了好几次。”

小薇说：“管他呢，反正车现在是你的了，你要他多给点抚养费，这比开高档车实惠。”淑芬点点头。大家都鼓动淑芬请客，淑芬请了班上人吃过饭后，又邀请玉梅和英俊一起吃饭。

约了几次，英俊都来不了。英俊解释说他最近一直要给亚荣带班，经常连轴转，一天上十二个小时的班，困得要命，淑芬的心意他领了，以后再聚。玉梅有一天恰好碰见英俊下后夜班，只见他双眼无神，胡子拉碴，头上像下了一道霜，仿佛成了一个老头儿。玉梅和英俊聊了几句，英俊一开口就说涛涛学习成绩还凑合，就是脾气太犟。“自从那次把英语老师车胎的气给放了以后，老师一直和孩子过不去，经常在上英语课前把涛涛调到后排，上其他课时，别的老师又让涛涛坐到前头来。他们学校是按照学习成绩排座位，这样闹得孩子情绪老不好。我给他报了一个成长训练营也不顶事，干脆让亚荣在那边盯着他，我一个人上两个人的班得了。”

玉梅劝解英俊说：“孩子都是吃软不吃硬，老师这样做实在不应该。要不，你去老师家里坐坐，和老师好好说说，替孩子给老师赔个不是，老师可能也是面子上下不来。”

英俊说：“这事儿我做不来，我从来都不会求人。”

玉梅说：“有其父必有其子，谁叫你低声下气地求人去了？是让你和老师沟通沟通，看怎么样让涛涛变乖。冤家宜解不宜结，我说句不怕你笑的话，我们明明一天也让我头疼得很，那次去网吧差点叫学校开除了，这娃惹下祸，父母不去收拾一下烂摊子谁收拾？你以为爸就那么好当的？”

英俊说：“那我试试。”

玉梅说：“这就对了，你就当是走了一个亲戚，没有啥。”

110 不速之客

谢天谢地，明明期末考试考到了十四名，全家人喜笑颜开，一改往日愁云惨淡的景象。

妞妞成绩也不错，翠萍满脸喜色。玉梅说："明明成绩上来了，我这心终于松了。"

翠萍说："李楠回来了咱们一起出去玩玩。"

玉梅说："老师都说了咱们毕业班的孩子暑假要补课，家长最好不要带孩子出去，别让孩子分心，也是怕孩子意外受伤。"

翠萍说："吃顿饭庆贺庆贺总该可以吧！"

玉梅说："有人这么诚心诚意地邀请，我们怎会不去？"

翠萍说："你不得了了，到城里住了几天，就变得油嘴滑舌了。"

据说，高科一中最近正在招一个国际班，不用参加中考就可以读高中，高中毕业之后可以直接申请报考国外一流的大学。同姐找玉梅打听报名的事儿，玉梅说："那个班配的外教，一年学费那么高，哪是我们考虑的事情！"

同姐说："妮娜准备给东东报名，我们磊磊不想去，我们磊磊老实，将来大学毕业，当个公务员有个稳定的工作就行了。"听了这话，玉梅才想起难怪最近不见妮娜了。

同姐又说："妮娜不是咱们正经人家的人，再怎么着也是个"如夫人"，仗着儿子聪明，心高得不知道想干啥。"玉梅想起翠萍看见同姐吃斋念佛、妮娜挥金如土时曾说："世道变了，小三像原配一样抛头露面，原配如小三一样深居简出。"玉梅觉得妮娜生活放荡，内心其实并不快乐，也许真如翠萍所言：小三陪读，老爷身旁肯定还有小四、小五……今天，听同姐这么说，玉梅突然想起了电影《大红灯笼高高挂》里的那些女人们，心情十分复杂。

家里来了客人——锋娃和大儿子毛蛋。玉梅母亲和吴老师见到了家乡人，心情很好。玉梅和大伟下班后赶了回来，见安国和孟丽带着妙怡早早地来了，妙怡减肥成功，甩掉了婴儿肥，变成了下巴尖尖的苗条姑娘，让人一看就喜欢。明明缠着毛蛋问狗蛋的情况，妙怡在一旁听得饶有意趣。

毛蛋今年高中毕业，考了五百分，上个二本还行。锋娃说："上个大学也是白上，出来能挣下钱才是硬本事。咱村多少娃大学毕业了也没有正式工作，我看还不如叫娃到新加坡打工去,一去三年,三年挣几十万,回来盖房娶媳妇美得很。”

安国说:“你考虑长远一些,还是先让娃上大学。”

锋娃说:“我给娃把学费都准备好了,娃自己说要去打工。”

玉梅对毛蛋说:“毛蛋,你将来迟早都能去打工,你念大学可就只有这么一次机会。”

毛蛋说:“我不想念书了,我愿意去打工,咱村几个女娃去了三年都挣了四十万回来了,我一个小伙绝对比她们攒得多。”

锋娃说:“赵老太的儿子媳妇给人干了一年,老板把钱卷跑了,他们啥也没有落下。还有三嫂家的老小,给人装修房子时,叫一块玻璃割伤了脚,到现在还走不了路。郭大善人说毛蛋这活儿又不是到建筑队上下苦去,就在超市里摆个东西,轻省得很。现在这娃都难说话,我想叫毛蛋学个厨师,毛蛋死活看不上我这个生意。你说这外面有多好,你舅家那个聪明娃,出去打工成年都不回来。”

玉梅说:“这灵灵娃咋变成这样的了?”

锋娃说:“女大不由娘。”

吴老师说:“咱们今天送毛蛋,就说些高兴的,叫娃出去了心里也畅快。”

妙怡比毛蛋大一岁,妙怡说:“你真的不想上大学了?你可要想好。”

毛蛋说:“我是去新加坡的一个超市当理货员,我的英语不错,不用培训就可以直接出国了。我想看看外国是个什么样的,我想攒钱将来在外国开个中餐馆。”

明明快活地说:“这个主意不错,我们上次去美国就特想吃咱们中国菜,可是那菜太贵了,我实在吃不下去,只好吃方便面。”

妙怡说:“我们很多同学一边上学一边打工,这样也就把大学读完了,你也可以这样上学呀!”

毛蛋说:“我都已经办好手续了,这次招工机会好,不是原来那种去工厂当操作工。”

明明说:“那你三年都不回来,想家了怎么办,你会哭吗?”

妙怡说:“你尽说傻话,我刚上大学也天天想家,想家了就给我妈打电话……”

晚上,大家下楼去逛,毛蛋想去明明的学校里走一走,明明自豪地说:“我们学校可是全国有名的公园式学校,你看这几幢高楼分别是教学楼、图书馆、餐厅、运动馆、宿舍。我们学校的操场可漂亮了,你们的学校怎么样?”毛蛋笑着不吭声。

妙怡说:“你要是到过我们学校,你就知道这里不过如此。”

毛蛋说:“可惜,我见不到了。”

妙怡说:“三年后,我大学毕业了,你也刚好就回来了,到时候我们再见面,看看大家都变成了什么样子……”

111 都是为了孩子

明明的生日快到了,大伟父母张罗着要给明明过生日。大伟说:“明明补课回不来,小孩子的生日随便一过就行了。”

玉梅问明明准备怎么过生日,明明说:“我们早都计划好了,生日蛋糕也有了,你买点零食,送到学校就行了,我们下课搞个野餐,这样不耽搁时间。”

玉梅听了很不乐意,大伟说:“孩子们在一起有孩子们的乐趣,随他们去吧!”

到了生日那天,玉梅和大伟买了各种零食、水果、饮料送到了学校餐厅。一下课,明明领着唐子轩、杨訾非、郑文远、上官慕雪、苏菲菲等一大群同学,提着蛋糕,浩浩荡荡来到了餐厅。玉梅一看,好家伙三十多个孩子,这几袋东西远远不够,便要大伟出去再买,明明拉住爸爸说:“不用,我们吃不了多少,就是图个乐子,你们快回去。”

玉梅说:“我知道你嫌我们碍手碍脚,我们立即闪人,你可不敢多喝饮料!”

明明说:“你就别唠叨了,大家都看着我呢!”说着便把父母向餐厅外掀。

玉梅心里不觉一阵难过,觉得明明一下子好像不需要自己了。大伟苦笑着说:“我们今天也被孩子给赶出来了,我记得原来明明老是喊着叫我陪他玩,时间过得真快呀!”

玉梅怅然无语。孩子小的时候,父母都盼着孩子早一点长大成人,可孩子长大了,有了自己的生活圈子了,父母却有了一种难以言说的失落和伤感。唉,人总是这么矛盾。回到家,母亲要给他们下面条。玉梅说:“给明明留一点,他们吃了那些东西,要喝点汤才好。”

晚上,明明回来时抱了一大堆礼物。玉梅翻着看了一遍,吓了一大跳。这里面居然有一枝几千元的钢笔,还有纯金项链、名牌领带……玉梅大声呵斥了一通明明,然后让明明把这些东西还给人家。明明辩解说:“我的人缘好,同学们非要送我东西,我都推辞了好几回了。”玉梅不听明明解释,非要明明把这些东西还给人家,明明答应第二天把东西还回去。

妞妞告诉翠萍明明今天过生日,翠萍说:“你打电话问一下明明,看他们怎么过。”

妞妞说:“我早都问过他了,他说要和上官慕雪他们一起过,还说大家都没空,就在学校过就行了。”

翠萍说:“这孩子,也不想想大人怎么办。”

妞妞说："他才不管别人，他就想和上官慕雪一起过。"

翠萍说："你这话怎么听起来酸溜溜的？"

妞妞说："明明每天放学都替上官慕雪背书包，还把上官慕雪送到车上，他们班上出双入对的多了，谁不知道？"

翠萍说："明明和她一块儿练琴，顺便和上官慕雪走一走，你这小孩别胡说！"

妞妞说："你以为明明和上官慕雪是神童，他们出国落下了那么多功课，为什么很快就赶上来了？那是爱情的力量，你知道不知道？"

翠萍说："那我是不是该给你玉梅阿姨说一声呢？"

"你随便！"妞妞甩下了这三个字，坐回到了书桌前开始写作业，注意力却怎么也集中不起来……

快开学了，学校终于不补课了。大伟父母和太奶好容易把明明盼回来了，便让明明住在了他们那边，玉梅不好阻拦，便私底下警告明明不准偷懒，该干的事情一样也别落下。

今天一大早天气就热得厉害，到了十点多，英俊突然打电话说叫玉梅和翠萍赶快来他们家，他们家被警察给包围了。英俊家被警察包围了？玉梅一听这话吓懵了，赶快叫上翠萍去英俊家里看看。

老远就听见警报声"嘀儿嘀儿"地响着，楼下站满了围观的人，保卫科的人员正在维护秩序。玉梅看楼下停着几辆省城的警车，心想出大事了。玉梅和翠萍要上楼，保卫科的人员拦住她们不放行，玉梅给英俊打了电话，才被放了上去。

原来，前天涛涛补完课，一个平时关系比较好的同学要跟着涛涛来电厂玩，涛涛就把这个同学带回了家。今天两个孩子正写作业的时候，人家家长带着公安局的人冲进来，说是涛涛绑架儿童，要把涛涛抓走。

亚荣说："我好吃好喝地招待着这个孩子，怎么就变成了绑架？"

事情闹到了这个份上，那个孩子才承认自己和家里人吵架了，赌气离家出走，又无处可去，就跟着涛涛来了。对方家长知道了这是个误会，不仅不道歉，反而怪罪亚荣为什么不催促他们孩子回家或者给家里打个电话。

亚荣冤屈地说："我问过你们孩子了，你们孩子说家里人知道他在这里，我就不好意思再说了，再说好像就成了赶你们孩子走了。"

那个孩子的父母反唇相讥地说："小孩子的话，你也信？"双方僵持不下，保卫科出面调停，让人家把孩子带走了事。

亚荣双手叉腰，堵在门口说："不行，你得给我个说法！"英俊这才叫来了玉梅和翠萍劝说亚荣。

112　人皮难披

中考成绩公布了，蕊蕊考了全区的状元。一时间，蕊蕊成了名人，省城的许多名校向她伸出了橄榄枝，想着明明在鑫通二中，蕊蕊便选择了去鑫通二中上学。可是，汉阳这边不愿意让蕊蕊走，提出了好多优惠条件要蕊蕊留下，家耀和玉兰都动摇了，可是蕊蕊不同意，坚决要去鑫通二中。汉阳这边就扣住蕊蕊的学籍档案不发，害得蕊蕊无法报名。后来，这事儿闹大了，上了省报。两所学校互不相让，孩子夹在中间难受，最后安国出面请人说和，蕊蕊总算拿到了学籍档案。

恩华这两天接到了一个电话，说是丫丫差一分，需要交三万元才能上名校。恩华不相信，丫丫考得那么好，居然还要交钱？恩华气得要求查卷子，班上其他人也鼓动恩华去找媒体，把名校的招生黑幕揭露出来。玉梅劝告他别做傻事。

等恩华冷静下来了，玉梅把恩华拉到人少处说："咱厂交钱的人多了，人家都怕给孩子留下心理阴影，怕孩子进校了觉得低人一等，都不给人说这事儿。有人前几年就交了八万，你这三万不算多。"

恩华懊悔地说："你看我这大嘴巴。照你这么一说，我也想通了，人家只让我们报考了这么一所学校，我们考多考少都只能上人家学校，根本没得挑。"

玉梅说："你这下清醒了。考大学还能多填几个志愿，小升初就只有一个。"恩华抱着头，默默无语。

开学前，安民、莎莎和保姆抱着仔仔回来探亲。仔仔一岁多了，一见人就笑，可爱极了，吴老师欢喜得逢人就说："这是我孙子！"

玉兰和玉竹闻讯赶来。好多年了，大家终于全都到齐了，家里异常热闹。大人们有着说不完的话，吴老师抱着仔仔不松手，玉兰怀孕了，看见仔仔更是异常亲热。孩子们难得遇见这样的机会，妙怡带着蕊蕊、明明、涵涵玩得忘乎所以。安国建议大家拍一张全家福，安民把玉梅母亲按着坐在了吴老师身旁，吴老师抱着仔仔，妙怡说："爷爷偏心。"大家都说："就是，心偏得厉害。"过了几天，吴老师带着一大家子回老家给白娘娘上坟，玉梅心想白娘娘要是活着，看到这一天该多好呀！

玉梅和母亲拉家常说："蕊蕊小学、初中上的也是一般的学校，高中却被名校挑走了，学费啥都不掏，真是有福。明明学奥数费了好大的神才考上了名校，成绩还忽升忽降。涵涵小学就进了名校，刚上到三年级，玉竹和邵仑就喊叫累死了，说他们大学教授辅导不了孩子，这以后的路还长着呢……"

母亲说："我原说明明难养，养一个明明等于养咱们桃花村十几个娃，照这样子，养涵涵等于养五十个娃，养仔仔等于养一百多个娃娃。咱们村有多少老人一辈辈都没有出过远门，现在月月娃都坐飞机呢！保姆给仔仔吃饭喝水都要看着表，还把娃养得蔫蔫的，哪里像咱桃花村的娃娃都长得虎头虎脑。仔仔娃吃的奶粉上都是洋文，穿的那衣裤、要的那要货都是从外国买回来的，说出去叫人都不敢信。"

玉梅说："难怪莎莎一直不要娃。安民说他们都已经给仔仔找幼儿园了，说是北京的好幼儿园不好进，入园费就得十来万。我说他们这是高级定制，咱们小时候没人管，他不也从桃花村考到北京去了？安民说那都是老黄历了，他要生娃了就要对娃负责。我说他把娃带到世上，让娃吃饱穿暖有学上就对得起娃了。莎莎说那可不行，那还不如不养娃，他们给仔仔提供的都是最好的东西。"

玉梅母亲说："瓜娃胡说啥嘛？把娃不能当爷养，碎娃就要三分饥七分寒。"

开学后，由于玉兰怀有身孕，蕊蕊说什么也不让妈妈陪着自己上学，硬是住到了学校，周末回到明明家住。明明对蕊蕊崇拜极了，简直言听计从，玉梅觉得明明好带多了。安国建议蕊蕊不要上爱心班，那个班上的孩子都是从各区县挖来的尖子生，气氛比较沉闷，竞争压力太大，蕊蕊便转到了其他重点班。

李师突然出事了，让人难以置信。马大姐说："都是夏森儿把李师害了，她前几天带娃去探了一次亲，回来没几天，李师就喝醉了，就邪门地跌倒在沟道里没命了。"

班长说："有人说李师留了遗书，说是给他算个工伤，就能给他娃解决工作问题，还能给娃留一笔钱。"

淑芬说："李师也真的是活够了，遇见的都是些啥人嘛！夏森儿探亲是为了啥？说好听点是想要复婚，说难听一点就是想找个赚钱机器！你说人心寒不心寒，就是娃和李师父母可怜。"

小薇说："夏森儿要把遗书藏好，万一让人家单位知道了，李师不就白死了？"

玉梅说："李师这是何苦呢？"

恩华说："李师爱他儿子，夏森儿经常逼着儿子来要钱，儿子不来，夏森儿就在家打娃。这回打算复婚，李师也是为娃考虑，谁知道李师咋走了这一步了……"

李师意外离世，让大家都异常感慨。人这一辈子，就像一股烟，说没有就没有了。生死难测，阴阳永隔，什么时候两眼一闭，烦恼忧愁就统统不见了，父母孩子也都舍下了。死亡是一种解脱，也是一种逃避，可是，活着的人还得含辛茹苦地活着。谁能知道李师是怀着怎样的心情走上绝路的，如果李师的离去能使夏森儿和她母亲幡然悔悟，那也算李师没有白死。唉，夏森儿也够可怜，父亲卧病在床，前夫死于非命，兄妹两个又都离了婚……唉，人皮难披，玉梅这时候终于明白了母亲常说的这句话。

班长带着大家给李师送葬，李楠代表新单位致悼念词，夏森儿哭得嗓子都哑了，儿子神情悲恸，双眼浮肿，看得大家伤感不已。玉梅对李师没有多少印象，平日里，女同事一般都远着李师，没有人和他说话。可是今天送别李师的时候，看着李师的遗照那么温文尔雅，大家都哭得很伤心。

办完李师的丧事，翠萍招呼大家一起坐坐。李楠说："我赶到出事的地方时，李师还能说话，嘴里不停地念叨着他儿子，我说'你放心走，你儿子就是我儿子'，他才闭上了眼。"

翠萍说："李师这一走，我心里哇凉哇凉的，你说人这一辈子活着有什么劲？"

玉梅说："人生无常，李师活生生一个人说没就没了，你说咱一天辛辛苦苦的上班，又把孩子送到那么远的地方，一天学习紧紧张张，咱们来来回回这么跑着陪读有意思么？"

大伟说："再忍忍，初中都已经这样过来了，高中三年很快也就过去了。"

李楠说："人家说正局、副局，最后都是一样的结局。经过了李师这事，我看咱们也要活明白一点儿，对家人多照顾关心一些，对孩子宽容平和一些。"

翠萍说："我现在也不多说妞妞了，我算是看透了，妞妞也就是一个平常的孩子，我只求她平平安安地考上高中，不要动不动和我顶嘴就行了。你们明明比我们妞妞活泛多了，都给你们把儿媳妇占下了。"

玉梅说："能占下就好了！娃们就跟过家家一样能说到一起，别把孩子们想得那么复杂，马上中考了，稳定军心是第一。老师都说了早恋不一定是坏事，说明这孩子性取向正常，还说毕业班的孩子谈了就别吹，没谈就别开始，一定要心情愉快，绝对不能把孩子逼得撂挑子，不学习了就坏了。"

翠萍说："你这人心大，我还以为你不知道，吓得不敢在你跟前说。你不知道我们妞妞有多伤感，嫌明明生日没有邀请她，不高兴了好几天。"

大家都说这孩子大了，有了心事了……

113　化学有那么难吗

国庆节前夕，班长夫妇终于拿到了签证，飞往大洋彼岸去看望女儿一家。恰好最近工作不多，副班长让大家把年假赶紧休完。明明他们班上的化学考得一塌糊涂，家长们纷纷找人给孩子补课。玉梅特意休了假，专门去了几个培训点了解了一下，感觉都不太满意。

今年是第三次课改的第一年，很多有经验的老师也吃不透新教材，把握不住出题的方向，家长孩子们就像无头的苍蝇一样，无所适从。玉梅觉得奇怪，化学没有什么难学的呀，不就是几个实验和分子式吗？可是，明明一塌糊涂的月考成绩在那儿明摆着，玉梅不能不着急起来。有一位老师被大家传得神乎其神，家长们一窝蜂地涌到那里去报名，课时费奇高，还不准试听，翠萍已经交了学费，玉梅也豁出去了准备给明明报名。

临到报名前，玉梅又犹豫了。玉梅想起学奥数那会儿，其他培训点都在外面发传单、做广告、搞促销，见人就往里拽，依然门可罗雀。而麻老师的班一不打广告，二不让人试听，三还要入学考试，却是门庭若市。那会儿，玉梅想着只有上最好的奥数班，才能保证明明考上最好的名校。结果，名校是考上了，可一提起名师玉梅到现在依然心有余悸。

名师是比普通老师讲课生动一些，但更心狠手辣，孩子取得成绩的办法很老套——海量作业+无情体罚+精神虐待，看谁敢不好好学！去年，麻老师班上一个孩子受不了奥数的折磨，就在家里用红领巾把自己勒死了。恩华他们这些家长每天都提心吊胆，生怕自己孩子也做出傻事。可就是这样，大家还都按时来上课考试。因为谁都有侥幸心理，谁都希望自己的孩子是个例外。每年的升学率是名师赚钱的硬指标，为了提高学习成绩，老师不仅把打骂学生当成家常便饭，而且还鼓励大家要互相帮助、抄袭答案。后面的家长有些是不明就里，只看升学率，有些心知肚明却心怀侥幸，依然对麻老师趋之若鹜。如果，再碰上这样一个名师，玉梅想都不敢想了……

蕊蕊自告奋勇要帮明明补课，玉梅将信将疑。玉梅想起明明说唐子轩那个表哥，实际上是家庭教师，从学奥数起，就陪着唐子轩上课写作业，今年大学毕业了就在唐子轩爸爸的公司里工作，主要任务依然是给唐子轩辅导功课。蕊蕊胸有成竹的样子，让玉梅彻底打消了疑虑。在蕊蕊的辅导下，明明成绩很快遥遥领先。蕊蕊把自己的课堂笔记送给明明和妞妞,同学们知道后,争相传阅。妞妞干脆不上课外班了,转投到蕊蕊门下。

玉梅惊喜万分,追问蕊蕊有什么诀窍。蕊蕊说:"我刚上初三时,化学也学不好,我妈给我找来了老版的课本,老书上的知识点比较明确,记住了化合价的口诀,化学分子式就好记了。"

玉梅说:"就是,我们上学就凭着课本,也没有做实验的条件,我还经常考满分。我们学的东西不多,但是基础都很扎实,思路也很清晰,不像现在课本变来变去,还配上好多种教辅书,书包重得都把孩子们腰压弯了。"

蕊蕊说:"对呀,关键的知识点就是那么一点。抗战时期条件那么差,南开大学还培养出了很多优秀的化学家。那个编辑阿姨把民国时期的语文课本推荐给我看,我看了很受启发,终于明白了为什么那时候很多人只读完小学,就能写出那么优美的文章来,比现在的大学生写的作文都要高出很多。"

玉梅说:"现在的教材编得花里胡哨,根本没有什么提纲挈领的重点,比我们那会儿差远了。光看课本,好像是在做游戏,可是一做题,就成了真枪实战,反差太大了。就比如'牛吃草'问题,我们那会儿在桃花村小学都学了,到现在课本里却没有了,但是考名校却考这些经典的难题,这就让那些培训班打起了擦边球。"

这件事情对玉梅和翠萍触动很大,翠萍疑惑地说:"看看这教育产业化把咱整成啥了?家庭妇女不钻研菜谱和美容,一个个都研究开奥数和课本了,我看你将来给孩子们编教材算了。"

玉梅苦笑道:"我就算是编出来了惊天地泣鬼神的教材,免费给人用,人家都不会要。"

翠萍反问道:"为啥?"

"让专家喝西北风去呀?人家为啥那么热衷换教材?"

"与时俱进,无利不起早!"翠萍恍然大悟道。

"你猜,我写了一篇《孩子们的书包为什么这么重》的博文,网友是怎么回复的吗?有的说300亿的教辅市场,就这样把我们国人的良心出卖了,把我们的接班人压垮了;有的说把复杂的事情做简单了叫智慧,把简单的事情做复杂了叫商机;有的说泱泱大国,给孩子造不出一罐放心奶粉,印不出一本正版的《新华字典》,编不出一套深浅适度的教材……"

两个女人胡乱聊着闲话,说着便又说到了逛街的事情。那是个周末,玉梅带着明明和蕊蕊看完电影去逛街,看到一家体育用品商店搞促销,便打算给两个孩子买运动鞋。两个孩子挑选好了鞋子,结账时,旁边几个家长很羡慕玉梅儿女双全,玉梅笑了笑没有分辩。

回家的路上，蕊蕊说："姨妈，刚才那几个人真有意思。"

玉梅说："我巴不得能有你这样一个女儿，人家说这话我听了好高兴。"

明明说："我刚才都差点说你是我表姐了。"

蕊蕊说："男孩子长大成家了就跟着媳妇走了，就顾不上父母了。"

玉梅说："老家有两个歌谣，我给你们念。'花喜鹊，尾巴长，娶了媳妇忘了娘。把媳妇抱在热炕上，把老娘撂在寒窑旁。'还有一个是'烘干馍，不沾灰；老娘要吃，掰一个角；媳妇要吃，哥给你喂'。"

明明生气地说："我才不是那种没良心的人！"

蕊蕊说："姨妈，明明忙了，我回来看你。"

玉梅说："我知道你们都是好孩子，将来我老了，你们忙了回不来，给我打个电话我就知足了。"

翠萍听了，羡慕地说："难怪娃们都喜欢你。那次我跟妞妞闹翻了，我说啥都不给她签字，她赌气不上学。谁知道这娃窍大的，跑到你屋叫你给她签字，把我的人丢大了。"

"你还有脸说，看你把娃气成啥了？"玉梅笑道。

翠萍分辩道："幸亏跑到你这儿来了，要是她离家出走了，我可咋办啊？这下我学乖了，我给自己的重新定位是菲佣加知心姐姐。"

114　英俊叫醒了涛涛

时光飞逝,转眼到了年底,班长夫妇回国了,顺便把小孙女抱回来了。班长说:“我们也成了留守人员,这几个月大的孩子真是难管,我们老两口再加上一个保姆围着这个孩子转,还把孩子照管不过来。”

小薇说:“孩子天生就是要呆在妈妈身边,这孩子刚回来不习惯,水土不服。”

马大姐说:“一个娃十亩田,小孩子可不好经管,幸好我们是儿子,将来有他丈母娘给带孩子。”

班长说:“我现在只盼孩子快点长到三岁,就可以回美国享受美式教育去了。”

马大姐说:“到时候把你老两口也带上去美国,那才叫舒坦。你到时候晒着美国的太阳,上网发个邮件,让我们羡慕羡慕。”

班长说:“我这次去了美国才知道这不太现实,我就是这命,我退休了就在咱厂的花园里下棋唱秦腔戏算了。”

马大姐寻思了一阵,悄声说:“那看来把娃送到海外也不过如此,我听人说咱们的医学博士到国外还上不了手术台当护士呢!那还不如让孩子当个兵,复转回来安排在厂里上班,老了还有个依靠。”

淑芬说:“咱们这一辈子就靠着厂里了,娃们靠不上了。再说了,现在当兵回来也不给安排工作,也没有双退顶招的政策,这孩子还得靠上学自谋出路。”

玉梅说:“这几年,咱们厂的子弟在外面找的工作都很不错。”

恩华说:“时代不同了,大锅饭不多了,我们还是把孩子抓紧点,让孩子将来找个好工作才是硬道理。”

今年中考体育考试满分五十分,考试成绩要计入总分。省上将统一考试,分别考跳远、阶梯式跑步、坐位体前屈三项。家长们闻风而动,到处找人托关系,学校也一改往年毕业班不上体育课的习惯,加强了各班体育锻炼的强度。玉梅经常带着明明在楼下跑步、练习跳远,希望体育不要拉分。

在大家都紧张地备战中考的时候,涛涛却因为顶撞老师被赶出了教室。涛涛觉得颜面尽失,一气之下,一连几天都不愿意去上学。亚荣叫来玉梅和翠萍轮番给涛涛做思想工作,涛涛才勉强去了学校。人家孩子都在忙着学习,涛涛却像没事儿的人一样不紧不慢,亚荣急得满嘴水泡,英俊气得恨不得扇儿子几个耳光,却又觉得儿子大了,越打越不听话。

有人说他弟弟原来不好好上学，他爸带着到地里干了三天农活，他弟后来就考上了大学。这天后夜班刚好遇到了开机，英俊灵机一动，想出来一个好法子。半夜一点半，英俊叫醒了涛涛……

后来涛涛在日记中写道：

朋友，你知道寒冬腊月、半夜三更时被人拎出热被窝是什么滋味吗？

可能很多人会摇头，要是在前一天，我也会摇头。那天，爸爸说他要带着我去上后夜班，我以为这只是一个玩笑，根本就没有放在心上。可是没想到，爸爸说话算话，半夜一点多硬是把我拽着上班去了。我一百个不情愿，可是没有一点儿办法。出了家门，外面又黑又冷，寒风顺着领口钻进了我的心里，我冷得浑身打颤。

我极不情愿地跟着爸爸走到了生产现场，机房里布满了各种各样的设备，爸爸拉着我生怕我摔倒。到处都是震耳欲聋的噪音，我真想赶快逃离这个鬼地方。到了集控室，到处都是穿工作服的人！爸爸说今天晚上要开机，值班的人员很多。爸爸向单元长汇报了情况，单元长叮嘱我很多发电设备都是高压带电运行，管道里流动的都是超高温、超高压的蒸汽，让我绝对不能乱动任何设备，我满口答应。爸爸要去监盘，便把我托付给了助手叔叔。

叔叔阿姨们忙得满头大汗，我什么也不干，光跟着他们跑来跑去，棉衣便已湿透了。助手叔叔告诉我："每次开机时，汽机人员拿着对讲机、提着扳手跑上跑下地干活，一个班要开关上百个阀门；锅炉那边，仅仅是开启制粉系统24个插板就要一两个小时，累得两个壮小伙子几乎要趴下了。这只不过是一次正常的开机，事故处理时现场人员更是忙得像打仗，稍一犹豫就有可能贻误战机，对设备或人身造成伤害，损失难以估量。你们小孩子多幸福，坐在宽敞明亮的教室里读书学习，恐怕做梦也想不到爸爸工作有这么紧张。机会难得，你就好好体验一下这次开机吧。"

叔叔向爸爸汇报工作时，我乘机打量了一下盘上，怎一个忙字了得？爸爸的两只手都快不够用了，他一边忙着在电脑上进行各种操作，一边忙着用对讲机指挥现场人员干活。其他的人也都忙忙碌碌，我算了算，一个班6小时，爸爸和同事们有5个多小时在忙工作，吃饭、上厕所的时间加起来不到半个小时，连喝口水的工夫都没有。

早上八点钟，接班的人员来了，我和爸爸终于下班了。一晚上没睡，我感觉走路时身体轻飘飘的。回到家，我没有一点儿食欲，倒头便睡。睡到下午三点多，我醒过来，爸爸却不见了，妈妈说爸爸替她上班去了，妈妈要带着我回学校。

我想起曾经读过的一个小故事：从前，有一个脾气很坏的男孩，他的爸爸给了他一袋钉子，让他每次和人吵完架之后，在篱笆上钉一根钉子。第一天，男孩子钉了37根钉子，后来日渐减少，直到有一天一根钉子也没有钉。爸爸告诉他如果你一天没有发脾气，就可以从篱笆上拔掉一根钉子。日子一天天过去了，篱笆上的钉子全部被拔完了。爸爸说："儿子，你做得很好，可是，看看篱笆上的这些洞，永远也恢复不到原来的样子，就像你伤害了一个人，你就会在他的心里留下一个伤口，难以愈合。"

经过了那个夜晚之后，我开始理解了我的爸爸妈妈，我觉得我长大了。我惭愧万分，暗下决心一定要控制好自己的脾气，专心学习，不再惹是生非，不再让父母为我担心。

115 你喜欢爸爸妈妈吗

学校给每间教室安装了四个摄像镜头，孩子们纷纷抗议说："在家有爸爸妈妈盯着，在学校有老师盯着，再加上摄像头的监视，这不成了监狱了，还让人活不活？"高老师解释说："这是学校为了便于管理，统一安装，大家慢慢就习惯了。"秀才为民请愿，写了一封洋洋洒洒近千言的倡议书，交给了高老师。高老师决定召开一次班会，专门讨论这个问题。在召开班会之前，高老师先放了一段监控录像，同学们看见上课时，自己偶尔一走神，或是吃东西，传递纸条，和同桌交头接耳，打瞌睡，做小动作的样子都被一五一十地记录了下来，忍不住互相指认，哈哈大笑。一节班会课，就这样在大家的笑声中过去了，这件事情也就不了了之了。

早春三月，就在大家对教室的摄像镜头已经习以为常、熟视无睹的时候，发生了一桩跳楼案，使大家都意识到了安装摄像头的重要性。那天夜里，明明住的樱花小区里发生了一起少女跳楼自杀的惨案。那是第四次模拟考试的前一天，一个女孩从二十六层的高楼上，一跃而下。一时间，整个小区谣言四起，人心惶惶。那个女孩的母亲疯了，整天在家中哭哭啼啼。据知情者称，小女孩的日记里写道：

快考试了，我真害怕考不好了，妈妈再打骂我。我的生活里除了作业考试还是作业考试，我妈妈就知道逼着我学习考高分，她从来没有问过我内心里最渴望什么。我渴望有一个高大的爸爸来保护我，我渴望有很多的好朋友陪伴我，我渴望快点长大工作赚钱……可是，我累了，我等不到那一天了。妈妈，我知道你是爱我的，可是你知道吗，你的爱让我感觉压抑，感觉绝望，感觉活着很痛苦……如果，我走了，你不要伤心，我希望你给我找一个新爸爸。XX，你是我最好的朋友，可惜我们再也不能在一起了。我最放不下的是我的妈妈，同样，伤我最深的也是我的妈妈，我要让她记住，我是怎么离开人世的，我要站在窗口亲亲热热地叫一声妈妈，然后纵身一跳……

那个孩子跳楼了以后，警方来小区调查取证。据楼上的住户反映，孩子的母亲经常在家虐待孩子，有时候到了夜里十二点，还逼着孩子写作业，吵得邻居睡不好觉。好几个邻居给物业打了电话，那个女人收敛了一阵子又开始打骂孩子。警方还到女孩的班上了解情况，班主任和同学们普遍反映说这个孩子性格内向，不大和人说话，最近没有任何异常表现，也没有和老师同学发生过任何矛盾和摩擦。警方观看了校方的监控录像，证实大家反映的情况基本属实。

那个跳楼孩子的好朋友终日神情恍惚,放学路上,他旁若无人地朝着一辆行驶着的汽车走去,幸亏车主反应及时,迅速刹住了车,才避免了一场车祸。那个孩子见了人就像祥林嫂一样喃喃自语:"大家都在日记里写过要离家出走、要跳护城河的傻话,大家不过是说说罢了,可你为什么就真的那么傻呢?你不是说等我们长大了,我们就可以搬出去住,就可以永远不见妈妈,永远不写作业,永远也不用考试了吗?你为什么就等不到那一天就走了?你为什么不再坚持下去呢?"事情越传越邪乎,很多老师家长吓得噤若寒蝉,甚至不敢训斥孩子一句。

玉梅想起曾经见过那个孩子一面:又瘦又小的一个女孩子,目光怯怯的,看上去就像一个受惊的小老鼠。玉梅过去对许多事情想不通,原来被传为"天才少年"的大李家的孩子,由于不会和人交流沟通,研究生毕业以后,被多家用人单位拒收。刘姐的女儿十三岁就考上了大学,毕业后单位不景气,十分沮丧。而一位招工进厂的同事,勤学好问,在多次的劳动竞赛中荣获大奖……玉梅想明白了,一个人取得成绩靠的是过硬的技术实力、良好的沟通协调能力和善良实在的一颗心。

玉梅心中释然了,觉得自己过去一直随波逐流地跟着大家一股脑儿地逼着孩子学习,活得真累。初中以后慢慢学会了放手,让明明自己选择自己喜欢的东西,才感觉不那么辛苦了。凡事张弛有度,过犹不及,自己有时候也很迷惘,觉得尺度不好把握,不知道这种教育方式是否合适。

明明的同学们对此事议论纷纷,秀才等人甚至扬言要游行示威,反对唯成绩论,反对家庭暴力,反对题海战术。有一位少年天才,小学连跳两级,10 岁考上名校,已经公开发表《退学申请书》,声称"不想把我的理想埋葬在这无聊的考试中""我的理想就是和心爱的女孩一起生活,哪怕以砍柴、捡破烂为生"。此言一出,全校哗然。学校立即要求各班做好学生和家长的思想工作。

在主题班会上,班主任请来了心理专家给孩子和家长们讲课。专家讲道:"孩子的成长是一个充满了烦恼和喜悦的精神蜕变过程,也是家长再次成长的过程。每个孩子都是宇宙中独一无二的灵魂,都有其无可取代的价值,他们要做的,就是尽力地成为他自己,而家长要做的,就是从欣赏、鼓励的角度教育孩子,尊重他们,反思自己,在亲子教育中起到辅助作用,而不是控制孩子……"之后,专家提问孩子们:"你们喜欢自己的爸爸妈妈吗?"孩子们都沉默不语。

这么简单的一个问题,怎么会让孩子们如此为难?专家的目光在每个家长和孩子们身上扫来扫去,一些孩子不由自主地低下了头,很多家长的脸上一会儿红一会儿白。玉梅心里很不自在,记得明明小时候有人逗着问他最喜欢谁,明明不假思索就说是妈妈。难道孩子们长大了,真的就变了吗?难道自己为明明付出了这么多,都付之东流了吗?难道十几年的养育之恩,就换不来一声"喜欢"吗?谁言寸草心，报得三春晖。现在都这样，将来还能指望啥？

突然，明明勇敢地站了起来，朗声说："我很喜欢我妈妈现在的样子，我觉得我妈妈变了，变得可爱了许多……"

116　尖子生组成了“集训班”

“一模”时沾沾自喜，“二模”“三模”一落千丈，“四模”“五模”生不如死，“六模”“七模”柳暗花明，“八模”“九模”胜利在望，“十模”披挂上阵，正式中考，十全十美。

眼下明明刚刚考完了“五模”，成绩只有500分左右，距往年的中考状元足足差了四五十分。明明沮丧极了，不知如何是好。高老师再次召开家长会，一方面让家长抓住体育分数，另一方面让家长做好孩子们的后勤保障工作。

翠萍找玉梅商量要不要请人给孩子补课，玉梅说：“越是关键时候，越要沉得住气。明明现在学校作业那么多，每天晚上要写到十二点左右，我看明明已经使出了吃奶的劲儿，再给孩子增加负担，孩子可能就崩溃了。你想想，咱们中考那会儿就是抓住课本，跟上老师的节奏，进行了三轮复习，拾漏补缺，紧张了几个月。”翠萍觉得妞妞不敢和明明比，就单独去报了辅导班。

话虽这么说，看着别的家长带着孩子四处补课，玉梅心里还是忐忑不安，她旁敲侧击地对明明说：“好多孩子都在补课……”

明明说：“老妈你就别凑热闹了，小屁孩的教训就在眼前，他现在破罐子破摔，都跑到了全班四五十名了。还有于姝瑶，她爸挖空心思给她报辅导班，每开一次家长会他就能搜罗到几个名师，于姝瑶现在把各大名校附近的补习班都上遍了，天天晚上熬到一两点才睡，都快熬干了。昨天晚上她说她上完课外班回来又写学校的作业，写完后一看爸爸妈妈睡得正香，便趁机玩了一会电脑，几乎一夜没睡，累得要死。今天老师上课，她一个字都没有听进去。”

玉梅说：“我看你跟上学校的进度就不错了，你从小瞌睡就多，最近天天晚上点灯熬油，也真是下苦功夫了。”

明明说：“我们同学都喝咖啡提神，你也给我准备点儿咖啡、口香糖之类的东西。”

玉梅说：“我和翠萍阿姨给你们买了‘健灵聪’补脑子，咖啡自然少不了。”明明当即喝了一杯咖啡，又开始做卷子去了。

明明在自己房间里写作业，大伟和母亲看电视，把声音调得很低很低。玉梅端来瓜子，大家边看电视边剥了一碗，玉梅说：“这够明明吃了，明天再换换花样。”

母亲煮了一碗鸡汤馄饨给明明当夜宵，玉梅端给明明，看着明明吃完，又嘱咐明明吃些瓜子仁,这些都补脑子。玉梅把空碗给母亲和大伟看了一眼,几个人轻轻地笑了笑,生怕吵着了明明。

玉梅母亲跟进了厨房,悄声对玉梅说:“你考电校那会儿,妈也不知道给你吃啥好。有一回,你们星期三回来取馍,我说你先睡会儿,等你同学来叫你了你再起来。你一挨着枕头就睡过去了,睡得可实了,你们同学来了,几个人叫都叫不醒你。你平常睡觉灵醒,一有什么响动就醒来了,自那以后,我才知道你念书生了心、费了大神了。人家家底殷实的给娃钱,让娃在街上买着吃。咱家穷,我给你几毛钱,你也舍不得花,全用在学习上了。我除了天天给灶王爷磕头,也想不出来给你吃点啥好,就给你烙芝麻锅盔,赶集去的时候给你提上一盆子干面。”

玉梅说:“我们那会儿就是那条件,你提的那几碗干面把我们同学香的,大家一拥而上,三五下就把一盆子面给抢光了。”

玉梅母亲说:“现在这娃吃啥都不知道香,我看你们一群娃娃就像城里放出来的饿狼!”

玉梅说:“我们同学有时候说起来这事儿,还说你做的面就是好吃呢!”

大伟说:“你们两个说什么呢?”

玉梅说:“忆苦思甜呢!你这娇生惯养的城里娃听不懂。”

大伟说:“我们好多同学都是农村来的,我什么不知道。你呀,把这些应该好好给明明讲一讲。”

玉梅说:“那还用说,咱妈早都给明明和蕊蕊说了无数遍了。”

“六模”过后,明明的成绩不错,自信心大受鼓舞。马上就要考体育了,好多人都在想方设法让孩子得个高分。玉梅向安国讨教,安国说:“你放心,今年是第一次考体育,好多东西不规范。你让明明放轻松,成绩不会少于45分的。”

翠萍告诉玉梅说:“考坐位体前屈的时候,穿上宽松的裤子,腿稍微打弯,老师也不会觉察到。”玉梅和翠萍叫上同姐赶紧去买裤子。

过了几天,同姐听人说穿上薄底的舞蹈鞋也有助于提高成绩,翠萍和玉梅又赶忙满世界跑着买回了舞蹈鞋,天天在家陪着孩子练习压腿。有些孩子们课间互相比赛跳远,结果有一个孩子不慎扭伤了脚,学校紧急通知各班:不准在楼道练习跑跳,练习的话必须去操场的沙坑练习。

终于考完了体育,明明考了48分,妞妞考了47分,玉梅和翠萍感觉很满意,这下就剩全心全意迎战文化课考试了。老师把一些尖子生组成了“集训班”,在另外一座教学楼里天天做卷子。学习中等的孩子跟着老师完成原定的复习计划,偶尔老师也会把尖子生的题目拿过来让他们做一做。至于那些成绩垫底的学生,老师也没有放弃他们,每天给他们增加一节延点课,希望他们的成绩不要太差。

玉梅听说于姝瑶现在根本就不学习,老师还依然苦口婆心地把他们几个家长叫去开会,让家长想办法减少孩子的作业,让孩子不要厌烦学习,就算考不上本部高中,最起码要考上分校高中。老师说得都哭了,那几个家长还责怪高老师教学无方,误人子弟。老师的精神太让人感动了,玉梅感慨地说:“名校的老师还真是负责任,老师对每一个孩子都不轻言放弃。”

明明说:“老师才不是爱给他们辅导功课,老师是害怕他的奖金泡汤了,大家说我们集训班的同学都是老师和学校的摇钱树,其实我们学生最可怜。唐子轩说他要是考试成绩好,他爸爸就奖励他表哥一辆车,他表哥就像打了鸡血,寸步不离地盯着他。我们要是考好了,学校给老师的奖励肯定不少,老师能不着急吗?反过来说,我们考砸了,高老师的饭碗就保不住了。”

“小小年纪胡说啥呢?”玉梅责备道。

“本来就是!我们老师的口头禅是‘只要有口气,就得学习,往死里学’。你们还把老师当成神,老师是摧残祖国花朵的帮凶!”明明振振有词地说道。

玉梅生气地瞪了明明一阵,明明不服气地走开了。

老师,一个产生奇迹的代名词,却被自己的学生如此诋毁。玉梅觉得明明负担实在太重,发泄发泄,难免言辞偏激。其实细想也有一些道理,不过名校老师压力大,却是不容置疑,看来玉兰没去应聘是正确的。可是明明把什么都和钱扯在一起,还是让玉梅心里很不舒服。看来最近光抓学习,放松了做人的教育,想到这里,玉梅又追过去狠狠地批评了明明一顿,明明嘴上认输了,可谁知道他心里是怎么想的。

大伟说:“能考上名校的孩子,说明小学底子都不错。现在上了三年初中,却堕落到分校去了,家长自然不能接受。”

玉梅说:“学不学,关键在孩子。你看人家那个浮动上来的黄嫣然,现在回回考试都是拔尖的。”

大伟说:“咱们别管那么多了,只要咱们明明知道用功学习就好了。要不然,咱们这三年辛辛苦苦为了啥?”

117　你被预定了吗

就在这紧张的模拟考试期间，妞妞受到了意外惊吓。那天晚上，妞妞放学后，像往常一样边写作业边等妈妈回家。突然，妞妞听见有人敲门，以为是妈妈回来了，便打开了房门，谁知一个瘦骨嶙峋的男子开口便问妞妞要房租。妞妞说："我妈妈已经给过房租了。"男子不听，强行往屋里闯，妞妞吓得跑出家，在楼道里大喊救命，男子才被吓跑。妞妞打电话给明明，明明他们"集训班"还没有放学，明明便央求吴老师过去照顾妞妞。

翠萍回来后，吓得心惊胆战，连忙联系房主，得知房主的儿子吸毒，最近刚刚从戒毒所放出来。翠萍气得要退房，房主发誓说："我们会管教好儿子，他以后绝对不会再来骚扰你们。"

吴老师说："你们住的这个地方太偏僻，以后凡事都要小心点，不要随便给陌生人开门。"翠萍和妞妞不住地点头，等到两人情绪稳定了一些，吴老师方才离去。

吴老师回去的路上，天色擦黑，小巷里闪出几个暗娼，堵住了他的去路，吓得他一路小跑回了玉梅家。事后，吴老师一想起这事儿就像吃了苍蝇一样恶心。吴老师越想越觉得不对劲，便打电话告诉玉梅说："妞妞家住在那里不安全，那里住的都是一些闲杂人员，一家一间房，做饭都在楼道里，看着叫人都不放心，你看他们能不能换个地方住。"

玉梅嘴上答应着，心里却想着翠萍说过他们的房子条件差，自己也没有去过，马上就要考试了，考完试肯定就不在这儿住了，三年都过去了，剩下这二十多天，忍一忍就过去了，便没把这事儿放在心上。

明明在"集训班"集中培训了一段时间，"七模""八模""九模"成绩稳步提高。一天，玉梅接到了学校的通知，大意是说学校经过这段时间的综合考察，决定提前录取一批学生上本部高中，让家长先预交二万块钱的学费。本部高中只招十个班，一本升学率几乎在百分之百，进了本部高中等于一只脚已经迈进了名牌大学的门，家长们都盼着孩子们能考上本部高中。玉梅早听同事们说过这事儿，便连忙答应说："老师，我们今天下午就过去缴费。"

玉梅心中欢喜，急忙将这个消息告诉了大伟，大伟说："预定也就是给孩子们吃了一颗定心丸而已，考试还是照常进行。再说了，学校也是舍不得尖子生分流到其他名校去，刚好，咱们的房子就在本部旁边，咱们自然赞成让明明继续上鑫通二中的本部高中。”

过了几天,学校陆续通知了一批学生家长交钱。翠萍说:“妞妞班上五六个孩子已经接到了通知,妞妞恐怕没戏了。”

玉梅说:“这事情好像主要由班主任做决定,听说有好多预定了的孩子不想在这里上,人家还想去别的学校。同姐已经找人活动去了,你们也赶快去找人吧。”

两天以后,翠萍偷偷告诉玉梅说:“搞定了,妞妞已经被预定了。”

玉梅说:“那太好了,这下孩子考好或考不好,咱们都有学校上了。不过,老师说了不要在孩子们面前过分渲染此事。”

翠萍说:“那当然,要不然孩子们就不卖力地学习考试了。”

玉梅又说:“同姐的孩子好像还没有消息。”

翠萍说:“他们磊磊脑子那么笨,真是朽木不可雕也！他们家有权有势,同姐何必非要逼着孩子念书。”

玉梅说:“同姐为了磊磊,确实花了心思。当妈的谁不希望自己的孩子都是貌比潘安、才高八斗的天之骄子?”

翠萍说:“人心都是偏的,自家的孩子再怎么样都是最好的。我现在算是想开了,只要我们妞妞按部就班地上了高中上大学,我就心满意足了。”

玉梅说:“能承认这一点,说明咱们都活得真实了。我原来以为我是我们那个县城最好的学生,我们明明将来一定要比我强,一定也是他们学校最好的学生。这几年下来,我也跟你一样了,只要孩子考上本部高中,我现在就别无所求了。”

中考前三天,孩子们感觉胜券在握,高老师亦是踌躇满志。考前动员时,高老师慷慨陈词,鼓励大家说:“同学们,寒窗十载,在此一搏。我们现在已是箭在弦上,蓄势待发……现在我们不是比智商,我们比的是心理素质,兵临城下,吾辈当有王者风范。谁越沉着冷静,谁越坦然面对,谁就越有希望成为中考状元。”

同学们热血沸腾,斗志昂扬,共同唱响了《相信自己》——

多少次挥汗如雨
伤痛曾填满记忆
只因为始终相信
去拼搏才能胜利
总是在鼓舞自己
要成功就得努力
热血在赛场沸腾
……

118　怎么就没有想过多拷贝一份呢

中考前一天下午，翠萍买完菜回来发现房门虚掩着，以为是妞妞提前放学回家了。翠萍推开门大吃一惊，只见家里的东西全部被乱扔了一地。不好，家里遭贼了，翠萍想家里没有什么值钱东西，唯一值钱的就是笔记本电脑。翠萍跑到书桌前，发现电脑真的不见了，赶忙打电话报警。

警察来了随意翻看了一遍说："出租屋经常发生这种事情，你看还有其他损失吗？"

翠萍摇摇头说："我们孩子考完试，我们马上就要搬家了，家里没有放贵重物品。"

警察说："你够幸运了！我们破案了，会通知你的。"

翠萍打电话告诉玉梅这事儿，玉梅懊恼地说："就剩这么一晚上了，你赶紧把家里收拾好，别让妞妞知道。"

翠萍说："幸亏我们在妞妞考试的地方订了房间，我们一会儿就搬过去。这地方我是一刻也住不下去了。"

考试前一天，准考证才发了下来。明明发现准考证上自己居然是分校的学籍，大为恼火。其他同学也发现了这一点，纷纷质问高老师这是怎么回事。高老师解释说："这不重要，你们安心准备考试，其他事情都是学校为你们着想，为你们安排好了一切，你们不要有任何后顾之忧。"

秀才夸张地说："原以为我们都是名校的尖子生，弄了半天，我们居然是被人瞧不起的分校学生。"

高老师呵斥秀才道："你一直在哪里上学你不知道？别咬文嚼字，有本事给我考个状元回来！"同学们从来没见高老师发这么大的火，吓得大气也不敢出一声。

中考"决战"终于正式打响。明明平静地走入了考场，抿了一口水，抹了点风油精，深呼吸几下，开始答题。明明发现考题和学校的命题相比，实在是小菜一碟。等到了考英语听力的时候，教室里太过闷热，邻座一个普通学校的同学，似乎完全听不懂，便拿着试卷扇凉，"刷刷"声吵得明明根本听不清楚题目。后来对答案时，明明发现英语听力错了三道题目，懊恼地直骂邻桌那个孩子。

玉梅宽慰明明说："一点小意外，不会有多大影响。"

明明惴惴不安地说："但愿如此。"

孩子们考完试,玉梅母亲赶着要去照顾玉兰,便随着家耀和蕊蕊回县城去了。吴老师惦念着老家,趁着放假回了桃花村。唐子轩他们约明明一起去狂欢,明明推辞说:“我爷爷奶奶太奶早都算好了我回家的日子,我哪里还敢耽搁?我考完试立马就要打道回府。”

纸里包不住火。妞妞终于知道电脑被偷了,气得在家大哭一场。电脑里存放着妞妞从小到大的各种照片,还有妞妞一百多篇作文日记,妞妞一想起这事儿便埋怨妈妈。翠萍也暗自懊悔,怎么就没有想过多拷贝一份呢?李楠回来休假,提议大家带着孩子们出去散散心。太奶身体不好,玉梅去不了,李楠和翠萍便带着妞妞、涛涛、明明、思思四个孩子去逛上海。英俊开车送李楠一行,孩子们一路快乐地唱着:

想飞上天,和太阳肩并肩
世界等着我去改变
想做的梦从不怕别人看见
在这里我都能实现
大声欢笑,让你我肩并肩
何处不能欢乐无限
抛开烦恼,勇敢地大步向前
我就站在舞台中间
我相信我就是我
我相信明天
我相信青春没有地平线
在日落的海边
在热闹的大街
都是我心中最美的乐园
我相信自由自在
我相信希望
我相信伸手就能碰到天
有你在我身边
让生活更新鲜
每一刻都精彩万分
I do believe
……

119 革命尚未成功

漫长的等待比紧张的考试还让人焦虑。孩子们在上海玩了两个礼拜，玩得乐不思蜀，玉梅却时常忧心明明的中考成绩。等到了查询成绩的那一天，玉梅和大伟小心翼翼地打开了网页，突然，一个出乎意料的数字蹦了出来，全家人顿时欢呼雀跃起来。太奶赶忙念了一句“菩萨保佑”，大伟母亲欢喜地说：“玉梅，赶紧给你妈他们报个喜。”玉梅高兴地准备给大家挨个儿打电话。几乎与此同时，明明的电话也打过来给家里报喜，玉梅催促明明快点回来。明明和思思的成绩都不错，妞妞和涛涛的则差强人意，几家欢乐几家愁。

大伟父母这两天走出门去，脸上好有光，回来了依然喜不自禁。玉梅和大伟也被各种溢美之词所包围，玉梅一再对大伟说：“咱们这只是个中考，算不得什么，不管别人说啥，咱们一定得低调，低调，再低调。”大伟每回都发誓说：“遵命！”

李楠和翠萍带着孩子们飞回来了，明明逛了半个多月，看上去精神很好，回到家呆不了一会儿便被同学们叫走了。

这几天，玉梅接到了好几个名校的电话，希望明明到他们学校去读高中。玉梅婉拒了对方的要求，对方却再三邀请，并承诺只要孩子去他们学校上学，学杂费、生活费全免，还有奖学金，家庭困难的话，他们还可以安排工作。玉梅再三推脱，对方不屈不挠，信誓旦旦地说：“这几年我们学校每年都出高考状元，我们的教学质量你们绝对放心，只要你把孩子交给我们，三年后我们绝对还你一个名牌大学生……”

各大名校不断地打来电话，玉梅和大伟好生烦恼，就在这时候，鑫通二中的高老师发来通知说明明成绩优异，学校奖励其五千元奖学金，免去高中三年的全部费用，预交学费全退，同时邀请明明参加北京夏令营活动。玉梅询问要不要家长陪同，高老师神秘地说：“这项活动只邀请了全省前二十名的孩子参加，随团老师会照顾好孩子们的一切生活起居，家长敬请放心。”

玉梅本来只想让明明和蕊蕊在鑫通二中一起上高中，并不想让他参加夏令营，碰巧，安民要出国工作，吴老师要去北京送行，玉梅想着有人照看明明，便同意了。

明明在北京玩得好开心，玉梅在明明的 QQ 空间看到他和同学们在清华、北大校园内的合影，孩子们个个意气风发、豪情万丈。秀才、唐伯虎、上官等人网上留言中充满了艳羡之情，明明在网上呼吁大家不要分开，都留在鑫通二中继续上高中。玉梅不禁感慨地说：“人非草木，孰能无情？同学一场，升一次学，便分开一批，到头来还是得重新适应一切。难怪说现代的孩子们人情淡薄,孩子们的发小在升学、考试、工作中自然蒸发了。我记得上奥数时,咱们厂的几个孩子老是喜欢坐在一块儿,因为谁答不对问题的话,老师就叫旁边的同学捏谁的鼻子和脸蛋。每次遇到这种情况,咱们厂的孩子绝不动手,宁肯全部挨打也不打自己的朋友。为此老师很生气,说他指挥不动电厂的孩子,然后挥舞着教鞭,恐吓咱们厂的孩子,可孩子们依然不为所动。”

大伟说:“‘人不如故,衣不如新’。到头来还是同学亲,就像你和翠萍,我和李楠。将来,明明还得靠他们这一帮子同学朋友。”

妞妞的分数上不了鑫通二中的本部高中,玉梅托安国找人帮忙,补交了几万元终于留在了本部。涛涛本来就不喜欢高科一中,英俊和亚荣考虑来考虑去,决定让涛涛上鑫通二中的分校,思思和文文则留在了原来的学校。令人匪夷所思的是,同姐家的磊磊居然也留在了鑫通二中的本部。听说上官、唐伯虎、黄嫣然、苏菲菲、吴杨惠子也留在了鑫通二中,明明高兴得天天盼望着早点开学。

玉梅对明明说:“听说你们班上好几个孩子分数刚刚到了录取线,人家已经开始学习高中的课程了,人家准备迎头赶上,你也得收收心。”

明明说:“知道了,我已经在看我蕊蕊姐姐的书了。”

玉梅说:“这下终于可以住自己的新房了,咱们原来租的房子听说又要涨价了,中介公司宣传说这是状元楼,曾经出过好几个尖子生。”

明明说:“我一不留神就成了名人了,那我问他们公司要广告代言费去呀!”听得爷爷奶奶都笑了……

人终究还是爱听好话,听多了赞美,玉梅感觉到了前所未有的轻松。小学六年,前三年忙着练琴,后三年忙着学奥数考名校,搞得家长一年比一年紧张。初中三年,虽然跌宕起伏,但一切还算顺利。最主要的是明明学会了独立学习,大人渐渐退到了台后。到了高中,更是要靠孩子自己努力了,家长只要做好思想工作和后勤保障工作就行了。

玉梅给大伟说了自己的感觉,大伟说:“你别以为大功告成了,高中三年不知道会遇到什么难题,你别松懈,等把你明明送进了大学的门才叫功德圆满。”

玉梅马上解释说:“我也就是说说而已,我们班上的马大姐最潇洒了,我原以为她是个马大哈,谁知道她那天还对我说,她夜里做噩梦了,梦见他儿子在学校和人打架了,人家纠集了一帮子人来报复,把她儿子打得头破血流。小薇说这大学里也是三教九流,啥人都有,万一跟马加爵之流住到了一个宿舍,那就倒了大霉。淑芬说依依马上考大学了,让大家别吓唬她。我听了心里也七上八下的。”

大伟点了点头,玉梅又说:“我们班小薇家的盈盈在省城读小学了,以后她们天天来回跑。这样一算，她们得跑十二年，太遥远了。还好，咱们剩下三年就要解放了。”

大伟无奈地说：“怎么说你们这些女人好呢？在每个妈妈的心中，自己的孩子都是天才，是上帝赐给她的最好的礼物，无与伦比，无可替代。谁都希望自己的孩子在以后的路上远远超越自己，勇往直前，所向披靡，一帆风顺，平步青云。世界上所有的褒义词似乎都是为自己的孩子而诞生，而所有的贬义词都是为他人而准备。”

玉梅故意揶揄大伟道：“你还真了解我们当妈的心思。”

大伟苦笑着说：“得了吧！在你们心目中，健康快乐虽说是第一位，但在执行中，学习往往占据第一。”

玉梅辩解说：“那也是不得已而为之，或者说是大势所趋。”

大伟同情地说：“可怜天下父母心。尽管好多家长并不富裕，却不惜倾囊择校，不惜重金强迫孩子参加各种培训班，也不问孩子愿不愿意。”

玉梅说：“孩子小，懂什么？问了也是白问。”

大伟说：“妈妈们就是觉得自己尽心了、尽力了，将来不落埋怨，自己也不后悔，更重要的是，抱有幻想，幻想奇迹出现在自己孩子身上。”

玉梅不服气地说：“谁不想自己孩子考上北大清华，出国深造？”

大伟讨好地说：“所以，我说你们这些妈妈们太伟大了，不光拉动了中国的教育事业，也拉动了房地产、汽车、服装市场，给中国的经济贡献太大了。什么时候，国务院总理应该专门给你们写一封感谢信。”

玉梅假装生气地说：“你拐弯抹角地骂我呢？你也太小看我们当妈的了，我们竭尽全力是在为国家培养栋梁之才。你看古有岳母刺字，今有章兰娟教子有方，培养出了中国导弹之父钱学森……”

大伟赶忙告饶说：“伟大的母亲，我是吃你儿子的醋，只要你把你对明明的心分一点点给我，别让我独守空房，我就满足了！”

玉梅开心地说：“闹了半天，我养了两个孩子，你和明明争宠，你不是自找残废？”

大伟说：“承认了吧？你就是不管我！”玉梅哭笑不得。

120 衰老和长大都是很突然的事情

离开学还有几个礼拜，母亲打电话让玉梅赶快来接她。母亲一向脾气温和，这次却说她在玉兰家一天也呆不下去了。玉梅背着母亲问玉兰怎么了，玉兰哭着说不出个所以然。玉梅又问蕊蕊是怎么回事，蕊蕊说："我奶和我爸都嫌晶晶是个女孩儿，我妈想跟着姥姥来省城，姥姥不让。"

玉梅和大伟商量说要不就让玉兰过来，反正他们在省城也有现成的房子。玉梅问母亲怎么办，母亲说："玉兰不能走，走了刚好给他们腾地方了。他们家人不管玉兰，我给玉兰找好了保姆，回头叫安国把家耀管一管。"

家耀把岳母送到了省城，玉梅和大伟在新房设宴招待安国一家和家耀，算是乔迁之喜。饭后，家耀急着要走，安国下楼去送。到了楼下僻静处，安国说："玉兰和晶晶都好吗？干娘在你那儿住得好吗？"

家耀尴尬地说："还好。"

安国脸色一变，说："我看我干娘脸色不好，你有什么话不方便给她老人家说，你给大哥说。大哥知道你是个爽快的人，大哥也喜欢爽快的人。"

家耀心想这真是一场鸿门宴，知道躲不过了，便硬着头皮说："我妈一直盼望着抱孙子，可玉兰又生了个女孩。"

安国顺势说："生女孩好呀，要是像蕊蕊那么乖巧懂事，你将来就多了一个指望。老年人思想守旧，你可不能犯糊涂，都什么年代了，生男生女都一样！"

家耀点头如捣蒜般地说："大哥说得对，男孩女孩都一样，我回家做做我妈的工作。"

安国说："老人家就不必说了，你尽到你做父亲的职责就好。玉兰和孩子有保姆照顾，不用劳烦你母亲大人，但是你是父亲，你的作用无人可以替代。"家耀一个劲儿地点头称是，活像一个犯了错误的小学生。

安国什么也不说，低头径直走到了街上，家耀亦步亦趋地紧随其后。安国指着路旁的一对年轻男女说："看看他们，多么像当年的你和玉兰，也多么像我和孟丽。咱们既是校友，又是亲戚。玉梅姊妹三个就是我的亲妹妹，玉兰从小性情娴雅，这你比我清楚，喜欢什么都藏在心里，当然，讨厌什么也不轻易说出来。"

家耀沉痛地说："大哥，我知错了。我以后一定按时回家，我好好和玉兰过日子。"

安国痛心疾首地说:“想想你都对玉兰做了什么?再想想玉兰为了你,拼着命也要再生一个孩子,你就知道你该怎么做了。”

家耀低着头,一个劲儿地说:“大哥,我不是人,我一定改!”

安国鄙夷地说:“蕊蕊有玉梅照顾,你就不要操心了。你回家照顾好玉兰母女,否则,谁也保不住你的乌纱帽!”家耀点头哈腰,再三保证。

安国厌恶地说:“你走吧,我不想再听到关于你的问题。”家耀开着车一溜烟地跑了。

安国心情抑郁地回到家,看见孟丽和干娘、玉梅说得热闹,眉头一松,露出一丝笑意,玉梅和母亲暗暗舒了一口气。

送走安国一家后,玉梅母亲在厨房里张罗着贴灶神。母亲贴好灶神,叫玉梅、大伟、明明都过来跪拜。明明说:“姥姥,这又不是在桃花村,你还搞这一套。”

玉梅母亲捂着明明的嘴说:“瓜娃,不敢胡说,灶王爷保佑你平安长大中状元。”

大伟也不相信似的说:“这张纸真有这么神奇?”

母亲不气不恼地说:“城里人不讲究这些,可是我桃花村人祖祖辈辈都信这个,头顶三尺有神明,人不敢对神不敬。”

玉梅捅了一下大伟,说:“就是,爱因斯坦老了都信仰了宗教。”明明还想分辩几句,玉梅瞪了明明一眼。大家按照母亲的指点,给灶王爷磕了三个头,母亲又跪着念了半天佛。

高中生活开始了,对于明明来说,一切几乎都没有改变。上官和唐伯虎这几个好朋友,高中依然在一个班里。磊磊母子又搬来和明明家做邻居。明明家的新房就在学校隔壁,像往常一样走几分钟便可到家。高二要上晚自习,蕊蕊继续住校,中午和明明一起回家吃饭。

玉梅无意中发现母亲常常一个人跪在灶神爷像前发呆,做饭时丢三落四,刚刚拿出来的东西,一转身就找不着了。莫非,母亲真的老了?就像大伟的父母一样,终有一天也会行动迟缓、腰酸腿痛,离不了各种瓶瓶罐罐的药物?衰老和长大都是很突然的事情,在你毫不觉察的时候突然出现,让你措手不及,难以承受。玉梅心里暗暗难过,一直以来,玉梅觉得母亲好像是个铁人,只会为女儿们着想,似乎从来不需要别人照顾。就像母亲说的那样,自己是农村人,下苦的命,没有那么金贵。万一……玉梅觉得自己不敢深想。玉梅带母亲去医院看病,医生看不出什么问题,便用几样营养药打发了她们。怎样才能让母亲好起来?玉梅心慌意乱,六神无主,又不好给玉兰和玉竹说,临睡前,她忍不住偷偷地跪在灶神爷前祈祷了一阵。

玉梅烦恼极了,偏偏家耀打电话诉苦说新雇的保姆不顶事,玉兰和娃没老人管不行。事情都凑到一起了,玉梅左右为难,十分发愁。小薇给玉梅出主意说:“我朋友开了一家月子会所，里面有专业的医生、护士、营养师、育儿专家，专门照顾产妇和新生儿。”玉梅听了，喜出望外，赶紧和小薇去考察了一下月子会所，见人家那里条件非常优越，虽说收费高，但是房间十分紧俏，好多人还没生孩子就已经在预约了。玉梅当下就叫家耀把玉兰和孩子、保姆都送过来。玉兰住进去以后很满意，玉梅才稍稍安心了一些。

一天包饺子时，母亲刚洗了一把香菜，玉梅等着切碎和调料，母亲却怎么也想不起放到哪里去了。吃饭时，蕊蕊和明明提意见嫌姥姥做的饭没有以前好吃了。玉梅示意两个孩子少说两句，母亲怏怏不乐地说："人老了，不中用了。"

蕊蕊赶忙说："姥姥，你一点儿也不显老，在我们家小区，不是有好几个人都说你不像六十多岁的老人，顶多五十岁吗？"

玉梅母亲苦涩地一笑说："那是人家给姥姥灌米汤，哄人的话。"

明明说："姥姥，你不舒服吗？我给你捶背。"

玉梅乘机说："你们俩一会儿陪姥姥下楼转转，我来洗碗。"

玉梅天天跪在灶神像前祈求，希望神灵保佑母亲赶快好起来。可是，母亲没有一点好转的迹象，玉梅实在没有办法了，只好给安国说起母亲的变化。安国说："老人受不得气，估计是叫家耀给气出病来了。"

玉梅说："家耀没当官以前还老老实实，这当了几年局长，毛病越来越多，玉兰又管不住。"

安国说："你没事儿就把家耀敲打敲打，我上次狠狠批评了他一顿，够他受的了。你别担心，我过两天就回老家接我爸过来，让我爸开导开导干娘，兴许就没事儿了。"

玉梅说："我也怕我妈一个人闲下来，心里瞎琢磨。吴老师来了，两个人是个伴，我心里就安生了。"

安国说："我明天先过来看看干娘，陪陪她老人家。"

121 不折腾不明白这个理

国庆节期间，安国把吴老师接来了。在老家呆了三个多月，吴老师好像变了一个人，脸膛黑红，精神矍铄，似乎变成了一个老农。玉梅母亲说："还是老家的水土养人，你回去了精神健旺了好多。"

吴老师说："到哪儿都一样，我还怕你笑话我是哪里来的要饭老汉，不让我进你家门呢！"

玉梅母亲说："我不死不活的人，哪里还有力气赶你？"

玉梅说："你说这话，吴老师肯定要批评我们没有把你经管好。"

明明说："爷爷你监督着看谁敢对我姥姥不好！"

安国说："你这小家伙，人小鬼大。"大伟乐呵呵地招呼大家过来吃饭，边吃边聊。

玉梅看见母亲在阳台上整理吴老师带来的辣椒、柿子、大蒜、苹果，神态安详，动作利索，心下长出了一口气。这一个多月来，玉梅既担心玉兰受委屈落下了月子病，又害怕母亲心情郁闷，万一怄出病了如何是好？这下，吴老师来了，玉梅如释重负，欢喜地给灶王爷磕了三个头。玉梅甚至想再撮合一下母亲和吴老师的事，可是看老人的样子，似乎又觉得不大妥当。安国也没有再提起这个话题，一切还是维持现状，就这样往下过吧。

上高中后，第一次开家长会。新班主任窦老师五十多岁，秃顶，面色红润，就像一团刚刚出炉的面包。窦老师讲起话来，不紧不慢，条理清晰，很有内涵。但是窦老师却说："他们这些孩子，比起我带过的那么多级孩子来说，问题不少，可能这是独生子女的通病吧。他们这些孩子都吃不了苦，我不要他们头悬梁、锥刺股，可最起码的苦读是应该有的。我带过的那些考上北大清华的孩子，学习都到了手不释卷的地步，下课都没有几个跑出去玩要的。咱们班的同学倒好，一个个听着音乐、打着电话、谝着闲传，有的甚至跑到其他班上去找原来的同学玩……"让许多家长心里有点堵。

玉梅习惯了大家对明明赞美，猛然听到窦老师这样讲话，心里凉了半截。不负责任的人往往说话前先把别人贬得很低，班主任老师这样一口一个"他们这些孩子"，一副事不关己的样子，让尖子生的家长们心情很不爽。有家长提议窦老师上课前没收手机，放学后再还给孩子。窦老师说："那是初中老师的做法，上了高中，孩子们要学会自我管理。高中和初中有很大的不同,孩子们除了学习,还要接触社会。我们的目的不是培养书呆子,我们要培养德智体全面发展的人才……”

回来的路上,玉梅和几位家长交流,大家都对窦老师有了看法。唐子轩妈妈说:“没想到学校给咱们重点班配备了这样一个蠢货,咱们这些尖子生在他眼里居然一文不值,你说他一开始便抱着这种态度,怎么可能热爱孩子们呢? 我真后悔没把唐子轩转走,这样的班主任绝对带不好学生。”

玉梅说:“原来的高老师多好呀! 我想着名校的老师一般不会很差,我们好多同事就是冲着这把孩子送进来的。”

上官的妈妈也说:“我们上官死活要留在鑫通二中上高中,你看这期中考试成绩,他们班比起其他几个重点班就差了一些。”

唐子轩妈妈说:“再看看,不行了咱们家长就联名上书要求辞退窦老师!”

上官妈妈说:“现在的老师都是招聘来的,听说窦老师是学校从小地方挖来的,咱们不能逼得太紧,再试试看。”

恩华家的丫丫上了鑫通二中后一直住校,恩华和文雅看别人家都租房子陪孩子读书,老觉得不租房就对不起丫丫似的。丫丫则说:“咱们家不能和别人家比,我们宿舍四个孩子,就我可以每周回一次家,其他几个一两个月才能回去一次,我够幸运的了。我就住校,咱家没车,周末我坐公交车回来,你们在家等我就是了。”

马大姐说:“穷人家的孩子早当家,丫丫这孩子就是有志气!”

小薇天天厂里、省城两头来回跑着陪盈盈,觉得马大姐这话说得有失偏颇,便说:“孩子小的时候大人能管就管,等孩子大了想管也管不着了。”

淑芬说:“我们这几年糊里糊涂就过来了,依依眼看要考大学了,我天天过去照管,也就是尽个心,学个啥样就考个啥样。我这心越来越凉,小学时成绩一般,想着没关系,只要在初中赶上就行;初中成绩不提反降,也没关系,孩子很聪明就是不用功;到了高中还是这样,我对依依再也没有什么幻想了。其实想想也就那么回事,上大学、毕业、找工作、结婚生子,亦如自己,凡人一个。”

马大姐说:“早知道如此,你还不是折腾了一阵?”

淑芬说:“不折腾不明白这个理。”玉梅在一旁听着这话,默默无语。

成功的父母说养育孩子是上天给了他们重塑理想的契机,失败的父母则以为生养孩子是还清前世的孽债。玉梅觉得没有娃大人心里空落落的,日子清汤寡水有啥意思? 养育儿女是天经地义的事儿,吃苦受累、欢乐忧伤,也是自然而然的事儿,你不能挑挑拣拣,只能无怨无悔地迎接一切。

玉梅想起那天,亚荣和英俊破天荒地请客,说是给女儿过满月,大家都很惊讶。亚荣说:“我妈说我命苦,涛涛不成器,怕我老了没人管,硬是给我抱养了一个女儿。

我死活不要,可我妈已经给我抱来了,你说我能有啥方子?我现在光女儿都管不过来,哪里还顾得上涛涛?反正分校都是些上不了场面的一般娃,我和英俊也淘不起那个神了,就让他住校算了。初中我们费了那么大神,娃不争气,连个本部都考不上,我还有啥心?就让他自己去混!"

玉梅说:"你咋一下子来了一个一百八十度的大转弯,一下子全放开了?这样可不行,你每天还是得电话上遥控孩子。人家分校的升学率也可以,比一般学校高多了。毕竟还是个娃,你这当妈的可不能不管。"

翠萍则在一旁小声说:"就她那性子指教下的女儿,说不准将来更淘神。"

今天,大家又这么说话,玉梅感觉心里很烦乱。小薇过来叫玉梅去领料,玉梅忙起来,似乎又把刚才的不快忘到了脑后。

122 钱真的就这么管用吗

深秋了，公园里的银杏叶一片金黄。玉梅和大伟扶老携幼去逛公园，母亲和吴老师走累了，坐在湖边的长椅上晒太阳。明明和蕊蕊跑进了银杏树林里捉迷藏，大伟和玉梅在落叶满地的小径上散步。蕊蕊穿着一件桃红的卫衣，明明穿着海蓝的外套，显得格外耀眼。

吴老师说："玉梅给娃买的衣服真好看，娃成天穿着藏蓝色的校服，像个小大人一样没精神。"

玉梅母亲说："蕊蕊夸她姨妈会买衣服，同学们经常问她的衣服是在哪儿买的。"

吴老师说："蕊蕊和明明这两个娃真乖，中考都考了五百多分，彩霞家的佳佳和锋娃家的狗蛋中考都考了不到四百分。杨刚家的虎大、虎二就不念书，成天偷鸡摸狗，一对小混混。爱华老师到城里给儿子看娃去了，锋娃媳妇接管了幼儿园。唉，给三个女子看大了娃娃，给儿子不看娃媳妇有意见，爱花老师刚把幼儿园办顺当，走的时候舍不得她的幼儿园，把娃娃们一个个抱了又抱……"

玉梅母亲说："爱华老师也是个苦命人，做娘的就牵心着娃。你没看玉梅在这两个娃身上花了多少工夫，娃们像这样出来玩一年有几回？"

吴老师说："这娃还是要大人管呢！灵灵这娃这几年都不回来，估计学瞎了。"

玉梅母亲说："娃小不知道深浅，撞到南墙上才能撞灵醒……"

星期一早上，玉梅和大伟要赶回厂里，急匆匆收拾完，叫醒明明起床，明明懒洋洋地答应了一声，半天也不起来。玉梅忍不住高声说："你再不起来就迟到了！"

明明依然不紧不慢地说："迟到了就给窦老师说我病了。"

玉梅呵斥道："说得轻巧！你到底给窦老师念书还是给你自己念书？"明明看见妈妈生气了，赶紧起身穿衣。

公司供热改造工程如期竣工，按照计划，今年 11 月 15 日正式投运。公司上下最近都围绕着供热这个中心开展工作，大伟和小仇负责供热设备试运，玉梅她们班组的控制回路也在紧张地调试中。12 日，所有试运工作完成，一切万事俱备，只待总工一声令下，正式向省城供热供暖了。职工们都说："这下我们厂发电又供热，热电联产，我们就有新盼头了。"

大家都在传说大伟要升职了，翠萍问玉梅啥时候请客。玉梅昨晚上刚和大伟说过这事儿,领导意思是大伟父母年迈,家庭负担重,想让玉梅调到另一个部门去,多照顾一下家庭。玉梅在班组里虽说不好请假,但是班上熟人多,大家又能说到一块儿,玉梅不愿意调动,两人说了半天也没有说出什么眉眼。今天翠萍问起这话,玉梅无奈地说:“大伟原地踏步十几年了也没有动过窝,哪里像你们李楠一年连升三级,你们早都是李总了,我们还是老样子。”

翠萍说:“人挪活,树挪死,谁叫你当年不让……”话一出口又觉得不妥,立即噤了声。

玉梅说:“我最近烦死了,明明学习提不起劲,大伟工作也没有实质性的进展。”

翠萍说:“你要说明明学习不用功,那我一天就别活了,我们妞妞花了那么多钱,按她爷爷的说法就是拆了他半院子楼才进了高中的门。妞妞学习也就那么回事,我一说人家就说‘你就我这么一个孩子,你不给我花钱你给谁花?你一天少惹我生气,我离家出走了,你就没孩子了,你现在想生老二也生不了了’。”

玉梅说:“现在这孩子咋都这么胆大,咱们那会儿谁敢说这么大逆不道的话?不过,话又说回来,你们李楠一抬手就给你把那两个钱挣回来了,你就别心疼那两个钱了。”

翠萍说:“我算是看透了,我们这是送上门去挨宰。妞妞觉得我们就该送她进名校,就像有些人穿衣服必须穿名牌一样,那是身份的象征。我现在牺牲自己成全女儿,我宁可自己吃糠咽菜,也得让我们家妞妞光光鲜鲜地上名校。”

玉梅说:“不至于吧,你一天学会哄人了!”

“要不是你安国哥帮忙,我们交的不止于这个数。”翠萍说完,顿了顿又说,“唉,都怪我,租了大烟鬼家的筒子楼,把妞妞给吓坏了。孩子没发挥好,就差了那么几分,学校就狮子大张口,毫无人情。”

玉梅不满地说道:“名校、民办院校,品牌垄断。”

翠萍嘲讽地说道:“要不然孩子们老说她上学是父母花钱供出来的,努力工作赚钱给父母还债,跟报效祖国没有半毛钱的关系。”

“人为啥要养娃呢?”马大姐见了谁都要这么询问一番。

恩华说:“马大姐,你儿子马上就要毕业了,你快熬出头了,我们都快羡慕死你了,你还有什么想不开的?”

马大姐说:“我儿子上的那烂学校,毕业实习就让到流水线上当操作工,我娃实习了两天就跑回来了,成天在人面前晃荡,就像一堵墙堵得我喘不过气来。”

班长接了一个电话说:“玉梅、小薇、马大姐,你们快去淑芬家看看,淑芬她老公回来了,两个人正打架呢,邻居吓得给公安科报了警。”

玉梅她们赶到淑芬家,只见淑芬老公带了四五个手下,在公安科干警的训斥下乖乖地站在墙角。淑芬披头散发地躲在卧室里啼哭，家里的东西乱扔了一地。玉梅安慰淑芬，小薇和马大姐帮着整理东西。淑芬老公在写下了不再殴打妻子的保证书以后，带着手下灰溜溜地走了。

淑芬哭诉道："死鬼多少年都没有回来了，今天不知道从哪个缝缝里钻出来了。XX帮我修理了几次水龙头，换了几次灯管，他就带着人把人家打了一顿，还威胁我要是敢和别人来往，他就不给我们一分钱。他不让我上班了，让我陪着依依去国外，一切花费由他负担。依依一听说可以出国，什么都答应了。有钱真的就这么管用吗？钱、钱、钱，这孩子现在变得只认钱了……"玉梅觉得什么安慰的话都显得那么苍白无力。依依都已经答应了，淑芬还能有什么选择呢？

123　当灾难来临的时候

下雪了，这是入冬以来的第一场雪。雪好大，下了整整一天一夜，草地树木上覆盖着厚厚一层积雪，到处银装素裹、玉树琼枝。就在大家为这场雪而欢呼雀跃时，玉梅母亲却在买菜时不慎摔伤了胳膊。幸好有吴老师和安国陪着立即去医院做了检查，等玉梅和大伟赶回家时，已经打好了石膏。玉梅母亲惭愧地说："都怪我，看见下雪了，在家里呆不住，就说出去买点菜转转，你吴老师拦我我也没听。"

吴老师则满怀歉意地说："是我在前面走得太快，没来得及扶你妈。"

安国说："医生说不要紧，就是右手撑地时吃了点力，打一个月石膏就好。走路不影响，生活基本可以自理，以后蕊蕊和明明的饭菜就让我爸做算了。"

屋漏偏逢连阴雨，玉梅母亲摔伤之后紧接着大伟就感冒了。那天厂里组织大家打流感疫苗，预防流感，大伟头天刚从北京出差回来，接种完疫苗当天夜里就发烧了，吃药输液折腾了一个礼拜也不见好。大伟的病还没好，大伟父母和太奶又相继病倒了，紧跟着玉梅也感冒了。省城那边，幸好有吴老师每天风雨无阻地过来照顾玉梅母亲和孩子们，玉梅就放心地顾着厂里这边。玉梅想着冬天的感冒就是这么一道子，轻易不会放过每一个人，等熬过这一阵子就没事了，可她哪里知道一场灾难已经悄然降临。

谁也没有料到今年的流感病毒变异了，官方称之为"甲型 H1N1 流感病毒"。这种病毒来势汹汹，与一般流行感冒症状基本相同，但是传染性很强，极易误诊，北京已经出现了十几个死亡病例。卫生部下令各大医院专门开设发热门诊，各大单位、院校要做好公共设施的消毒清洁工作。大疫当前，大家严阵以待，公司里到处都在喷洒消毒水，进出公司大门的人员都要测量体温，职工医院每天向各家各户免费发放消毒用品。

尽管采取了各种有力措施，甲流仍然四处蔓延，媒体天天二十四小时报告甲流的疫情，全国各地死亡的人数不断增加，一时间举国哗然，人人自危。

由于大伟是从疫区北京回来后发烧的，而且一家症状明显，所以他们被当做重点隔离对象，被隔离在家中治疗。每天，医生穿着防护服隔着防盗门来给他们测体温发药，护士按时送来饭菜，但是不让他们出来活动。各种消息满天飞，说什么在电梯里一个甲流病人打个喷嚏，全电梯的人都会被传染上；一个甲流病人和谁握一下手，谁就会被传染上；还说 XX 医院的护士医生已经死了很多，甚至有人说被隔离起来的病人，不是甲流也会被当成甲流……

刚被隔离起来，玉梅还没有什么感觉，反正还是在自己家里，可以看电视、上网，和平常没有什么差别，只是出不去而已。省城那边有吴老师、安国，必要时候，玉兰、玉竹、翠萍和李楠也会照顾他们。而且电话可以自由打，玉梅随时都可以了解到母亲和孩子们的情况。但是，大伟和玉梅不一样，大伟忙碌惯了，闲呆着实在苦闷极了，简直就像是在坐监狱，时间漫长得几乎停滞不前，似乎传说中的世界末日快要到了。他整夜整夜地睡不着觉，心里胡思乱想，一会儿担心明明成了孤儿，一会儿又害怕父母、太奶熬不过去，最后干脆叫玉梅把家里的贵重东西都取出来，他一一过目之后，写了一份遗嘱才好了一些。看着大伟写好的遗嘱，玉梅心里十分难受。人这一辈子，能留给孩子的东西，原来就这么简单，不过是几本存折、几张房产证、几份保险单……人死如灯灭，玉梅一直觉得死亡是非常遥远的事情，可眼下死亡突然威胁着自己。玉梅一下子方寸大乱，转念一想，母亲常说人来世上一场就是受罪的，啥时候罪受完了，老天爷才能把你收走。她觉得自己不会这么快就死了，明明还没有长大，自己的责任还没有尽到，老天爷不会这么早就把自己叫走。玉梅跪在灶神爷前，暗暗祈祷，祈求上苍保佑全家平安……

也许祈祷真的有效，玉梅把心一横，想着大不了一死，还能怎样？这么一想，玉梅情绪好多了，然后又好好劝说了几次大伟，让他权当是在度假，大伟总算不那么焦虑了。儿子媳妇不着急，大伟父母和太奶心情也平静了很多。太奶讲起她遇到过的年馑、战乱，大伟父亲说起当年在荒草滩建设滨河电厂的往事，话多的几拖车都拉不完，大伟母亲回想起自己年轻的时候，也有满肚子的话要说。

一个多礼拜后，大伟感冒痊愈了，紧接着，大家陆陆续续都好了，原来是虚惊一场。十几天后，玉梅一家人解除隔离，重获自由。此时，省城的甲流却愈演愈烈，学校已经给孩子们放假两周，这在鑫通二中是从来没有过的事情。吴老师不让玉梅过来，说他一个人可以照顾好玉梅母亲和孩子们。然而，玉梅等不及了，她刚一恢复自由，立刻就偷偷跑到了省城。见到了孩子们和母亲，玉梅紧紧地抱住他们，眼泪再也忍不住了，哗哗哗地直流。只要孩子们都健健康康的，学习好不好有什么关系呢？玉梅觉得自己平时在乎的东西，似乎都失去了意义。人往往都是自己在和自己过不去，再也没有什么比拥有健康和生命更重要的了，人活着原来是这么的单纯和真实。

慢慢地，风声松了，学校又正式上课了。母亲的胳膊好了，生活又恢复了往日的模样。玉梅依然厂里、省城两头跑着陪孩子读书，似乎来不及回味逝去的喜怒哀乐，一切又依然如故，一股子巨大的力量挟裹着人们又回到了原来的生活轨道。

124 难堪的一幕

在动荡不安中,一学期完了。期末考试,明明他们班垫了底,将有十个孩子被降班。家长们准备联名抗议,要求换掉窦老师。

家长会上,窦老师刚开始态度很诚恳,深入分析了这次考试失利的原因。但是在家长提问过程中,窦老师发牢骚地说了一句:“为了考卷上的几分之差,让孩子们不断地、反复地进行低层次的操练,孩子们必然会感到烦躁,感到压力大。所以,我想方设法要进行课改,给孩子们减减负,关键是要孩子们学得有收获,学得有兴趣,学得轻松愉快。”

这句话犹如捅了马蜂窝,家长们反唇相讥道:“减负是说给小学生的,高中学生的时间多么宝贵,哪里还经得起折腾?紧学慢学都怕赶不上,哪里还敢说什么减负!”

双方就这样吵闹起来了,几位颇有号召力的家长喊叫着让窦老师滚蛋、下课,窦老师恼羞成怒地说:“不要以为你们几个家长兴风作浪就可以让学校辞退我。我的教学成绩是有目共睹的,我曾经带过一个班考了八个清华北大,我是学校三番五次聘请来的,我的合同还没有到期,你们提什么意见都没有用处!家长也要理解我们,孩子刚上高中也不太适应,不能以一次成绩就否定一切。”

家长们义愤填膺,纷纷指责窦老师。唐子轩的妈妈说:“窦老师,我也了解过你了,你的确有过辉煌的历史,但那是你接手的一个毕业班,原来的老师为了孩子们呕心沥血病倒了,你只带了两年,你不要把功劳全部说成自己的。”

黄嫣然的妈妈说:“老师一松懈,孩子的成绩就往下掉,我们才不想让孩子做你的试验品!你是有合同,可是我们的孩子耽搁不起,你就给双方都留一点情面,自觉地引咎辞职好了。”

窦老师招架不住,他一开口便引来无数的责难声,气得像一只充足了气的癞蛤蟆,奇丑无比。

回到家中,玉梅没有给明明讲家长会上发生的一切。经过了“甲流”一事,玉梅突然觉得自己对许多东西看得很淡了,她觉得没必要把事情闹到这种地步。玉梅总觉得老师在学生心目中应该是神圣而美好的,如今,窦老师和家长们却闹得如此尴尬,玉梅真不愿意让明明看到这样的一幕。

也许,窦老师的自由主义是有一定的道理的,可是在“成绩决定一切”的标准之下，自由注定黯然失色。也许，明明这些孩子从小被老师的高压政策束缚惯了，就像一群被驱赶、被奴役的小羊，老师稍一放松他们便无法无天。也许，有一双无形的手，牵着老师、家长、孩子们的神经，使大家都疲于奔命，没有丝毫喘息的机会……

其实，静下心来想一想，玉梅觉得窦老师的话也有一定的道理——减负的目的是增效，是为了孩子更健康地发展。玉梅觉得上高中以后，窦老师增加了课堂讨论和演讲之后，明明的视野开阔了许多，明显地比初中成熟了。家长们反对也是可以理解——高考在即，家长绝对不希望孩子的成绩出现波动。按道理像窦老师这么大年龄的老教师，是没有必要冒很大风险来进行课改的，他完全可以像其他老师一样，为了不撞枪口，表面上不得不减少课时，背地里又为了提高所谓的成绩拼命地加班加点，甚至号召学生们去补课去请家教。因为大家都知道，如果真的因为减负成绩下去了，校长那儿也是一票否决制。大家把这叫"口头上讲减负，实际上搞加码"。大家都心知肚明，而且习以为常、见怪不怪。

从这一点上讲，窦老师傻得可爱，就连孩子们都知道减负的猫腻，他们从小就经历过了无数次的奥数游击战，早都知道该"说"什么和该"做"什么——当教师、校长们大呼"素质教育"的时候，孩子们都知道实际上大人们要的是分数；当学校教育他们为人要忠诚讲诚信时，他们知道为人须乖巧、装听话，找工作要托关系，出国留学要有 money……可是窦老师为什么敢冒天下之大不韪呢？是不是经过了"甲流"事件，窦老师也良心发现——孩子们不是读书的机器，要把孩子们当人一样看待？玉梅觉得对"减负"不能笼统地看，不是说所有的"负担"都要减，人总是要有负担的。读书是苦中找乐的过程，该有的负担不能减少，而不该有的、无效的负担则不但要减少，而且要取消，例如大量的教辅、无穷无尽的习题等等。以语文为例：明明从小学到初中再到高中，阅读量增加了很多，有些课文看一两遍就够了，不必没完没了地分析、讨论探究、做练习题，但现在的问题是，常常无中生有地要求学生把课文里没有的东西讲出来，还硬要编成古怪的习题，还美其名曰"提高分析能力"。同学们为了做习题，便去买大量的教辅材料，看了答案，又发现与自己做的完全不同，于是更失去了兴趣、创造力和信心。如此恶性循环，那才叫真正加重负担！所以，政府越喊减负，孩子们的负担越重。这和奥数一样，都陷入了越治理越猖獗的怪圈。

125　自古多情伤离别

过年前,思思爷爷去世了。思思爷爷临终前,一再请求儿子和媳妇带着思思来看望他,老人的意思很明显——希望儿子复婚。可是,所有人的努力全被思思奶奶破坏了——思思奶奶在病房里,当着思思爷爷的面,大声责骂媳妇,夏森儿不失时机地给母亲帮腔,羞辱思思妈妈。大家听说后,都摇头叹息,劝说思思妈妈不要和那一对母夜叉一般见识。

参加完爷爷的葬礼,思思不让爸爸送她回家,玉梅看孩子可怜,便要顺路送送思思。思思妈妈在楼下等候女儿,见了玉梅凄然一笑,摇摇头什么话也没说就搂着思思走远了。玉梅心里十分难过,一个家真的就这么散了,从亲密到陌路,从不舍到幻想,从凑合到绝望,天知道他们经受了多少伤害和磨难……

三十晚上,黄嫣然的妈妈打来电话幸灾乐祸地告诉玉梅,窦老师终于被踢走了。"你知道他走得有多狼狈吗?他收黑钱,答应了人家家长说孩子可以上名校,结果进不了本部就算了,连个分校也进不去。就这还赖着不给家长退介绍费,净做拿钱不办事的美梦。这下翻船了,卷铺盖滚蛋,他年纪太大了,好像无处可去,估计补习学校也不会要他。"黄嫣然的妈妈在电话里兴高采烈地说道。外面鞭炮阵阵,电视里的联欢晚会甚是热闹,母亲刚给灶王爷敬了香,家里香气缭绕,玉梅的心情却黯淡到了极点。

"煮豆燃豆萁,豆在釜中泣。本是同根生,相煎何太急?"众所周知,名校老师都有推荐一名学生的权力,如果孩子成绩差得太远,老师活动一番办不成的情况很常见。黄嫣然的妈妈还在继续忿忿地说:"别怪我们无情,怪只怪他自已倒霉。再说了,我就这么一个宝贝女儿,我赔不起。我不把孩子送进名牌大学,我将来怎么对得起她爸爸……"

大伟很快就要升职了,玉梅只好答应了调动工作,但她提出了条件,等过了正月十五,机组大修完了,她再办理交接手续。最近,淑芬已经不来上班了,今天班长让玉梅她们代表大家去淑芬家里看看。玉梅、小薇和马大姐商量着给淑芬买个什么纪念品好,小薇建议买一套茶具,中国的瓷器,到了外国就显得更有意义。马大姐说茶具不好带,不如买个钱包,让淑芬经常带在手边。三人带着一大堆礼物去看望淑芬,淑芬把家里的东西都收拾好了,唯独小狗还没有送人。淑芬幽幽地说:"你们谁喜欢我的小板凳狗,就带走吧!养孩子花光了我的钱财,养狗耗尽了我的感情,我真舍不得我的小板凳狗。”

玉梅想着小薇孩子小,可能想把小狗带回家,便没有吭声。小薇说:“那让我养上几天,我们盈盈喜欢小狗,可我不知道我会不会养狗。”

淑芬说:“板凳狗可听话了,有时候我回来晚了,它就卧在我的睡衣旁边,闻着我的味道,从不胡乱跑。它那么小,吃得也很简单,随便给它一点肉渣就够了。”小薇爱抚着小狗,小狗朝着淑芬叫了两声,似乎在说“这就是我的新主人了吗”?

临走时,小薇抱走了小板凳狗,小狗果然很乖很安静。走远了,小狗好像意识到了什么似的,挣扎着试图逃跑,小薇拍了拍了它的头它便乖乖地不动了。小薇眼里噙着泪水说:“玉梅姐,你和淑芬姐都要走了……”

马大姐说:“你伤心啥呢?玉梅高升了去当白领,淑芬是出国当阔太太。”

玉梅说:“你别再糟蹋我了,我在那儿连个说话的人都没有。不过我好歹还是在厂里,想你们了就回班上看看。淑芬去的可是外国,人生地不熟,回来一趟也不容易。”

马大姐说:“国外有什么好,都往国外跑?你看班长女儿连个孩子都养不起,这么大一点儿的孩子就离了娘亲,漂洋过海的,遭的啥罪嘛!”

小薇说:“你别吃不着葡萄还嫌葡萄酸!出国就是好,最起码见的世面多。”

马大姐说:“我虽然没有出过国,可我天天看电视上网,我知道不管到哪儿,这人都得实打实地卖力干活,洋老板的钱也不好赚。任你跑到天上,这道理都是一样的。”

小薇说:“咱们别再胡说八道了,赶紧商量商量怎么给玉梅姐和淑芬姐送行。”

就在大家说得热火朝天时,班长打来电话说:“夏森儿死了,是在她家中毒殁了。”大家一下子都愣住了。青天白日的,没有人相信会出现这么邪门的事情……

126　疯狂一次又何妨

噩耗就像一阵风，转眼间传遍了全厂。前后不到一个月，夏森儿和父亲都走了。这家人怎么这么倒霉呢？起先，大家都瞒着不敢告诉思思奶奶，老太太出去买菜，还和邻居说说笑笑。买完菜，依然像往常一样在大操场上转圈圈，弄得旁人都躲着她。等过了一会儿，电厂领导和警察登门后，思思奶奶才知道了真相，当即就昏到在地。大伟母亲和厂里的一些老人自发地组织起来，轮流着陪护思思奶奶。

厂区里警车多得串成了线，所有人都在猜测是谁毒死了夏森儿。开学了，夏森儿做了一桌丰盛的饭菜给儿子送行，儿子一口也没有吃，夏森儿吃了几口就倒在了桌子底下。唯一的目击者和最大的嫌疑人都指向了一个人，可是，这个人却是最不应该被怀疑的对象。

尽管大家议论纷纷，学生们该开学还是要开学的，玉梅第二天就陪着明明去学校报到去了。

新来的班主任任老师，三十多岁，是个海归博士，年轻有为，深受孩子们的喜爱。明明经常给蕊蕊讲任老师的逸闻趣事，说任老师原来也是鑫通二中的学生，后来出国留学，几乎游历了欧美所有的国家，任老师还发表过若干篇文章，获过多少大奖……一种积极阳光、健康、向上的精神鼓舞着明明，明明学习劲头十足，常常以未来的外交官自诩，显得自信满满。看着明明又恢复了以前朝气蓬勃的样子，玉梅的心里稍感安慰，毕竟跑这么远来上名校，就是图名校的老师好嘛。

狄更斯曾赞美教师是太阳底下最光辉的职业，这也是只有那些真正热爱孩子、热爱教育事业、又善于和孩子们沟通的老师才能受得起的礼赞。课堂是产生梦想的地方，老师是催生人才的人梯，能遇到这样好的老师，真是明明的福气。看来，换掉窦老师完全正确，自己不必再内疚什么了。玉梅暗自庆幸，赶紧给灶王爷上了一炷香。现在，玉梅已经养成了习惯，每天都要给灶神爷磕头烧香，似乎这样做了，心里便有了一种切实的慰藉。

夏森儿的案子查了一阵，最后不了了之。也许，没有结果的结果才是最好的结果。玉梅一天忙着两头跑，也无暇顾及别人的闲事。眼看就要到高二分科的时候了，明明要报理科，全家人都很赞成。蕊蕊喜欢文学，去年也选择了理科，理由是学了理科知识面宽，人会变得更加理性，就业途径也多。文科知识贵在积累，只要坚持阅读写作，文学素养慢慢就提高了。蕊蕊也支持明明学理科，还常常给明明讲解题目。翠萍想让妞妞学文科，将来随便上个财务专业，干个轻轻松松、干净体面的工作就行了。妞妞看见明明报了理科，非要喊着学理科。

李楠开导妞妞说：“你不喜欢数学，报文科负担轻，你这傻孩子！”妞妞不听劝告，非要和明明一样。

翠萍说：“你这孩子，你为啥老要跟着明明呢？你小的时候，说明明的尿都是香的，这都长大了，还这么任性。”

妞妞说：“我就喜欢这样，你们少管我！”最后，翠萍和李楠只好妥协，妞妞如愿以偿进了理科班。

磊磊每次考试都在后面，可分班时，磊磊居然进了文科重点班。明明嘀咕着说：“我们好多同学比磊磊强多了，都被降到了分校去了，他凭什么混进了重点班。”

玉梅说：“你看磊磊学习多用功，一天到晚都在做题，就凭着人家那股子勤学劲儿，老师也得给他个机会。”

明明撇撇嘴说：“什么呀！官宦子弟，以为谁不知道？”

玉梅说：“你知道的还不少，我还以为你一心只读圣贤书，两耳不闻窗外事呢！”

明明说：“我们班上谁是官二代、富二代，我们都清清楚楚。我们不和他们比，人家是‘学好数理化，不如有个好爸爸’。我们只好相信‘学好数理化，走遍天下都不怕’。”

玉梅不想深谈此事，便说：“看不出来，你还挺高深。好了，别贫嘴了，干你的事去。”

大伟终于升职了，工作更加忙碌，应酬自然多了起来。玉梅欢喜之余，不免又有几分担忧。这天早上，#2 机组的高压加热器进汽门法兰突然断裂，高温高压的蒸汽一下子喷了出来，就像一颗小型氢弹炸裂开来，整个机房顿时雾气弥漫，把在现场的工人吓得魂飞魄散。幸好高压加热器旁边没人，没有造成人员伤亡。处理完这个异常，大伟心里有些烦躁，便和小仇出去喝了几杯。二十多年了，#2 机组的设计寿命快到了，以后像这样的意外事故怕是只多不少。二十多年了，自己已经从一个青春少年变成了奔五的人，回想二十多年前，父亲让自己留厂工作的时候，滨河电厂是全省第一家装机容量过百万的大厂，一切都是欣欣向荣，二十年后，新建的坑口电厂一台机组都过了百万，滨河电厂申请扩建的事情却毫无进展。

大伟回来得很晚，满嘴酒气，玉梅唠叨了几句，大伟赶忙回话认错。玉梅想起明明要去看演唱会，便不再追究大伟回家晚的原因。

这两天，周杰伦要来省城开演唱会。蕊蕊和明明在玉梅跟前时不时提起这事，玉梅故意装聋作哑，不予理睬。背过孩子，玉梅和大伟商量要不要让孩子们去看演唱会，大伟说：“孩子们想看就让去看看，周杰伦演唱会又不是天天有，想去就去吧！”

玉梅想着孩子们也就这么一个小小的愿望，学习太紧张了，偶尔调剂一下也无所谓。翠萍也在为这事儿发愁，一看玉梅同意让孩子去看演唱会，立马叫把妞妞加上。玉梅说："这事儿别让孩子们自己去商量，咱们好人做到底，直接把票买好送给他们，给他们一个意外的惊喜，效果最好了。"

当明明一觉醒来，看见床头柜上的演唱会门票时，还以为自己眼花了，擦了擦眼睛，看了好几遍，激动得高喊着"哇塞"在家里跑了好几圈。到了那天晚上，体育场附近人山人海，玉梅和大伟、翠萍把孩子们送进了体育场以后，一直在外面等待着。

明明和一大群孩子们看完演唱会出来，看见爸爸妈妈还在原地等待着自己，心里好感动。明明兴奋地说："今晚的演出精彩绝伦，真是名不虚传。"

妞妞抢着说："周杰伦的演唱会，青春动感，活力四射，常有目不暇接的惊喜出现。"

蕊蕊绘声绘色地说："你们绝对不相信夹克衫居然能穿出那么震撼的舞台效果，当我们还沉浸在他潇洒的舞蹈中时，他已曲风大变，从口齿不清的哼唱，转到了深沉的《千里之外》，又像一个乖孩子一样，反复吟唱《听妈妈的话》，接着大秀各种乐器。那个帅气，那种感人，那份美好，真是难以言传。"

明明陶醉地说："哎呀，偶像，巨星，真是盖了帽！老爸、老妈、阿姨，可惜你们没有看，以后你们和我们一起去看，那才叫过瘾！"

妞妞说："就是！老妈，你以前老说电视上那些观众挥动着荧光棒是在作秀，你今天要是身临其境，你就知道那叫情不自禁！我们身旁的听众，就像大海的波涛，在音乐的左右下起伏摇摆，沉醉不已……"

这场演唱会的余温持续了好一阵子，明明一说起这件事情，就说："同学们可羡慕我们了，好多人为此遗憾得不得了。老爸老妈你们真是我的知音呀！你们太给我面子了，你们已经被我们同学评为最受欢迎的家长了。老妈，下次家长会，任老师让你发言，你就多讲几句。我们同学都指望你给他们爸妈做做工作，别把他们管得太死了。"

玉梅故意说："我没有这么好，也不敢在你们班上这么讲，要不然，别的家长就把我哄下台了。哈哈哈……"

127　早作打算

同姐现在很少回淮南了,周末常邀玉梅一起买菜、一起上教堂。玉梅每周省城呆几天,电厂呆几天,照顾老人、孩子已经成了她的主要任务,她自嘲自己成了流动保姆。玉梅和同姐相处久了,觉得同姐真是一个贤妻良母,做饭手艺极好,对孩子也极其有耐心,美中不足的是一个人呆在省城太孤单寂寞。

同姐问玉梅打算不打算让明明考音乐学院,或是名校的特长生。玉梅犹豫着说:"音乐学院肯定不会考,名校的特长生有点想考。"

同姐坦率地说:"有这个想法的家长很多,我看你们明明一直都很优秀,你们孩子上学家长基本不用操任何心,我估计你连班主任家的门儿朝哪边开都不知道。我们磊磊不一样,每年考完试,我们都得上下打点,我们求人求习惯了,再说了,为了孩子求人也没有什么。"

同姐对自己这么推心置腹,玉梅也真诚地问:"我看你对磊磊确实付出了很多,我们就管了个孩子的吃住就顾不上别的了。"

同姐含蓄地说:"你们明明上学一直都很顺利,你不知道有些事情很麻烦。我有个朋友的孩子去年参加特长生考试,在全国跑了好几个考点,最后还是不了了之。我看你们明明每门功课都挺好的,你们得早作打算。"

玉梅吃惊地问:"真有这么难吗?"同姐认真地点了点头。

玉梅、大伟和安国说起明明的高考,安国也认为该考虑这个问题了。玉梅说:"听说今年还可以高考加分,唐子轩妈妈说赶快让孩子获个奥赛一等奖,要不然这孩子就学傻了。不知道明明获得的奖牌在高考时能不能有用?"

安国说:"明明想走特长生比较难,方方面面都要照顾到,不如让明明一心一意地学习好了,就像蕊蕊一样,当然,如果能被保送也挺不错。"

玉梅苦笑着说:"原来明明弹琴的时候,好多家长都绝望地说有了明明在前头,他们孩子哪里有出头之日。明明从小到大得的各种奖牌,摆满了一书桌……"

玉梅不知如何跟明明说起弹琴的事情,晚上看电视的时候,明明的老师恰好担任评委。玉梅便问明明最近学琴怎么样,明明无可奈何地说:"不怎么样,老师最近老让她的助理给我上课,对我没有以前那么耐心了。"

玉梅想着可能是那天和老师谈了明明高考的事情,老师建议明明还是走正常的高考路子。玉梅便说:"你们高二功课紧了,要么咱们把钢琴停一段时间吧?"明明没有争辩，表示同意，玉梅准备好的一肚子话没有派上用场。

一天周末，天气很好，玉梅带着蕊蕊和明明上街走走，无意中说到了高考。蕊蕊说："我们班上弄了一个高考倒计时牌，让人看了压力好大。"

玉梅问蕊蕊想好了要考哪所大学没有，蕊蕊说："不想了，挑挑拣拣搞得我头都晕了。省选当然是北大清华，香港大学也行，等考完试了分数出来了再说，如果考不上考个别的大学也行。"

玉梅说："你这种心态很好，有时候退一步海阔天空。"

蕊蕊又问明明想考哪所大学，明明说："那还用问，当然和你一样了。"

蕊蕊说："你我怎么能一样？你比我多一条路，你可以考特长生。"

明明说："我们同学早都说了，那条路看似美好，实则早已被潜规则了，劝我早点死了这条心，就和他们一样'裸考'吧。"

玉梅说："你怎么这么沉得住气？我还以为你什么都不懂。"

明明说："我的钢琴老师讲了个笑话——有个外国记者问中国小学生，商场着火了，一百个人只跑出来了三十个，问多少人葬身火海？学生说，十人。记者说，你不会算术。学生说，你不懂中国。"玉梅听了难受，没有吱声。

蕊蕊说："爱莫能助。"

明明又说："没关系，我和上官商量了，每年北大清华就一个名额，她的功课弱一些，她考特长生，我参加高考，这叫殊途同归。"

蕊蕊说："你好伟大，这叫为爱情做出牺牲吗？"

明明说："随你怎么说，上官他们家族很多人都在政府部门，她考这个比较合适。再说了，乐队又新招了几个特长生，新人来了，我们老队员就该考虑退休了。费老师说我们要是学习太忙的话，可以减少训练时间。"

明明的话里有了沧桑，玉梅有一种被愚弄却无处发泄的愤怒，她想起高老师的话，心里很后悔当时让孩子参加了乐队，可在孩子面前她能说什么呢？

玉梅强颜欢笑地说："我们去超市买点东西，你们每人可以挑选五样自己喜欢的东西。"

明明说："老妈今天开恩了，怎么一下子多了两样？"

玉梅看看天空，说："今天太阳打西边出来了。"

蕊蕊和明明不解地说："是吗？"

会考完毕，文理科完全分离。明明他们班上成绩提高了很多，任老师宴请明明、上官、唐子轩、黄嫣然、苏菲菲、吴杨惠子等几名同学。席间，任老师谈起了中外教育的差别时，说："你们现在还小，等你们有了在名校求学的辉煌经历，你们将会受用终生。努力学习不仅培养了你们刻苦钻研的精神，更重要的是培养了你们善于学习和观察的能力。在你们最美好的年龄段，你们和最优秀的同龄人，和最有经验的老师一起度过，你们真的挺幸运。以后，你们一个个前途远大，如果有机会走出去看看世界，那就更好了。”

唐子轩说：“外国对数学家重视吗？”

任老师说：“北大清华的毕业生百分之七十都出了国，分布在世界各地最前沿的实验室里。一流的数学家、物理学家、化学家走到哪里都是国宝，他们的一项发明足以改变世界。”

明明说：“难怪人家说北大清华都是卖国贼，不过，国内的学术环境确实让人无法苟同。”任老师说：“知道‘钱学森之问’吗？这就是咱们教育的悲哀。你们先在国内打好基础，将来一定要走出国门，接受不同文化的熏陶。说不定你们就是未来的诺贝尔大奖得主呢！”

128 曲线救国

马大姐的儿子毕业不到一年,已经跳了三次槽。最近,儿子待业在家,天天玩电脑,马大姐头疼不已,气得说:“早知道上个烂大学就是这结果,还不如当时就让他当兵去,还能赶上最后一趟包分配的政策。”

班长说:“小薇她们还不是大学毕业后去当兵,这才能分进咱们厂。”

恩华说:“你怎么不去找找你那些大款同学?”

马大姐说:“找了,孩子吃不了苦,干了几天就不干了。现在要当公务员,成天喊着让我们给他找关系,你说我一个快退休的工人,我能有啥门道?就算找着谁了,那你也得看书准备考试呀!人家还是那种无所谓的样子,看得我手痒痒,恨不得抽他两耳光!”

大修完毕,玉梅开始给小薇交接工作,今天她们发完料,看大家说得热闹便凑了过来。马大姐垂头丧气地说:“玉梅,你好久都不来上班了,你不知道我娃都快要把我气死了。”

恩华调侃地说:“玉梅,我们丫丫被选进乐队了,丫丫说她还见到你们明明和他女朋友了,两人站一块儿特般配。”

小薇惊讶地说:“不会吧?你们明明真是啥都不耽搁呀!”

玉梅分辩说:“听小孩子胡说。他们是同学,就是比其他同学接触多了些。”

恩华马上顺着玉梅说:“你还别说,现在这孩子还不好说,你反对他们来往,他们就给你闹情绪消极对抗,要么不学习,要么就寻死觅活,要么就转成地下活动。我们丫丫好像也有点这苗头,文雅说她干脆把店开到省城去,这样陪读赚钱两不误。”

小薇表情夸张地说:“你们文雅那么漂亮,你就不怕人家生意做大了,看不上你这个穷工人了?”

恩华气得咬牙切齿,追过来要撕烂小薇的乌鸦嘴。小薇赶忙赔笑说:“算我没说,别担心,你们文雅不是那种人。你们丫丫早恋也不是什么大事,现在电视电影上谈情说爱的那么多,孩子们在家没事儿就爱看电视,早都已经见怪不怪了。我们盈盈班上好多同学都以老公老婆相称,把我们家长逗得。”

玉梅说:“现在这孩子成熟早,我们明明说他们有些同学已经谈了无数次恋爱,见惯了分分合合,早都已经审美疲劳了。”

马大姐半天插不上嘴,逮住机会就抱怨说:“就我儿子,一天啥都不想干,就学会了收拾人,出门前洒香水、抹发蜡,身边的女朋友走马灯一样地换。那些女孩子真是瞎了眼了,咋会看上他?"

小薇说:"你儿子魅力大,这点就是人家的优点。"

玉梅说:"那你不知道,现在的孩子不听大人的话,但是能听进去朋友的话。涛涛上初中时,成天惹事,现在上了高中,学习成绩突飞猛进,还当了他们班班长。听亚荣说原来涛涛谈了一个女朋友,他们也就假装不知道这回事儿。"

恩华说:"马大姐,你也可以尝试一下'曲线救国'。"马大姐点头微笑。

玉梅和大伟商量要不要跟明明谈谈早恋的事儿,大伟说:"你别上纲上线,明明和上官关系一直不错,你把话挑明了,反倒影响孩子。李楠那天还说了,明明一直都是妞妞的偶像,明明干啥妞妞就爱跟着凑热闹。这回跟着明明报理科算是报对了,学了理科,将来最不济就上个咱们电力系统的学院,毕业后,工作就不愁了。"

玉梅犯愁地说:"人家现在是李总,咱们能和人家比吗?再说了,厂里现在前景不明朗,咱们也不敢叫明明回来。"

大伟给她宽心说:"真要到了那一步,李楠不会不管。咱们心里有个底,就不会那么心慌了。明明学习压力大,咱们也不要把啥事情看得太绝对了。人生的坎儿多着呢,考大学、找工作、结婚成家,哪样都会过去的。不要把高考想得太神秘,就算明明考不好,以他的能力,在哪里都可以很优秀。"

玉梅叹息地说:"也是,孩子大了,我们管不了他了,不过我看明明的心越来越野了……"

大伟说:"要不让明明跟我一样上个交大,本地学校有优惠。过了这么多年,我现在终于明白我爸当年为啥非要让我留在身边了。"玉梅心有不甘,却又觉得大伟说得有几分道理。

蕊蕊马上就要高考了,孩子每周回来洗完澡,却依然要自己洗衣服。玉梅要帮她洗,蕊蕊说:"我自己能洗,你和姥姥去做饭。"

玉梅拿出一套新睡衣说:"你待会儿换上这件,姨妈给你洗衣服,看你最近复习累得脸色都不好了。"

蕊蕊说:"那你可不准告诉我妈。"玉梅说:"我什么时候在你妈面前告过你的状,我夸你还来不及呢!"

蕊蕊穿着粉色的新睡衣,越发显得面如满月、肌肤胜雪、乌发如云、娇憨可亲,大有宝钗之态。玉梅看呆了,不觉又想着自己要是有这样一个女儿该多好。玉梅情不自禁地说:"女大十八变,越变越好看。我们蕊蕊吸收了爸爸妈妈的全部优点,你什么时候参加选美,一准夺冠!"

明明说:"我姐姐是她们班上当之无愧的班花,号称'冰美人',想追我姐的人多了去,我姐谁也不理。”

玉梅啐了明明一口说:“胡说八道!”

明明信誓旦旦地说:“冤枉!有些人为了讨好我姐,经常拿些小恩小惠收买我。”

蕊蕊说:“那些人真无聊,我才懒得理他们。”

玉梅说:“你快高考了,千万别为这些事分心。”

蕊蕊说:“我才不像有些人那么傻,快高考了,说是要调剂一下找个男朋友放松放松,结果整出来一个宫外孕,连今年的高考都参加不了。”

玉梅说:“傻孩子,真是傻到家了。”

明明说:“我们这一级还有同学都搬出来和女朋友同居的,这有什么大惊小怪的。”

玉梅说:“你可要分清好坏,别干傻事!”

蕊蕊说:“姨妈,你放心,明明才不会那么傻。”

明明说:“知我者,姐姐也!”

蕊蕊说:“我其实一点儿也不赞成和同学谈恋爱。我绝对不会像我妈那么傻,找谁不好,非要找一个同班同学,彼此太相似了有什么意思?我将来要找就找一个比我大的学长,要高大帅气、善解人意,一下班就回来陪我。”

玉梅说:“羞羞羞,连这都想好了,估计连人家妈妈长什么样子也都想好了吧!”

蕊蕊脸上飞起一片红晕,说:“姨妈坏,我不理你了!”说着话便躲进了房间。

玉梅回过头,沉着脸对明明说:“你也一样,好好念书,别为这些事情分心!”明明吐了吐舌头,吓得缩回了自己房间。

129　物是人非花依旧

今年高考的题目有一定的难度，蕊蕊高考完以后，觉得成绩不是很理想，也没有心思和同学出去旅游，便跟着爸爸回了县城。蕊蕊走了，家里一下子变得冷冷清清的，明明倍感孤独。玉兰和家耀虽没说什么，玉梅心里还是有些抱歉，觉得自己没有带好蕊蕊。万一蕊蕊考不上理想的学校了，可怎么办呢？转念一想，又觉得自己想太多了，题难了难大家，又不是难一个人，蕊蕊这几年成绩一直很稳定，差也不会差到哪里去。

谁料，考完试第二天就有传言说爱心班里一个男生割腕自杀了。据说那个孩子来自偏远山区，中考考了全县第一，被名校挖到了爱心班，其父母也随着孩子来了城里打工。那孩子一直很努力，没想到高考考砸了，觉得无颜面对家乡父老，一时想不开就做了傻事。玉梅惋惜之余，想起安国不让蕊蕊上爱心班，说是孩子压力太大，对孩子的成长不利，真是太有先见之明了。

盼呀盼呀，高考成绩公布了，高考一本线比去年降了三十多分，蕊蕊的成绩完全可以上北大，大家都沉浸在喜悦之中。玉梅欢喜之余，听人说那个割腕自杀的男孩成绩也很不错，可惜，人已经不在了，再说这些没有什么意义。

明明马上要升高三了，各大学校都在补课。这天中午，秀才杨訾非等人商议什么时候大家聚会一下。最近，值得庆贺的事情太多了，唐子轩奥数竞赛获得了全国一等奖，秀才的第一本散文集出版，上官从北京演出凯旋归来，苏菲菲的出国签证已经办好了……大家在网上说来说去也拿不定主意，苏菲菲说何不趁后天明明过生日大家一起庆贺？明明说："那我就抛砖引玉，恭请各位大驾光临。"

明明回家说了这事，玉梅母亲说："你爷爷奶奶肯定不高兴了，你年年都跟同学们一起过生日。"

玉梅说："孩子大了，喜欢和朋友在一起，你硬把他圈在家里也没有意思，不如放手。"

玉梅问明明大概要去哪里吃饭，要多少花销。明明说："我用我的压岁钱，我的压岁钱平时也没什么用处。"

玉梅说："那我给你买蛋糕吧，你们可不敢去那些成人去的娱乐场所。"

明明说："生日蛋糕上官已经预定了，吃饭是在唐子轩爸爸的酒店，唱歌有苏菲菲妈妈的贵宾卡。我们不在乎吃什么，我们现在不在一个学校，主要是大家在一起会比较开心而已。”

玉梅说：“上次人家秀才从西京大跑过来看望你们，你也不知道请人家吃顿饭。”

明明说：“我们同学在一起轮不到我这个穷工人子弟买单，我们逛公园、看电影经常都是一大帮子人，你就别管了。再说了，今年是奥赛加分的最后一年，人家唐伯虎喜获大奖，春风得意；秀才醉翁之意不在酒，而在于吴杨惠子；上官专业课已经过关，等于一只脚已经踏进了大学校门；只有我最可怜，前途未卜，强颜欢笑，你不懂就别操心了，我自有分寸。”

玉梅还想叮嘱明明几句，明明已经不耐烦地走开了。玉梅怔怔地呆立了半天，心情很复杂。玉梅想起翠萍那天说妞妞形容她是一列火车——平时“哐里哐噹”地喊来叫去，唠唠叨叨，关键时刻就会“呜呜呜”地哭，到最后只好偃旗息鼓，卧在那儿生闷气。玉梅觉得自己跟翠萍差不多，忍不住跪在灶神前，暗暗叹气。

玉梅不能和明明一起过生日，但是可以上明明的QQ空间逛逛。这一点，明明比较大方，始终把妈妈加为好友，代号陌上桑。当然，玉梅也比较自觉，只是上网浏览，绝不发言评论，否则，明明会把她拉入黑名单。玉梅在孩子们的留言中看到，这次聚会很热闹，大家玩得很开心，就连久未露面的于姝瑶和患有心脏病一直休学在家的郑文远也来了。这两个孩子自从转学以后，几乎销声匿迹，这次却意外露脸了。孩子们吃完饭，参观了地铁，还特意去了初中校园，在原来的教学楼下合影留念。

130　家有高考生

把蕊蕊送进了大学，接下来就看明明的了。两个姐姐都进了北大清华，明明压力好大。明明每天吃过午饭，活动一会儿，便要午休。玉梅母亲和吴老师坐在客厅里守着钟表看时间，生怕错过了叫醒明明的最佳时间。家里安静极了，只听见时钟走动的声音。两个老人相对无言，吴老师指了指表，玉梅母亲起身推门唤醒明明，帮着明明穿好衣服鞋袜，吴老师提着书包把明明送到了门口，三人配合默契。

待明明走了，两个老人方才长出了一口气。玉梅母亲发愁地说："晚上不知道给明明做啥饭好？"

吴老师说："我原来看不惯孟丽，妙怡就考个大学么，有啥大不了的？把人一天拘束得不敢大声咳嗽一声，不敢吃一碗热干面。现在经过了蕊蕊和明明，我才知道了孟丽不容易。"

玉梅母亲说："天下当妈的都一样。孟丽那一年还把自己吃病了，当时听着像笑话，这会儿到了我跟前，我才知道这饭真不好做。玉梅成天说家里有个高考生就像有个火药桶，千万不敢惹娃生气。"

吴老师说："你没问磊磊妈下午给磊磊送啥饭？"

玉梅母亲说："磊磊妈一天好精神，中午和晚上都给娃送饭。玉梅本来不让送饭，可是下午放学就那么四五十分钟，就要接着上晚自习，明明实在来不及。"

吴老师说："这两家住一块儿还就是好，除了送饭，晚上可以互相帮着接娃。明天，锋娃和彩霞他们来了怎么办？"

玉梅母亲说："玉梅明天就过来了，到时候他们看着办。"

锋娃和彩霞这次都是送娃出国打工，锋娃家的毛蛋回来结完婚后，这次走时还要带上媳妇和弟弟狗蛋以及佳佳。玉梅听说老同学们来省城送娃，说什么也要邀请他们过来吃顿饭，同时叫上了安国和孟丽。人多在家里吃饭不方便，老人也不想坐车，玉梅便邀请大家在明明学校附近吃饭。

毛蛋和三年前相比判若两人，举止干练，说话干脆利落，刚刚成了亲，浑身上下透着一股子喜气。新媳妇话语不多，一直羞涩地笑着听大家说话。玉梅看着新媳妇面熟，彩霞说："豆腐西施，你忘了？"

玉梅恍然大悟，笑道："你们两个要是把豆腐卖到外国去了，那也很厉害。"

新媳妇笑而不答，毛蛋说："她看见豆腐都想吐，这回跟我出去见见世面。"玉梅见毛蛋这么说,便不好再说什么。

狗蛋、佳佳和明明同岁,本来正在上学,听说今年打工的待遇不错,便喊着要跟着毛蛋出去闯荡世界。锋娃说:“咱们村里还有几个孩子要跟着来,就连虎大、虎二也想凑热闹。他们两个刚上初中不久,一天不学好,连老师的钱都敢偷,这下被学校开除了。你说这样的娃娃谁敢带着他们出门?咱操不起那个心。”

安国惋惜地说:“你们两个趁啥热闹?再熬半年就要考大学了,你们非要去打工?”

两个孩子笑着不吭声。彩霞说:“我女子青青从小学习就好,可咱老家就那教学水平,念得好也只能上个二本,学校校风不好,娃们一天吃喝玩乐,光混日子,把个好娃都混瞎了,毕业了工作也不好找。佳佳不爱学习,不如早点去挣钱。”

锋娃说:“老师叫我们把狗蛋转到汉阳,租个房子把娃抓一抓,兴许还能考个二本。我跟媳妇两个一合计,这幼儿园和我的服务队都离不得人,再说了,咱村里那么多人陪娃到汉阳念书,顾了做小生意就顾不上娃,真正把娃供成的没有几个。狗蛋也说为他念个书不值得下这么大的势,说是他跟他哥好好挣钱,将来在城里把房子一买,让我们好好供女子念书。”

毛蛋说:“咱那儿的学校过个一本线就了不得了,不像城里的名校,一本上线率几乎百分之百,一个学校就考上百个北大清华,看咱那儿一百年都出不下一个北大清华。”

彩霞说:“你知道有人在咱们高中门口画了一幅啥画——一群老母鸡孵一窝鸡蛋,孵了三年,只出来了两三只鸡娃,还洋洋自得地说,一群坏蛋。”

狗蛋说:“就是,我学校老师就不管我们,教得好的老师都跑到大城市里去了,学得好的也转走了,剩下的老师说他们没心劲教我们。”

明明说:“你们没听丁院长说过——高考落榜生就像烧到了七八十度的水,稍微加点柴火就可以把水烧开。你们再坚持一下不就考上大学了吗?”

玉梅说:“他们过两天就要走了,你们快吃,吃完了,你们几个出去好好聊聊。”

饭后,几个孩子出去玩,锋娃和安国抽上烟,锋娃的话渐渐多了起来,一会儿问妙怡毕业了工作咋样,是不是打算出国;一会儿又问安国给妙怡买房子不,是不是北京房子太贵了,靠走正道赚钱就买不起;一会儿又说起爱华老师给儿子看娃,跟儿媳妇经常闹矛盾,几次想回来办她的幼儿园,可儿子不答应,爱华老师就这么熬着……安国随意地回答了两句。

彩霞说:“这两年钱不值钱了,原来出去打工三年回来能在咱桃花村盖一院房子,还能在城里买一套单元房,现在只能在城里买一套房子,过两年谁知道又是一个啥行情。我说算了,先叫娃赚钱去,把钱挣下,娶媳妇买房子都好说了。”

玉梅说:"老同学,你现在就想着娶媳妇抱孙子了?"

彩霞说:"城里人三十多了结婚都不算晚,在咱们桃花,谁家娃年龄大了没媳妇要叫人笑话。"

锋娃说:"毛蛋结了婚,我肩上担子一下子轻了。老大带了一个好头,剩下狗蛋和小女儿,这都好说。"

彩霞取笑说:"你也好意思嘚瑟,咱娃出去是打工,不是当老爷!"

锋娃赶紧掉转话头说:"你看安国和玉梅家,当年他们五个一个接一个地考上了学,剥了这一身农民的皮。现在,妙怡上清华带了一个好头,你看蕊蕊今年又考上了北大,明年,就看明明的了。"

彩霞说:"要不然人家说你们两家祖上积德了。听说有一家姊妹多,就把老小送了人,后来这家娃一个接一个地考上了学,就是那个送出去的没有考上,你说这怪不怪?"

锋娃说:"那叫人家家教好会指教娃,或者说是家庭有学习氛围。"

彩霞说:"姨,吴老师,你们说是不是这个理?"

玉梅母亲和吴老师笑着说:"有道理,有道理。"

送走了老同学和安国他们,玉梅去找同姐,告诉她下午不用做饭了,过来一起吃饭。同姐说:"我一个人闲得没事儿干,我过来帮着你们做饭,咱们一块儿送到学校去。"

玉梅说:"天天让你送饭,我都不好意思了,我过来了你就歇一歇,我送饭接娃。"

同姐说:"我前天去参加了一个XX科技公司组织的高考家长会,花了几千元买了一套仿真高考题,你让明明也做做。"

玉梅说:"同姐,那都是江湖骗子,你再别上当了!"

同姐说:"死马当活马医,我也是病急乱投医,当时也不知道怎么就买了。我们磊磊最近情绪特别不好,说是他模拟考试老是在最后几名,将来要是考不上好大学,叫人就笑话死了。磊磊这几天老是喊叫着要回去上学,还胡说什么我不答应他,他都不想活了,吓得我老是怕他出什么意外。我没有办法,早上还专门去教堂里祷告了一回。唉!要不,我们做做工作,让磊磊和明明考试时坐在一块儿,让明明照顾照顾我们磊磊?"

玉梅想起中考时,高老师让明明给磊磊和郑文远看题的事儿,心中感慨,就说:"今年要回原籍考试,明明和磊磊离得那么远,怎能照顾上?"

同姐抓住玉梅的手,急切地说:"你可提醒了我,我还以为我们磊磊能像中考时一样,看来我们指望不了你们明明了,我得赶紧想办法。"

玉梅不好多说什么，就安慰同姐道：“你别在孩子面前老说花了多少多少钱，这样对孩子不好。我和我妈回头再给孩子做做工作，孩子现在压力已经够大了，要不然你让他回来吃午饭吧？这样路上来回走走，活动活动，和同学说说话也好。如果磊磊真的想回去也行，反正今年要回原籍考试。”

同姐说：“我都吓糊涂了，每天中午看着他一口一口吃完饭，我才敢走。我就磊磊这么一点儿指望，万一娃有个三长两短，我也就活够了。唉，我是害怕回那个家，为了磊磊，回就回吧，反正也就熬这么一阵子，只要磊磊好，我什么都能够忍受……”

给孩子们送完饭，同姐又要玉梅陪着她去教堂祈祷。路上，同姐说妮娜在国外嫁人了，现在过得很开心。前段时间，玉梅听家耀说部长被“双规”了，当时还怕牵连到妮娜和东东，没想到妮娜……

羡慕了一会儿妮娜，同姐又担心地说：“最近风声有点紧，我今天也要给磊磊爸爸祈祷祈祷，让上帝保佑他官运亨通，平安无事……”

131　人生充满了不可思议

一年说完就要完了，不经意间已到了元旦，天气寒冷，大家都穿上了厚厚的棉衣。淑芬从国外给大家寄来了礼物，班长派小薇叫玉梅过来取礼物，顺便和大家开个茶话会。玉梅无意中看见小薇提着一个世界级名牌包包，感到十分讶异。玉梅打趣小薇在哪里发大财了，小薇躲躲闪闪不愿多说，玉梅也不好多问。

到了班上，大家围着玉梅寒暄了一阵，班长和玉梅开了几句玩笑就一反常态，不时地摆弄着手机，若有所思。恩华悄声问大家班长是不是有心事，马大姐说："马屁精，你不会自己去问？"

恩华说："瞧你这话说得，班长平时关心咱们，咱们也应该关心关心班长。"

小薇说："班长爱人给人说要把孙女送回美国去。"

玉梅说："难怪班长情绪不好。"

马大姐说："班长，你一个人坐在那儿想什么呢？是不是又想你的博士女儿了？"

班长说："我想我女儿，我女儿想她女儿。我女儿准备把娃接走，我跟她妈哪里舍得，一把屎一把尿地把孩子养了三年，这要是接走了，我们怎么办？前一阵子，美国又发生了校园枪击案，一下子死了二三十个娃娃，我女儿才不催我们了。"

小薇说："养个猫养个狗人都舍不得，淑芬姐走的时候，小板凳狗都叫了半天。现在，我回家一看见这小狗，就想起了淑芬姐，也不知道她在国外过得怎么样。"

玉梅说："故土难离，淑芬陪读完肯定就回来了。"

班长说："我真后悔把孩子送到了国外，虽然天天可以上网见面说话，终究比不上见真人。"

玉梅见班长伤心，便转移话题说："现在用电脑确实十分便利，今年高考要回原籍，而且网上报名缴费，手续特别麻烦，我们往汉阳跑了三四回才报上名。"

马大姐说："咱们都会用电脑，那些偏远乡村的考生不知道怎么报名？"

恩华说："这政策变来变去，咱们离省城近，回来考试就回来呗，那些离得远的人可不知道该怎么好？"

玉梅说："可不是，我们第二天报名时，就看见编号已经到了两千多了。真没有想到竟然有这么多学生在外地念书。那些学校老师不停地游说我们挂靠到他们学校，真是烦死人啦！"

星期天，玉梅和翠萍带孩子们去招办确认高考信息，人多得排起了十几米的长龙，明明和妞妞不停地发牢骚。旁边一位孩子说："我在上海读书，今天刚下飞机，我爸爸为了给我报名都飞回来三次了。"

玉梅说："是吗？我们离得这么近都嫌烦，你们远隔千里真是不容易。"旁边很多从新疆、青海、北京等地赶回来的家长孩子都大倒苦水。

大家都在抱怨高考报名繁琐，谁知道黄嫣然报名时却遇到了更大的麻烦——假户口。黄嫣然母女欲哭无泪，四处求情也无济于事，黄嫣然必须回原籍报名考试。黄嫣然伤心欲绝，本想悄然离去，却难以割舍师生情谊，便在临走的前一天晚上，上传了一篇文章——

人生真是充满了不可思议。

我害怕去一个陌生的地方，我担心我能不能坐到今年高考的考场上，我不知道将要和谁一起生活……

在离高考只有半年的时候，在同学们都埋头复习的时候，在苦读了十二年马上就要迈进大学校门的时候，我却要离开了。因为户口问题，我必须回原籍考试。命运似乎和我们开了一个天大的玩笑，我出生在这座城市，我在这里读完了小学、中学、高中，但我却不属于这里。母亲为了让我有一个合法身份，早早就托人给我办一张城市户口，这么多年我以为我和这里的人们并无二致。人口普查中，我的户口也无人提出异议，可偏偏到了高考的节骨眼上，我的户口就成了假的，而且更难以解释的是，我在老家的户口已经被注销了……天呀，今年高考报名我真的就要赶不上了，回去了，我必须从高二读起。

故乡，我名义上的出生地，我对你一无所知。我只知道那里的高考和我们学校有很大的不同，那里是自主命题，文科卷都会有60分的理科自选模块，英语还要加考听力，数学更是深不可测。

我不知道我该埋怨那个办事不力的人，还是应该声讨这诡异的分省选拔制度，或是在网络上求救诸位，但是妈妈的眼泪告诉我，我不能这么做。

我的心里像堵了一块巨石，我甚至觉得我再也支持不下去了，我绝望极了，一度产生了轻生的傻念头。

当我能在这里写出这些文字的时候，我已经说服了自己要坚强地活下去。我不能让我的妈妈在失去了丈夫之后，再失去唯一的女儿。大不了，复读一年，我哭着安慰自己。

人总是在经历了一些事情之后才会长大。这几天我觉得自己变化了许多，我一下子长大了，我要微笑着面对一切苦难。

我唯一遗憾的是不能和大家一起走完这段最艰苦、最丰富的时光。我们不能一起走进高考的考场，我们不能一起分享被录取的喜悦了，我们不能一起参加毕业晚会了……

我好希望和大家照一张毕业照，因为我担心再过十年，大家就会忘记了我这个爱哭、爱笑、爱闹的老班长……

原谅我没有早些说，明天的同学录请大家都能填一填，这是我唯一的纪念……

人生果然是充满了戏剧性的，我现在真正地体会到了。

这篇博文被孩子们疯传，也被家长、老师们疯传……

任老师宣布，明天照毕业照，送别班长黄嫣然。同学们飞快地填写了同学录，谁也没有落下。

132 各奔东西

淑芬走后，马大姐她们组少了一个人，干起活来就更加辛苦了。小薇既要干本职工作又要兼管库房，常常叫苦连天，她每天早上从省城赶回来，干完活就趴在桌子上呼呼大睡。玉梅觉得小薇这两年明显憔悴了，人都说女人不敢劳累，就像花儿不敢少了水分，真是个大实话。

今天，玉梅在花园遇见小薇，见她气喘吁吁地往班上赶，玉梅劝她有空了做做美容放松放松。小薇说："做美容治标不治本，我也觉得我这两年身体越来越差，我得想想其他办法。玉梅姐，你一天也把自己宝贝一点儿，别累着了。"

玉梅苦笑着说："我老了，你还是个娃娃。"

明明已经进行了十次模拟考试，老师每周一小考，半月一统考，一月一大考，考得孩子们焦头烂额。按照老师的复习计划，高考前总共要进行四五十次模拟考试。在这个过程当中，大家的成绩可能会有反复，但是等到复习结束后，孩子们的状态大都会在峰值。就好比股票的 K 线图，高明的操盘手总会在最高点前抛售股票。所以，起初这几次模考题目很难，先来一个下马威，让孩子们不敢掉以轻心。果然，今天的考卷发下来，很多人物理只有五六十分，这样的分数对于这些重点班的孩子们来说，无异于奇耻大辱。一种很深的挫败感笼罩着全班同学，明明甚至没脸给妈妈说起自己的分数。老师的目的已经达到，似乎也没有深究此次考试失利的原因，便要求大家上交了试卷。每次考试，老师都要求大家改完错以后回收试卷。大家对此心照不宣，这些考题是学校出成绩的秘密武器，自然不会轻易示人。

有些家长知道了孩子的成绩之后，立马六神无主，到处寻找培训班，给孩子补课。翠萍着急地说："咱们赶快给孩子报个培训班吧，要不然就没有时间了。听说人家思思现在已经不在学校上课了，人家上的是一对一的班，听说要花十来万呢！"

玉梅初中时领教过老师的厉害，她淡定地说："你还不觉得孩子们辛苦？学校作业够多了，天天晚上熬到两点多。我现在只求孩子们身体好好的，能撑到高考就万事大吉了。现在模拟考试成绩不理想，没关系，这是老师的一贯策略，刚一开始肯定要拿难题杀一杀这帮孩子们的威风，要不然他们不拿高考当回事儿……"

世界上没有完全相同的两片树叶。玉梅和翠萍还想着按照中考的经验对待高考，哪知，明明和妞妞却自作主张，跟着同学们去试听了一次讲课，回来都要求家长给自己报名。玉梅问主讲老师是谁，明明也说不清楚，只说是几个大学生组织的，上课就是放多媒体课件，没有老师。不过，好在每周只有两节课，玉梅也没有多想就让明明跟着上课了。

"十二模"成绩出来后，明明多少有了点底气，玉梅鼓励儿子说："紧跟上老师的节奏，你一定没问题。"

明明说："我们几个被抽到了状元班，每天晚上单独上自习，学校给我们配了最强大的师资力量，指望我们考上北大清华，同学们都说我们是'公鸡中的战斗机'。"

玉梅说："妈妈给你炖了鱼汤，你赶快喝一些，再吃几个锅贴，这是奶奶专门让我给你带来的。"

明明一口气喝完汤，咬了一口锅贴说："真香！我好久没见爷爷奶奶和太奶了，真想他们。"

其实，太奶最近病得很严重，不知道能不能拖到明明考完试。玉梅想让明明回来看望一下太奶，可老人家坚决不答应，说她命大福大，还等着喝明明的喜酒呢！现在明明这么一说，玉梅有些心酸，却掩饰着说："等你考完试，咱们回家休息几天，让你一直住在爷爷奶奶那边。"

明明说："此话当真?"

玉梅说："骗人是小狗！待会儿妈给你按摩按摩，晚上睡觉香。"

明明说："我们班上又有一名同学生病了，听说是白血病。"

玉梅说："前一阵子，你不是说谁血压高，还有谁血脂高、颈椎疼，这些孩子年纪轻轻，怎么都得了这种老年人的病?"

明明说："我们老师说了，他教了这么多年书，发现孩子们的身体一级不如一级，男孩子胖墩麻杆两极分化严重，女孩子发育快、成熟早，难管理，跟外国孩子一样，各种老年疾病少年化，这叫与国际接轨。"

玉梅说："你别太累了，注意劳逸结合，下课出去转转。"

明明说："老妈，你放心，我这种运动员身材的人，抗击打能力最强。小学学奥数那会儿，我们多少同学生病，我都挺过来了。"

"二十模""三十模"过后，班上的同学少了一大半。唐子轩去北京参加校长面试了，苏菲菲等五六个同学已经出国去了，还有一些参加自主招生的同学上专门的培训班去了，再还有一些同学和黄嫣然一样回原籍考试去了，另外几个都是成绩不够理想，被分流到了分校去了……看着平时拥挤的教室，如今突然空出了这么多的座位，明明不由得有些感慨。

最近，送别了一拨又一拨的同学，大家的心里都有些惶惶不可终日的感觉。天下没有不散的宴席，只是大家还没有等到开席就已经各奔东西，难免叫人伤怀。又该去状元班上晚自习了，同学们戏称之为"培养摇钱树"。时间快到了，明明来不及多想，便收拾书包朝自习室走去。那里灯火通明，辅导老师已早早站在了讲台上，明明加快脚步，向前奔去。

五月，惠风和畅，校园里花草丰茂，处处洋溢着一种欢快的气氛。明明好久没有来操场上活动了，今天，大家趁着任老师不在，偷偷地溜出教室，去操场上散步。低年级的孩子们在打篮球，明明和唐子轩手痒痒，便和他们一起打比赛。大家你争我抢，明明好不容易抢到了球，正欲投篮，对方球员张开双臂拼力阻拦。明明虚晃一下，回身将球传给无人防守的唐子轩，唐子轩飞起接球，三步上篮，运球、起跳、投篮命中，动作优美，一气呵成。上官和吴杨惠子在一旁给他们抱着衣服，大喊加油，明明和唐子轩备受鼓舞，愈战愈勇，频频上篮。

任老师不知道什么时候已站到了操场边，中场休息时，大家才发现了任老师，吓得一哄而散。

133 再不疯狂我们就老了

明明他们一口气跑回座位，惊魂未定。任老师黑着脸走了进来，威严的目光把每个人扫视了一遍，然后缓缓地说道："行百里者半九十，距离高考就剩下十来天了，你们居然敢翘课去打篮球？我知道你们学习很累，我也巴不得你们明天就考试，你们考完试，我也就解放了。可是，只要你们在校一天，我就要对你们负一天的责任。你们想想看，多少同学回原籍考试去了，他们是多么羡慕你们，你们能够一直在这里复习是多么幸运。我不是反对你们锻炼身体，我生气的是，你们在这个时候居然敢去打篮球！如果你们打球时，摔伤怎么办？出现意外怎么办？参加不了高考怎么办？你们在这么关键的时候，万一要是出了什么问题，你们让我拿什么给你们的父母交代？学校如果追查起来，你们让我如何回答……"

任老师从来没有发过这么大的火，明明和唐子轩自觉地站起来向任老师道歉，上官和吴杨惠子也站起承认了错误，两人说着说着流下了眼泪。

任老师眼睛潮湿了，压低声音说："'子不教父之过，教不严师之惰'。今天的事情到此为止，下不为例。"

玉梅和翠萍给孩子预定完宾馆，心里感觉踏实了许多。玉梅说："按理咱们离汉阳市就半个小时的路程，没必要这么兴师动众地凑热闹。"

翠萍说："孩子就高考一回，咱们得重视。万一考试的时候起来晚了，那可就来不及了。人家都提前几天让孩子住到宾馆里熟悉环境，咱们只订了两天，还不知道孩子们能习惯不？"

玉梅说："明明说他只中午在宾馆休息一会儿，晚上还是要回家住。"

翠萍说："那我们妞妞肯定要跟你们明明学，那就中午在宾馆休息，权当咱们尽心了。"

玉梅说："孩子们午饭安排在哪儿好呢？我妈天天在灶神爷前跪半天，我这几天心焦得睡不好，又不敢给明明和大伟说。"

翠萍说："我也是一样，心里直慌慌，也不敢在妞妞面前流露出来。李楠说他考试时就回来了，他姑妈给孩子做饭，你就别操心了。唉，听人说你们班小薇快要调走了，好像认识了一个很有背景的'干爹'。"

玉梅听了一愣，还没有来得及说话，翠萍又说："人家都去庙里许过愿了，咱们明天也去许个愿，求个心安。"玉梅没有反对，她真心希望冥冥之中的神，能够保佑明明考上好大学。

盼望着，盼望着，终于迎来了考试的日子。天公作美，那几天一直下着零星小雨，气温适宜，明明考试十分顺利。那个培训点的老师太牛了，居然猜对了作文题和几道理综题，看着明明蛮有把握的样子，玉梅长舒了一口气，想起自己此前的种种担心纯属多余，不免觉得自己杞人忧天。

考完试后，鑫通二中召集大家回学校对答案估成绩，老师根据每个人的情况指导大家填报志愿，晚上各班在教室举行毕业晚会。明明和唐子轩等同学密谋着毕业晚会以后大家一起去旅行。明明穿着干净的衬衣西裤，气宇轩昂，仿佛大伟年轻时候的翻版。玉梅拿出擦得一尘不染的皮鞋，让明明换上。玉梅母亲笑道："我明明穿得像个新女婿，谁见谁爱。"

明明不好意思地说："姥姥，你胡说什么？我们都说好了，都要穿成这样。"

明明已经长到一米八五，比大伟还要高一点，大人要经常抬起头来仰望着他。玉梅说："妈，他们毕业了，都成大人了，就像电视里演的那样，男孩子都要穿正装，女孩子都要穿长裙。"

明明没有耐心听妈妈唠叨，换好鞋便走了。玉梅看着儿子潇洒高大的背影，说："好好玩，记得回来早点。"说完又觉得自己可笑，毕业晚会上，孩子们肯定会玩得很开心，这还用说吗？

玉梅母亲又去给灶神爷磕头去了，玉梅也跟着跪下，打趣说："妈，你天天就知道给灶王爷磕头。"

玉梅母亲说："只要你们都好，我天天磕一百个响头都乐意。"

夜深了，明明终于回来了，玉梅听见响动立即迎了出来，明明满脸笑意，示意妈妈去睡。玉梅睡不着，打开QQ，进入了明明的班级群。群里十分热闹，孩子们这会儿可能都躲在被窝里玩手机，玉梅看见网上不时出来一条条新留言。

"春风得意马蹄疾，一日看尽长安花。"这显然是个考试成绩不错的孩子写的。

"燃烧吧，青春！燃烧吧，爱情！今天，我们彻底解放，我要把所有的书本烧掉，我要做个砍柴、喂马的自己。面朝大海，春暖花开。"看来，这个孩子压抑了许久。

"铁打的营盘流水的兵。我们要对这里说再见了，无数的人又要涌进来了，就像甄嬛说的，宫里永远不缺女人，一群群女人像花一样开过了，新的女人又被送进来了。我们已经熬干了青春，我们成长的路上，依然潮涨潮落，莺歌燕舞。"这应该是个多愁善感的女生吧。

"讽刺，天大的讽刺。美其名曰托起明天的太阳，实则是辛辛苦苦八年，顶个球！"

"再见了，老师！再见了，朋友！再见了，少年！从今以后，我可以穿妈妈的高跟鞋，留长发、洒香水、约会了。恭喜我吧，我自由了！"

“可怜可怜我吧，上帝，保佑我考上 XX 大学吧。要不然，妈妈一定会让我复读。如果那样，我会发疯。”

“我终于对她说出了我的心里话，我幸福得快要晕过去了。多么难忘的晚会，她像一位美丽高贵的公主。”

“再不疯狂我们就老了，没有回忆怎么祭奠呢？还有什么永垂不朽呢？错过的你都不会再有……”

……

玉梅读着读着，睡了过去。玉梅觉得累极了，一连昏睡了三天。明明和妞妞声称他们要胜利大逃亡，已经出去旅游了。

134　夕阳无限好

送走了孩子们,玉梅约大家一起去原上走走。

出了厂门往左拐,沿着一段长长的陡坡三拐两拐便到了原上。这么短的一段路,原来几乎天天走,如今,却有好多年都没有走过了,大家边走边感慨。

原上地势高,凉风习习,十分舒服。地里的麦子刚刚收完,玉米苗只有一指甲盖高,但也绿得可爱。路边的花花草草喝饱了肚子,尽情享受着夏日傍晚的美妙时光,旁若无人地绽放青春活力,这儿一朵那儿一片,让人眼前一亮。玉梅想起几年前带着明明和妞妞上原的情景,一切似乎就在昨天。

翠萍说:"咱们住在原下面,居然有六七年都没有上来转过。"

李楠说:"何止六七年,应该是八年,自从妞妞上了五年级,咱们哪里歇过气?"

玉梅说:"八年抗战,咱们终于把孩子养大了。"

大伟说:"'夕阳无限好,只是近黄昏'。孩子上大学了,我们都老了。"

玉梅说:"我们刚上班那会儿,师傅们也就三十来岁,咱们还觉得人家年龄大,现在咱们比师傅们当年老多了,可我还觉得自己挺年轻。"

李楠说:"咱们都是奔五的人了,怎么能不老?孩子把咱们比老了。我打算调回省城工作,我们这样两地分居不是个事儿。"

大伟说:"回来也好,人生如赛场,上半场比谁的学历、权力、职位高,下半场比谁的血压、血脂、血糖低。"

李楠说:"要么人家说人生好比乘坐北京地铁一号线,途经国贸,羡慕繁华;途经天安门,幻想权力;人正盘算着呢,就到了八宝山站了。"

翠萍说:"人一辈子就是这么熬过来的,熬到妞妞大学毕业,一上班,我就该退休回家抱孙子了。"

李楠说:"就你那脾气,妞妞肯定不要你帮她带孩子。人家小两口要看谁的房子大,谁的饭好吃,谁的服务态度好,他们才跟着谁住。"

翠萍说:"我这送上门来的保姆,她还敢嫌弃?"

玉梅说:"那你现在就好好表现,要不然妞妞不让你上他们家当保姆。哈哈哈……"

下原时,露天舞厅的音乐声不绝于耳,烤肉的香气扑鼻而来。李楠说:"好久没有吃烤肉了,等孩子们旅游回来,咱们一起来吃烧烤。"

大伟说："好呀，明明也念叨着要吃烤肉。"

暮色四合，敬德山下，桃花村里，玉梅家的院门前，几个老人坐在大槐树下摇着蒲扇纳凉。三嫂说："吴老师，你在城里住了这么些年，越来越洋派了。"

吴老师说："我在城里都快捂出犄角了，你还拿我说笑。金窝、银窝，不如咱们这个土窝。"

五婶说："老嫂子，你给玉梅看完了明明，这下该退休了。你就哪儿也别去了，就把你跟吴老师两个管好就行了。"

吴老师看见玉梅母亲脸上有些不自在，故意说："她哪里闲得住？蕊蕊、明明考上了大学，这后面还有涵涵和晶晶。"

三嫂说："娃们的心操不尽，这手心手背都是肉，到不了合眼的时候就放不下。"

玉梅母亲突然脸色难看地说："我心慌得乱跳，明明出去逛了叫人操心，叫我赶紧给灶王爷磕头去！"说罢，踉踉跄跄进了厨房。

大海边，一群群游客正在水边漫步嬉戏，那边过来几个学生模样的游客，奔跑着、追逐着、跳跃着……夜色下的海滩，沙是那么的细软，浪是那么的轻柔，风是那么的惬意，阵阵海风吹来，清爽宜人。学生们光着脚丫，扑向大海怀抱，任海水轻轻漫过脚踝，任细沙钻进脚丫，任海风掀动青春的长发，舞动飘逸的裙裾。是夜，海是那么安详，那么宽容，那么沉静，波浪轻轻起伏着，仿佛在低吟浅唱着一支古老的歌。

夜深了，其他游客都走光了，他们依然在海边唱歌玩耍。明明拉着上官的手，走到了一块岩石旁，上官靠着岩石说："明明，我只能和你上一学期大学了，我们家要移民了。"

明明说："不管你到了天涯海角，我都会去找你！"

上官仰起头说："真的吗？"明明使劲地点了点头。

上官深情地凝望着明明英俊的脸庞，目光如水。

明明低声呢喃道："我可以吻你吗？"说着情不自禁把上官揽入怀中……

"啊，是谁？"上官尖叫一声，本能地用手护住了皮包。一个黑衣人凶狠地用刀刺向了上官的手，鲜血四溅。

"强盗，你干什么！上官，保护你的手！"明明高喊着，冲到了前面，踢飞了强盗手中的刀，把上官牢牢地护在了身后。

突然，从旁边窜出来另外一个黑衣人，一刀刺向了明明，夺走了上官的手提包，两个一般大小的黑影霎时间消失得无影无踪。

妞妞似乎预感到了什么，她回头望去，上官跌跌撞撞地朝着这边跑来……

完

2015 年 10 月 14 日第四稿

后记

迟到的礼物

2012年6月26日，一个值得我永远铭记的日子，那天，我的散文集《静日玉生香》出版了，拿到属于自己的第一本书，我欢喜异常。

碰巧，有朋友要回老家，我便托她给父亲捎了几本书。其时，父亲大病初愈，见到我的书他格外高兴。亲友们闻讯后纷纷前来道贺，父亲摆出一副有其父必有其女的架势，在我看来似乎有些可笑。

父亲当年上学时，才思敏捷，常常出口成章，令人赞不绝口。据他的老友讲，每次他们出墙报时就像过庙会一样热闹，父亲口述，他执笔书写，身后围满了慕名而来的老师、同学。可惜父亲生不逢时，中学毕业以后，“文化大革命”已愈演愈烈，父亲只好放弃学业，参加了工作。工作之余，父亲依然热衷于读书写作，文章时常见诸报端。后来由于生活负担太重等原因，父亲渐渐地搁了笔。但是，父亲偶尔写篇文章，仍然叫人叹服不已。千禧年，我们村上重修圣寿院，村长请父亲撰写碑文。父亲略一沉吟，便以“先有圣寿院，后有永寿县”起势，忆古抚今，赞太平盛世万民安居乐业；旁征博引，叹政治清明百姓勤劳善良。洋洋洒洒，一挥而就，众人争相传阅，称赞不已。如今，这篇即兴之作早已被刻成石碑，立于庙前供人观赏。我们看一次夸他一次宝刀不老，文采斐然。他来了兴致，便又津津有味地说起他的光辉岁月。

等到我们上学之后，父亲对我们要求十分严格，一心希望我们学有所成。所幸，我们姐弟俩学习都比较用功，双双考入了大中专院校。父母为此感到十分自豪，常说这是我们送给他们最好的礼物。也许是受了父亲的影响，我小时候不仅学习成绩出类拔萃，而且作文写得漂亮，常常被老师当作范文来读。因此，父亲对我抱有很大期望，可是参加工作以后有所松懈，很少动笔。有一次给家里写了一封信，比较凌乱，内容也很苍白空洞。父亲看后很不满意，当即就回信批评了我。从此以后，我写任何文章都有感而发，谨慎行文。这种态度让我受益颇多，想来还真得感谢父亲那次对我毫不留情的批评。

其实，父亲住院期间，我的书稿已经被送给了编辑。当时，我天天在医院陪护父亲，却很少向父亲提及我要出书的事情。内心深处，我是一个完美主义者，做什么事情都要尽可能地做到最好。另外，在父亲面前，我总有班门弄斧之感，怕父亲看了说写得不怎么样。如今看来，父亲对我的作品还是比较认可的，我心下稍安。母亲偷偷告诉我，父亲不顾自己身体虚弱，前几天居然带着我的书去了一趟祖坟，说是给祖先们报喜。我当时惊呆了，我真的没有想到一本书对于父亲有这么重要。父亲的理由是：人家贾平凹给先人烧纸钱都用的是写文章的稿纸，人家都信这个，他学人家去求祖宗,保佑我也能写出更多的好文章来。

我回家的那几天,不时有喜欢读书的人来家中要我的书,父亲把书当作贵重礼品非常郑重地送给人家。见父亲如此小题大做,我说:“不就一本书嘛,干嘛搞得像给人家送金砖一样隆重?”父亲说:“这是我女儿送给我的最好的礼当(礼物),这礼当不好置办。咱们家世代耕读传家,却没有一个人著书立说。你给咱带了一个好头,值得高兴。”我觉得自己虚度年华,蹉跎岁月,起步太晚,父亲却以为我已走上了这条路,就要一心一意地往前走。见我打消了顾虑,父亲又鼓励我不能妄自菲薄,一定要快马加鞭,奋起直追才是,还开玩笑说他等着我的下一份礼当。我心想用不了多久,我就会再给父亲送一份大礼(我的长篇小说)。但我没有说出口,我知道父亲有干好了再说的习惯。

天道酬勤,2013年6月,我的长篇小说《陪读》开始在《咸阳日报》连载,读者们反响很大,我深受鼓舞,信心倍增,摩拳擦掌准备开始写另一部长篇小说。可是,天有不测风云,人有旦夕祸福。8月间,父亲突然旧疾发作,我们赶紧把父亲送进医院治疗。那段时间,我们终日奔波在各大医院之间,希望能找到挽救父亲的灵丹妙药。可是,我们的种种努力还是留不住父亲。12月9日,父亲走了,还没有来得及看到我的长篇小说正式出版,父亲就走了。可怜他病中,无法读书,却一直把我的书放在他的枕边。临走时,还念叨着我的新书。我真没有想到,我的散文集居然成了我送给父亲最后的礼物。

想起这些,我便异常后悔,明知道父亲对我寄予如此厚望,我为何不早早地幡然醒悟呢?父亲入殓时,母亲叮嘱我把我的书放在父亲手边,好让父亲多看几眼。我边取书边痛哭,伤心欲绝。

父亲走后,我意志消沉,一度停止了写作,日子就这样在忙乱中溜走了。一天,朋友邀请我去参观她的新居。我十分意外,朋友生活负担很重,却为何要耗巨资在老家盖一座根本用不上的二层楼呢?朋友说是她父亲离世时,她答应过父亲,一定要为家里盖一院新房。眼看父亲的三周年快到了,所以她咬紧牙关硬是实现了对父亲的承诺。我听后,猛然惊醒,立即着手修改《陪读》,再也不让自己迷迷糊糊地混日子了。

2015年冬,在朋友的帮助下,我精心修改、增删了近十万字的《陪读》快要和读者见面了。在这里,我真诚地感谢朋友们对我的大力帮助。谢谢你们让一个女儿实现了对父亲的承诺!谢谢你们帮助一个文学爱好者实现了长久以来的梦想!谢谢你们让更多的读者关注《陪读》所关注的问题——关注教育,关注家长,关注孩子,关注教师!同时,我也想对父亲的在天之灵说:父亲,谢谢你为女儿插上了一双隐形的翅膀,让女儿站在俗世之中依然能够仰望星空,追逐梦想。父亲,来年清明,迎春花开,女儿一定会带着新书来祭拜你。父亲,虽然这是一份迟到的礼物,但女儿相信你一定会喜欢的。

2015年12月22日